POSTHUMANISM &
HUMAN EDUCATION

포스트휴머니즘과
인간의 교육

우정길 지음

박영story

서 문 /

많은 사람들이 알파고를 얘기하고, 인공지능과 뇌과학에 몰두하며, 이른바 제4차 산업혁명이 화두가 되던 어느 날, 나는 지난 세기말에 보았던 영화 『매트릭스』(1999, Wachowski)를 떠올리게 되었다. 그리고 그 당시 가졌던 여러 가지 의문 중 하나를 다시 기억해 내게 되었다. '네오와 함께 하였던 그들은 왜 그곳으로 가려 하는가? 그리고 그곳은 어떤 곳일까?'

"나는 이 스테이크가 존재하지 않는다는 걸 알아. 이걸 내 입속에 집어넣으면 매트릭스가 나의 뇌에다 이게 즙도 많고 맛있다고 말해 주는 걸 알고 있다고. 9년이 지나고 나서 내가 뭘 깨달았는지 알아? 무지가 곧 행복이라는 것이야."(사이퍼, 『매트릭스』)

완벽하게 설계된 가상의 일상 속에서 여하한 위험도 위협도 없는 삶들을 지속하였어도 그리 나쁘지 않았을텐데, 왜 굳이 생명의 위험을 무릅쓰고 저리도 각다분하게 고생의 길을 자처하려는 것일까? 모두가 인류를 구원하도록 운명지워진 네오가 아닐텐데, 차라리 가상의 것일 망정 눈앞에 놓인 육즙 가득한 스테이크를 욕망하였던 사이퍼가 더 현명한 것은 아닐까? 비록 영화적 설정이기는 하였지만, 네오와 동료들의 그곳에는 빛과 쾌락의 여유가 허용되지 않았기에, 나의 저러한 의문은 당시에는 쉽게 해소되지 않았었다. 코드화된 거대한 기계 시스템의 일부이기를 거부하고, 자신들의 인간적 정체성을 지키기 위해 기꺼이 숨죽이고 피흘리는 그들. 말끔히 구조화된 가상의 세계를 거부하고, 헤진 옷과 전쟁의 비참이 뒤엉킨 인간의 세계에서 살아가기를 갈망하는 그들. 그들의 동기가 자못 궁금했었다. 네오와 그 동료들이 가려고 하였던 그곳이 도대체 어떤 곳이기에?

이제 시간이 이만큼 지나 인간의 교육을 고민하는 학자의 관점에서 의미를 부여해 보자면, 그곳이 비단 장소적 의미에 국한되는 개념은 아닌 것 같다. 그곳이 어떤 궁극적 진리의 처소라거나 혹은 모종의 지고의 이데올로기라는 해석은 어쩐지 그들의 저 치열한 일상과는 괴리가 있어 보인다. 어쩌면 그곳은 인간의 삶이 펼쳐지고 포개어지는 모든 시간과 공간이자, 인간적 삶 그 자체가 아닐까. 그들이 힘을 다해 가려던 그곳은 결국 인간이 온전히 인간으로 있을 수 있다는 사실, 즉 인간성·인류성(Humanity) 그 자체가 아닐까. 기계의 일부가 아닌 인간적 인간으로 일상을 영위하고자 하였던 그 담백하고 숭고한 바람을 한낱 가상의 스테이크와 맞바꾸지 않으려던 의지의 총합이 곧 휴머니즘이고, 인간과 세계에 대한 무지의 유혹을 과감히 극복하고 앎과 지혜를 추구하려는 휴머니즘적 자세가 곧 그들의 고향이자 미래상이라 할 수 있을 것이다. 이 은유를 활용하여 교육을 정의하자면, 교육은 인간의 이 오래된 고향을 보존하고 그 위에 미래의 새로운 터전들을 개척해 나가는 일이다.

『포스트휴머니즘과 인간의 교육』이라는 제목으로 선보이는 이 책의 주제는 역설적이게도 "휴머니즘과 인간의 교육"이다. 독자들의 이해를 위해 부연하자면, 현재 포스트휴머니즘이라는 용어 아래 진행되고 있는 논의는 크게 두 갈래이다. 그 첫째는 '포스트-휴머니즘'으로 표기되기도 하는 그것인데, 이것은 문자 그대로 '휴머니즘-이후'를 의미한다. 포스트-휴머니즘은 전통적 휴머니즘이 인간이라는 존재만 과도하게 중시하였고, 그마저도 모든 인간이 아니라 특정 인종과 성별과 그룹의 이해를 대변하는 폐쇄적 방식의 인간중심주의의 관점을 견지해 왔다는 비판적 성찰에 기반한 것이다. 즉 세계 속에는 특정 부류의 인간만 있는 것은 아니고, 또한 더 넓게는 인간이라는 생명체만 있는 것도 아니며, 아울러 인간은 이 거대한 생태 구조 중 일부에 불과하기에, 인간-비인간이라는 이분법 너머에 있는 인간과 비인간적 존재들 사이의 공존과 상호의존의 가치가 재고될 필요가 있다는 것이다. 이에 더하여 현대

과학기술의 비약적 발전에 따라 미래에 등장하게 될 다양한 양상의 새로운 기계적 존재들도 공존과 상호의존의 영역 속으로 포함될 경우, 기존의 휴머니즘은 아주 편협한 개념틀이 될 것이다. '휴머니즘-이후'라는 의미의 포스트-휴머니즘은 이러한 맥락에서 등장하였고, 보다 넓고 개방적인 개념의 휴머니즘을 지향하는 가운데, 학계의 공감을 확장해 나가고 있는 상황이다.

또 하나의 포스트휴머니즘은 이른바 '포스트휴먼-이즘'으로 표기되기도 하는 담론이다. 이것은 '포스트-휴머니즘'에 비하면 그 대상 범위가 다소 제한적이다. 포스트휴먼-이즘은 현대 과학기술의 발달로 인해 가능하여진 혹은 미래에 가능하여질 인간의 변형태 혹은 업그레이드된 인간상을 '포스트휴먼'으로 통칭하고, 이들 포스트휴먼의 출현이 갖는 인류사적 의미와 사회구조 변화의 가능성 및 이와 관련된 생명윤리적·사회윤리적 함의와 준거들을 현재의 기준에서 그리고 미래를 전망하는 가운데 성찰하려는 일련의 학술적 흐름이다. 특히 과학기술의 비약적 발달로 인한 기계의 인간화 및 인간의 기계화 현상이 가속화할수록 인간과 기계 사이의 경계가 모호해지고, 이 둘의 섞임을 통한 각종 혼종적 존재의 출현이 가시화할수록 세간의 흥분과 염려는 증폭되어 갈 것이다. 과연 포스트휴먼·포스트휴머니즘이 현존의 휴먼·휴머니즘의 영역과 가능성을 더욱 확장해 나가게 될 것인가 혹은 이것이 기존의 휴먼·휴머니즘에게 오히려 회의와 불안과 위협의 요인으로 귀결될 것인가가 중심 쟁점이라 할 수 있다. 그리고 이 쟁점은 주로 인간본성론과 생명윤리의 차원에서 가장 첨예하게 드러난다. 인간인가 혹은 기계인가, 호모사피엔스인가 혹은 로보사피엔스인가 등의 표현들은 이러한 쟁점을 단적으로 보여 주는 수사(修辭)들이지만, 일상적 경험의 영역에서는 대조적으로 표기된 이들 존재들 사이의 경계를 확정짓기 어렵다는 점이 난제로 남아 있다. 예방과 보정과 치료의 목적으로 수행되는 인간의 포스트휴먼화(化)는 긍정적으로 수용할 만한 것이지만, 그 임계점에 관한 사회적 논의와 합의는 또 지난한 여정을 앞두고 있는 것이 사실이다.

포스트휴머니즘이라는 제하에 진행되는 위 두 가지 담론들을 보노라면,

그 주제가 공히 인간과 휴머니즘으로 수렴되는 것을 알 수 있다. 이들의 공통된 관심은 결국 인간이 어떤 존재인지, 또한 인간이 급격히 진보하는 과학문명의 와중에 향후 어떤 모습으로 변모해 나가게 될지 그리고 이것이 인간 자신과 인간의 사회에 시사하는 바가 무엇인지 등이기 때문이다. 즉 인간의 인간적 정체성과 사회적 관계성의 문제들이 포스트휴머니즘의 주요 주제라 할 수 있다. 물론 여기에는 여러 상이한 관점과 주장이 공존한다. 즉 앞서 간략히 언급된 바와 같은 휴먼·휴머니즘에 관한 개방적 관점이 있는가 하면, 휴먼·휴머니즘의 미래적 이름으로 명명되기도 하는 포스트휴먼·포스트휴머니즘에 관한 낙관적·기술지상주의적 관점과 비판적 관점의 병존이 포착되기도 하며, 동시에 휴먼·휴머니즘에 관한 전통적 견해들도 여전히 선명한 목소리를 내고 있다. 이들에 대한 명명이 어떠하든, 그 주제는 인간의 본성과 인류의 미래상에 관한 것이며, 그러므로 이것은 결국 휴머니즘의 문제이다. 동시에 이것은 곧 교육학의 주제이기도 하다. 교육학은, 넓게 정의하자면, 인간의 본성과 인류의 현재상뿐 아니라 인간의 개선과 인류의 진보에 관한 담론들의 체계적 뭉치이기 때문이다.

이 책은 인간과 휴머니즘에 관한 위와 같은 관심과 관점에서 지난 2년여 동안 집필한 논문들을 묶은 논집이다. 우선 제 I 부에서는 인간을 기계적 존재로 이해하였던 사례들을 교육적 관점에서 탐구하고 있다. 주지하는 바와 같이 교육학은 전통적으로 신 또는 동물과의 비교를 통해 인간의 교육적 본성을 파악하고, 이를 바탕으로 인간 교육의 필연성과 가능성에 대한 논거들을 구성하여 왔다. 그러나 근래에 들어 새로운 비교 대상, 즉 기계(류)가 등장하면서 교육적 인간에 대한 새로운 이해의 필요성이 제기되고 있다. 이제 인간은 전례 없이 유능하고 쉼 없이 학습하는 기계와 비교되기에 이르렀고, 심지어 그러한 기계적 시스템의 일부 혹은 기계와 섞인 혼종적 존재가 되어 갈 것이라는 전망도 제시되고 있다. 그러나 이러한 관점이 21세기에 갑자기 등장한 것은 아니다. 인간을 기계적 관점에서 규정하려는 시도는 시계와 해부학으로 은유되는 17세기 교육학의 담론들 속에서도 찾아볼 수 있으며, 이후에 펼쳐진 교육학의 역사에서 인간신체의 기능적 부품화라는 관점으로 재등장하기도 한다. 제 I 부에서는 이와 관련된 몇몇 사례들을 소개하고, 인공지능과 뇌과학이 빈번히 회자되는 오늘날의 맥락에서 이러한 현상의 교육학적 의미를 성찰하였다.

　제 II 부에서는 휴머니즘과 포스트휴머니즘의 경계로 장을 옮겨 논의를 이어간다. 우선 1980년대에 최초로 제기되고 최근 다양한 학계에서 중심 화두로 부상하고 있는 포스트휴머니즘의 인간관을 고찰하되, 이것을 인간의 기능주의적 환원 그리고 완전을 향한 욕망이라는 관점에서 조명한다. 구체적으로는, 지난 세기말 유럽 지성계·언론계에서 큰 논쟁을 야기하였던 이른바 "슬로터다이크-스캔들"(1999)을 중심으로, 다양한 휴머니즘들 사이에서 그리고 전통적 휴머니즘과 포스트휴머니즘 사이의 경계에서 벌어지고 있는 철학적 논의를 소개한다. 이러한 경계적 논의들이 교육학적으로 유의미할 뿐 아니라 이에 관한 고찰이 불가피한 이유는, 이러한 논쟁들 속에 휴머니즘과 교육의 종언에 관한 담론들이 포함되어 있고, 아울러 모종의 새로운 휴머니즘의 탄생에 대한 예고가 담겨 있기 때문이다. 지난 20여 년 동안 교육학은 이러한 철학적 논쟁으로부터 한 걸음 비켜 서 있었지만, 이제는 이에 관한 교육학계의 관심이 점증하고 있기에, 해당 논쟁을 교육학적 관점에서 복기하고 성찰할 수 있는 기회를 마련하고자 하였다.

　제 III 부에서는 포스트휴머니즘의 하위 담론이라 할 수 있는 인간향상론(Human Enhancement)을 교육학적 관점에서 고찰한다. 이른바 BNIC(Bio·Nano·Information Technology, Cognitive Science)의 시대라고 표현되는 오늘날, 포스트휴머니즘에 관한 담론들은 유토피아적 미래에 주목하고, 또 그것이 과학적이고 미래지향적인 자세라고 막연히 생각하는 경향이 없지 않다. 아울러 포스트휴머니즘 일각에는 인간의 본성과 인류의 개선에 관한 전통적 이해 체계인 교육·교육학을 대체할 만한 것으로 유전공학적·생명공학적·기계공학적 인간향상론을 제안하기도 한다. 물론 그러한 생각이 현실로 이어질지 혹은 어느 정도로 실현될지는 현재로서는 불확실하다. 아울러 '과학적·미래지향적'이라는 수사가 지난 세기 인류 파국의 위험성을 가중시키는 데 일조하였던 철 지난 우생학의 현대적 부활을 미화하는 수단으로 활용될 가능성 역시 배제할 수 없는 상황이다. 이런 맥락에서 인간향상론이 추구하는 인간학적 지향점과 이를 뒷받침하는 논리구조들, 그리고 이것의 사회적·정치적 적절성 여부를 교육학의 관점에서 검토하는 일은 필요하고도 중요하기에, 제III부에서 관련 논의를 진행하였다. 이것은, 거칠게 표현하자면, 포스트휴머니즘이 내포하고 지지하는 인간의 기계화에 대한 교육학적 대답의 시도라고 말할 수 있다. 먼 미래에 인간의 모습이 어떠할지 감히 예견할 수는 없으나, 적어도 2019년이라는 시점에 교육의 영역에서 공유되기를 바라는 잠정적 생각들을 여기에 담아 두었다.

앞서도 언급한 바와 같이, 이 책은 비교적 짧은 기간 동안 관련 학술지들을 통해 발표된 소논문들의 모음이다. 매 논문은 각각의 기승전결(起承轉結)의 구조로 작성된 것이기에, 독자들께서는 관심과 필요에 따라 현재의 순서와 무관하게 읽으셔도 될 것이다. 다만 처음부터 한 권의 책으로 구상된 것이 아니기에, 때로 한 논문의 결(結)이 다음 논문의 기승(起承)의 일부가 되기도 하고, 한 곳에서 인용된 문헌이 여타 논문에서 재인용되는 등의 부분적 반복이 불가피하였다는 점을 미리 일러두고자 한다.

이 책의 여정에 함께 해 주신 분들께 사의를 표하고 싶다. 우선 아홉 편 논문을 성실히 읽고 비평과 조언을 아끼지 않으셨던 익명의 동료 학자들께 진심으로 감사드린다. 여전히 거친 논리가 남아 있다면, 그것은 오롯이 나의 학문적 소양의 부족에서 기인한 것이라는 점을 삼가 말씀드린다. 아울러 대학과 가정을 오가며 자신의 소임에 최선을 다하는 아내에게도 고마움과 사랑의 마음을 전한다. 그리고 눈부신 현(睍)! 이 경이로운 존재는 이 책의 글들이 집필되던 동안 가장 가까이에 있었던 지음(知音)이다. 지면을 빌어 그에게 진심 어린 고마움을 표하며, 이제 여덟 번째 늦가을 생일을 맞는 그에게 축하와 축복의 마음을 전하고 싶다. 마지막으로, 투박한 글에 고상한 책의 옷을 입혀 준 박영사 관계자들의 세심한 노고에 감사드린다.

2019년 가을
우정길

일러두기

- ▸ 이 책에 수록된 논문들의 출처는 각 장의 제목에 각주로 표기하였다. 책으로 묶는 과정 중에 생겨난 필요에 따라 부분적 수정이 가해졌음을 일러둔다.
- ▸ 각 장에서 활용된 참고문헌들은 책의 말미에 〈참고문헌 전체목록〉으로 재차 정리해 두었다.
- ▸ 번역본을 인용할 경우 그 출처를 (원저자, 년도: 쪽수/번역자, 년도: 쪽수)로 표기하였다. 외국어 자료 인용 시 별도의 표기가 없는 경우, 필자의 번역이다.
- ▸ 인용문에 있어서 [ ] 속의 문구는 독자들의 내용 이해를 돕기 위해 필자가 삽입한 것이다.

차 례

I. 인간의 기계화와 교육

II. 포스트휴머니즘과 교육

III. 교육과 향상

I

인간의 기계화와 교육

01
"생각하는 기계"의 자화상과 인간의 교육*

I. 교육적 인간의 거울들

본 연구는 인간의 기계적 환원에 관한 것이다. 보다 구체적으로 표현하자면, 인간의 기계적 환원을 위한 시도들이 내포하고 있는 욕망과 맹점에 대한 비판적 고찰이다. 본론에 앞서 본 연구의 배경과 관련하여 세 가지를 언급하고자 한다.

첫째, 교육학은 기본적으로 인간에 관한 학문이다. 그것이 개별 인간이든 혹은 사회적 인간이든, 교육은 인간에 관한 모종의 이해를 바탕으로 이루어지는 활동이다. 그러나 여기서 "인간에 관한"이라는 관용어구는 역사적으로 부가적인 관점들을 필요로 했었다. 편의상 서양의 경우만 대략적으로 열거하자면, 대표적으로 다음의 관점들을 들 수 있다. 첫째, 신학

* 우정길 (2018a). 교육적 인간의 기계적 환원에 관한 소고. 『교육철학연구』 40(1), 91
  -110.

적 인간학이다. 즉 인간은 신으로부터 그 속성을 부여받았다고 여겨지므로, 신으로부터 연역하여 인간의 본질과 속성을 이해하려 했던 관점이 그것이다. 둘째, 계몽주의적 인간학의 관점이다. 인간을 신으로부터 독립적인 존재로 혹은 신과는 무관한 존재로 인식하고, 인간이 자기 안에 선험적으로 내재된 혹은 도야와 교육을 포함한 환경과의 상호작용을 통해 계발된 이성의 소리에 청종하기를 추구하였던 이 관점은 중세 이후의 오늘날에 이르기까지 교육학적 인간이해를 주도하여 온 관점이라 할 수 있다. 셋째, 앞의 두 관점에 비해 비교적 현대적인 것이라 할 수 있는 생물학적 인간학의 관점을 들 수 있다. 이것은 동물과의 비교를 통해 인간이 갖는 결핍과 장점을 확인하려는 자연과학적 노력임과 동시에 문화적·교육적 존재로서 이성적 인간이 갖는 가능성을 적극 주장하는 데 활용되어 온 인간학적 관점이라 할 수 있다.

앞서 언급된 "인간에 관한"과 관련하여 부연하자면, 신학적 관점이 지양된 근대 이래 교육학이 가졌던 인간이해의 선택지는 대표적으로 다음 두 가지, 즉 인간 또는 기타 유기체(동물·식물)이었다.(Kron, 1996: 195f) 즉 인간은 자기 스스로를 객관적 관찰과 탐구의 대상으로 삼거나 혹은 동물·식물이라는 거울을 통해 인간 자신의 이해를 도모하여야 했다. 특히 후자는 인간이해를 위한 상당히 설득력 있는 접근법으로 인식되었다. 이는 전자의 관점이 갖는 난점, 즉 인간이 인간 스스로를 학문적 고찰의 대상으로 삼기가 어려울 뿐 아니라, 탐구의 객관성 역시 담보하기 어렵기 때문이다. 달리 표현하자면, 인간이 자신을 객관의 눈으로 바라본다는 것은 물리적으로나 심리적으로 가능하지 않을 뿐 아니라, 타자를 탐구의 대상으로 삼을 경우 인간의 대상화·도구화라는 윤리적 논란이 제기될 수 있기 때문이다. 이보다는 소위 이성을 소유하지 못하였기에 상대적으로 하등하다고 여겨지는 유기체들, 특히 동물을 대상으로 비교와 실험을 감행하고, 그 결과를 인간의 생물학적·문화적·사회적 조건에 맞추어 해석하고 교육적으로 적용하는 것이 더욱 손쉽고 유용한 방법이었음이 분명하다.

오늘날까지도 교육심리학 교과서들의 일부를 장식하고 있는 파블로프와 스키너의 행동심리학적 실험들이 그 고전적 예라면, 겔렌(A. Gehlen)과 포트만(A. Portman), 윅스퀼(J.v. Uexküll)의 결핍존재론은 현대 교육철학의 주요 분야 중 하나인 교육인간학의 근간을 이루는 이론으로 자리 잡았다.(김정환, 1988: 12f)

그러나 인간-동물 비교를 통해 인간의 문화적 우월성과 교육적 가능성을 주장한 예는 수 세기 앞선 시대의 교육학에서도 발견된다. 근대적 학문으로서 교육학이 태동하던 시점에 교육학사상 고등교육기관에서 최초로 이루어졌던 칸트의 『교육학 강의』(1803)는 동물로부터 유비된 인간상(象)에서 그 출발점을 찾고 있다. 심지어 그는 인간의 내면에 인간성과 동물성이 공존한다는 이원적 교육인간론을 주장하기도 하였다.(Ricken, 1999: 94-102)

이렇듯 동물은 교육학의 역사에 있어서 인간이해를 위한 주요 관점이자 인간교육론 구성을 위한 중요한 거울의 기능을 해 온 것이 사실이다. 물론 위에서 언급된 모든 인간-동물의 유비론적 교육이론들이 현대의 '인간'교육에 있어서 무비판적으로 수용된다고는 볼 수 없다. 동물로부터 연역된 인간상 그리고 동물실험으로부터 추출된 결과는 그야말로 충분히 인간(주의)적이지 않으므로, 인간교육에 적용될 수 있기 위해서는 또 다른 차원의 학술적 도약이 필요하다는 데는 이견이 없을 것이다. 본고의 맥락에서 우리에게 흥미로운 점 한 가지만을 상기하자면, 동물은 교육학사상 인간의 이해와 인간상의 구성에 있어서 가장 빈번히 활용된 도구이자 은유였다는 사실이다. 신은 피조물의 창조자이지, 피조물과의 비교 대상은 아니었기 때문이다.

둘째, 근래 들어 인간에 대한 교육학적 탐구에 있어서 동물보다 더욱 빈번히 회자되는 비교 대상이 등장하였는데, 그것은 바로 기계이다. 이 현대적 기계류는 단순반복 작업부터 고도의 정보처리 업무에 이르기까지 그리고 고도의 섬세함이 요구되는 일부터 위험이 수반되는 과업까지 차질 없이 수행해 내도록 설계되었다. 흔히 GNR(Genetic Nano Robot) 또는 BNIC(Bio·Nano·Information Technology, Cognitive Science)로 표현되는 과학기술의 발달에 힘입어 진화를 거듭하고 있는 이 기계류는 이제 고도의 연산력과 언어구사력뿐 아니라 입력된 정보와 논리에 따라 스스로 사고하고 끊임없이 학습하는 능력마저 갖춘 것으로 알려져 있다. 심지어 이들은 몇몇 분야에서는 인류가 도달한 최고 수준의 대가들을 훨씬 능가하는 역량을 시연해 보이기도 한다. 이른바 인공지능으로 통칭되는 이러한 기계류의 출현에 대한 인간의 현재적 반응을 혹자는 "경이로움과 두려움 사이"(장래혁, 2016: 5)로 응축하여 표현하기도 하였다. 아울러 우리 사회의 일각에서는 "제4차 산업혁명"이라는 시대 진단과 연동하여 아직은 오지 않은 미래 시점에 발생하게 될 사회적 난제 또는 인간적 재난을 교육학 연구의 중심화두로 삼거나(한국교육학회 2017 연차학술대회) 혹은 이러한 비극적 미래의 도래를 교육을 통해 미연에 방지하여야 한다는 주장이 제기되기도 한다.(류태호, 2017)

이 모든 역사적·사회적 변화와 주장의 중심에는 인공지능이라는 새로운 경쟁자와 마주한 인간이 있다. 교육학이 태동되어 전개된 지난 2세기 동안 동물과의 관계에서 비교우위를 점해 왔던 문화창조적·교육적 인간은 이제 역사적으로 전례 없던 모습과 능력을 지닌 기계류를 경쟁자로 맞게 되었다. "호모 사피엔스 대 로보 사피엔스"(김응준, 2014)라는 표현처럼, 어쩌면 이 새로운 존재를 더 이상 기계라고 표현할 수 없는 시대가 이미 왔거나 혹은 곧 도래할 수도 있을 것이다. 다양한 분야에서 각종 양상으로 기계의 의인화를 추구하였던 지난 시절과 달리 이제는 이른바 "기계와 혼성된 인간, 하이브리드 인간 혹은 [기계적으로] 업그레이드된 인간"(김연순, 2011: 2014) 등으로 표현되는 모종의 다른 혹은 새로운 인간상이 단순히 공상의 산물이 아닐 수도 있다는 사실 혹은 정서가 이제 체감되기 시작하였다. 즉 우리 사회는 이제 기계의 인간화 시대를 지나, 인간의 기계화 시대로 접어든다고 하여도 과언이 아니다.[1]

셋째, 인간의 기계화라는 현상의 기저에는 인간과 기계를 비교하려는 혹은 인간을 기계적 존재로 이해하려는 발상이 전제되어 있다. 이러한 예는 교육학의 역사에서 인간-동물 비교론보다 앞선 시대에 이미 포착되기도 한다. 교육적 존재인 인간을 동물에 유비하여 이해하였던 칸트와 달리 데카르트는 인간을 기계적으로 작동하는 존재로 이해하였다.(김연순, 2013: 283-286; 이상욱, 2009: 52) 그의 사유에서 특징적인 점은, 인간을 육체와 정신으로 나누고, 전자의 의미를 기계적 기능성에 한정하였다는 점이다. 베사리우스(A.Vesalius: 1514-1564)에 의해 태동된 인간신체 해부학이 인간 이해의 중요한 수단으로 인식되기 시작한 시대, 그리고 소형 태엽의 발명으로 시계의 정밀 역학에 대한 호감도와 민감도가 고조되던 시대에 속하였던 데카르트는 인간의 육체 역시 기계적 원리에 의해 작동되는 것으로 이해하였다.[2] 본론에서 고찰하게 되겠으나, 인간이 기계에 비교되는 경우,

---

1 이 책의 제II부와 제III부에서 본격적으로 다루게 되겠으나, 미리 간략하게 언급하자면, 지난 20여 년간 유전공학, 철학, 사회학, 미래학 등의 영역을 가로지르며 진행되어 온 이른바 트랜스휴머니즘·포스트휴머니즘 논쟁 역시 본질적으로는 '인간의 기계화'라는 현대적 인간의 욕망이 어느 정도로 욕망 가능한지 그리고 어디까지 허용·실현 가능한지에 관한 것이다. 물론 이 모든 기술적 진보와 인간적 진화에 대한 논의의 본질은 결국 인간이란 어떤 존재인가 그리고 교육의 출발점이자 목적인 광의의 휴머니즘은 어떠한 모습이어야 하는가라는 질문과 직결된다. 접두어 '트랜스'와 '포스트'는 현 시대가 발견한 기술적·공학적 진보의 역사성 그리고 그 안에서 실존하는 인간의 존재론적·윤리학적 맥락을 제공하는 것일 뿐, 역시 본질은 인간의 인간임(Menschsein)이다.
2 근대철학의 정점 데카르트와 그의 동시대인인 코메니우스의 저작에서 인간과 사회와 교육이 시계에 자주 비유되는 이유 역시 이러한 철학적 맥락과 관련 있다.(Comenius, 1991: 74f) "사유하는 인간"을 선언함으로써 신으로부터의 독립을 꾀했던 데카르트에게서나 혹은 여전히 신중심적 중세철학의 망토를 벗어 버리지 못했던 코메니우스의 범교육학에서 공통으로 발견되는 것은 바로 이러한 기계적 정확성, 수학적 체계성, 형이상학적 진리성 등으로 표현되는 모종의 확실성에 대한 동경이다. 이들의 경우, 신이 인간세계를 조화롭게 합목적적으로 창조하고 그 속에 자연이라는 정확한 운영원리를 부여하였듯이, 신의 모사 혹은 신의 대리인인 인간 역시 확실성의 원리에 의거하여 운영되는 세계와 자신의 모습을 규정할 필요가 있었던 것이다. 보다 자세한 내용은 이 책 제I부 3장을 참조하시기 바란다.

'기계적'과 '기계'의 의미 차는 결코 사소하지 않을 것이다. 그러나 어떤 의심 불가능한 혹은 확실한 토대를 발견하기 위해 의도적으로 '기계적' 자명성을 추구하였던 데카르트는 인간의 육체를 "기계"로 단정함(김연순, 2013: 285재인용)으로써 인간의 육체가 단순한 기계와는 다른 혹은 그 이상의 기능과 의미를 내포하고 있다는 점을 묵과한다. 그리고 이것은, 주지하는 바와 같이, 한편으로는 코기토의 발견이라는 위대한 철학사적 업적으로 귀결되지만, 다른 한편으로는 인간이 자신의 감각 기관과 감각 경험으로부터 완전히 소외되는 촌극으로 귀결되기도 한다. 아울러 이것은 위에서 언급한 "인간에 관한" 관점 중 "인간이 자기 스스로를 객관적 관찰과 탐구의 대상으로 삼을 수 있는" 방법론의 가능성을 제공하기는 하였지만, 이로 인해 주체와 객체가 분리되는 부작용이 발생되기도 하였다. 즉 인간이, 동물이라는 비교체의 경유를 통해서가 아니라, 인간 자신을 직접 고찰의 대상으로 삼을 경우, 고찰하는 인간과 고찰되는 대상이 주체-객체라는 이름으로 분리되어야만 가능하다. 그리고 주지하는 바와 같이 데카르트의 이른바 주객분리철학은 현대 철학계에서 가장 빈번히 비판적 고찰의 대상이 되기에 이르렀다.(Zizek, 1999/이성민, 2005: 9f)[3]

이상의 논의를 배경으로, 본장에서 저자는 다음 두 가지 탐구를 수행하고자 한다. 첫째, 본고의 전반부(II장)에서는 위 "셋째" 항에서 약술한 데카르트의 기계적 인간론을 검토하고자 한다. 앞서 언급한 바 있거니와, 오늘날 과학기술의 눈부신 발달로 인해 다양한 양상으로 가속화하고 있는 인간의 기계화는 비단 인간인가 기계인가라는 단순이원론의 문제에 그치지 않고, 전에 없던 복합적 양상의 근본적 질문들을 제기하고 있다. 유전자 복제와 조작에 따른 생명윤리와 인권의 문제, 생명공학이 자본주의의 논리와 결합될 경우 시장 내 개인의 자유 구현과 사회 정의 실현의

---

3 이러한 상황에 대한 종합적·체계적인 비평은 "하나의 유령이 서구의 학계를 배회하고 있다. … 데카르트적 주체라는 유령이. 모든 학술 권력들은 이 유령의 성스러운 사냥을 위하여 동맹하였다."라는 문장으로 시작하는 지젝의 저서 『까다로운 주체』(1999)의 서문을 참조 바란다.

문제, 이에 따른 교육의 목적과 기능의 재설정 요청 등은 인간의 기계화라는 현상과 관련하여 근본적 성찰과 숙고와 논의가 시급히 요청되는 주제들이다. 이러한 주제들의 현대적 탐구를 위해서라도 인간의 기계화 또는 기계론적 인간이해의 고전적 원형으로 거슬러 올라가 그 기본발상을 탐구하는 일이 선행될 필요가 있다. 이어지는 [보론]에서는 데카르트의 기계적 인간론에서 묵과된 후 오랫동안 망각되어 온 인간의 육체성의 의미와 의의를 간략하게나마 복원하는 시도를 레비나스 등의 사유에 기대에 감행해 보고자 한다. 이러한 작업이 필요한 이유는 몸철학적 고찰을 통해 데카르트의 인간이 단순한 사유기계가 아니라 그 이상의 존재, 즉 인간으로 복원될 필요가 있다는 인간학적 동기가 그 하나이다.

또 다른 하나의 이유는, 이렇게 복원된 인간이해가 바탕이 될 때 비로소 근래 교육학계에서도 활발히 회자되고 있는 또 다른 양상의 인간의 기계주의적 환원, 즉 제 III장에서 고찰하게 될 이른바 뇌기반학습과학에 대한 성찰의 틀을 마련할 수 있게 되리라는 판단에서이다. 뇌기반학습과학에서 우리는 흥미롭게도 데카르트의 기계적 인간론이 야기하였던 '첨단 해부학의 교육적 인간 소외 현상'과 흡사한 경우를 확인할 수 있다. 즉 인간을 뇌로 환원하여 이해하려는 경향, 더 나아가 뇌 역시 전두엽 후두엽 등의 퍼즐들의 기계적 조합으로 이해하려는 경향이 바로 그것이다. 이상의 고찰을 통해 인간의 기계주의적 환원의 시대에 교육학 일반뿐 아니라 뇌기반학습과학의 인간학적·교육학적 좌표설정에 기여할 수 있으리라는 소망을 담아 간략하게나마 논의를 전개해 보려 한다.

II. 사유-환원주의적 관점

1. 데카르트의 "인간기계"와 몸성의 망각

철학적 확실성뿐 아니라 제 학문적 확실성에 대한 회의가 일반화된

21세기와는 달리, 철학이 신학으로부터는 이별을 고하였으나 물리학, 신학, 의학과 수학 등의 영역과는 아직 혼재되어 있던 17세기는 정초론적 확실성에 대한 모종의 갈증이 있었음이 분명하다. 우선은 빛과 질서의 원천이자 이성과 지혜의 근원으로 여겨졌던 신의 사상적 기능과 권위를 대신할 만한 인간의 속성들이 발견될 필요가 있었으며, 다른 한편 이 불변의 속성을 모든 학문의 출발점이자 토대로 삼아 나가야 한다는 강박이 있었다. 그 단적인 예로 데카르트는 저 유명한 『성찰』(특히 제2, 3성찰)에서 한 가지 질문을 집요하게 제기한다. 즉 "참된 나는 무엇이며, 이것[나의 참성]은 어떻게 근거지워질 수 있는가?" 그의 의도는 단순히 인간은 무엇인가라는 오래된 철학적 물음을 해명하는 데 있는 것이 아니라, 그보다 한층 더 깊은 차원에서 나의 참성 또는 나라는 존재의 최종적 근거를 발견하는 데 있었다. 이를 위해 그는 이른바 "감각적 경험의 오류의 가설, 꿈의 가설 그리고 전능함과 동시에 정직하지 않은 악한 영의 가설"(제1, 2성찰)을 동원한다.

우선 감각적 경험의 허위 가능성은 데카르트가 자신의 물음을 인간 일반이 아닌 '나'에 국한시킴으로써 도달하게 되는 자연스러운 결론이다. 즉 "확실하고 흔들리지 않는 최소한의 것"(Descartes, 1993: 24/이현복, 1997: 42)을 발견하고자 했던 데카르트의 질문에 대해 감각적 경험의 존재인 개인은 어떠한 만족스러운 대답도 제공할 수 없다. 각 개인의 주관적 감각은 확실하거나 흔들리지 않는 것도 아니며, 유일하거나 보편적일 수도 없다. 즉 개인적이고 상대적이고 가변적이며 다양하다. 그러므로 개인의 감각적 경험은 데카르트가 설정한 확실성의 차원에서 애초부터 고려의 대상이 아니거나 논리적으로 부정될 수밖에 없는 범주에 속한다. 철학적으로 가정된 보편인간 그리고 감각적 경험세계와 무관하게 수학적으로 설정된 표준감각을 전제하지 않고서는 감각적 경험의 확실성이라는 것은 애초에 존재하지 않는다. 이러한 사실을 데카르트가 인식하고 있었는지와 무관하게 여기서 중요한 것은, 데카르트의 방법론적 회의의 첫 질문이 갖는 인간학적 의미이다. 즉 그의 질문방식을 통해 우리가 도달하게 되는 것은 감각적 경험이 배제된 인간이다. 그의 철학적 관심사는 '인간은 무엇인가 혹은 나는 무엇인가'가 아닌, 인간의 혹은 나의 '참성'(Wahrheit)의 근거를 해명하는 데 있었기에, 그는 사변적 확실성의 칼로 인간을 해부하고 그로부터 감각경험을 도려내기에 이른 것이다. 자신이 설정한 철학의 제1원칙, 즉 확실하지 않은 것은 배제하여야 한다는 원칙에 따라 그는 결코 흔들림이 없을 수도 확실할 수도 없는 감각적 경험의 영역을 인간으로부터 제거하여 버린 것이다.

이로써 데카르트의 인간학은 감각하는 혹은 감각적으로 경험하는 인간에 관한 것이 아니라 감각적 경험으로부터 분리되어 그 결과에 대해 사유만 할 수 있는 인간으로 축소되기에 이르렀다. 즉 데카르트식 해부학을 통해 탄생한 사유하는 인간에게는 감각적 경험이나 몸의 생리적 변화를 통해 얻게 되는 세계의 이해들, 색깔의 구분, 음의 분간, 향기와 악취, 배고픔과 아픔, 눈물과 웃음 등은 경험의 대상이 아니라 사유와 인식의 영역으로 편입된다. 뿐만 아니라 이와 직간접적 상관을 갖는 기쁨과 슬픔, 사랑과 증오, 분노와 두려움 등 감정적 차원의 경험 역시 회의와 부정의 대상이 된다. 어떤 기쁨의 순간에 기쁨에 대해 사유한 이후에야 기쁨을 이해할 수 있다고 사유하게 되는 사유의 오솔길에 위치한 인간 – 즉 어떤 감각적 경험과 감정적 동요의 순간에 몸이라는 공간 속에서 일어나는 각종 경험으로부터 철학적 의미를 발견하는 것이 아니라, 사유라는 우회로를 거쳐야만 모종의 확실성을 담보할 수 있다는 강박적 인식론의 인간학을 우리는 데카르트의 방법론적 회의의 과정에서 목도하게 된다. 흡사 할리우드 영화 속 로봇 혹은 기계인간들을 연상시키는 데카르트의 이러한 무감각적·기계적 존재를 마이어드라베는 "정신기계"(Geistmaschine)로 규정하고 다음과 같이 비판적으로 논평한다.

"데카르트가 더 이상 부정할 수 없는 사유의 토대에 도달하였다고 생각한 바로 그 순간, 인간은 자기 자신에게 수수께끼 같은 존재가 되어 버렸다. 그는 자기 자신 그리고 데카르트 자신이 만들어 낸 이 자동판매기 사이의 차이를 규명할 수 없게 되어 버렸다. 정확하게 표현하자면, 데카르트의 인식 토대라는 것은 하나의 정신기계를 나타내는 것이다. 즉 이것은 시계의 정확성에 따라 작동되는 그리고 외부로부터의 영향을 전혀 받지 않는 어떤 규칙물이다."(Meyer-Drawe, 1995: 48-52)

마이어드라베가 "정신기계"라고 명명한 이 존재는 웃거나 울지 않는다. 심지어 이 모호한 존재의 이면 혹은 쌍둥이라 할 수 있는 몸이 기쁨의 웃음을 웃고 감각의 눈물을 흘리고 있을 때조차 이 "정신기계"는 지신의 무감각을 주장한다. 이 "정신기계"는 미소나 눈물 그리고 이와 연관된 정서적 변화의 과정 중에 자신에게 벌어지고 있는 현상들을 이해하거나 설명할 수 없다. 이 "정신기계"는 다만 이 현상들을 관찰하고 기술하며, 때로 이에 대해 회의를 품을 뿐이다.

데카르트가 발견한 혹은 심지어 그가 발명한 것으로 여겨질 수도 있는 이러한 근대적 인간에게 있어서는 플라톤의 "경외감·놀람"(Staunen) 역시 그 본래의 인간학적 의미가 상실되고 만다. 왜냐하면 경외감·놀람이라는 것은 이것에 대해 사유하기 시작하여야만 가질 수 있는 어떤 경험이 아니기 때문이다. 오히려 그 반대이다. 즉 사유가 진행되는 순간 그리고 그 과정이 지속될수록 그 경험으로부터 빠져나오게 되는 것이 경외감이자 놀람이다.(Meyer-Drawe, 1999: 32-35; Waldenfels, 2004: 32) 경외와 놀람이 시작된 순간 그리고 그 경험의 한 가운데서 인간은 어떤 낯선 세계에 노출되어 있으며, 이 순간 자기(selbst)는 일정 부분 상실된 상태라 할 수 있다. 인간은 자신의 몸속에 구속되어 있는 한 경외감과 놀람을 계획하거나 주도할 수 없다. 인간은 몸속과 몸 밖에 동시에 존재할 수 없다. 인간은 자신의 몸에 대해 생각할 수는 있으나, 자신의 몸을 어떤 물건처럼 소유할 수는 없다. 인간은, 흡사 천사와 같은 방식으로, 자신의 몸 밖에서 공기처럼 존재할 수 없다. 즉 인간은 제3의 관점에서 자신을 관찰할 수 없다. 인간은 자신의 몸속에서 몸을 빌어 생각하고, 자기 자신에 대해 일정 정도의 거리감과 맹점(Blindheit)을 가질 수밖에 없는 운명을 지닌 존재이다.(Waldenfels, 2000: 9)

데카르트의 인간학적 사유에 있어서 어쩌면 가장 근본적인 문제점은 그가 "형이상학적 확실성"(Descartes, 1997: 63)의 획득 또는 이른바 "철학의 제1원리"의 실현을 위해 근본적으로 부정이 불가능한 인간의 실존적 조건, 즉 인간이 몸적 존재라는 사실을 간과 또는 묵과했다는 사실이다. 다음 인용에서 확인할 수 있듯이, 그에게 있어서 인간이 몸적 존재라는 지극히 단순한 인간의 조건은 철학적 주목의 대상이 아니었다.

"이로부터 나는 나라는 존재가 그 본질 또는 본성이 단지 사유하는 데 있는 하나의 실체라는 사실을 그리고 존재하기 위해 어떤 장소를 필요로 하거나 물질에 얽매이지 않는다는 사실을 인식하게 되었다. 그래서 이 나, 즉 나를 나이게 하는 이 영혼(Seele)은 육체와는 완전히 다른 것이고, 심지어 이것은 육체보다 훨씬 알아보기 쉬우며, 설령 육체가 없을 때라 하더라도 이것은 본연의 그것으로 있기를 멈추지 않는다."(Descartes, 1997: 55)

데카르트는 부인이 불가능한 인간의 몸을 인식의 조건이나 인간 존재의 기본양식으로 이해하지 않는다. 그가 주장하는 인간의 몸은 정신이나 영혼과 분리가능한 모종의 "지체기계(Gliedermaschine) 또는 신체기관 모둠"(Descartes, 1993: 22, 115) 그 이상도 이하도 아니다. 데카르트의 거듭되는 표현처럼, 인간은 "팔, 다리, 머리 및 신체라고 불리는 여타 부분으로 합성된 전체"이자 "인간기계"(Descartes, 1989/이현복, 1997b: 152)로 규정된다. 형이상학적 확실성을 수학적 질서와 연관 지어 근대 학문의 확고하고 자명한 토대를 마련하였던 데카르트의 철학적 기여에 대하여는 당대에나 오늘날에나 이론의 여지가 없다. 그러나 인간의 자기규정에 있어서 데카르트의 라디칼한 인식론적 확실성의 추구로 인해 혹은 "수학적 질서와 형이상학적 향수"(Meyer-Drawe, 1995: 48)의 조합을 통해 인간의 실존적 조건인 몸이 철학적 망각에 빠지게 되었다는 사실은 분명 비판의 여지를 남긴다. 데카르트는 신체 그 자체 및 신체 기관을 통한 감각적 경험의 결과들을 경험적 사실이 아닌 "하나의 커다란 도덕적 확신"(Descartes, 1997: 63)으로 폄하함으로써, 몸적 감각경험과 의식철학적 인식 사이의 위계를 분명히 하였다. 즉 그에게 있어서 감각적 경험은 비과학의 영역에 속하는 어떤 것에 불과한 것이었다.

그렇다면 데카르트는 자신이 "하나의 도덕적 확신"이라고 평가절하하였던 몸적 인간 및 감각적 경험에 대해 과연 흔들림 없는 확신을 갖고 있었던 것일까? 이에 대해 데카르트는 『자연의 빛에 의한 진리탐구』(1644 -1647)에서 폴리안데르라는 가상인물을 통해 다음과 같은 실존적 사실을 간접적으로 진술한다.

> 폴리안데르: 내가 결국 말하려고 했던 것은, 나는 두 팔, 두 다리, 머리 및 신체를 구성하고 있다고 말해지는 다른 모든 지체로 합성된 전체, 또 영양을 섭취하고, 걷고, 감각하고, 사유하는 전체와 다름 아니라는 것이다. … 내가 신체를 갖고 있다는 사실을 절대적으로 부인할 수도 없다는 것이다. … 내 신체를 의심했다면, 나는 또한 나 자신에 대해서도 의심했을 터인데, 그러나 이는 불가능한 것이기 때문이다.(Descartes, 1989: 63/이현복, 1997b: 148f)

여기서 우리는 상이한 두 목소리의 데카르트를 목도한다. 즉 한편으로는 신체의 철학적 불확실성과 무의미성을 주장하려는 데카르트, 다른 한편으로는 신체없음의 불가능성이라는 인식철학의 막다른 골목에서 서성이는 데카르트가 바로 그것이다. 폴리안데르가 후자의 대변인이라면, 전자는 에우도수스라는 가상인물의 발언을 통해 드러난다. 폴리안데르의 긴 고민을 경청하던 에우도수스의 가르침은 다음 한 마디, 즉 "오직 이성의 빛과 양식의 도움으로"(Descartes, 1989/이현복, 1997b: 153)로 요약될 수 있다. "자연의 빛을 통한 진리"라는 은유로 상징되는 "이성의 명증"(Descartes, 1997: 65/이현복, 1997c: 65)을 추구하였던 이 가상의 대화자들, 즉 데카르트 자신은 이른바 존재론적 영점의 현장에 도달하지만, 여기서 그는 자신의 방법론적 회의의 시작점에서 무의미한 것으로 제쳐두었던 바로 그 문제를 다시 직면하게 된 것이다. 이번에도 그의 전략은 묵과이다. "우리가 이러한 모든 의혹들을 손댈 수는 없지만, 그렇다고 그것들이 내 실존에 대한 확신에 방해물이 되는 것은 아니다."(Descartes, 1989: 63)

그러나 이보다 몇 해 앞서 출판된 『성찰』에서 우리는 인간의 몸성과 관련하여 좀 더 구체적으로 묘사되는 데카르트 고민의 흔적을 발견할 수 있다. 『자연의 빛에 의한 진리탐구』에서는 몸의 존재론적 필연성이 문제가 되었다면, 여기서는 몸적 현상들에 대한 해명의 가능성이 문제가 된다. 이것은 한편으로는 현상학적 관찰실험이기도 하거니와, 다른 한편으로는 데카르트 자신의 극단적 인식철학의 한계를 인정한 것이기도 하다.

"왜냐하면 나는 신체로부터는 그 밖의 물체에서처럼 결코 분리될 수 없고, 또 모든 욕망이나 정념을 신체 속에서 그리고 신체를 위해 감각했으며, 끝으로 고통과 쾌감을 신체 밖의 다른 물체에서가 아니라 신체에 지체에서 감지하기 때문이다. 그러나 나 자신도 그것이 어떤 것인지 알지 못하고 있는 고통의 감각에서 왜 영혼의 슬픔이 생기고, 쾌락의 감각에서 왜 기쁨이 생기며 혹은 허기라고 불리는 위의 동요는 왜 나로 하여금 음식을 먹게 하고, 목마름은 왜 나로 하여금 물을 마시도록 하는지 등은 자연이 나에게 그렇게 가르쳐 주었기 때문이라고 밖에는 설명할 방도가 없었다."(Descartes, 1993: 68-72/이현복, 1997a: 107)

단적으로 표현하자면, 데카르트의 철학은 인간의 몸을 해명하지 못하고 있다. 그가 거듭 제시하고 있는 유일한 해명은 "자연의 가르침"이다. 그는 몸의 생리적 현상뿐 아니라 이에 동반하는 감정적 현상에 대한 모든 해명을 "자연의 가르침"으로 환원시키고 있다. 『성찰』에서 자주 발견되는 이 "자연의 가르침"은 데카르트의 제3가설에 등장하는 "악한 영"이나 제3-5 성찰의 주제인 "신 존재의 확실성" 만큼이나 그 근거가 불충분하고 불명료하며, 심지어 신비주의적이기까지 하다. 어쩌면 방법론적 회의를 포함한 데카르트적 사유는, 데카르트 자신이 그토록 추구하였던, 더 이상 의심할 수 없는 확실한 지식토대의 확립이라는 취지와 달리, "앎의 집적"(Wissen-schaft: 학문)이 아니라 "믿음의 집적"(Glauben-schaft: 신앙)에 가깝다는 인상을 남기기도 한다. 그리고 그가 말하는 "앎의 확실성"은 어떤 증명 가능한 지식보다는 신 존재에 대한 믿음에서 기인한다.

> "신이 현존한다는 것은 수학적 진리가 갖고 있는 것과 적어도 동등한 확실성을 갖고 있어야 한다. … 그러므로 현존하지 않는 - 즉, 어떤 하나의 완전성이 빠져 있는 - 신을 - 즉, 최고 완전한 존재자를 - 생각하는 것은 골짜기 없는 산을 생각하는 것 못지않게 모순이다. … 어떠한 말도 날개를 갖고 있지 않음에도 날개 달린 말을 상상할 수 있듯이, 신이 현존하지 않음에도 내가 신에게 현존을 덮어씌울 수도 있기 때문이다."
> (Descartes, 1993/이현복, 1997a: 94-96)

데카르트가 논리적 방법이 아닌 은유적 방법을 동원하여 설명하고자 하는 그 신의 존재는 애초 증명될 성격의 것이 아니었다. 그러기에 그는 결국 "현존하는 신을 생각하는 것은 내 자의대로 되는 것이 아니다."(Descartes, 1993/이현복, 1997a: 96)라고 고백한다. 신 존재의 증명과 무관하게 본고의 맥락에서 중요한 것은 데카르트의 인식론적 사유의 토대 자체의 불확실성이다. 데카르트는 인간 사유의 확실성을 주장하기 위해 신적 존재 또는 완전성의 개념을 상정하였다. 그가 "나는 생각하므로 존재한다"를 말할 때 그는 "코기토의 확실성과 진리성, 그러므로 모든 학문의 확실성과 진리성은 오직 참된 신에 대한 인식에 의존하고 있다는 점"(Descartes, 1993: 64/이현복, 1997a: 101, 75)을 전제하였다. 이와 마찬가지로 "나는 감각하므로 존재한다"를 비롯한 몸적 인간을 발견하고 그러한 방식의 인간학적 규정이 가능하였을 순간에, 데카르트는 이 모든 인간적 현상을 해명이 더 이상 가능하지도 필요하지도 않은 "자연의 가르침"으로 치부하였다. 데카르트에게 있어서 자연은 신의 피조물임과 동시에 신에게서 비롯된 수학적 질서와 형이상학적 확실성을 담지한 기제이다. 그의 성찰의 대전제이기도 한 신은 증명 불가능의 존재이지만, 오히려 그러므로 이 증명 불가능성이야말로 인식적 존재의 증명 가능성들의 유일한 절대 근거라는 것이 『성찰』에 나타난 그의 논증이다. 즉 그는 감각적 현상을 증명 불가능의 영역에 속하는 것으로 치부함과 동시에, 그것 위에 "자연의 가르침"이라는 덮개로 덮어놓고 지나친 것이다. 이로써 인간의 기계주의적 환원은 심연에 이르게 되고, 인간의 몸성은 의식철학적 인식론의 어두운 후방으로 밀려나 오랜 기간 망각에 빠지게 된다.

2. [보론] "인간기계"의 인간적 복원

인간의 몸성이 철학적 망각에 빠졌다고 해서 인간의 몸성 자체가 소실되는 것은 아니다. 데카르트가 해명하지 못했거나 묵과하였던 인간의 몸성은 인간 존재의 기본조건이다. 때로 우리의 의식이 미처 닿지 못하는 순간에도, 의식의 저편에서 몸은 인간의 또는 모든 존재자의 존재성을 유지하고 규정하는 토대로 있다. 몸은 항상 거기에 있다. 발덴펠스가 "영구성"(Permanenz: Waldenfels, 2000: 31)이라고 명명하는 몸의 이러한 기본 특성은 너무나 사실적이고 자명한 나머지, 철학적 논의에서는 물론이거니와 심지어 일상에서조차 간과되기 십상이다. 그러나 살아있는 모든 인간은 이 단순한 사실성으로부터 자유롭지 않다. 몸의 존재인 한 우리는 몸으로부터 벗어나서 몸존재인 자신을 바라볼 수 없다. 몸존재인 우리는 몸 안에 머물면서 몸을 제한적으로나마 관찰하고 기술하고 몸에 대해 사유한다. 즉 우리는 몸적으로 사유할 수밖에 없다. 몸적으로 사유한다는 표현은 데카르트의 이원론의 관점에서 보자면 철학적 불확실성의 표현이기도 하다. 그리고 불확실성은 확실성이라는 전제 위에서만 그 의미를 획득한다. 그러나 몸성의 경우 데카르트식의 철학적 불확실성은 철학적 무근거성을 의미하는 것이 아니라 경험적 사실성의 해명 불가능성을 의미할 뿐이다.

인간은 몸존재(Leibsein)임과 동시에 몸-가짐-존재(Sein des Leibhabens)이다. 인간은, 데카르트의 자기관찰 실험에서와 같이, 자신을 보고, 자신을 만지고, 자기 스스로에 대한 인식을 감행하기도 한다. 그러나 인간은 그것 이상의 존재이다. 인간에게는 자신의 시선과 손길로 직접 닿을 수 없는 신체의 부위가 절대적으로 존재하며, 의식과 인식의 작용으로는 해명이 불가능한 개인 내적 현상들이 상존한다는 사실을 우리는 경험적으로 알고 있다. 내가 거울 속의 나를 나의 눈으로 보지만, 이때 나의 시선은 고유한 나의 시선이라기보다 타자의 시선에 가깝다. 이런 종류의 '주체 균열'의 경험에 우리는 일상적으로 익숙해 있다. 이는 비단 봄의 경험에만 국한되는 것이 아니다. 우리는 말하는 동시에 나에 의해 말하여진 것을 들으며, 사물을 만지는 순간 사물에 의해 닿아지는 나를 느낀다. 이때 나는 행위자임과 동시에 행위되는 자이기도 하다. 우리가 일상적으로 경험하는 나는 데카르트적 나로 정체지을 수 없는 존재이다. 나는 나임과 동시에 타자이다. 이런 의미에서 몸적 자아는 자기 자신임과 동시에 항상 자신으로부터 탈주하는 탈자아적 존재이기도 하다.(Waldenfels, 2000: 35참조) 이 벗어남의 순간, 균열의 경험 한가운데 나라는 존재의 확정된 정체성이란 것이 없다. 이 벗어남의 순간 또는 자기균열의 경험을 의식철학의 언어로는 설명할 길이 없다. 데카르트의 이른바 "꿈의 가설"은 실상 의식철학적 언어의 한계라고 말할 수 있다. 실존의 근본현상인 잠의 순간에 의식의 언어는 침묵하기 때문이다. 나아가 의식의 언어로는 닿을 수 없는 이 잠의 현상에 대해 데카르트는 회의와 침묵 정도에 그치지 않고, 이것을 철학적으로 무의미하다고 선언하기에 이른다. 빛의 철학, 확실성의 철학을 지향하였던 그에게 있어서 잠은 부정되어야 할 철학적 암흑의 은유이다.

이러한 빛의 형이상학, 의식과 인식의 철학에 대해 정면으로 반박하며 의식과 비의식의 연관에 대해 적극적으로 의미를 부여한 철학자로 레비나스를 들 수 있다. 그의 관심은 의식철학이 의도적으로 간과하였던, 그러면서도 완전한 비의식의 영역으로 치부할 수 없는 존재 영역을 철학적으로 묘사하는 데 있었다. 즉 그는 깨어있음과 잠의 사이영역에서 몸존재인 인간의 존재성에 대한 철학적 의미복원을 시도하였다.

> "나는 종종 '동떨어진 제3의 무엇'이라는 표현을 사용하곤 했다. … 불면의 상태에서는 잠을 자는 '나'가 있다고 말할 수 있지만, 동시에 그렇게 말할 수 없을 수도 있다. 깨어있음으로부터 빠져나가지 못함이라는 의미의 불가능성은 모종의 객관적인 것으로서, 나의 주도성과 무관하다. 이 비인격성은 나의 의식을 집어삼킨다. 이렇게 의식은 비인격화된다."(Levinas, 1996: 35f) "불면 속에서는 밤에 대한 나의 깨어있음이 있는 것이 아니다. 깨어있는 것은 밤 그 자체이다."(Levinas, 1997: 80)

레비나스의 잠의 현상학은 '깨어있는 나'만을 '나'로 인정하려는 데카르트의 의식철학과 좋은 대조를 이룬다. 그는 데카르트의 진단과 달리 "깨어있음은 익명적인 것"(Levinas, 1997: 80/서동욱, 2001: 110)이라고 정의한다. 레비나스에게 있어서 인간은 생각이라는 특정한 기능에 고정된 존재가 아니라, 몸속에 살면서 몸적으로 사유하고 몸적으로 행위하는 존재이다. 이성과 사유가 인간의 중요한 특성일 수는 있으나, 이것이 인간의 존재성을 규정하고 규명하는 유일하거나 자명한 토대는 아니다. 인간은 몸성을 기반으로 주관 내적 차원 혹은 상호주관적 차원에서 펼쳐지는 응답적 관계 속에서 다양한 이름과 정체성으로 실존하는 자이다.(Woo, 2007a) 인간은 데카르트적 인식이 감행되는 동안은 코기토로 자신의 모습을 드러내지만, 그 대부분의 시간은 익명적 비사유자로 실존하면서 타자의 부름에 다양한 양상으로 응답한다. 레비나스에게 있어서 인간은 빛과 어둠이라는 시간적 연속성 속에 끊임없는 익명의 자기균열을 경험하는 존재이다. 데카르트의 의식철학의 경우와 달리, 레비나스에게 있어서 깨어있음의 상태는 "자기 자신으로부터 출발할 수도 그렇다고 자신에게로 돌아갈 수도 없는 고독한 단자"(Levinas, 1995: 47)를 의미할 뿐이다. 이렇게 그는 깨어있음과 깨어있음 사이의 공간, 즉 전통적 의식철학이 잠과 어둠과 불확실성의 영역으로 평가절하고 철학적 망각에 이르게 한 존재의 심연을 다음과 같은 은유적 선언을 통해 복원을 시도한다. 즉 "의식은 잠들 수 있는 능력이다."(Levinas, 1995: 47) 이를 통해 그 의미가 복원되는 것은 비단 의식에 상응하는 비의식 또는 무의식의 영역만이 아니다. 인간의 몸성 역시 인간 존재의 근본적 구성요소라는 사실에 대한 환기도 아울러 이루어진 것으로 평가될 수 있다.

비록 모든 학문의 확실한 토대 확보를 위함이라는 공익적 목적에도 불구하고, 이른바 잠의 가설과 함께 악령의 가설까지 동원하였던 데카르트의 시도는 분명 인간학적으로 미진하였을 뿐 아니라 온전히 인본주의적이라고 보기는 어렵다. 형이상학적 확실성과 수학적 정확성·완전성의 상징으로 여겨진 중세적 신의 형상에 근거하여 인간을 정신과 신체로 양분하고, 그중 일부만을 취하여 구성된 근대적 인간상과 인간학 속에서 정작 인간 자신은 소외되고 만 것이다. 신의 영감으로 밝혀진 그곳은 의식과 인식의 빛이 너무나도 밝고 강렬한 나머지, 몸적 존재인 인간이 휴식을 취할 곳이 없기 때문이다. 졸지도 주무시지도 않는 신과는 달리 인간은 인식의 활동과 더불어 정서적 동요, 생리적 필요, 타인의 요청에 부응하지 않을 수 없는 존재들이다. 만약 신이 인간을 창조하였다면, 인간 존재의 설계는 인간의 발명품인 시계의 기계적 역학과는 차원이 다른 복합적 역학을 전제로 하였을 것이다. 그리고 만약 오늘날의 인류가 진화의 결과라면 '설계'라는 기계적 표현은 인간의 존재론적 사실성과 더더욱 어울리지 않을 것이다. 물론 이러한 복합적 역학에는 단순히 인식과 의식의 기제뿐 아니라 몸성의 가능성과 한계 그리고 여전히 그 작동방식이 지극히 모호한 정서의 기제가 동시에 영향을 미친다는 사실을 우리는 모든 과학적 탐구 이전에 일상의 경험을 통해 이미 알고 있다.

III. 뇌-환원주의적 관점에 관하여

교육적 인간을 바라보는 관점들에 관한 논의에서 출발한 본고는 인간의 기계화라는 현대적 현상의 기저에 인간에 대한 모종의 기계론적 환원주의가 자리하고 있다는 점과 아울러 그 고전적 예인 데카르트의 기계론적 인간학이 갖는 맹점을 지적한 바 있다. 아울러 인간이라는 존재가 단순히 이른바 생각기계인 코기토로 환원될 수 없으며, 어쩌면 의식보다 더 근원적이고 포괄적인 실존 조건인 몸성의 의미가 철학적으로 복원될 필요가 있다는 주장을 레비나스의 사유에 기대어 표한 바 있다. 이어서 간략히 언급하고자 하는 점은, 근래 교육학계 내 인간의 기계적 환원의 징후가 등장하였다는 사실이다. 이에 관하여 아래 사례를 들고자 한다.

첫째, 이른바 뇌기반학습과학으로 명명되는 교육학 영역에서는 교육학의 여타 분야보다 일찍 뇌과학적 발견을 개방적으로 수용하여, 이를 교육의 영역에서 화두로 삼았다. 이른바 "뇌의 십 년"으로 불리는 1990년대를 지나 2000년대에 들어 뇌기반학습은 교육학의 신흥 분야로 주목받기 시작하였고, 전문적 수준의 연구자들이 본격적으로 연구와 교수활동을 이어나가고 있다. 김성일은 뇌기반학습과학을 다음과 같이 소개한다.

"뇌기반학습과학은 모든 학습은 뇌에서 이루어진다는 대전제 아래 인간의 사고 및 학습과정에 대한 과학적이고 체계적인 접근방법으로 뇌의 인지기능 및 구조에 대한 과학적 이해를 바탕으로 학습자의 뇌를 효율적으로 활용할 수 있는 적절한 교수-학습 환경을 디자인하고자 하는 실용적 목표를 둔 새로운 접근이다."(김성일, 2006: 378)

위 소개에서 특징적인 점 두 가지를 들자면, 우선, 모든 학습이 이루어지는 위치 또는 학습의 주체로 뇌를 들고 있다는 점 그리고 '교육' 대신 '학습'이라는 용어를 채택하고 있다는 점이다. 이어지는 장에서 그는 다시 한 번 학습과 뇌를 연결시켜 "모든 학습은 뇌에서 이루어진다."(김성일, 2006: 381)고 강조한다. 이른바 뇌기반학습과학을 소개하는 글 속에 '인간, 교육'이라는 개념은 거의 등장하지 않는다. 인간 대신 뇌가 논의의 중심에 서는 것은 물론이거니와, 심지어 이 뇌마저 뉴런, 우반구, 좌반구, 해마, 전두엽, 후두엽, 측두엽, 두정엽 등의 부위들로 나뉘어 각각의 기능으로 소개되고 있다. 즉 인간은 뇌로 대치되고, 뇌는 더 세분화된 부위들로 해부되어 기능주의적으로 파악되고 있다. 나아가 그는, 아래 인용에서 보듯, 교육학의 전통적인 접근과 위와 같은 새로운 경향을 "과학 대 비과학"이라는 구도로 소개하고 있다.

> "외국에서는 오래전부터 기존의 각종 교육을 추상적 교육철학 개념이나 직관적 인문적 기술 중심이라는 비과학적 체계에서 벗어나 '과학기반 교육'(SBE: Science-Based-Education)으로 변화되고 있다. 지난 몇 년 사이에 해외에서는 각종 학교와 산업체 등에서의 각종 학습과정을 효율화시키는 방법을 연구하고 응용하는 '학습과학'(Learning Science)이 인지과학을[의] 주요 분야로 자리잡아 가고 있다."(김성일, 2006: 377)

그가 말하는 "외국"이 어디인지 그리고 이른바 "과학"과 "비과학"의 구분이 어떤 기준에 의한 것인지에 대해서는 구체적 설명이 제시되어 있지 않다. 그럼에도 불구하고 이 지점에서 우리는 교육학의 본령에 대해 자문해 볼 필요가 있다. 이른바 "뇌기반학습과학"은 교육학인가? 분절적으로 질문하자면, "뇌기반학습"은 교육인가? 그리고 "뇌기반학습과학"은 교육'학'인가? 물론 뇌신경과학의 발견들이 교육과 맺는 관련성에 관하여 그는 "방향과 아이디어"라는 표현을 통해 다소 관망적인 입장을 취하고는 있다. 그러나 적어도 위 소개에 근거하여 볼 때 뇌기반학습과학의 기본 입장은 학문으로서 교육학의 시작점으로 알려진 헤르바르트의 『일반교육학』(1806) 이래 200여 년 동안 지속되어 온 관점과는 사뭇 다른 접근이라는 점만은 분명하다. 그리고 이러한 시각에는 앞서 고찰한 바 있는 데카르트식 기계적 환원주의와 흡사한 구조의 사유가 전제되어 있다. 여기서 우리의 의문은 다음 질문으로 압축된다. 즉, 인간이 학습하는가 혹은 뇌가 학습하는가? 만약 학습의 주체가 인간이 아니라 뇌라면, 이때 이 '학습'은 어떤 개념의 것인지가 분명히 정의되고, 기존의 개념들과 체계적·비판적으로 구분될 필요가 있다. 그렇지 않을 경우 인간의 기계적 환원주의는 다양한 방식으로 심화될 것이고, 유사교육주의 혹은 유사학습주의들의 선정적인 그리고 심지어 신비주의적이기까지 한 비과학적 교육론의 출현이 불가피할 것이기 때문이다.4 그 예로, "제 2회 국제 뇌교육심포지움"에서 행해졌던 이승헌(국제뇌교육종합대학원장, 국제뇌교육협회장)의 다음과 같은 발제는 학계의 우려를 자아내기에 충분하다.

　"오늘 제목은 미래교육의 전망과 대안으로서의 뇌교육입니다. … 우울증

---

4 혹자는 뇌기반학습의 이러한 진단과 주장이 해당 분야 초기의 상황이었기에 그러하다고 주장할 수 있다. 그러나 최근의 연구에 나타난 뇌기반학습의 인간학적 전제와 가정적 인식 및 교육학적 유용성에 대한 판단 역시 크게 다르지 않다. 2017년 『교육비평』에 게재된 논문 "제 4차 산업혁명과 뇌-기반교육"에서 신동훈은 "제 4차 산업혁명 시대"의 교육 키워드로 이른바 "뇌기반학습"을 들면서, 인간의 "모든 학습은 뇌에서 이루어진다."(2017: 387f)는 점을 뇌기반학습의 대전제로 들고 있다. (이러한 대전제는 박형빈의 글(2016: 154)에서도 동일하게 나타난다.) 이어서 그는 "뇌 기능의 분화(좌뇌·우뇌)와 통합 그리고 이러한 기능적 분화와 통합 관점을 넘어서는 학습"(2017: 390f) 등의 차원에서 ("교육"이 아닌) "학습"을 논한다. 본고의 맥락에서 부각될 필요가 있는 것은, 인간은 뇌로, 인간교육은 뇌(기반)학습으로 환원된다는 점 그리고 이 경우 인간과 교육이 오로지 기능주의적 관점에서 파악되고 규정된다는 점이다. 부연할 점은 뇌기반학습에 관한 위 세 가지 사항 - 즉, 제 4차 산업혁명과 뇌기반학습의 연결성, 모든 학습의 중심으로서 뇌, 기능에 따른 뇌의 환원적 분화·통합과 교육적 처치의 연결성 - 모두가 현재로서는 논리적·사실적 명료성을 득하였다고 판단하기는 어렵기에, 앞서 김성일이 "과학"이라고 명명한 것과도 거리가 있다고 판단할 수밖에 없다는 점이다. 다만 신동훈의 염려대로 뇌과학 연구의 "뇌 학습 기제에 역행한 교육사례, 뇌과학 연구의 교육적 상업화·신화화 사례"(2017: 389)는, 이하에서 기술될 바와 같이, 이미 등장하였다는 점은 분명해 보인다.

… 청소년 흡연률 … 이것은 바로 또 무엇이냐. 자기 욕구를 충족할 만한 것이 없기 때문에 이런 현상이 일어나는 것입니다. 욕구 불만이 잔뜩 있다. 다시 이야기해서 뇌를 잘못 활용하고 있다는 것입니다. 이것은 다 뇌와 관련 있는 것이 아닌가 생각합니다. … 당신은 뇌를 어떻게 운영하고 있습니까? … 나는 열심히 살고 있는데 열심히 살고 있는 것과 뇌를 운영하는 것하고는 다릅니다. … 뇌에는 뭐든 답이 있습니다."(이승헌, 2007: 44-47)

위 강연자에게 있어서 인간은 뇌로, 그러므로 교육은 "뇌운영"으로 환원된다. 표현은 "뇌운영"이지만, 사실상 뇌가 생각하고, 뇌가 느끼며, 뇌가 학습하도록 뇌의 생물학적 주인인 인간은 자기 뇌의 매니저가 되어야 한다는 것이다. 이로써 인간은 사실상 뇌로부터 분리되고, 인간은 자신의 모든 행위로부터 소외된다. 이 경우 우리는 다음과 같은 인간학적 질문으로 회귀할 수밖에 없게 된다. 나의 뇌를 운영하는 나는 과연 누구인가? 위에서 인용된 화자는 심지어 인간과 사회의 모든 문제를 모두 뇌의 문제로 환원시키고도 있다. 그가 "뇌교육"을 "뇌운영"으로 정의하고, 나아가 심지어 "뇌운영"의 목적이 "홍익인간 정신의 실현"(이승헌, 2007: 47)에 있다고 할 때, 우리는 "유전자 향상(genetic enhancement)을 통한 인간의 업그레이드야말로 개인의 존엄 유지와 사회적 평등 보장을 위한 미래지향적 인간주의"라는 포스트휴머니스트 보스트롬의 공언을 떠올리게 된다.(Bostrom, 2003: 2005) 주지하는 바와 같이 인간의 기계화를 수용하고 옹호하는 포스트휴머니즘은, 인간의 교육 대신, 유전자의 자유로운 선택이야말로 인간의 태생적 불평등을 교정하는 진정한 교육적 평등의 길이며, 이로써 개인의 자유와 사회 정의는 실현될 것이라는 견해를 피력한다. 이러한 주장의 철학적·사회경제학적·교육학적 부작용에 대한 논의는 이 책의 다음 장들에서 다루기로 한다. 다만, 이러한 현대적 주장 역시 그 기저에 있어서 인간의 기계화 또는 인간의 기계적 환원주의와 맞닿아 있다는 점만은 분명히 지적해 두고자 한다.

IV. 인간교육 - 본령의 재확인

우리는 2016년 3월 서울에서 개최되었던 "알파고 對 이세돌 대국"을 목도한 바 있다. 많은 사람들이 인공지능 대 인간의 승부에 관심을 기울였고, 그 이후 인공지능이라는 분야는 미래산업과 미래교육의 핵심으로 급부상하게 되었다. 알파고로 대변되는 인공지능은 근대학문이 태동하던 시점에 코기토가 누렸던 스포트라이트를 독차지하게 되었고, 그렇지 않아도 뇌교육·뇌운영이 유행어가 되어 가고 있는 현대 사회에서 모든 '학습인'들이 한 번쯤 동경할 만한 존재가 되고 있다. 뇌에 꽂는 단 하나의 칩으로 영어회화를 마스터할 수 있다면 혹은 뇌를 모종의 슈퍼컴퓨터에 접속하여 클릭 한 번으로 세계의 모든 빅데이터를 다운로드할 수 있다는 등의, 어쩌면 가까운 미래에 실현 가능할지도 모르는 기계화된 개인의 모습을 상상하고 소망하기도 한다.

그러나 정작 대국의 당사자인 이세돌은 다른 소회를 전하고 있다. "그런데 정말 설레지 않으면 사실 사람이 어떻게 살아갑니까? 그런 흥분이 없으면. 일단 설레잖아요. 약간 아무래도. 그런데 진짜 바둑으로 오랜만에 이렇게 그래도 약간 설레는 것 같아요."(MBC, 2016: 5' 19") 이러한 설렘과 흥분의 와중에 알파고는 아무런 말이 없었다. 어떠한 감정의 동요도 없이, 그는 다섯 차례의 대국을 수행해 내었다. 다만 알파고의 개발자인 인간 허사비스가 "대국에 대해 어떻게 생각하시나요?"라는 질문에 대해 "신납니다. 조금 긴장되기도 하고요."(MBC, 2016: 6' 14")라는 대답을 내어놓는다. 이어 3패 후 1승을 이룬 이세돌의 다음과 같은 소회는 경청하던 사람들로부터 환호를 자아내었다. "세 판을 졌기 때문에 승패는 갈렸습니다. 심리적인 부분에서 아무래도 인간은 심리적인 부분이 좀 있기 때문에. 3패를 당하고 1승을 하니까, 이렇게 기쁠 수가 없습니다."(MBC, 2016: 49' 10") 이 말을 채 마치기 전 그의 얼굴에는 이미 세상 행복한 웃음이 번져 있었다. 처음 세 번의 대국 기간 동안 밤잠을 설쳤노라며, 때로는 괴로워하고 때로는 이 괴로움을 기꺼이 즐겼다는 인간 이세돌. 심지어 대국이 진행되던 중 생리적 필요를 해결하기 위해 수시로 화장실을 다녀와야 했던 인간 이세돌. 이와는 대조적으로 상대가 화장실에 간 사이 한 치의 망설임도 없이 모니터 바둑판에 자신의 돌을 표기하였던 알파고에 대해 해설은 이렇게 촌평하였다. "이거 매너가 없네요. 보통 (상대가) 화장실 갔다 오면 착점하는 게 예의인데. 바둑이 예와 도의 게임인데 알파고 때문에 그런 게 많이 없어졌어요."(SBS, 2016.03.12.: 0' 48")

인공지능에게 예(禮)나 도(道)의 잣대를 들이대는 것은 일종의 난센스이다. 그리고 인공지능이라는 기계는, 전기가 공급되는 한, 잠을 자지도 음식을 먹지도 않을 뿐 아니라 학습마저 지속하고 가속화하는 것 역시 어쩌면 이제는 당연한 일일 수도 있다. 그러나 인간은 그렇지 않다. 데카르트의 "생각기계"와 달리 인간은 의식하고 사유할 뿐만 아니라 감각하고 느낀다. 심지어 데카르트의 코기토 역시, 앞서 고찰한 바와 같이, 감각하는 자신의 본질에 대해 의아함으로 자문하며 더 이상의 질문을 삼간다. 인간은 대국에 앞서 긴장하고 설레며, 패배에 괴로워하고 승리에 희열을 느낀다. 음식과 잠을 취하여야 하고 생리적 욕구의 해소를 위해 휴식을 취하여야 하는 그리고 이토록 제한된 몸을 빌어 그 안에서 또렷이 사유하고 치열하게 일상의 대국들을 치르며 실존하는 존재 – 이것이 바로 인간의 모습이다.

신의 형상으로부터 연역된 인간상은 물론이거니와, 동물로부터 그리고 기계로부터 연역된 인간은 혹은 기계적으로 환원된 인간은 충분히 인간적이지 않을 가능성이 높다. 그러므로 교육과 교육학의 출발점임과 동시에 지향점은 바로 전통적 교육학의 동물적 인간이나 미래과학의 기계화된 인간 혹은 심지어 뇌의 특정 부위로 환원된 인간이 아니라 인간적 인간이어야 한다. 비록 그것이 어쩌면 후쿠야마의 시도(Fukuyama, 2002)에서와 같이 "규정 불가능의 X"로 표기되어 제 학문을 위한 수학적 자명성을 제공해 주지 못하기에, 교육학 이론의 정립에 여하한 불편을 초래한다 하여도, 어쩔 도리가 없다. 인간이라는 존재는 동물이나 기계나 혹은 그 어떤 것으로도 환원되거나 치환될 수 없는 교육학의 본령이기 때문이다.

참고문헌

김성일 (2006). 뇌기반학습과학: 뇌과학이 교육에 대해 말해 주는 것은 무엇인가?『인지과학』 17(4), 375-398.

김연순 (2011). 트랜스휴먼, 인간과 기계의 혼성적 실재에 대한 문화학적 고찰 I. 『인문과학』 47, 41-56.

김연순 (2013). 트랜스휴먼, 인간과 기계의 혼성적 실재에 대한 문화학적 고찰. 『인문과학논총』 35, 279-298.

김연순 (2014). 트랜스휴먼의 원리로서 하이브리드의 자기조직화와 상호되먹임. 『인문과학연구』 21, 125-142.

김응준 (2014). 호모 사피엔스 대 로보 사피엔스. - 인간과 기계인간의 공진화 가능성에 대한 크리스티안 크라흐트의 문학적 비평. 『뷔히너와 현대문학』 43. 247-271.

김정환 (1988). 『현대의 비판적 교육이론』. 서울: 박영사.

류태호 (2017). 『4차 산업혁명. 교육이 희망이다』. 서울: 경희대학교 출판부.

박형빈 (2016). '뇌 기반 학습'을 통한 초등 도덕 수업 원리. 『초등도덕교육』 54, 141-182.

신동훈 (2017). 제4차 산업혁명과 뇌-기반 교육. 『교육비평』 39, 386-421.

우정길 (2007). '부자유를 위한 자유'와 교육행위의 지향성. 『교육철학』 38, 139-164.

이상욱 (2009). 인공지능의 한계와 일반화된 지능의 가능성: 포스트휴머니즘적 맥락. 『과학철학』 12, 49-69.

이승헌 (2007). 미래교육의 전망과 대안으로서 뇌교육. 제2회 국제뇌교육심포지움.

장래혁 (2016). 인공지능시대, 경이로움과 두려움 사이. 『브레인』 57, 5.

Comenius, J. A. (1991). *Pampaedia Allererziehung*. Übers. von K. Schaller. Sankt Augustin: Academia.

Descartes, R. (1989). *Die Suche nach Wahrheit durch das natürliche Licht*. Dt. übers. von Gerhard Schmidt. Würzburg: Königshausen u. Neumann. 이현복 옮김 (1997b). "자연의 빛에 의한 진리탐구". 『성찰』 (pp. 123-164). 서울:

(주)문예출판사.

Descartes, R. (1993). *Meditationen über die Grundlage der Philosophie.* Übers. und hrsg. von Lüder Gäbe. Hamburg: Meiner.; 이현복 옮김 (1997a). "제1철학에 대한 성찰".『성찰』(pp. 13-122). 서울: (주)문예출판사.

Descartes, R. (1997). *Von der Methode des richtigen Vernunftgebrauchs und der wissenschaftlichen Forschung.* Übers. und hrsg. von Lüder Gäbe. 2., verb. Aufl. Hamburg: Meiner. 이현복 옮김 (1997c). 방법서설,『방법서설』(pp. 143-237). 서울: (주)문예출판사.

Fukuyama, F. (2002). *Our Posthuman Future.* 송정화 옮김 (2003).『Human Nature 부자의 유전자 가난한 자의 유전자』. 서울: 한국경제신문.

Kron, W. F. (1996). *Grundwissen Pädagogik.* München: Wilhelm Fink Verlag.

Levinas, E. (1995). *Die Zeit und der Andere.* Übers. von Ludwig Wenzler. 3. Aufl. Hamburg: Meiner.

Levinas, E. (1996). *Ethik und Unendliches - Gespräch mit Philipe Nemo.* Übers. von Dorothea Schmidt. 3. unveränd. Neuaufl. Wien: Passagen-Verl.

Levinas, E. (1997). *Vom Sein zum Seienden.* Übers. von Anna M. Krewani und Wolfgang N. Krewani. Freiburg/München: Alber. 서동욱 옮김 (2001).『존재에서 존재자로』. 서울: 문화사.

Meyer-Drawe, K. (1995). Mit der Präzision eines Uhrwerks denken: René Descartcs. *ACTA COMENIANA* 11, 47-60.

Meyer-Drawe, K. (1999). Der lachende und der weinende Leib. Verständigung diesseits der Vernunft 14 Thesen. *Behinderte*, 3, 32-35.

Ricken, N. (1999). *Subjektivität und Kontingenz.* Würzburg: Königshausen & Neumann.

Waldenfels, B. (2000). *Das leibliche Selbst.* F.a.M: Suhrkamp.

Waldenfels, B. (2004). Philosophische Salons. Schweeger, E. (Ed.). *Frankfurter Dialog II.* F.a.M: belleville.

Woo, J.-G. (2007a). *Responsivität und Pädagogik.* Hamburg: Dr. Kovac.

Zizek, S. (1999). *The Ticklish Subject.* London: Verso. 이성민 옮김 (2005).『까다로운 주체』. 서울: 도서출판b.

MBC 다큐스페셜 "세기의 대결. 이세돌 vs. 알파고" (2016년 3월 4일)

SBS 뉴스 (2016. 3. 12). https://www.youtube.com/watch?v=RmWFrpNNi10

02

인간신체의 기능적 부품화
"The Schreber Case"*

I. "슈레버"라는 이름

'슈레버'라는 이름이 유럽의 문화계와 정신분석학계 그리고 교육학계의 주목을 받게 된 것은 다음 세 가지 계기, 즉 슈레버가르텐(Schrebergarten), 슈레버-사례(The Schreber Case) 그리고 "칼리패디(Kallipädie)"로 명명된 슈레버 교육론을 통해서이다.

1. 슈레버가르텐(Schrebergarten)

'슈레버'라는 이름이 알려지게 된 것은 우선 19세기 후반 독일 청소년교육 및 가족문화의 중요한 경향의 하나였던 이른바 "슈레버가르텐"

---

* 우정길 (2018b). "슈레버 사례"에 대한 교육학적 고찰 - 모리츠 슈레버(M. Schreber)의 『칼리패디 또는 아름다움을 위한 교육』(1858)을 중심으로. 『교육혁신연구』 28(1), 447-468.

(Schrebergarten)을 통해서이다. 이때 거명되는 슈레버는 19세기 독일의 정형외과 전문의 모리츠 슈레버(Daniel Gottlob Moritz Schreber: 1808-1861)인데, 그는 독일 의학계 정형외과 분야가 발흥하던 시기의 주요 기여자기도 하다. 의료인으로서 그리고 체조선수로도 활동하였던 그가 강조하였던 것은 유아와 청소년들의 건강을 위한 충분한 신체운동이었다. "놀이시간은 인생학교의 기초학급"이라는 소신을 갖고 있었던 그는 "청소년 놀이의 보건적·교육적 중요성 및 학교교육의 측면에서 그것에 주목해야 할 필요성"(Schreber, 1860)이라는 기사를 통해 당시 그가 활동하던 도시 라이프치히 내 유아 놀이터와 청소년 운동시설이 부족하다는 점을 지적하고, 유아청소년기에 충분한 운동이야말로 인간의 건강한 신체 발달을 위해 필요불가결하다는 의견을 피력하였다. 19세기 산업화의 여파로 도시 내 아동청소년들을 위한 여유 공간이 부족하게 된 도시에 아동청소년들을 위한 놀이터와 운동장을 만들자는 슈레버의 제안은 그의 사후에서야 실현에 이르게 되었다.(Diekhöfer & Thiem, 1990: 102)

1861년 슈레버의 갑작스러운 죽음 이후, 라이프치히의 교육자 하우쉴트(E.I. Hauschild)는 슈레버가 제안한 것의 실현을 위해 "슈레버협회"(Schreververein)를 장립하게 되었고, 이 협회는 라이프치히시의 협조하에 당시 라이프치히 내 아동과 청소년들에게 소규모 땅을 제공하였다. 도심을 벗어난 자연공간에 위치한 이 작은 터들은 아동과 청소년들이 각자의 책임하에 가꿀 뿐 아니라 놀이와 운동의 장소로 이용하도록 하였다. "슈레버플라쯔"(Schreberplatz)로 명명되었던 이곳에서 아동청소년들은 슈레버가 희망했던 바와 같이 텃밭체험과 아울러 각종 놀이와 운동을 할 수 있게 되었다. 슈레버협회의 부모들은 자신의 자녀들이 많은 시간을 보내는 슈레버플라쯔 주변으로 와서 자녀들의 활동을 관찰하며 도왔고, 보호와 동행의 필요에 의해 그 주변의 가르텐들을 매입하는 사례가 증가하면서 아동청소년들만의 슈레버플라쯔는 곧, 오늘날 한국적 개념으로는, 약간의 체류기능을 겸비한 (주말)가족농장 또는 텃밭과 흡사한 의미의 슈레버가르텐으로 진화하게 되었다. 물론 이러한 진화의 과정 중에 생겨난 경제적인 요인들로 인해 슈레버와 슈레버협회가 애초에 의도했던 예방의학적·교육적 의도가 퇴색된 면도 없지 않다. 그리고 슈레버 사후 한 세기가 지나면서 슈레버가르텐에서 기인된 작은정원(Kleingarten)들이 곳곳에 생겨나면서, 슈레버가르텐은 "작은정원"이라는 명칭으로 대중화되었다고 할 수 있다. 물론 제2차 세계대전 직후 이곳이 본래의 목적과는 달리 전쟁 피난민들을 위한 일종의 주거공간으로 활용된 사례도 있었고, 이후에는 새로운 시대의 이상과 문화가 실천된 공간이기도 하기에, 오늘날 대중들의 인식 속에서 '슈레버'와 '가르텐'이라는 단어가 자동으로 연결되는 것은 아니다. 그럼에도 불구하고, 1950년대에 여전히 200만 명 이상의 슈레버협회원들이 있다는 비공식 보고(Niederland, 1960: 492; Schatzman, 1973/오세철·심정임, 1980: 38)도 있었거니와 2018년 현재 독일정원협회(BDG: Bundesvervands Deutscher Gartenfreunde)에 만 오천여 개 이상의 동호회와 약 오백만 명의 회원이 등록되어 있다는 점을 참조해 보건대, 슈레버라는 이름은 독일 혹은 나아가 유럽 일상의 중요한 한 부분인 정원 문화를 이해하기 위한 중요한 키워드라는 점은 분명하다.

2. 슈레버-사례(The Schreber Case)

독일과 유럽을 넘어 슈레버라는 이름이 전 세계적으로 알려지게 된 두 번째 계기는, 슈레버가르텐의 그 모리츠 슈레버의 차남 파울 슈레버(Daniel Paul Schreber. 1842-1911)에 의해서이다. 좀 더 정확하게는, 파울 슈레버의 저서 『한 정신병자의 회상록』(1903. 이하 『회상록』으로 표기)을 정신분석학적 관점에서 다룬 프로이트의 논문 "자전적으로 쓰인 편집증(Dementia Paranoides) 사례에 대한 정신분석학적 고찰"(Freud, 1911)이 발표되면서이다.

파울 슈레버는 모리츠 슈레버(父)와 파울리네 슈레버(Pauline Schreber. 母) 사이에서 태어난 2남3녀 중 차남이다. 법학을 전공하고 작센 주 판사로 재직한 바 있던 형 구스타프(Gustav Schreber. 1839-1877)와 마찬가지로 파울 역시 법학을 전공한 후 작센 주 판사, 켐니츠시 지방법원장, 드레스덴 고등법원 판사회 의장 등 고위공직을 역임하게 된다. 그러나 이러한 성공적인 이력의 이면에는 비극적인 가족사의 그림자가 드리워져 있고, 파울 역시 자신의 회상록에서 직접 밝히고 있는 바와 같은 비상한 내적 현상들을 체험하게 된다. 관련 사실들을 연대순으로 열거하자면 다음과 같다.

> 1842: 파울 출생 / 1851: 부친 모리츠, 사고 및 부상, 이후 성신병석 증세 / 1861: 부친 모리츠 사망 / 1877: 형 구스타프 자살 / 1878: 파울, 결혼. 1884년 이전까지 두 차례 유산(流産) / 1884: 파울 제국의회의원선거 출마 및 패배, 이후 정신병적 증세로 입원①(6개월) / 1893: 파울, 고등법원 판사회 의장 취임, 이후 입원②(약 9년) / 1900: 파울, 금치산 선고 / 1902: 파울, 금치산 선고 기각 (드레스덴 왕립고등재판소) / 1903: 파울, 저서 『회상록』 출판. 당시 13세이던 여아 입양 / 1907: 모친 사망 (5월). 부인 투병(11월 14일). 파울 입원(11월 27일)③(약 4년) / 1911: 파울 사망. 파울의 저서 혹은 파울의 사례에 대한 프로이트의 논문 발표(Israëls, 1989; Niederland, 1978: 22f)

1900년-1902년 사이, 즉 그가 "감금"이라고 밝히고 있는 2차 입원 시기에 저술된 이 책의 원제는 "한 신경병자의 메모. '정신병자라고 여겨지는 사람을 어떤 조건하에서 본인의 의지에 반(反)하여 치료시설에 가둘 수 있는가'라는 질문에 관한 견해"이다. 제목에서 드러나듯 슈레버는 사회가 혹은 특정하여 말하자면, 1차·2차 입원 및 치료시설 수용을 결정했던 의사 플레히지히 교수[1] 및 이에 기반하여 자신에게 금치산 선고를 내린 법원의 결정을 반박하기 위해 이 책을 썼다. 특히 그가 1차 입원 시에는 그토록 흡족해 하고 전폭적으로 신뢰했던 주치의 플레히지히에 대한

---

1 Paul Flechsig(1847-1929. 독일 라이프치히 의과대학 교수). 그와 관련된 보다 자세한 논의는 (우정길, 2008c: 62f) 또는 이 책의 제I부 3장 "교육적 인간의 기계적 환원 사례 탐구"의 III-2("치료적 현재-플레히지히")를 참조하기 바란다.

공개 질의서를 저서의 서두에 첨부한 것으로 보아, 그가 당시 가졌던 실망과 외로움과 분노가 얼마나 크고 깊은 것이었는지를 짐작해 볼 수 있다. 흥미로운 것은, "개인에 대한 사적인 증오심"이 아니라고 저자 자신이 밝히고 있는 저술의 동기, 파울 슈레버가 직접 기술하고 있는 자신의 증상 그리고 이를 구성했던 그의 관계들에 대한 프로이트의 해석이다.

프로이트는 파울 슈레버의 사후적 증상을 부친인 모리츠 슈레버와 형 구스타프 슈레버의 때 이른 상실 그리고 이 상실된 부성애의 플레히지히에 대한 투사 그리고 이 과정에서 반복된 좌절 등을 그 주된 이유로 본다. 즉 부성의 결핍이 "탈남성화"라고 명명된 동성애적 소망을 비롯하여 파울 슈레버의 정신병적 증상들을 초래하였다는 것이다. 1911년에 발표된 프로이트의 이 논문은 당대나 후대의 정신분석학계에 상당한 반향을 불러 일으켰는데, 슈레버 사례의 해석에 한정하자면, 프로이트의 견해는 심리학계의 공감을 얻지 못한 것이 사실이다.[2] 대부분의 슈레버 연구가들은, 프로이트가 "부성애의 결핍"을 그 원인으로 꼽은 것과는 달리, "모종의 과잉"에 주목하였다(대표적으로 Niederland, 1978; Schatzman, 1973). 그

---

2 이러한 경향 중 비록 단편적이기는 하지만 흥미로운 양적 연구 한 편을 언급하고자 한다. 심리학자 오델과 웨이드먼이 1993년에 발표한 논문 "슈레버 사례에 대한 컴퓨터 내용 분석"이다. 이들은 파울 슈레버의 저서에서 사용된 800여 개의 단어들을 17개 범주로 나누고, 파울 슈레버가 본인도 의식하지 못하는 가운데 가장 높은 빈도로 사용했던 단어들을 중심으로 저자 스스로가 보이고 있는 문제적 정체성의 핵심이 무엇인가를 추론해 보았다. 이들이 발견한 빈도순 범주는 ① 종교적("공명정대한", "영혼", "신"), ② 건강("광선"), ③ 검게 변한 신경" 순이다. 각각이 어떤 의미를 갖는지 혹은 어떻게 해석 가능한지에 관한 간략한 제안은 해당 논문을 참조하기를 바란다. 한 가지 흥미롭고 중요한 사실은 "성적 망상"(sexual delusion)이 6순위에 그치고 있다는 점이다. 이에 대해 저자들은 다음과 같이 적고 있다. "성(sexuality)은 목록에서 무척 하위에 머문다. 이로써, 우리의 자료에 국한하여 볼 때, 슈레버의 근본 문제가 성적인 것이었다고 주장하기는 어렵다."(O'dell & Weidman, 1993: 124) 물론 저자들은 "자신들의 이러한 연구가 환자의 상태를 항상 정확히 드러내는 것은 아니라는 점 그리고 프로이트가 슈레버의 『회상록』보다는 그 이전의 기록들을 참조했으리라는 추측"도 적고 있다. 위에 소개된 범주 또는 키워드들의 일부는 본고 제IV장에서 다시 언급하게 될 것이다.

리고 그 과잉은 바로 부친 모리츠 슈레버의 자녀 교육, 그가 자녀들과 맺었던 교육적 관계 그리고 이 관계 속에서 이루어진 활동들을 내포한다.

3. "칼리패디(Kalipädie)" - 슈레버 교육론

슈레버라는 이름이 주목받게 된 세 번째 계기는 바로 교육학적 맥락에서이다. 이때 슈레버는 부친 모리츠 슈레버를 지칭하는 것이지만, 교육이라는 활동의 특성상 이것은 모리츠 슈레버가 파울 슈레버와 맺은 관계 그리고 조금 더 확대하자면 그가 다섯 자녀 모두와 맺었던 교육적 관계와 관련되어 있다. 알려진 바와 같이 그는 일차적으로 정형외과 전문의였고 예방의학적 관점에서 자신만의 실내 체조를 창안한 인물이었기에, 공인된 교육자로서 교육을 실천할 수 있는 기회는 주어지지 않았다. 그러나 그는 다른 무엇보다 교육적 기능과 효능에 관심을 가졌고, 기회가 주어지지 않았던 공적 영역에서와는 달리 사적인 영역인 가정에서 자신의 교육적 신념을 구안하고 실천하고 체계화하였다. 이런 그를 혹자는 "청소년 교육과 청소년 간호의 선구적 투쟁가이자 후원자"(Dieckhöfer & Thiem, 1990: 102)라고 지칭하는가 하면, 또 다른 비평가는 『바보들의 짧은 이력서』라는 냉소적 제목의 저서에서 "라이프치히의 저명한 의사이자 고집불통의 교육광신자"(Palla, 2008: 27)라고 명명하기도 하였다.[3]

본고가 주로 착안하고자 하는 부분은 그의 교육적 신념이 집약되어 있는 만년의 저서 『칼리패디 또는 아름다움을 위한 교육』(*Kallipädie oder Erziehung zur Schönheit*, 1958)(이하 『칼리패디』로 표기)이다. 이 저서는, 그

---

3 보다 종합적인 평가를 소개하자면, 다음과 같다. "그는 내과 의사 외에도, a) 신체 문화와 건강 분야에서 자신의 목표에 온전히 그리고 어쩌면 광적으로 헌신하였던 선교사적 열정의 개혁가라 명명된", b) 일찍이 프로이트가 기술한 대로 크고 지속적인 영향력의 인물이자 당대부터 오늘날까지 지속되고 있는 자연친화운동의 주창자. 이에 더하여 최근에 발견된 자료들에 의거하여 우리는, 분석가들이 전혀 예상하지 못했던 것은 아니지만, 다음과 같은 새로운 사실을 추가할 수 있을 것이다. c) 슈레버 박사는 아픈 사람이었다."(Niederland, 1978: 89)

보다 3년 앞서 출판되어 베스트셀러의 반열에 오른 『의료적 실내 체조』(*Die ärztliche Zimmergymnastik*, 1855)[4]와는 달리, 그 자체로서는 주목의 대상이 되지 못하였으며, 교육학의 역사에서도 언급된 예가 극히 드물다.(Israëls, 1989: 200)[5] 앞서 언급하였듯이, 『칼리패디』가 세간의 이목을 끌게 된 것은 아들 파울 슈레버의 사례가 프로이트에 의해 학계 주목의 대상이 되고 그 원인에 대한 해석이 분분해지면서이다. 프로이트의 "결핍론적 접근"과 달리, 앞서 "모종의 과잉"을 주장한 학자들은 부친 모리츠 슈레버의 교육적 특이성에도 관심을 갖게 되었고, 그만의 독특한 방식의 교육이 자녀들, 특히 두 아들 구스타프와 파울에게, 그중에서도 특히 『회상록』의 저자인 파울에게 많은 영향을 미쳤을 것이라고 지목하게 된 것이다. 단순화시켜 기술하자면, 모리츠 슈레버의 『칼리패디』와 파울 슈레버의 『회상록』 사이의 유사성 혹은 모종의 평행이론의 가능성을 적극적으로 제안하게 된 것이다.

이상의 내용을 배경으로 본장에서 탐구하고자 하는 것은 다음 두 가지이다. 우선 교육학사에서 거의 다루어진 바 없는 모리츠 슈레버라는 인물과 그의 교육론 그리고 그의 교육적 신념이 투영된 교육실천의 일부를 소개하고 공유하는 것이 본장의 첫째 목적이다.(제 II, III장) 둘째, 본장에서는 모리츠 슈레버의 교육이론과 실천이 내포하는 잠재적 영향력을 비판적으로 고찰하되, 그것이 다만 잠재적 차원에 머물렀던 것인지 혹은 어떠한 가시적인 결과로 이어졌는지에 대한 간략한 추론을 전개해 보고자 한다.(제 IV장) 이를 통해 교육학의 역사가 주목하지 않았던 새로운 인물 그리고 인간과 교육에 대한 그의 다소 극단적인 교육론의 명암에 대한 환

---

4 니더랜드에 의하면, 이 저서는 프로이트 시대에 이미 26판에 이르렀다고 한다. (Niederland, 1960: 492)

5 이스라엘스는 "교육학 역사에서의 부재"(Israëls, 1989: 200)라는 표현을 쓰고 있다. 다만, 이른바 "검은 교육학"(Schwarze Pädagogik)으로 유명한 루취키(K. Rutschky)의 편저(1977: 260-264, 344-346, 532)와 밀러(A. Miller)의 저서(1983: 17-22)에서(만) 모리츠 슈레버가 다뤄지고 있다는 점은 그의 교육론과 실천이 교육학의 역사에서 어떤 위치를 점하고 있는가에 대한 단서를 제공한다고 볼 수 있다.

기가 이루어지기를 바란다.

II. 모리츠 슈레버의 교육론

제 II장에서는 모리츠 슈레버의 교육론의 일반적인 특징을 간략히 소개하고자 한다. 실제로 그의 교육론은 후대의 일반적인 교육학사에서 큰 주목을 받지 못하였다. 제 I장의 세 번째 항과 각주5에서 소개된 정도 외에 슈레버라는 이름은 교육학의 역사를 다루는 대부분의 기록물에서 찾아보기 어렵다. 이에 관하여 이스라엘은 다음과 같은 이유를 들고 있다. 즉, 물론 교육학의 역사를 기록하는 기록자 개인의 자의적 판단에 의한 경우가 대부분이기는 하지만, 일반적으로 교육학사는 시대를 앞선 선각적 교육이념과 실천을 통해 그 이전 시대와는 차별된 양상의 사상적·실천적 영향을 남긴 인물이나 사상을 중심으로 기록되는 경향이 있는데, 모리츠 슈레버는 이러한 선각자의 부류에 들지 않기에 그러하다는 것이다.(Israëls, 1989: 200-202, 286-287) 이런 의미에서 본장에서는 『칼리패디』에 나타난 슈레버 교육론의 일반적 특징을 간략하게만 소개하고자 한다.

1. 이원적 인간관과 교육의 필연성·가능성

모리츠 슈레버에 따르면 인간은 혹은 더 정확하게는, "아동은 날것(roh)으로 그리고 발달되지 않은 채로 자연의 손으로부터 세계 속으로 나오지만"(Schreber, 1958: 22), 그 안에는 "다방면적 발달을 위한 충분한 씨앗"이 들어있으며, 이것은 곧 교육필연성과 교육가능성의 근거가 된다.

> "신체적·정신적 측면을 포괄하는 이 씨앗은 한 편으로는 완성을 향해 나아갈 수 있는 고귀함이기도 하지만, 또 다른 한 편으로는 결핍성과 파멸에 이르게 하는 미천함이자 삶에 적대적인 것이기도 하다. 고귀함이란,

신체적·정신적 건강과 아름다움의 씨앗, 즉 생명의 씨앗이다. 미천함이란 신체적·정신적 질병이자 타락의 씨앗이며, 죽음의 씨앗이다. 이 고귀한 씨앗은 미천함과의 싸움을 통해 더욱 강해지고 발달되어서, 가급적이면 그것[미천함]으로부터 자유로워져야 한다."(Schreber, 1858: 23)

물론 이 "씨앗"의 보호와 발달은 교육의 몫이고 부모를 포함한 연장자의 책임이라고 그는 강조한다. "현시대의 신체적 도덕적 결핍을 마주하노라면, 그런 것들에 대한 근본적인 해법은 인간이 인간으로 형성되어야만 하는 바로 거기, 즉 교육에서밖에 찾아지지 않는다."(Schreber, 1858: 22)

2. 연령에 따른 발달단계별 교육

『칼리패디』는 여섯 개의 장으로 이루어져 있다. 그중 서론·도입에 해당하는 첫 부분 그리고 연장자와 교사들을 향한 당부를 담고 있는 마지막 부분을 제외하면, 실제로 본론은 네 개의 장으로 구성되어 있다고 볼 수 있다. (슈레버는 이 네 장에만 번호를 붙여서 표기하고 있다.)

〈표 1〉 『칼리패디』 구성 및 내용

연령	단계	신체적 측면 정신적 측면
0-1	젖먹이 단계	영양, 좋은 호흡, 씻기기·목욕, 수면, 운동, 의복, 신체형태 및 자세·습관(아동만짐, 곧은 머리·몸, 한 팔로 안기 등), 신체부위별 발달과 돌봄
		적응의 규칙들, 기분과 욕구의 억제를 통해 정서와 의지에 영향을 미치는 첫 단계, 아동 질병 시 훈육 행동
2-6	놀이 단계	영양, 좋은 호흡, 씻기기·목욕, 수면, 운동, 의복, 신체형태 및 자세·습관(앉을 때, 일어설 때, 계단 오를 때, 상체 사용의 올바름, 신체장애나 교육오류로 인한 상체 사용이 올바르지 않을 시), 신체부위별 발달과 돌봄
		아동 - 놀이할 때, 또래친구와 함께일 때, 보육인과 함께일 때, 어른과 함께일 때(밝은 기분, 사랑·주의, 도덕적 의지력과 성격, 사고력, 감사·존경), 낯선 어른과 함께일 때

8-16	배움 단계	영양, 좋은 호흡, 씻기·목욕, 수면, 운동, 의복, 신체형태 및 자세·습관
		아동 - 수업할 때, 어른과 함께일 때, 친구와 함께일 때
17-20	청소년 단계 (자립 과도기)	발달을 위한 노력의 목표, 적응력, 힘의 증진, 강인한 신 체, 신체적 완숙의 시점과 결혼
		자기인식, 삶의 주안점(종교·이성·야망), 삶의 직관과 지 혜, "정신적 자유"라는 개념의 예시와 설명

『칼리패디』에서 우선적으로 눈에 띄는 점은 본론의 네 개의 장이 아동·청소년의 연령별 발달단계에 따르고 있다는 점이다. 그리고 이러한 발단 단계별 교육이라는 아이디어는 『칼리패디』보다 약 100년 앞서 출판된 루소의 『에밀』을 연상시킨다. 주지하다시피, 루소는 『에밀』에서 에밀이라는 가상인물의 출생부터 만 20세까지의 교육과 성장의 과정을 네 단계(출생-5세, 5-12세, 12-15세, 15-20세)로 나누어 제안하고 있다. 물론 슈레버는 『칼리패디』에서 제안하고 있는 발단단계별 구분이 어떤 원리에 근거한 것인지 그리고 그 아이디어의 출처가 어디인지에 대해서도 구체적으로 밝히지 않고 있다. 다만 한 가지 추측해 볼 수 있는 것은, 그가 정형외과 의사이자 체조선수 그리고 체조협회의 창립인으로서 아동·청소년의 신체 발달과 신체 건강에 우선적인 관심을 기울였다는 점만은 분명해 보인다. <표 1>에서도 확인할 수 있듯이, 교육의 내용적 구분에 있어서도 슈레버는 피교육자를 신체와 정신으로 나누고, 그중 신체적 측면을 우선적으로 그리고 더욱 구체적으로 제안하고 있다.

3. 교육의 목적과 목표

슈레버가 제시하는 교육의 목적은 "신적 수준의 정신의 자유라는 방향 속에서 젊은 사람의 사유 가능한 최상의 전면적 교육"(Schreber, 1858: 26)이다. 그 목적의 실현을 위해 교육자에게 부여되는 교육의 최우선적·일반적 의무는 다음과 같다.

"1) 신체 교육을 하되, 신체 전체 및 부분이 가장 아름답고 고귀한 형태에 이르도록 그리고 완전하고 지속적으로 단단한 생명력을 갖도록 함. 2) 정서 교육을 하되, 온전하고 고귀한 따뜻한 감정 및 (기독교적 의미에서) 순수한 사랑에 이르도록 함. 3) 사고력 교육을 하되, 온전한 맑음과 자립성과 자기창조적 활동에 이르도록, 내면의 고유한 지식과 능력과 숙련의 충만에 이르도록 함. 4) 성격 교육을 하되, 확고하고 고귀하고 자립적인 의지에 이르도록 함. 5) 위에서 언급한 인간의 모든 면이 서로 조화를 이루도록 교육함."(Schreber, 1958: 26f)

위와 같은 교육목적과 세부적인 목표들은 인간과 교육에 대한 균형 잡힌 시각을 시사한다. 아울러 그는 교육자들에게 "교육이 너무 지나침 혹은 너무 부족함의 테두리 내에서 이루어지도록"(Schreber, 1858: 27)이라고 추가적으로 주문하고도 있다. 다만 그가 꼽는 교육목표의 첫 항목이 사고력이나 정서의 교육이 아니라 신체교육이라는 점은 앞서 언급한 바와 같은 맥락에서 유의미하고, 제 III장에서 소개될 내용과 관련하여서도 중요하다는 점을 지적해 두고자 한다.

III. 신체 교육을 위한 슈레버의 제안

모리츠 슈레버가 인간의 신체에 지대한 관심을 가졌던 것은 그의 이력을 고려하자면 어쩌면 당연한 일이라 할 수 있다. 『칼리패디』의 구성에서도 그는 "신체적 측면"을 "정신적 측면"보다 우선적이고 구체적으로 언급하고 있다. 심지어 그는 신체를 도덕보다도 우선적으로 언급하기도 한다.(Schreber, 1958: 18f) 다섯 가지 교육 목표의 제시에 있어서도 "신체 교육"은 정서와 사고와 성격의 교육보다 우선적 위치를 점한다. 그런데, 그가 "신체"를 언급할 때, 이것은 단순히 포괄적 의미에서의 몸을 의미하는 것이 아니다. <표 1>에서 확인할 수 있듯, 그가 『칼리패디』에서 언급하는 신체는 대단히 구체적인 신체의 부분들 그리고 그것들의 조합적 기능 그리고 교육의 도구이자 매체로서의 의미를 갖는다. 『칼리패디』의 "신체적인 측면"에서 반복적으로 등장하는 "신체 형태 및 자세·습관"이라는 항목은 슈레버가 지대한 관심을 가지고 오랫동안 고민하여 내어놓은 교육적 제안의 핵심이다.[6] 그리고 아래 소개할 몇 가지 장치는 그가 직접 고안하여 그림과 함께 『칼리패디』에 실은 "교육"을 위한 도구·장치들이다.

1. 신체적 측면의 교육을 위한 도구·장치들

1) 수면자세 교정기

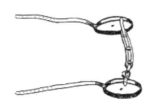 

[그림 1] 수면자세 교정기　　　[그림 2] 수면자세 교정기 활용

<표 1>에서 표기된 바와 같이 슈레버는 신체 발달에 있어서 수면이 갖는 의미에도 주목하였다. 그는 7-8세 이상의 아동·청소년의 경우, 수면 시 잘못된 자세로 인해 나타날 수 있는 발달상의 오류 예방을 위해

---

6 이러한 그의 관심은 당시의 교육학에 대한 슈레버의 진단과 제안에서도 잘 드러난다. 『칼리패디』 서문에서 그는 다음과 같은, 다소 격정적인 견해를 제시한다. "이 아주 중요한 교육학은 인간의 [물리적] 자연과 본연에 대한 명확한 인식을 필요로 한다. … 이 [중요한] 학문이 어떤 상태에 있는지 보라. … 다른 모든 학문에 비해 가장 생각 없고 발달되지 않은 채로 … 이런 관점에서 현 시대에 가장 필요한 것으로, 교육학을 통한 교직과정의 완성에 있어서 … 해부학과 생리학의 철저한 공부가 너무나도 부족하다."(Schreber, 1858: 24f)

혹은 교정을 위해 [그림 1] 및 [그림 2]와 같은 장치의 사용을 제안한다. 사용 방법은 다음과 같다. ①[그림 1]의 가슴가죽끈을 가슴너비에 맞게 조인다. ②[그림 1]의 팔 두께에 맞게 만들어진 두 원 속으로 양 팔을 끼워 넣고 겨드랑 밑까지 넣는다. ③[그림 2]에서와 같이 침대에 눕고 [그림 1]의 가죽끈을 침대 옆면에 부착시켜 상체가 상하좌우로 움직이지 않도록 고정시킨다. 슈레버에 따르면, 이런 장치의 사용을 통해 수면 시 뒤척거림이 수개월 후에 고쳐진다면, 사용이 더 이상 필요하지 않겠지만, 그렇지 않을 경우 신체 발달기 동안 계속해서 이 장치를 사용하여야 한다.(Schreber, 1858: 173f)

2) 다리(Brücke), 어깨끈, 머리유지기(Kopfhalter)

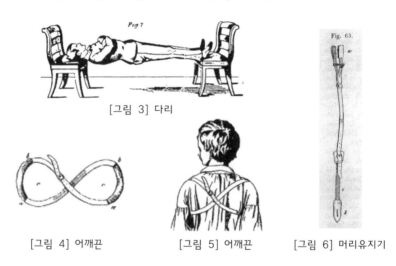

[그림 3] 다리

[그림 4] 어깨끈   [그림 5] 어깨끈   [그림 6] 머리유지기

슈레버가 제안하는 두 번째 도구·장치들은 어깨와 머리의 자세에 관한 것이다. 간략히 말하자면, 어깨와 머리가 앞으로 쏠려서 휘는 자세를 방지·교정하기 위해, 그는 일반적 철봉운동과 더불어 그가 "다리"([그림 3])라고 명명한 운동을 제안하고, 두 가지 도구([그림 4-5], [그림 6])를 고

안하였다. [그림 3]의 운동에 대해 그는 "정확히 그림과 같이 실행하되, 오랜 기간 아침저녁으로, 매번 수 분 동안 연속하여 두세 차례 실행"(Schreber, 1858: 197)하라고 권하고 있다.

우리의 주목을 끄는 것은 이러한 운동보다 오히려 도구들이다. 우선 금속(양쪽 어깨 앞면이 닿는 부분)과 가죽을 이어 만든 어깨끈은 [그림 4-5]에서와 같은 방식으로 자세가 교정될 때까지 단단하게 상시 착용하여야 한다. 그리고 [그림 6]의 머리유지기는, 마치 한 줄짜리 가죽 멜빵처럼 고안된 것으로서, 아래쪽은 하의에 고정하고 위쪽은 뒤통수의 머리카락 뭉치를 집을 수 있도록 고안된 것이다. 상체나 머리를 앞으로 숙일 경우 통증이 유발되거나 혹은 심지어 머리카락이 뽑힐 수 있기에, 이를 피하기 위해서라도 우선적으로는 행동이 교정되고, 결국에는 자세가 교정될 것이라는 것이 슈레버의 설명이다.(Schreber, 1858: 166-169)

3) 바로앉기 보조기구

[그림 7]
바로앉기 보조기구

[그림 8]
바로앉기 보조기구

[그림 9]
바로앉기 보조기구 응용7

아동·청소년이 곧은 자세로 앉도록 돕기 위한 장치로는 [그림 7]의

---

7 [그림 9]는 Niederland(1978: 80)에서 발췌. 이 장치는 슈레버가 사용한 것은 아니며, 슈레버의 친구이자 동료였던 헤닝(Dr. Henning)이 슈레버의 장치를 응용하여 만든 것이다.

바로앉기 보조기구가 있다. 금속으로 만든 이 도구의 사용법은, [그림 7]에서 보듯, 간단하다. 중요한 것은 이 도구의 가로막대가 사용자의 목과 가슴 사이를 지지하여 상체가 앞으로 숙여지지 않도록 하는 것이다. 정형외과 전문의였던 슈레버는 이 도구야말로 자신의 진료활동을 위해 오랫동안 관심을 기울였던 것이었을 뿐 아니라, 자신의 자녀들과 환자들에게도 활용했었다고 적고 있다.(Schreber, 1858: 203f)

4) 턱밴드(Kinnband)

치아와 턱 부정교합의 교정과 예방을 위해 슈레버는 [그림 10]과 같은 턱밴드를 고안하였다. 슈레버에 의하면, 이것은 "성형의 목적 이외에도 치아의 조화로운 사용"을 위함이다. 12개월 동안 야간에 꾸준히 착용하되, 더운 여름에는 부작용을 피하기 위해 사용을 자제할 수 있다고 그는 쓰고 있다.(Schreber, 1858: 219f)

[그림 10] 턱밴드

5) 치료체조기

어깨끈과 턱밴드의 원리가 조합된 치료체조기도 주목을 끈다.([그림 11]: Israëls, 1989: 102f재인용) 이 기구는 『칼리패디』보다 6년 앞서 발간된 슈레버의 저서 *Kinesiartik oder die gymnastische Heilmethode*(1852)에서 선보인 것이다. [그림 12]는 [그림 11]의 현대적 재현 영상의 일부인데, 라이프치히에 거점을 두고 있는 중부독일 공영방송국 MDR이 제작한 이 다큐멘터리에서는 모리츠 슈레버와 구스타프가 지켜보는 가운데 파울이 이것을 착용하고 작은 원을 맴도는 것으로 연출되어 있다.

[그림 11] 치료체조기 　　　　　[그림 12] 치료체조기 시연

2. 논의의 필요

이러한 도구·장치와 관련하여 다음과 같은 몇 가지 사항이 거론·논의될 필요가 있다.

첫째, 위와 같은 도구·장치들은 의료적 관점에서는 그리 특이할 것이 없어 보일 수도 있다. 지금으로부터 150여 년 전, 정형외과라는 전문분야의 초창기에 한 의료인에 의해 고안되어 사용되었다는 이 도구들을 오늘날의 관점에서 비교하고 폄하할 필요는 없다. 그러나 문제는 슈레버가 이것의 기능과 의미를 의료적 차원에 국한시키지 않고, 교육의 우선적이고 중심적인 부분으로 이해하고 적용하였다는 것이다. 그가 명백히 밝히고 있거니와 『칼리패디』는 교육학 저서이다. 심지어 그는 『칼리패디』의 후론 "교사들에게 남기는 말"에서 당시 학교의 심대한 문제성에 대한 개탄과 아울러 그 해결책으로서 서론에서와 동일하지만 더욱 격앙된 어조로 재차 교육학의 기본구조 및 교직과정의 개혁을 거론하고 있다.

> "여러분들은 최소한 전체, 즉 아동이라는 유기체의 해부학과 생리학에 대한 명확한 이해를 가져야 합니다. 그리고 그 기초 위에 아동의 여러 발달 단계에 따른 심리학을 제대로 공부하여야 합니다. … 책이나 추상적

인 철학으로만 아니라 생명 자체로부터, 자연의 책으로부터 이러한 학업
이 비롯됩니다. … 이를 통해서만 … 정확한 교육학이 만들어집니
다."(Schreber, 1858: 309)

여기서 우리는 슈레버가 해부학과 생리학을 중시했던 사실 자체를
문제 삼고자 함이 아니다. 그것 역시 인간이해에 있어서 필요불가결한 요
소라는 데 이견은 없다. 다만 그가 일반적 의미에서 의료 혹은 치료의 영
역에 속하는 내용을 교육과 교육학의 가장 우선적이고 핵심적인 것으로
기술하고 있다는 점에 주목할 필요가 있다.

앞서 소개된 장치·도구들은 학교 교실이나 가정 거실보다는 물리치
료실이나 예방의학의 공간에서 활용됨직한 것들이다. 실제로 슈레버는 유
복한 가문의 여성(L.H. Pauline Haase)과 결혼한 후 라이프치히의 짜잇쩌
街(Zeitzer Strasse)에 정형외과적 교정이 필요한 아동·청소년을 수용할 수
있는 시설을 겸한 병원을 건축·운영하였고, 이것이 슈레버에게 의사로서
명성과 부를 가져다 준 기반이 되기도 하였다. 이곳은 그의 일터이고 실
험실이었으며, 동시에 그와 부인과 자녀들의 보금자리이자 슈레버가 후에
임종을 맞은 곳이기도 했다.(Israëls, 1989: 44f) 그러나 치료와 교육을, 그
것도 심리치료가 아닌 물리·신체 치료를 교육과 구분 없이 구안하거나
혹은 교육의 제1영역으로 삼아 실행했다는 점은 그의 교육론과 교육적
실천의 성격을 규정하는 데 있어 간과되어서는 안 될 중요한 요소라 할
수 있다.

아울러 그가 영유아와 아동·청소년의 생활 자세 전반, 즉 먹고 씻고
앉고 서고 걷고 독서하고 심지어 잠자는 동안의 모든 자세들을 년·월 단
위뿐 아니라 시·분 단위에 이르기까지 촘촘하게 고안하고 규율했다는 점
을 상기할 필요가 있다. 특히 등과 어깨를 침대 바닥에 고정시키고 천장
을 보도록 결박당한 채 수면을 취해야 했을 아동·청소년을 떠올리는 일
은 그 자체로 모종의 혐오를 자아낸다. 이 모든 것이 의학적 관점에서는

풍부한 임상경험에서 비롯된 예방의학적 처방이라고 볼 수도 있겠으나, 교육학적으로는 신체의 엄격한 규율을 통한 인간의 미시적 통제도구이자 무의식의 영역으로까지 파고들 수 있는 교육적·교정적 통제 기제로 여겨질 가능성도 크기 때문이다.[8]

둘째, 앞서 잠시 언급하였거니와, 슈레버는 위와 같은 "교육"의 장치·도구들을 자신의 의료시설에서 사용하였다. 그리고 이 사용의 대상은 대부분 정형외과적 교정이 사후적으로 필요했던 환자들이었다. 이들은 "체조적-정형외과적 시설"(Die gymnastische-orthopädiesche Freianstalt)이라 불리던 그곳에 일정 기간 통원 혹은 입원하여 슈레버의 처방과 지시에 따라 치료운동을 병행하며 생활하였고, 그 의료적 성과도 적지 않았던 것으로 알려져 있다. 그러나 문제는 이른바 사후적 치료와 교정을 위해 이 시설을 찾아 온 아동·청소년들이 아니라 슈레버의 친자녀들이었다. 이들은 이러한 도구와 장치가 본격적으로 활용되기 이전, 그러니까 슈레버가 이러한 도구와 장치들을 구상했던 그 순간부터 실험의 대상이자 시착의 당사자임과 동시에 비자의적 입원환자여야 했다. 슈레버가 이 사실을 『칼리패디』에 직접 적고 있다.(Schreber, 1858: 203) 위 도구·장치들이 주로 6-18세의 아동·청소년을 그 대상으로 하고 있다는 점 그리고 모리츠 슈레버의 두 아들 구스타프와 파울이 『칼리패디』가 출판되던 1858년에 각각 19세와 16세였다는 점을 감안할 때, 누구보다도 이들 두 아들이 부친의 프로젝트에 관여되었으리라는 혹은 동원되었으리라는 점은 의심의 여지가 적다. 즉 사후적 치료가 필요했던 입원환자들과 달리 이들 두 아들은, 특히 연령대로 보아 파울이 장기적으로 부친의 "교육" 기획을 도와야 했을 것이다.[9]

---

8 물론 이러한 신체적 규율은 비단 도구와 장치로만 이루어지는 것은 아니다. 1세 미만의 아기들을 어떻게 다루어야 하는지에 관한 『칼리패디』의 세세한 규정들을 보노라면, 엄마·보모의 무릎이나 식사시간 등의 신체적·신체활동적 요소들도 본고에서 그림으로 소개한 여타 교육적 도구와 장치들과 동일한 기능을 수행하는 기계적 도구들이 될 수 있다는 점을 인지하게 된다.

셋째, 그렇다면 부친과 자녀들 사이 교육적 관계는 어떠하였으며, 또 앞서 소개된 도구·장치들이 시험되고 실행되는 순간 자녀들은 부친의 요구에 어떻게 반응하였을까? 부자 사이의 일상적 관계를 세세히 알 수는 없으나, 이들이 맺었던 교육적 관계의 성격 유추를 가능하게 해 주는 대목을 『칼리패디』에서 발견할 수 있다. 만 1세 미만 아동의 "정신적 측면"의 교육을 논하면서, 슈레버는 아래와 같이 당부한다.

"아이가 자신의 의지(Wille)를 통제할 수 있다는 생각을 못하도록 해야 한다. 오히려 아이가 어른과 교육자에게 자신의 의지를 예속시키도록 해야 한다 이것이 예외 없이 확고하다는 점을 분명히 하여야 한다. 이렇게 해야 아이가 규칙에 저항하는 것이 불가능하다는 느낌을 받게 된다. 아이의 복종이 이후의 모든 교육의 근본 조건이라는 점이 확실히 자리잡혀야 한다."(Schreber, 1858: 66)

---

9 이 사안에 대해 니더랜드는 "모리츠 슈레버는 그의 두 아들에게 자신의 아이디어를 실험했으며, 그의 둘째 아들이 그의 환자였다."(Niederland, 1978: 21)라고 지목하여 적고 있다. 물론 이에 대해 슈레버의 전기사가 로타네는 "슈레버가 '자신의 자녀들에게 여러 차례'라고만 했지, 남아인지 여아인지 그리고 얼마나 오랫동안인지를 특정하여 기술하지 않았으므로, 그것이 꼭 구스타프나 파울이 아닐 수도 있다." (Lothane, 1988: 275)고 주장한다. 일리 있는 옹호이기는 하지만, 그렇다고 구스타프와 파울에게 그러한 경험이 집중되지 않았다는 증거도 없다. 오히려 앞서 밝힌 바와 같이, 『칼리패디』의 출판년도와 파울의 연령대가 가장 합리적인 근접성을 보이고 있다는 점, 해당 그림들의 모델이 대부분 남아라는 점 그리고 모리츠 슈레버가 지나칠 정도의 가부장성과 성차별성을 보이고 있다는 점(Schreber, 1858: 21f) 등으로 인해 로타네의 옹호보다는 비판가들의 주장이 더욱 합리적인 것으로 보인다. 참고로, 앞서 언급한 바 있는 교육사학자 루취키(K. Rutschky)와 레트슐테(C. Rethschulte) 그리고 슈레버의 전기작가이자 정신과의사인 로타네(Z. Lothane)가 함께 참여한 기록영상 "Moritz Schreber. Vom Kinderschreck zim Gartenpaten" (MDR, 2007)에서는 "수면자세 교정기"([그림 2])에서는 여아가 모델로 등장하고, 여타 기구·장치에는 남아가 주모델로 등장한다. 특히 [그림 12]의 장면에서는 기구를 장착한 파울이 작은 원을 기계적으로 맴돌고 있고, 이를 흡족한 표정으로 지켜보는 부친의 옆에서 구스타프도 무표정하게 앉아 있는 것으로 연출되어 있다. 그 장면에 슈레버의 세 딸은 등장하지 않는다.

"신체적 측면"의 교육을 유난히 강조하였던 슈레버에게 있어서 "정신
적 측면"의 근본이자 출발점은 어른과 교육자에 대한 아동의 의존과 복종
이었다. 심지어 "필요하다면 강제·폭력(Gewalt)을 동원해서라도"(Schreber,
1858: 66) 이 원칙을 확고히 지키라고 슈레버는 당부한다. 2-7세 아동의
정신적 측면의 교육에 있어서도 이러한 원칙은 재확인된다. 즉, "우리는
[아동의] 도덕적 의지력과 성격을 발달시키는 수단과 길을 따로 찾을 필
요가 없다. … 이러한 목적에 도달하기 위한 일반 조건은 아동의 무조건
적 복종이다."(Schreber, 1858: 135) 부친 슈레버가 자신의 자녀들과 맺었
던 교육적 관계가 어떠하였을지도 이런 맥락에서 유추 가능하다. 절대적
권위는 무조건적 복종을 원료로 삼는다. 그것이 절대적 보호자와 교육자
로서의 권위이든 혹은 절대폭군으로서의 권위이든,[10] 모리츠 슈레버는 자
신의 자녀들에게 그런 존재로 자리매김하였을 것이다. 그리고 그는 자녀
들이 채 한 살이 되지 않은 때부터 성년이 되도록 자신의 이러한 "정신적
측면"의 교육원칙을 고수하였을 것이다. 이런 까닭에 루취키는 모리스 슈
레버의 교육기제를 "권위의 법칙, 쌔디즘의 조교, 비교육적인 것의 최고
봉"(MDR, 2007)이라고 평하기도 한다.[11] 이런 맥락에서 우리는 부친 슈레

---

10 『회상록』에 나타난 "권위"의 주제를 사회정치적 권력의 차원으로 확장하여 해석하
는 관점으로는(Canetti, 1960/강두식·박병덕, 2010: 576-612)을 참조하기 바란다.
11 그러나 자녀들의 철저한 복종 위에 세워졌던 슈레버의 절대적 권위는 『칼리패디』가
출판된 1858년, 슈레버가 집안 벽에 세워 둔 사다리가 넘어져 머리에 부상을 입으
면서 종언을 고하게 된다. 사고 직후 그는 정신적 이상 증세를 보였고, 부인과의 상
의하에 병원이자 자택인 그 건물 지하실에 스스로를 감금한다. 타인에 대한 물리적
위해의 가능성도 있었거니와, 더욱 현실적인 이유는 자녀들과 외부인에게 자신의
그런 모습을 보이지 않기 위해서이다. 그는 자신의 절대적 권위의 몰락을 스스로도
허용할 수 없었을 뿐 아니라, 자녀들 역시 그로부터 충격을 받지 않도록 하기 위해
서이다.(MDR, 2007) 사다리 사고가 있은 3년 후인 1861년 모리츠 슈레버는 사망
한다. 사고와 사망 시점 사이에 있었던 정신병적 증세의 원인에 대해서는 기타 의
견, 즉 유전적 요인에 의한 발병이라는 견해도 있다는 점은 참고로 밝혀 두고자 한
다. 기록에 의하면, "파울의 고모, 즉 모리츠의 누이들은 각각 고질적 편집증과 히
스테리 증상을 앓았었고, 모리츠 역시 망상증과 우울증을, 파울의 형 구스타프는 자
살에 이를 정도의 우울증 그리고 파울은 편집증적 망상증을 앓았다."고 한다.

버가 자녀들에게 시험하고 실험했던 "신체적 측면"의 교육적 장치는 사실상 거부할 수 있는 종류의 것이 아니었음을 알 수 있다. 그들의 신체는 이미 영아기 이래로 부친에게 복종하도록 조건화된 정신의 그림자에 다름 아니다. 이를 통해 그들의 신체가 예방적으로 치료되었을 수도 있으며, 어쩌면 미래에 발생하지 않을 수도 있었을 오류가 미연에 교정되는 불필요한 효과가 있었을 수도 있다. 그러나 필요에 따라 환자로 이 치료시설을 찾아와 자유롭게 떠나갈 수 있었던 여타의 아동·청소년들과는 달리, 출생 직후부터 타의적으로 처방된 관리 혹은 프로그램화된 '슈레버식 교육'의 수혜를 입었던 혹은 이를 피할 수 없었던 그의 자녀들이 이를 어떻게 받아들이고 반응하였을지를 탐구하는 일은 흥미롭기도 하거니와 학술적으로도 유의미한 작업이리라 생각된다.12 다만 이와 관련된 역사적 사실 두 가지만 제시하자면 다음과 같다. 첫째 아들 구스타프는 권총 자살로 사망하였고, 둘째 아들 파울은 약 14년 동안 정신병원에서 생을 보냈다.

(Canetti, 1960/강두식·박병덕, 2010: 579f; Baumeyer, 1973: 343. Schreber, 1903/김남시, 2010: 480에서 재인용) 아울러 샤쯔만은 다음과 같이 보고한다. "슈레버의 부인과 딸에 대해서는 잘 알려져 있지 않았다. 한 딸은 병상기록에 '히스테리'라는 진단이 붙어 있고, 파울의 바로 밑의 동생 시도니도 이상했다고 조카가 전하는데, 그녀가 히스테리 증세가 있는 딸인지 또는 다른 딸인지 현재로서는 알 길이 없다."(Schatzman, 1973/오세철·심정임, 1980: 39)

12 이와 관련된 직접적인 자료는 아직 보고되지 않았다. 다만 모리츠 슈레버와 그의 부인 그리고 그의 자녀들에 관한 기록과 슈레버 일가족 사이 서신들(의 일부)가 Israëls(1989: 62-184), Niederland(1978: 22-24), Schatzman(1980/오세철·심정임, 1983: 37-64) 등의 문헌에 발췌형식으로 수록되어 있다. 이들 문헌에 대한 연구자들의 포괄적 해석은 대부분 "절대권위와 복종의 관계"로 수렴된다.

IV. 『칼리패디』와 『회상록』의 평행성
   - 교육적 해석의 가능성

교육은 기본적으로 의도적 활동이지만, 많은 경우 혹은 대부분의 경우 "부러진 의도성"(gebrochene Intentionaliät: Mollenhauer, 1976: 15)의 활동으로 종결되기도 한다. 교육의 난제 중 하나는 이 "부러짐"의 양상과 정도가 어떠한지 그리고 그 원인과 시점을 단정하기가 어렵다는 것이다. 교육활동을 통한 영향력이 발휘되고 발현되는 데 걸리는 시간이 경우마다 다를 뿐 아니라, 교육적 영향의 대상인 피교육자의 개인차 역시 중요한 변수로 작용하기 때문이다. 여기에 환경적 요인과 유전적 요인이 함께 고려되어야 할 경우, 한 개인의 삶의 매 과정마다 나타나는 모습이 과연 어느 시점 어떤 교육의 결과인지를 확언하는 것은 사실상 불가능하다. 교육은 본질적으로 의도성과 우연성의 합작이다.

이런 맥락에서 『칼리패디』(1858)와 『회상록』(1903)을 교육적 인과관계로 파악하려는 관점(대표적으로 Niederland, 1978; Schatzman, 1980[13])은 일견 상식적이고 지당해 보일 수는 있으나, 학술적 차원에서는 상당한 정

---

13 *Soul Murder*(1973)라는 저서로 유명한 샤쯔만은 자신의 연구기조를 다음과 같이 적고 있다. "이 책에서 나는 사람들이 정신병이라고 보는 D.P. 슈레버의 신비한 체험과 그 아버지의 양육 방법 사이의 관계를 추적하고자 한다. 그리고 아들이 성년에 겪은 기묘한 체험과 아버지의 자녀교육이라는 두 가지 사실을 비교·분석하겠다. … 이 책 전체에 걸쳐 거듭거듭 지적하는 것처럼, 슈레버의 주장대로 아이를 키우게 되면, 아이는 부모의 권위에 예속된다. 닥터 슈레버는 총괄적으로 자녀를 통제하는 방법에 대해 책을 펴냈는데(1858), 이는 태어날 때부터 스무살까지 엄격하게 적용된다. 슈레버의 정신병은 아들의 독립을 제지한 아버지에 대한 표상이라고 볼 수가 있겠다. … 슈레버는 그 강압을 아버지와 결부시키지 못했다. 왜냐하면 아버지의 통제를 자신의 통제로 정의하여 (아마도 무의식적으로) 스스로 통제의 근원을 위장했기 때문일 것이다."(Schatzman, 1973/오세철·심정임, 1980: 15f, 48) 인용문 전반부의 "권위적 교육을 통한 자녀의 예속"에 대해서 필자는 일반적으로 동의하지만, 후반부에 나타난 정신병의 원인에 대한 샤쯔만의 진단에 대해서는 판단을 유보한다.

도의 조심과 경계가 요구된다. 여타 이유들보다도 특별히 부친의 독특한 혹은 기이한 교육론과 교육실천이 반세기가 지난 시점에서 아들(들)에게 정신병적 증세를 야기했으리라는 단선적 주장은 확신과 증명의 대상이라 기보다 가정과 가능성의 영역에서 다루어지는 것이 더욱 타당할 수도 있다. 이러한 전제 위에서 필자는 모리츠 슈레버의 "신체교정을 위한 도구·장치, 교육적 권위에의 절대 복종"과 비교적 높은 유사성을 보이는 것으로 판단 될 만한 몇 가지 특징만을 고찰의 대상으로 삼고자 한다.[14]

첫째, 『회상록』은 무한하고 영원한 신(Gott)의 존재와 활동 그리고 저자가 이 신과 맺는 관계성을 기본 배경으로 삼는다. 저자는 이 주제에 총 22장의 내용 중 4장을 할애할 뿐 아니라, 저서의 곳곳에서 이를 암시 한다. 흥미로운 점은, 신이 "신경"(Nerven)의 형태로 존재한다는 점이다.

> "신은 처음부터 신경일 뿐이며, 육체가 아니다. … 신의 신경은 무한하거
> 나 영원하다. 신의 신경은 … 그 잠재성에서는 인간의 개념을 초월한다.
> … 신의 신경은 창조된 세계의 어떤 사물로든 모습을 바꿀 수 있는 능력
> … 이러한 능력으로 그 신경들은 광선(Strahlen)이라고 불리며, 바로 여기
> 에 신의 창조의 본질이 있다."(Schreber, 1903/김남시, 2010: 26)

신경의 형태로 존재하는 신이 저자와 만나는 방법은 이른바 "신경첨 부"라는 기제를 통해서이다. 저자가 설명하는 "신경첨부"는 저자를 비롯 한 중요한 사람들과 집단에게 말을 거는 "목소리와 광선"의 방식으로 발 생한다. 망상증을 앓았다고 전해지는 저자에게서 일관된 논리전개를 요구 하나 혹은 그의 망상 내적 논리구조를 이해하는 것은 가능하지도 않을 뿐

---

14 어쩌면 사족에 해당될 수도 있는 본장의 내용은 니더랜드와 샤쯔만의 방대한 연구
  보다 단편적이기도 하거니와 그 기조 역시 그들의 연구에서보다 확신에 차 있지 못
  하다. 이것은 일차적으로는 필자의 해당 주제 연구이력이 그들의 그것보다 일천하
  다는 데 주된 이유가 있겠지만, 이와 아울러 정신분석학과 교육학이 갖는 학문적
  특성의 차이에 기인하는 것이기도 하다.

아니라 어쩌면 불필요한 것일 수도 있다. 다만 주목할 것은, 그가 자신의 신경 조직에 목소리와 광선의 형식으로 지속적으로 말을 걸어오는 존재로 신을 상정하고, 이 전제 위에서 자신의 변호를 시작하고 있다는 점이다. 우선 저자가 자기 속에서 "신"으로 수용한 것으로 보이는 존재가 누구인가에 관한 논의가 가능하다. 슈레버 일가는 기독교도들이었던 것으로 알려져 있지만, 『회상록』의 신 묘사는 기독교의 신 개념에 부합하지 않는다. 샤쯔만의 경우 기존의 자료들을 수합하여 다음과 같은 결론을 내어 놓는다.

> "안내[모리츠 슈레버의 첫째 딸. 필자주]와 다른 가족의 회고를 종합하여 보건대, 집안의 하느님이란 존재는 바로 아버지인 것 같다. 닥터 슈레버가 역설하는 가장의 역할로 미루어 볼 때, 아버지는 집안에서 하느님과 같은 권력을 행사했던 것 같다. … 아버지가 신과 같은 존재로 추앙되고, 또 아이들은 신의 존재에 따라 모든 일이 자기 자신의 능력 밖에서 좌우된다는 것을 깨닫게 된다면, 결과적으로 아버지의 권한은 더욱 더 아이들을 압도하게 된다."(Schatzman, 1973/오세철·심정임, 1980: 41)

이러한 해석에 무게가 실릴 수 있는 또 한 대목으로 제 2장 "플레히지히라는 이름을 가진 존재"에 대한 파울의 설명을 들 수 있다. 플레히지히는, 앞서 기술한 바와 같이, 파울 슈레버의 정신과 주치의였고, 파울이 아주 만족스러워했던 1차 입원진료를 책임져 주었으며, 결국에는 관계의 파국으로 치닫게 된 2차 입원과 9년간의 비극적인 수용시설 생활의 단초를 제공했다고 파울이 지목했던 인물이다.(우정길, 2018c: 62f) 파울은 『회고록』의 서두에 "플레히지히 교수께 보내는 공개서한"을 실을 정도로 그리고 제 2장에서는 "영혼살해"라는 표현과도 연관지을 정도로 플레히지히 교수에게 실망과 분노의 감정을 갖고 있었다. 그는 이 특정 인물의 이름을 지목하며 다음과 같이 쓰고 있다.

"플레히지히라는 이름을 가진 존재가 신적 영감을 위해 … 자신에게 부여된 신경첨부를 악용해 신의 광선을 잡아두는 데 성공했다. … 인간의 신경에 이러한 방식으로 영향을 미칠 수 있는 것은 원래 신의 광선만이 가진 능력이다. 신이 자고 있는 사람에게 꿈을 불어넣을 수 있는 것도 바로 이 능력에서 기인한다."(Schreber, 1903/김남시, 2010: 41, 61)

즉 파울은 영혼첨부라는 신의 속성을 주치의이자 인간적 배신자에게 투사하고 있는 것이다. 1차 투병 시 그와 그의 가족들이 플레히지히에게 상당히 흡족해 하며 의료적으로 의존했었다는 사실로 미루어 보건대, 이것을 투사로 이해하는 것이 논리적 비약은 아닐 것이다. 나아가 『회상록』 전반에 걸쳐 이 "플레히지히"라는 이름이 "나쁜 신"의 대명사로 사용되고 있다는 점도 주목할 필요가 있다. 이와 같은 맥락에서 앞서 샤쯔만이 제시한 "신＝부친"이라는 해석 역시 어쩌면 자연스러운 관점일 수도 있다. 이러한 해석이 타당하다면, 저자가 부친을 어느 정도의 권위적 존재로 수용해야 했을지 그리고 부친의 교육적 지시와 가르침을 어느 순도로 내면화해야 했을지에 대해서도 짐작 가능하다.

둘째, 본고의 제 III장에서 소개된 여러 도구·장치들의 효능과 (부)작용을 연상시키는 대목도 『회상록』에서는 발견된다.

"'작은 남자들'이 아주 많은 숫자로 내 머리 위에도 운집해 있었다. 작은 악마들 일부는 종종 내 머리에서 반복해 일어나던 기적에도 참여했는데 … 그것은 - 가슴협착 기적과 더불어 - 모든 기적들 중 가장 끔찍한 것이었다. 내가 제대로 기억하고 있다면 이 기적을 지칭하는 데 사용되었던 표현은 '머리 압착 기계'였다. 반복되는 광선과의 교류 등으로 인해 내 두개골 위 중간쯤에는 … 깊은 틈 혹은 홈이 생겨났다. 이 틈의 양쪽에 '작은 악마들'이 서서는 나사 같은 것을 돌려서 내 머리를 나선압착기와 같은 방식으로 조였고 … 어떨 때는 조였던 나사가 풀리기도 했지만, 그것은 매우 천천히 진행돼서, 압착된 상태는 한참 동안 지속되곤 했다."
(Schreber, 1903/김남시, 2010: 163)

『회상록』의 저자는 이러한 "머리압착과 가슴협착"을 자신에 대한 일종의 공격으로 받아들였던 것 같다. 아래 메모에서도 유사한 묘사를 보게 된다.

"내게 가장 위협적으로 느껴졌던 것은, 내 이성을 해치기 위해 여러 가지 방식으로 행해진 기적들이었다. 이 기적은 처음에는 머리에, 그 다음에는 … 척수에도 행해졌다. 그들은 내 척수를 뽑아내려고 했다. … 머리와 신경을 해치기 위한 기적들은 매우 다양한 방식으로 일어났다. 그들은 내 머리에서 신경을 뽑아내려 했고 … 머릿속에서 무언가 당겨지는 불쾌한 느낌을 받았다. … 정말로 우려스러웠던 것은 이른바 '광선 공격'을 통해 내 두개골에 행해졌던 유린이었다. … 내 두개골이 종종 여러 방향으로 동시에 갈라지는 영향을 끼쳤다는 것 … 이 모든 일이 얼마나 불쾌한 느낌을 유발하는가는, 단 하나의 머리를 둘러싸고 그것을 능지처참하듯 잡아당기거나 찢어 부서뜨리려는 것이 - 그 끝이 어떤 식으로든 기계적으로 고정되어 있는 - 세계 전체의 광선들이라는 사실을 생각하면 이해가 될 것이다."(Schreber, 1903/김남시, 2010: 158f)

이것 역시 『칼리패디』의 교육적 영향이라고 단언할 수는 없다. 다만 분명한 것은, 『칼리패디』의 교육적 신념이 구현된 곳, 즉 모리츠 슈레버의 교육적 도구와 장치들이 지속적으로 착용·사용된 곳이 곧 파울의 피해적 망상 또는 환각이 피어나는 지점이라는 사실이다. 아울러 "작은 남자들에 의한 이성의 공격, 신경적출, 두개골 유린, 머리당김을 통한 불쾌한 느낌" 등이 단순히 망상적 기호들인지 혹은 교육적 해석을 위한 유의미한 은유인지에 대해서도 논의의 여지는 있을 것이다. 참고로, 슈레버의 이 모든 도구와 장치라는 교육적 기제가 인간의 신체뿐 아니라 내면까지도 규율 가능한 판옵티콘이며, 이런 의미에서 『칼리패디』를 "슈레버의 판옵티시즘"(Schreber's Panopticism)으로 명명한 쌔스의 평가(Sass, 1987)는 교육학적으로도 유의미하게 검토할 필요가 있다고 판단된다.

V. 지고(至高)와 과도(過度)

『칼리패디』를 펼치면 "삶이란 단지 거기 있는 것이 아니라 노력 (Hinstreben)하는 것이다."라는 모리츠 슈레버의 금언을 맨 먼저 만나게 된다. 일견 평범한 계몽적 금언으로 보이지만, 실상은 번역을 통해 소실되는 어조가 있는데, 그것은 바로 '호통'이다. 행간의 의미를 살려 다시 쓰면 "그냥 있으라고 태어난 게 아니라, 애써 노력하여야 한다!" 정도일 것이다. 그에게는 교육을 통해 도달해야 할 이상이 있었지만, 이 이상은, 본인이 표현한 바와 같이, "결코 도달할 수 없는 지고"(das Höchste. 至高) 였다. 그리고 그에게 있어서 "교육은 이렇게 닿을 수 없는 이상을 향한 유일한 수단이었고, 그것마저 '애써 노력'해야만 하는 고단한 과업"이었다.(Schreber, 1858: 2) 의사였던 그는 교육자이기를 자처하였고, 모두의 올바른 건강을 위해 신체와 정신의 올바른 자세를 애써 추구하였다. 그는 연령에 따른 신체와 정신의 건강한 수준을 규정하고, 이를 위하여 어떤 교육이 필요할 것인가를 제안할 뿐 아니라, 그 실현을 위해 당대에 없던 도구와 장치들을 손수 고안하여 실험하고 실현하였다. 이 모든 노력들이 인류의 진보를 위함이었다는 그의 의도는 의심의 여지가 없다. 다만 그의 비극적인 개인사와 가족사를 사후적으로 목도하면서, 우리는 교육이 어떠해야하는가에 대한 이해보다는 교육이 어떠하지 않아야 하는가에 대한 암시를 얻게 된다.

연구를 맺는 단계에서 "암시"라는 단어로 에둘러 표현할 수밖에 없는 한계에 대해 독자들의 양해를 구하고자 한다. 역사적 사실의 돌들을 나열하는 데 그치지 않고, 이들을 연결하고 의미를 부여하는 일에는 다소간 역사적 상상력이 동원될 수밖에 없다. 그러나 본고의 후반부는 교육적 영향력에 대한 인과론적 의미 부여에 관련된 학술연구이기에, 상상력은 가급적 자제하고 제한적으로나마 논증을 추구하려 노력하였다는 점을 삼가 밝힌다. 물론 사실과 사실 사이에 반세기의 시차가 가로놓였기에 그리고 과거와 현실이 뒤섞이고 사실과 망상이 뒤엉켜 있는 한시적 편집증적 망상환자의 회상록이라는 역사적 기록물의 독해에 있어서는 논증의 추구가 상상력의 자제보다 더욱 지난한 과제였음을 첨언하며, 글을 맺고자 한다.

참고문헌

Canetti, E. (1960). Masse und Macht. Hamburg: Klassen Verlag. 강두식 · 박병덕 역 (2010). 『군중과 권력』. 서울: 바다.

Dieckhöfer, K. & Thiem, J. H. (1990). Grundgedanke einer frühen Präventivmedizin im Wekr des "pädagogischen" Mediziners Daniel Gottlob Moritz Schreber. *Medizinische Klinik,* 85, 102-106.

Freud, S. (1911). Psychoanalytische Bemerkungen über einen autobiog − raphisch beschriebenen Fall von Paranoia (Dementia paranoides). *Jahrbuch für psychoanalytische und psychopathologische Forschungen* III. Bd, I. Hälfte, Leipzig-Wien: Franz Deuticke.

Israëls, H. (1989). *Schreber: Vater und Sohn.* München-Wien: Internationale Psychoanalyse.

Kant, I. (1998b). Über Pädagogik (1803). *Immanuel Kant* (VI) (pp. 695 − 778). Hrsg. von W. Weischedel. Darmstadt: WBG. 김영래 역 (2003). "교육학 강의". 『칸트의 교육이론』 (pp. 193-285). 서울: 학지사.

Lothane, Z. (1988). Vindicating Schreber's Father: Neither Sadist Nor Child Abuser. *The Journal of Psychohistory,* 16(3), 263-288.

Miller, A. (1983). *Am Anfang war Erziehung.* F.a.M.: Suhrkamp.

Mollenhauer, K. (1976). *Theorien zum Erziehungsprozess.* 3. Aufl. München: Juventa.

Niederland, W. G. (1960). Schreber's Father. *Journal of the American Psychoanalytic Association,* 8(3), 492-499.

Niederland, W. G. (1978). *Der Fall Schreber.* F.a.M.: Suhrkamp.

O'dell, J. W. & Weidman, D. (1993). Computer Content Analysis of the Schreber Case. *Journal of Clinical Psychology,* 49(1), 120-125.

Palla, R. (2008). *Kurze Lebenläufe der Narren.* Wien: Zsolnay.

Rutschky, K. (1977). *Schwarze Pädagogik.* F.a.M.: Ullstein Materialien.

Sass, L.A. (1987). Schreber's Panopticism: Psychosis and the Modern Soul. *Social Research* 54(1), 111-123.

Schatzman, M. (1973). Soul Murder. Persecution in the Family. London: Allen Lane. 오세철·심정임 역 (1980). 『어린 혼의 죽음』. 서울: 현상과 인식.

Schreber, D.G. M. (1858). *Kallipädie oder Erziehung zur Schönheit.* Leipzig: Adamant Media

Schreber, D.G.M. (1860). Die Jugendspiele in ihrer gesundheitlichen und pädagogischen Bedeutung und die Nothwendigkeit ihrer Beachtung von Seite der Schulerziehung. *Jahrbuch für Kinderheilkunde und psysische Erziehung,* 3, 247-254.

Schreber, P. D. (1903). *Denkwürdigkeiten eines Geisteskranken.* Leipzig: Oswald Mutze. 김남시 역 (2010). 『한 신경병자의 회상록』. 서울: 자음과 모음.

Mitteldeutscher Rundfunk(MDR) (2007). *Moritz Schreber. Vom Kinderschreck zum Gartenpaten.* Berlin: Icestorm.

03
세계관과 인간관의 기계화
그리고 인간교육의 본령*

I. 공학적 교육관과 기계적 인간관

본고에서 탐구하고자 하는 것은 교육적 인간의 자기이해의 역사 속에서 포착되는 기계론적 인간이해 혹은 인간의 기계론적 환원의 사례들이다. 인간의 기계론적 이해는 교육학사에서 낯선 주제는 아니다. 전통적 교육학에서 유기체적 교육관과 아울러 자주 회자되는 공학적 교육관은 넓은 의미에서 기계론적 인간이해를 바탕으로 한다고 볼 수 있다. 공학적 교육관의 교육행위가 '만듦'으로 정의되고, 만듦은 그 본질에 있어서 만들어지는 인간을 전제로 하기 때문이다. 그리고 '만듦으로서 교육'이라는 전통적 교육 개념이 근래 학계에서 비판적 성찰의 대상이 되기도 하였다는 것도 주지의 사실이다.(Schäfer & Wimmer, 2003) 과연 인간이 공학적 기제를 통

---

* 우정길 (2018c). "기계로서 인간": 교육적 인간의 기계적 환원 사례 연구.『교육문제
연구』31(2), 43-72.

해 만들어질 수 있는 존재인가 그리고 인간의 인간임(Menschsein)과 인간됨(Menschwerden) 사이에서 교육적 행위는 윤리적 정당성을 어떻게 확보할 수 있는가가 그 성찰의 주안점이다.

그러나 본고가 고찰의 대상으로 삼고자 하는 사례들은 인간의 인간임 혹은 인간의 인간됨을 규정함에 있어서 은유적으로든 직유적으로든 '기계(류)'를 명시적으로 전제하거나 혹은 심지어 기계적 도구를 동원하고, 그 바탕 위에 교육이 논의된 경우들이다. 본고가 채택한 사례는 코메니우스(J.A. Comenius. 1592-1670), 데카르트(R. Descartes. 1596-1650) 그리고 슈레버(D.G. Moritz Schreber. 1808-1861)이다. 앞선 두 사상가는 중세로부터 벗어나던 문명사적 전환기를 배경으로 근대 과학문명의 태동을 목도하고 주도했던 인물들이다. 이들의 사유 속에서 자주 거론되는 시계와 해부학은 당대 과학과 기술의 발전상을 보여 주는 상징임과 동시에 인간 존재를 이해하고 규정하는 열쇠어이기도 하다. 데카르트의 경우 교육과 직접적 연관은 없으나, 그가 근대 인식론적 인간학 이해를 위한 핵심 사상가이자 기계론적 인간이해의 시조로 평가되기에, 본고의 고찰 범위에 포함하였음을 밝혀둔다.(제II장) 이어지는 제III장에서 고찰하게 될 슈레버는 교육학의 역사에서 거의 다루어진 적 없는 인물이다. 그러나 현미경과 뇌해부학의 시대였던 19세기에, 정형외과 의사였던 그가 자신만의 고유한 교육론을 발표한 적이 있다는 점에 착안하여 그리고 이를 기반으로 극단적으로 기계적·권위적인 방식의 인간교육을 실행한 바 있기에, 본고의 고찰 대상으로 삼게 되었다.

교육학의 오랜 역사 속에서 이와 유사한 혹은 이보다 더욱 선명한 사례들도 있겠으나(Meyer-Drawe, 1996b, 1997), 필자의 지적 탐구의 여력이 그 모든 사례들에 아직은 닿지 못하였기에 그리고 제한된 지면의 관계로, 위 세 가지 사례로 한정하게 됨을 연구의 제한점으로 밝혀 두고자 한다.

II. 인간관의 기계화

"결국에는 혁신자들이 승리했다. 그들의 승리는 경험주의와 실리주의에
물든 새로운 철학의 승리였고 새로운 철학은 인간 지식의 모든 분야에
침투했다. 수학은 분석의 주요 도구가 되었고, 기계는 세계를 설명하는
원리로 자리잡았다. 1664년에 H.파워스는 "세계라는 이 거대한 기계의
작동은 실험철학과 기계철학으로만 설명할 수 있다."고 썼다. 아닌 게 아
니라 "세계관의 기계화"가 시작되고 있었다."(Cipolla, 1967/최파일,
2013: 48)

30년간의 종교전쟁을 뒤로한 17세기 후반의 유럽은 이탈리아 경제사
가 치폴라의 진단과 같이 "세계관의 기계화"의 시대로 접어들게 된다. 이
기계화의 대상에는 물론 인간에 대한 이해도 포함되었다. 본장에서는 이
전환의 시대 공간 속에서 인간에 대한 동일한 문화적 배경과 학술적 은유
를 공유하였던 두 사상가의 기계적 인간관을 고찰하고자 한다.

1. 코메니우스 - 시계와 해부학

주지하는 바와 같이, 코메니우스는 30년 전쟁으로 인해 고향을 잃고
유럽 전역을 떠돌아야 했던 종교적·정치적 망명가임과 동시에 교육사상
가이자 학교개혁가였다. 그는 근대라는 역사적 공간에서 여전히 중세적
세계관과 인간관을 설파하고, 자신이 보기에 왜곡된 현실 속에서라도 신
의 섭리가 실현되기를 기도하며, 교육과 학교와 교수법의 개혁을 통해 그
시점을 앞당기고자 노력하였던 인물이다. 비록 그가 중세적 세계관을 신
봉하였고, 이를 범교육학이라는 체계 속에 성공적으로 담아낸 것은 사실
이나(우정길, 2009b; Woo, 2016), 그도 당대에 축적되고 공유되었던 자연과
학적 발견을 공유하였고, 동시에 이와 연관된 인간관의 전환을 부지중에
내면화하였다. 그 두 가지 증거는 시계와 해부학이다.

"인간은 스스로 육체에서처럼 역시 영혼에 있어서도 조화보다 아무것도 다르지 않다. 왜냐하면 우주 자체가 엄청난 시계와 유사하듯이, 많은 바퀴들과 추로 구성된 우주는 매우 예술적으로 조립되어서, 모든 일에 있어서 모든 부분이 서로 조화를 이루고 지속적으로 진행되도록 맞물려 있기 때문이다. 인간 역시 마찬가지이다. 말하자면 매우 경이롭게 예술적으로 만들어진 육체에 있어서 먼저 심장은 동력(mobile), 즉 삶과 행동의 원천인데, 이 동력에 의해 다른 지체가 움직인다. 그러나 운동을 일으키는 추는 두뇌이다. 이 추는 신경의 도움을 받아 밧줄이 움직이는 것처럼 나머지 바퀴들(말하자면 지체들)을 당겼다 늦췄다 한다. 내적이며 외적인 활동의 다양성은 바로 움직임의 균형 잡힌 관계에 달려있다. … 인간은 실제로 그 자체가 조화 이외의 다른 것이 아니다."(Comenius, 1657/정일웅, 2002: 77)

위 인용문과 관련하여 우리는 다음 다섯 가지를 언급할 수 있다. 첫째, 코메니우스는 우주와 세계와 인간을 이해하기 위해 인간의 관점이 아닌 창조주의 관점을 취한다. 창조주의 관점에서 우주는 거대한 시계와 같이 정밀하게 설계된 질서체이며, 그 안에 있는 인간 역시 시계의 정밀성과 정확성을 담지하고 있는 존재이다. "인간은 가장 정교하게 만들어진 피조물"(Comenius, 1991/정일웅, 1996: 115)이라고 코메니우스가 힘주어 말할 때 그는 창조주의 위대한 창작성과 아울러 시계(인간)의 정교함을 염두에 둔 것이다.

둘째, 코메니우스에 따르면, 시계가 시계 장인의 설계에 따라 작동될 때 비로소 그 존재의 의미가 확증되듯이, 우주와 세계와 인간 역시 창조주의 섭리에 따라 존재하고 운영되어야 한다. 그 운영원리는 바로 신적 질서이다. 위 인용문에서와 같이, 시계라는 기계체를 보면서 조화를 떠올리는 것은 일견 낯선 연상법일 수 있다. 그러나 시계를 바라보는 관점이 시계의 사용자가 아닌 시계의 제작자의 그것일 경우, 조화라는 속성은 정확성과 엄밀함이라는 기계적 속성보다 더욱 우선적인 원리로 인식된다.

셋째, 시계의 최우선적 원리로서 조화와 관련하여 코메니우스는 인간의 도구성을 강조한다. 인간을 시계로 비유하고 있는 그는 다음과 같이 인간학적으로 단호한 메세지를 전하고 있다. "해시계든지 동력장치가 있는 시계든지, 시계는 시간을 측정하기 위해 정교한 도구이다. 이 도구의 본질과 특성은 모든 부분의 합목적적인 조화에 있다."(Comenius, 1657/정일웅, 2002: 64) 이렇듯 코메니우스는 인간이라는 존재가 어떤 고유한 의미를 지닐 수 있는지를 피조된 세계의 합목적적 조화에서 찾고 있다. 즉 코메니우스에게 있어서 인간은 창조주의 거대한 시계 속 부품으로서 기능성을 갖는다. 인간은 창조주가 사용한 부품 중에서도 가장 중요한 부품이다. 물론 이것은 종교인인 코메니우스가 인류를 위해 전하는 진심 어린 조언이다.

넷째, 이러한 존재론적 합목적성의 실현을 위한 인간교육의 중요성을 그는 재차 역설한다. 『범교육학』에서 그는 인간이라는 시계가 여타의 시계보다 더욱 정밀하다는 사실을 그리고 이에 따라 더욱 교육이 중요함을 다음과 같이 역설한다.

"인간을 완벽하게 개선시키는 데에는 나름대로 어려움을 갖고 있다는 것을 인정한다. … 인간은 가장 정교하게 만들어진 피조물이라 할 수 있다. 그렇기 때문에 자신을 유지하려면 다른 피조물보다는 각별한 보호가 필요한 것이다. … 이에 대한 적합한 예는 시계일 것이다. 벽에 고정되어 있는 해시계는 질서 있게 구조를 가질 때라야 비로소 오랜 수명을 갖게 된다. 해시계와 마찬가지로 물시계나 모래시계도 바늘이 움직이는 경로를 따라서 이미 복잡한 구조를 지니게 되었다. 그렇게 됨으로써 그 시계들은 망가지기 쉽고, 그것을 다시 재생시키는 것은 간단한 문제가 아니다. 자동시계는 그 문제가 더 심각하다. 톱니바퀴를 두서너 개만 갖추고 바늘이 하나인 시계는 거의 손볼 필요가 없다. 하지만 톱니바퀴를 더 설치하게 되면 시간을 알릴 때마다 그 시계는 그만큼 두 배의 일을 하게 되며, 15분 간격으로 알리려면 3배의 일이 필요하게 되는 것이다. 그렇게 따지면 전체의 운동을 알리거나 어떤 노래 소리 기능을 갖추려면 그 만큼 더 일을 해야 하는 것이다. 어떤 구조 속에서 조작되는 개체적인 요소들이 많으면 많을수록 전체를 손보다 보면 무엇인가가 더 쉽게 망가지는 법이다. 인간도 그런 피조물인 것이다."(Comenius, 1991/정일웅, 1996: 115)

"합목적적 조화"를 위해 벽시계나 해시계를 포함한 그 어떤 시계보다 더욱 중요한 인간이라는 시계는 "모든 해로운 요소로부터 보호받아야 마땅하며, 모든 안전장치를 통해 무장되어 있어야"하는데, 이것은 곧 코메니우스가 창안한 "범지학을 통해서만 가능"하며, 이것이야말로 진정한 "인간화의 모색"(Comenius, 1991/정일웅, 1996: 121)이라고 그는 강조한다.[1]

다섯째, 이상의 시계 비유가 은유의 차원에서 이루어지고 있는 데 반해, 은유의 범주를 넘어서는, 즉 인간에 관한 기계론적 기술도 코메니우스에게서 포착된다. 첫 인용문에서 볼 수 있었던 "육체의 동력은 심장으로부터 그리고 조정은 뇌로부터"라는 그의 설명은, 약간의 비약을 감행하자면, 오늘날의 자동차의 기본원리를 연상시킬 정도로 단순기계적이다. 아울러 심장과 두뇌(추) 그리고 이 추와 신경 및 지체들(바퀴) 등의 비유역시 단순기계적인 설명임과 동시에 전통적 기독교적 관점인 영혼과 육체의 이원론과는 다른 방식의 해설이라 할 수 있다. 이것은 한편 인간이라는 존재가 부품들의 정밀한 조합으로 이루어진 시계라는 은유적 관점이 연장된 것이기도 하지만, 또 다른 한편 코메니우스를 포함한 당대 지식인들이 인간해부학의 관점을 수용하고 있었다는 증거이기도 하다.

---

1 교수법과 관련하여서도 코메니우스는 시계 비유를 도입한다. "가르침의 기술은 시간과 교재 그리고 방법의 기술에 적합한 배열을 요구한다. … 모든 것이 그의 무게에 의해 바르게 규정되는 시계와 같이 쉽고 적합하게 흘러간다. … 시계가 그렇게 기술적으로 고안된 도구에 적용되는 것처럼 결과적으로 동일한 확실성으로 작용된다. 여러 가지 화려한 것으로 솜씨 있게 만들어지고 꾸며진 하나의 시계에 정확히 상응하는 학교의 한 유형을 최상의 이름으로 설립하도록 시도하자."(Comenius, 1657/정일웅, 2002: 147)

코메니우스의 경우 당시 일상 문화와 지식체계의 단면들을 모아 150개 그림으로 소개한 라틴어교재『세계도회』(1658)에서 '인간'에 대해 9개의 그림을 할애하고 있다. 그중 신학적 인간창조 에피소드(에덴동산의 아담과 이브)를 담은 "인간"(제35범주), 생애주기별 인간교육을 담은 "인간성장의 일곱 단계"(제36범주) 그리고 나체의 아담과 이브 그림으로 인간신체의 명칭을 소개하는 "인간의 신체"(제36범주), 그림자의 형태로만 묘사된 "인간의 혼"(제42범주) 그리고 "기형과 이상발육의 사람"(제43범주)을 제외한 4가지 그림에서 코메니우스는 인간의 모습 전체가 아닌 신체의 각 부위가 분리되어 있거나 파헤쳐져 있는 모습의 그림을 싣고 있다.(Comenius, 1658/남혜승, 1999) 이들 그림들은 모두 해부학 교재를 옮겨 놓은 듯한 것으로서, 어쩌면 라틴어 교재로 고안되었던『세계도회』의 주 독자층인 학령초기 유아와 아동들에게는 다소 과도한 묘사라는 인상도 남긴다.(Woo, 2016: 219) 실제로 제39범주의 그림("근육과 내장": [그림 1]²)은 근대 해부학의 선구자로 불리는 베살리우스(A. Vesalius: 1514-1564)의『해부학』의 그림([그림 2])을 옮겨 놓은 것이며, 나머지 3개의 그림들([그림 3], [그림 4], [그림 5]) 역시, 정확한 출처는 확인되지 않았지만, 당시 해부학 서적들에서 가져왔으리라는 추론이 학계의 정설이다.(Alt, 1970: 31)

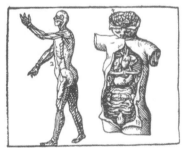

[그림 1] "근육과 내장"(제39범주)
(Comenius, 1568/남혜승, 1999: 60)

[그림 2] Vesalius
(송창호, 2015: 527재인용)

2 그림의 제목은 원저자의 명명에 따르되, 제목이 제시되어 있지 않은 경우 표기하지 않았다.

 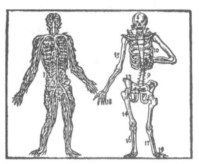

[그림 3] "머리와 손"(제 38범주)　　　[그림 4] "맥관과 골격"(제 40범주)
(Comenius, 1568/남혜승, 1999: 59)　(Comenius, 1568/남혜승, 1999: 61)

[그림 5] "외부와 내부의 감각"(제 41범주)
(Comenius, 1568/남혜승, 1999: 62)

　　주목할 만한 점이라면, 코메니우스의 이러한 해부학적 인간이해는 그
가『범교육학』과『대교수학』그리고 나아가『세상의 미로와 마음의 낙원』
에서 보여 준 신학적 인간학의 기조와 상당히 다르다는 사실이다. 코메니
우스는 기본적으로 살아있는 인간, 영혼을 지닌 인간 그리고 내세적 인간
을 학문적 고찰과 교육의 대상으로 삼아 자신의 학문과 소설을 전개하였
다. 즉 영혼 없는 인간은 그의 관심 밖의 사안이었다. 시계라는 은유를
사용할 때도 그 기술방식이 기계적 단순성을 띠고는 있을망정 인간이 영
혼 없는 살과 뼛조각들로 치환되지는 않았다. 그러나 주검을 다루는 해부
학은 종교적·교육적 은유와는 다른 차원의 인간학이 펼쳐지는 공간이다.

뼈는 뼈대로, 근육은 근육대로 그리고 피는 피대로 해체하고, 이 조각난 기능적 조각들을 맞추어 인간의 생리학적 퍼즐을 완성해 나가는 정밀과학의 장이 바로 해부학이다. 코메니우스가 해부학적 지식을 동원하여 영혼 없는 주검의 해체된 부분들을 유아와 아동들에게 그림으로 소개하고 있다는 점은 코메니우스 학문의 전체 기조를 고려해 볼 때 자못 생경스럽다.

그러나 코메니우스가 몸담았던 17세기 유럽의 문화사적 흐름, 즉 기계적 시계의 발명과 발전과정을 고려해 볼 때, 이것은 코메니우스의 의도와 무관하게, 어쩌면 자연스러운 현상이었을 수도 있다. 기계적 시계의 제작이 가능해진 14세기 이전의 세상은 이른바 태양의 시대였다. 태양은 시간이고, 태양은 기준이었으며, 태양은 곧 권력이었다. 태양의 흐름에 의존하여 시간을 확인하고, 이를 토대로 도시 한가운데서 울리던 교회 종소리에 모두가 귀를 기울이며 일상이 진행되었다면, 이제는 기계적 시계의 등장과 아울러 태양 없이도 시간의 확인과 일상의 규칙적 조율이 가능해진 것이다. 권력의 원천이 태양에서 기계로 이동하게 된 것이다. 공공시계로부터 가내용 시계를 거쳐 휴대용 시계가 도입된 14세기-17세기라는 유럽의 시대공간은 태양의존성으로부터 탈피해 가는 과정이기도 하였다.(Cipolla, 1967/최파일, 2013: 51-113)

시계가 코메니우스에게 있어서 중요한 우주론적·인간학적 은유이지만, 코메니우스 전체 저작의 주인공은 바로 태양이다. 그는 철저한 태양예찬론자이자 태양정초론자였다. 그의 저작 『세계도회』는 태양을 형상화한 그림("신". 제1범주)으로 시작하여 태양이 주재하는 "최후심판"(제150범주)으로 막을 내린다.(Comenius, 1658) 『빛의 길』은 어둠을 밝히고 어둠을 치유하는 태양의 은유로 가득하다.(Comenius, 1668) 그런 코메니우스도 문화사적으로는, 자신도 모르는 사이, 탈태양중심성의 흐름을 타고 있었으며, 이른바 "세계관의 기계화"(Cipolla, 1967/최파일, 2013: 48)에 고무되어 있었던 것이다. 코메니우스는 다만 "시계"라는 은유를 사용하였을 뿐이고, 이를 통해 창조주의 정밀한 섭리를 부각하려 하였지만, 이미 그것은 은유 이상의 기계론적 인간관을 내포한 것이었다. 코메니우스가 시계의 은유와 더불어 해부학적 지식을 자신의 신학적 인간학의 체계에 도입하는 순간, 그는 자신도 모르는 사이 신학적 인간학의 범주를 벗어나 기능론적·기계론적 인간학의 영역에 발을 들여놓게 된 것이다. 창조주는 태양과 시계를 필요로 하지 않는다. 창조주 자신이 곧 태양이고 시간의 제정자이기 때문이다. 창조주는 해부학도 필요로 하지 않는다. 해부학은 다만 인간의 유기체적·기능론적 자기 이해를 위해 복무할 뿐이다.

2. 데카르트 - 정신기계와 해부학

코메니우스와 동시대를 살았고 그와 조우한 바 있는 데카르트[3] 역시 시계의 은유를 즐겨 사용하였다. 그러나 코메니우스가 시계를, 적어도 의도적 차원에서는, 순수 은유적 목적으로 사용한 것에 비해, 데카르트의 시계 표현은 은유 이상의 것, 즉 기계적 사물을 직접적으로 지칭하는 것이었다. 그는 『성찰』의 제6장에서 신체와 정신의 상이점을 고찰하는 과정에서 시계를 언급한다.

> "톱니바퀴와 추로 되어 있는 시계가 잘못 만들어져서 시간을 정확하게 가리키지 않을 때에도 제작자의 의도를 완전히 충족시키고 있을 때 못지 않게 자연의 모든 법칙을 정확히 지키고 있듯이, 내가 만일 인간의 신체를 뼈, 신경, 근육, 혈관, 혈액 및 피부로 잘 짜여진 일종의 기계로 간주하고, 정신이 이 속에 전혀 깃들어 있지 않아도 내 신체가 의지의 명령 없이 행하는 운동 및 정신으로부터 야기되지 않는 운동과 동일한 운동을 이 기계가 하고 있다면, 인간신체도 자연의 법칙을 정확히 지키고 있는 것이다. … 제작자가 시계를 만들 때에 의도했던 용도에 대해 내가 생각해 본다면, 시간을 정확하게 가리키지 않을 때에 시계는 그 자연에서 빗나가 있다고 말할 수 있듯이, 인간신체라는 기계를 그 속에서 행해지는

---

3 코메니우스와 데카르트의 조우 및 서로의 반응에 관한 상세한 보고는 Heesakkers, 1996: 18-24를 참조 바란다.

운동을 할 수 있도록 짜 맞추어진 것으로 본다면 …"(Descartes, 1642/이현복, 1997a: 115f)

여기서 언급된 시계는 그 자체로는 큰 함의를 갖지 않는다. 오히려 데카르트의 시계는 기계적으로 작동하는 시계를 직접 지칭한다. 중요한 것은, 그가 이 시계를 인간의 신체와 동일하게 여기고 있다는 점이다. 즉 그에게 있어서 신체는 시계의 구조 및 작동원리와 동일한 속성을 지닌 것, 즉 기계이다. 그는 인간의 신체를 정신과는 확연히 다른 것으로 파악하고, 그 상이점은 "신체의 가분성"이라고 말한다. 시계라는 기계가 부품으로 나누어지듯이, 신체도 가분적이라는 점에서 시계와 다르지 않다는 것이다.(Descartes, 1642/이현복, 1997a: 115f) 여기서 한 걸음 더 나아가 데카르트는, 인간의 신체는 "시계나 인공분수나 제분기 혹은 그와 유사한 기계와 다를 바 없는 기계"(Descartes, 1677/Hall, 2003: 4)라고 직설적으로 규정한다. 『방법서설』의 제5부("자연학적 문제들")와 아울러 '데카르트의 인간 해부학 보고서'라 할 수 있는 그의 저서 『인간론』은 다음과 같은 인간 규정으로 시작한다.

"인간은 정신과 신체로 구성된다. … 나는 신체가 일종의 조각상 혹은 흙 재질의 기계와 같은 것이라고 가정한다. 이것은 신이 우리 인간의 현재 모습대로 의도적으로 만든 것으로서, 여기에는 색상 및 지체의 모든 형태와 같은 외형적인 측면뿐 아니라 걷고 먹고 숨 쉬는 등의 모든 상상 가능한 기능들을 모방하는 데 필요한 신체 내부의 각 부분들이 포함된다."(Descartes, 1677/Hall, 2003: 1-4)

데카르트가 여러 차례 직접 수행했던 동물해부와 관찰을 통해 고안하게 된 인간이라는 이름의 기계는 일종의 열기관이며, 그 작동방식은 다음과 같다. 즉, 음식물을 섭취하면 소화와 흡수를 통해 간이 혈액을 생성해 내고, 혈액이 뜨거운 주전자 같은 심장에서 끓어올라 동맥을 거쳐 일차적으로는 뇌로 상승한다. 그중에서도 뇌 속의 빈 공간에 이르게 되는 더욱 미세한 일부인 스피리투스 미립자는 뇌의 중심부에 위치한 송과선에 모였다가 뇌에 연결된 신경튜브를 통해 분출되고, 이것이 신경 미세섬유를 통해 몸의 각 부위에 전달되어 결국에는 근육의 수축·이완을 야기함으로써, 신체-기계의 움직임이 가능하게 된다. 데카르트는 이 기제를 분수 기계에 비유하여 다음과 같이 설명한다.

> "실제로 사람들은 내가 묘사하고 있는 기계의 신경을 이 연못에 있는 기계의 관들과 비교할 수 있다. 근육과 건(腱)들은 다양한 장치들과 이 장치들을 돌리는 엔진과 비교하면 되고, 스피리투스 아니 말레스라 불리는 미립자는 엔진을 움직이는 물과 비교하면 된다. 이때 심장은 물이 나오는 원천이고, 뇌에 분포된 각각의 실(室)들은 그 물을 분배하는 역할을 맡는다. 그 밖에도 호흡과, 시계에서 습관적이자 자연스럽게 일어나는 다른 활동들도 시계나 방앗간의 운동과 비슷하다."(Descartes, 1677/Hall, 2003: 22)[4]

이와 같은 신체-기계 작동의 기본원리를 바탕으로 데카르트는 『인간론』에서 총 39개의 그림을 이용하여 신체 각 부위의 역학과 기능을 설명하고 있다. 송과선과 신체 움직임 사이 역학을 묘사하는 두 그림을 예로 들자면, [그림 6-7]과 같다.

[그림 6]
(Descartes, 1677/Hall, 2003: 93)

[그림 7]
(Descartes, 1677/Hall, 2003: 103)

---

4 해당 인용문의 한국어 번역은 Düweke, 2001/이미옥, 2005: 33f에서 발췌 하였다.

우선 [그림 6]은 인간 모양을 한 기계의 시선 고정점의 변화(C→B)가 팔근육의 움직임(C선→B선)을 야기하는 과정에 관한 내용이다. 즉, 송과선의 B점에서 나온 스피리투스 미립자는 근육7을 실선과 같은 형태로 만들어주고, 이는 팔과 손가락으로 하여금 B점을 가리키게 한다. 그런데 스피리투스의 운동이 바뀌어서 8로 흘러 들어오는 스피리투스 미립자가 B점이 아닌 C점에서 나온 것이 된다면, 이는 근육의 모양을 점선과 같이 바꾸고, 손은 C를 가리키게 된다.(Descartes, 1677/Hall, 2003: 92f) [그림 7]은 인간 모양을 한 기계의 손이 불에 닿을 때의 상황이다. 불이 손을 태울 만큼 강한 경우, 7번 신경관이 평소보다 더 넓게 열리면서 N 가까운 곳의 뇌압이 높아지고, O 주변의 뇌가 평소보다 더 넓게 퍼진다. 이를 통해 7번 튜브에서 흘러나오는 스피리투스 미립자가 N에서 O를 거쳐 P로 흘러가고, 결과적으로 B손을 불에서 멀어지도록 근육을 움직인다. 또 다른 스피리투스 미립자는 N에서 S로 흘러가서, 고통의 상황에 전형적으로 나타나는 반응을 유발한다.(Descartes, 1677/Hall, 2003: 102f; Hatfield, 2007: 18f)

참고로 덧붙이자면, 1632-1633년경에 쓰여졌으나, 갈릴레이 재판의 판결로 인해 데카르트가 출판을 연기하여 결국 그의 사후에 출판된 『인간론』의 내용은 현대 생리학의 관점에서 보자면 대부분 사실에 부합하지 않는다. 대표적으로 뇌의 중심에 위치하여 스피리투스를 분출하는 곳임과 동시에 신체와 영혼의 접점이라고 데카르트가 지목한 송과선은 현대 생리학의 해설과는 거리가 멀다. 아울러 위에서 소개된 [그림 6-7]의 내용 역시, 비록 이것이 데카르트 당대 첨단의 생리학적 지식에 한 천재 철학자의 해부학적 노력과 인간학적 상상력이 더하여져 흥미로운 설명을 제공하는 것은 사실이나, 인간신체에 대한 오늘날의 일반적인 이해와는 차이가 크다.

이러한 사실과 무관하게 본고의 맥락에서 중요한 점은, 그가 인간의 신체를 어느 정도로 기계적인 것으로 이해하였는가이다. 『인간론』의 인간은 앞서도 언급한 바대로, 인간이 아니라, 인간의 모양을 한 기계이다.

그 당연한 귀결로서, 봄(視)이라는 행위를 설명하는 기제 그리고 심지어 화상의 위험에 대한 반응기제의 해설 역시 지극히 기계적이다. 이 기계작동의 과정에 정신이나 자유의지 혹은 느낌이나 정서가 개입할 여지는 전혀 없다. 이것은 그저 자동반응기계일 뿐이다.

데카르트가 인간신체를 기계로 정의하고 그 기제를 기계적인 것으로 설명하였다면, 그에게 있어서 인간의 또 다른 절반인 정신은 어떤 모습이었는가? 주지하는 바와 같이, 데카르트는 더 이상 의심할 수 없는 학문의 정초를 발견하고자 하였고, 그 기획의 일환으로 『성찰』(제1-3성찰)에서 한 가지 질문을 집요하게 제기한다. 즉 "참된 나는 무엇이며, 이것[나의 참성]은 어떻게 근거지워질 수 있는가?" 그의 의도는 단순히 인간은 무엇인가라는 오래된 철학적 물음을 해명하는 데 있는 것이 아니라, 그보다 한층 더 깊은 차원에서 나의 참성 또는 나라는 존재의 최종적 근거를 발견하는 데 있었다. 이를 위해 그는 이른바 "감각적 경험의 오류의 가설, 꿈의 가설 그리고 전능함과 동시에 정직하지 않은 악한 영의 가설"(제1, 2성찰)을 동원한다. 이른바 방법론적 회의라고 불리는 과정이 바로 그것이다. 『성찰』과 『방법서설』에 나타난 이 방법론적 회의의 과정이 때로 논리비약적인 것으로 그리고 심지어 신비주의적인 것(으로 보)일 수도 있다는 점에 대한 논의는 본고에서는 삼가기로 한다.[5] 다만 본고가 주목하고자 하는 바는, 그가 "나의 참성"을 추구하는 과정 중 첫 번째 단계인 "감각적 경험의 오류의 가설"을 통해 결국 인간이 어떤 존재로 규정되는가이다. 간략한 사실관계만 적자면, 데카르트는 감각적 경험의 오류가능성이라는 칼로 인간에게서 감각적 경험을 제거해 버린다. 감각이 인간을 속일

---

5 이와 관련하여 참고할 만한 연구는 박치환의 "데카르트의 <Cogito 논증>, 과연 효과적인가?"(2007)가 있다. 그는 Cogito의 산파 데카르트에 대한 철학사의 과도한 칭송이 "신화 또는 허구"일 수 있음을 지적하고, 그 논리구조의 허점을 상세히 다루고 있다. 특히 데카르트 논증의 가장 모호한 고리인 순환논증의 오류를 제3장("코기토에 대한 확신인가, 신의 현존 확인인가")과 제4장("코기토와 신, 데카르트와 신의 부조화")에서 여느 연구보다 더욱 자세하게 다루고 있다.

수 있기에, 감각은 참된 나라는 존재에서 배제되어야 한다는 것이 그의 논리이다. 그러나 그 결과로 그는 다음과 같은 고민에 직면하게 된다.

"그러나 나 자신도 그것이 어떤 것인지 알지 못하고 있는 고통의 감각에서 왜 영혼의 슬픔이 생기고, 쾌락의 감각에서 왜 기쁨이 생기며, 혹은 허기라고 불리는 위의 동요는 왜 나로 하여금 음식을 먹게 하고, 목마름은 왜 나로 하여금 물을 마시도록 하는지 등은 자연이 나에게 그렇게 가르쳐 주었기 때문이라고 밖에는 설명할 방도가 없었다."(Descartes, 1642/이현복, 1997a: 107)

단적으로 표현하자면 데카르트의 인간은 자신에게서 발생하는 감각적 현상 및 이와 연결된 정서적 현상들을 해명하지 못하고 있다. 그가 거듭 제시하고 있는 유일한 해명은 "자연의 가르침"이다. 『성찰』에서 자주 발견되는 이 "자연의 가르침"은 데카르트의 제3가설에 등장하는 "악한 영"이나 제3-5성찰의 주제인 "신 존재의 확실성"만큼이나 모호한 개념이다. 이러한 해명과 무관하게 데카르트의 인간학은 감각하는 혹은 감각적으로 경험하는 인간에 관한 것이 아니라 감각적 경험으로부터 분리되어 그 결과에 대해 사유만 할 수 있는 인간을 대상으로 하게 되었다. 어떤 감각적 경험과 정서적 동요의 순간에 이 모든 것에 대해 사유라는 우회로를 거쳐야만 모종의 확실성을 담보할 수 있다는 강박적 인식론의 인간학을 우리는 데카르트의 방법론적 회의의 과정에서 목도하게 된다. 이 모든 것은 인간의 자기규정에 있어서 "확실하고 흔들리지 않는 최소한의 것"(Descartes, 1642/이현복, 1997a: 42)을 발견하고자 하였던 데카르트의 철학적 야심에서 기인하였다.

물론, 잘 알려진 바와 같이, 그는 이러한 과정의 끝에 코기토(Cogito), 즉 사유하는 자아의 발견에 이르게 된다. 그러나 이 코기토는 사유를 감행할 때만, 즉 생각이라는 기능을 수행하는 동안만 그 존재성이 확인가능한 존재이다. 바꾸어 말하자면, 생각이라는 기능이 멈추는 순간 존재의 여부와 의미가 불확실해지는 또 하나의 기계가 탄생되는 것이다. 데카르트의 논리에 따르면, "나는 생각하므로, 존재한다."라는 인간학적 명제는 "나는 감각하므로, 존재한다."나 "나는 느끼므로, 존재한다." 등의 어떠한 명제로도 치환이 불가능하다. 즉, 데카르트의 인간은 생각만 하는 기계이다. 교육학자 마이어드라베는 데카르트가 제안한 이러한 사유기계를 "정신기계"(Geistmaschine)로 명명하고, 다음과 같이 논평한다.

> "데카르트가 더 이상 부정할 수 없는 사유의 토대에 도달하였다고 생각한 바로 그 순간, 인간은 자기 자신에게 수수께끼 같은 존재가 되어버렸다. 그는 자기 자신 그리고 데카르트 자신이 만들어 낸 이 자동판매기 사이의 차이를 규명할 수 없게 되어버렸다. 정확하게 표현하자면, 데카르트의 인식 토대라는 것은 하나의 정신기계를 나타내는 것이다. 즉 이것은 시계의 정확성에 따라 작동되는 그리고 외부로부터의 영향을 전혀 받지 않는 어떤 규칙물이다."(Meyer-Drawe, 1995: 48-52)

본고의 주제와 관련하여 한 가지 상기하자면, 우리는 지금 시계나 분수나 증기기관이나 혹은 각종 대답이 내장되어 있는 그 어떤 현대적 기계류에 대해서 논하고 있는 것이 아니다. 우리는 지금 인간에 대하여 그리고 인간의 자기규정에 관하여 논하고 있다. 이 단순한 사실을 상기하는 것만으로도 데카르트의 기계적 인간론의 이해와 수용을 위한 나침반이 설정된다고 볼수 있다. 그리고 이 나침반은 어쩌면 인간의 기계화 혹은 인간의 기계주의적 환원의 정점이라 할 수 있는 데카르트의 기계론 이후 펼쳐진 각종 인간의 기계화 담론들6의 이해를 위한 필수적 도구로 활용될 수 있을 것이다.

---

6 이에 관하여는 워즈니악의 저서 *Mind and Body: René Descartes to William James*(1992) 제1장 "데카르트의 마음/신체 이원론의 유산"을 참조바람. 참고로 워즈니악은 데카르트의 기획을 다음과 같이 총평하고 있다. "참되고 확실한 지식의 문제에 초점을 둠으로써 데카르트는 인식론, 즉 마음과 세계 사이의 관계에 대한 의문을 철학의 출발점으로 만들었다. 신체와 영혼의 접점을 송과선에 둠으로써 데카르트는 마음과 뇌 및 신경 조직과의 관계에 대한 질문을 제기하였다. 그러나 동시에 그

III. 모리츠 슈레버 & 파울 슈레버

"대략 이 시기를 즈음해서 갈비뼈 대부분 또는 일부가 잠깐 동안 산산조
각 났다가 재생되곤 하는 일이 일어났다. 가장 끔찍했던 기적 중 하나는
이른바 '가슴협착 기적'으로, 나는 그것을 최소 십여 차례나 체험했다. 가
슴 부위 전체가 눌려서 숨 쉴 수 없는 압박감이 몸 전체로 전해지는 기
적이었다. … 작은 악마들 일부는 내 머리에서 반복해 일어나던 기적에
도 참여했는데, … 그것은 - 가슴협착 기적과 더불어 - 모든 기적들 중
가장 끔찍한 것이었다. … 이 기적을 지칭하는 데 사용되었던 표현은 '머
리압착 기계'이었다. 반복되는 광선과의 교류 등으로 인해 내 두개골 위
중간쯤에는, 아마 바깥에서는 보이지 않겠지만 안쪽에서는 보이는 깊은
틈 혹은 홈이 생겨났다. 이 틈의 양쪽에 '작은 악마들'이 서서는 나사 같
은 것을 돌려서 내 머리를 나선압착기와 같은 방식으로 조였고, 그로 인
해 한동안 머리가 위쪽으로 길게 늘어나 거의 배[梨]와 같은 모양이 되기
도 했다. … 어떨 때는 조였던 나사가 풀리기도 했지만, 그것은 매우 천
천히 진행돼서, 압착된 상태는 한참 동안 지속되곤 했다."(Schreber,
1903/김남시, 2010: 155-163)

위 인용문은 점점 기계가 되어간다고 느꼈던 한 인간의 회상록의 일
부이다. 저자의 이름은 파울 슈레버(D. Paul Schreber. 1842-1911)이고, 독
일 작센주 판사, 켐니츠시 지방법원장, 드레스덴 고등법원 판사회 의장
등 고위공직을 역임한 바 있는 인물이다. 그러나 그는, 인용문에서 드러
나듯, 심각한 망상증을 앓았고, 이로 인해 3차례에 걸쳐 도합 13년 이상
의 시간을 정신병원에 입원 또는 그의 표현으로는 "감금"되어 있었으며,
자신에게 내려진 금치산자 처분에 대해 스스로를 변호해야 했던 이력의
소유자이기도 하다. 위 인용문을 담고 있는 『한 정신병자의 회상록』(1903.

는 연장적인 신체와 순수 사유로서의 마음 사이에 너무 심한 존재론적 구분을 지음
으로써, 확실성을 추구하다가 역설적이게도 지적 무질서를 초래하였다."(Wozniak,
1992/진영선·한일조, 2011: 21f)

이하『회상록』으로 표기)은 이 기나긴 투병의 일기임과 동시에 자신의 내부에서 일어나고 있는 자기균열 현상의 관찰기이기도하다.

비록 그가 편집증적 망상증 환자이자 한때 금치산자로 판정받은 바가 있기는 하지만,『회상록』에는 단순한 망상의 편린으로 치부하고 넘기기에는 유의미한 언표들이 여럿 있다. 그중에서도 본고의 주제와 관련하여 주목하고자 하는 부분은 바로 기계가 되어 가는 혹은 이미 기계가 되어 있는 한 인간의 모습이다. 부위는 두 군데, 즉 가슴과 머리이다. 그리고 파울 슈레버는 이를 "가슴협착, 머리압착"이라고 명명하고 있다. 부서짐과 재생을 반복하는 가슴 부위 그리고 나선압착기의 나사를 통해 조임과 풀림이 반복되는 두개골은 분명 일상적 인간의 모습은 아니다. 어쩌면 우리는 여기서 1842년생인『회상록』의 저자가 아직 보지 못했을 현대 공상과학영화의 장면들을 떠올리게도 된다. 그의 이러한 망상은 어디에서 기인한 것일까? 그에 대한 정확한 대답은 아마도 얻을 수 없을 것이다. 다만 본장에서는 다음 두 가지, 즉 그의 교육적 과거와 치료적 현재에서 우회적으로나마 대답의 가능성을 구해 보고자 한다.

1. 교육적 과거 -『칼리패디 또는 아름다움을 위한 교육』(1858)

우선 "교육적 과거"는 파울 슈레버의 부친 모리츠 슈레버(Daniel Gottlob Moritz Schreber. 1808-1861)와 관련된다. 모리츠 슈레버는 독일 라이프치히에서 활동한 정형외과 의사이자 오늘날 유럽의 주말정원 문화의 효시가 된 "슈레버가르텐"(Schrebergarten)의 창안자이기도 하다.(Dieckhöfer & Thiem, 1990) 아울러 교육학사에서 거의 다루어진 바 없는『칼리패디 또는 아름다움을 위한 교육』(*Kallipädie oder Erziehung zur Schönheit*. 1858. 이하『칼리패디』로 표기)의 저자이기도 하다.[7] 이 정보들은 그의 교육

---

7 이른바 "슈레버 사례"(The Schreber Case)에 대한 정신분석학계·교육학계의 연구에 대해서는 "슈레버 사례"에 대한 교육학적 고찰 - 모리츠 슈레버(M. Schreber)의『칼리패디 또는 아름다움을 위한 교육』(1858)을 중심으로(우정길, 2018b)를 참조 바란다.

론과 교육실천의 동기와 밀접한 관련이 있다.

1) 정형외과적 예방의학

모리츠 슈레버는 정형외과 분야의 초창기[8]에 라이프치히의 짜잇쩌街(Zeitzer Strasse)에 정형외과적 교정이 필요한 아동·청소년을 수용할 수 있는 시설을 겸한 병원을 개원하였고, 이것은 슈레버에게 의사로서 명성과 부를 안겨준 기반이 되었다. 그는 아동과 청소년의 체형과 자세에 특히 많은 관심을 가졌고, 이상적인 체형을 갖기 위한 예방적·교정적 차원의 체조와 도구들을 직접 고안하여 자신의 병원을 찾은 환자들에게 적용하였다. 이로 인해 그는 청소년 예방의학의 선구자로 평가되기도 하지만(Dieckhöfer & Thiem, 1990), 정형외과라는 분야의 초창기라는 점 그리고 그가 베를린의 샤리떼(Charité: 대학병원)나 라이프치히 대학병원과 연계된 활동을 할 기회를 얻지 못했었다는 점을 감안하자면, 그의 정형외과적 구상의 의학적 효과가 학술적으로 검증되거나 인정받을 기회는 없었다고 볼 수 있다.

그럼에도 불구하고 그는 "청소년 놀이의 보건적·교육적 중요성 및 학교교육의 측면에서 그것에 주목해야 할 필요성"(Schreber, 1860)이라는 기사를 발표할 정도로 아동·청소년의 신체 건강에 큰 열정을 보였다. 이 글에서 그는 라이프치히 내 유아 놀이터와 청소년 운동시설이 부족하다는 점을 지적하고, 유아청소년기에 충분한 운동이야말로 인간의 건강한 신체 발달을 위해 필요불가결하다는 의견을 피력하였다. 그리고 그의 이러한 제안은 그의 죽음 이후 창립된 "슈레버협회"(Schreververein)의 활동을 통해 "슈레버가르텐"이라는 사회운동으로 일정 부분 실현되었다.

---

8 "정형외과와 물리요법은 계몽주의의 영향, 즉 장애 어린이들에 대한 인도주의적 관심에서 비롯되었다. 1741년 니콜라스 안드리는 '정형외과학'이라는 용어를 처음으로 사용한 사람이다. 1780년에 스위스의 베넬이 장애 어린이를 위한 연구소를 만들었고 1851년에 베렌트는 베를린에 정형외과 연구소를 설립하였다."(송창호, 2015: 376)

2) 해부학과 생리학 그리고 신체교육

신체 건강에 대한 슈레버의 관심은 참으로 지대하였다. 이것은 비단 정형외과 의사로서 의료적·치료적 차원에서만 그러했던 것이 아니라, 교육의 차원에서도 (더욱) 그러했다. 다음 몇 가지 사항이 이를 반증한다. 첫째, 앞서 언급한 1860년의 기사가 출판되기 2년 전, 그는 자신의 모든 교육적 이상과 실천적 경험이 집약된 교육학 저서 『칼리패디』(1858)를 출판하였다. 이 책의 서문에서 그는 교육의 일반적 목적을 "신적 수준의 정신의 자유라는 방향 속에서 젊은 사람의 사유 가능한 최상의 전면적 교육"(Schreber, 1858: 26)이라고 밝히고, 그 실현을 위한 교육자의 책무를 다음 다섯 가지로 정하고 있다.

"1) 신체 교육을 하되, 신체 전체 및 부분이 가장 아름답고 고귀한 형태에 이르도록 그리고 완전하고 지속적으로 단단한 생명력을 갖도록 함. 2) 정서 교육을 하되, 온전하고 고귀한 따뜻한 감정 및 (기독교적 의미에서) 순수한 사랑에 이르도록 함. 3) 사고력 교육을 하되, 온전한 맑음과 자립성과 자기창조적 활동에 이르도록, 내면의 고유한 지식과 능력과 숙련 충만에 이르도록 함. 4) 성격 교육을 하되, 확고하고 고귀하고 자립적인 의지에 이르도록 함. 5) 위에서 언급한 인간의 모든 면이 서로 조화를 이루도록 교육함."(Schreber, 1958: 26f)

목록상으로는 신체, 정서, 사고력, 성격이라는 네 가지 요소가 조화를 이루도록 설계되어 있다. 그러나 실제로는 신체교육이 일차적 목표로 설정되어 있다는 점도 분명하다. 둘째, 신체교육에 대한 이러한 강조는 『칼리패디』의 전체 구조에서 더 잘 드러난다. 모리츠 슈레버는 『칼리패디』를 총 6개 부분으로 나누었지만, 그중 서론과 후론에는 장번호를 부여하지 않았다. 형식상 4개의 장으로 이루어진 본론을 그는 아동·청소년의 연령에 따라 0-1세, 2-7세, 8-16세, 17-20세로 나누고, 각각의 발단단계에 따른 교육을 제안하고 있다. 특징적인 점이라면, 각 단계별 교육이 크게 두 가지 측면, 즉 신체적 측면과 정신적 측면으로 나뉘어 기술되어 있다는 점이다. 이 경우에도 물론 신체적 측면이 우선적으로 기술되고 있으며, 그 내용도 훨씬 구체적이다. 그중에서도 특히 "신체형태 및 자세·습관" 부분에는, 아래에서 다시 언급하게 되겠지만, 슈레버 고유의 구상이 가장 잘 드러나 있다. 셋째, 신체교육에 대한 그의 우선적 고려는 그의 교육학 구상에서도 여실히 드러난다. 그는 『칼리패디』의 서론과 후론에서 교육학의 내용적 구조 및 교사양성 교육과정과 관련하여 다음과 같은 격정적인 견해를 피력한다.

"이 아주 중요한 교육학은 인간의 [물리적] 자연과 본연에 대한 명확한 인식을 필요로 한다. … 이 [중요한] 학문이 어떤 상태에 있는지 보라. … 다른 모든 학문에 비해 가장 생각 없고 발달되지 않은 채로 … 이런 관점에서 현 시대에 가장 필요한 것으로, 교육학을 통한 교직과정의 완성에 있어서 … 해부학과 생리학의 철저한 공부가 너무나도 부족하다."(Schreber, 1858: 24f) "여러분들은 최소한 전체, 즉 아동이라는 유기체의 해부학과 생리학에 대한 명확한 이해를 가져야 합니다. 그리고 그 기초 위에 아동의 여러 발달 단계에 따른 심리학을 제대로 공부하여야 합니다. … 책이나 추상적인 철학으로만 아니라 생명 자체로부터, 자연의 책으로부터 이러한 학업이 비롯됩니다. … 이를 통해서만 … 정확한 교육학이 만들어집니다."(Schreber, 1858: 309)

물론 해부학과 생리학에 대한 위와 같은 강조는 당시 의학계의 흐름을 반영하는 것이기도 했다.9 라이프치히 출신이자 그곳 대학에서 의학을 전공하고 심리학과 철학 그리고 교육학을 부가적으로 수학한 모리츠 슈레버가 교육학의 중요한 요소로 해부학과 생리학을 강조하는 것이 어쩌

---

9 "19세기 기초의학의 발달은 인체에 대한 지식을 증가시켜, 사람의 구조와 질병을 더욱 정확하게 연관시킬 수 있게 만들었다. 의학은 이런 지식을 바탕으로 호흡이나 소화 등의 생리적 현상을 과학적으로 설명할 수 있게 되어 19세기 후반 독일이 지도적 역할을 했던 '실험실 의학'의 시대를 열게 된다."(송창호, 2015: 372)

면 당연할 수도 있을 것이다. 오해를 피하기 위해 첨언하자면, 해부학과 생리학이 인간이해와 교육실천에 있어서 무의미하거나 중요하지 않다는 관점을 본고가 전제로 하고 있는 것은 아니다. 다만, 슈레버의 교육학 구상의 초점이 어디에 맞춰져있는지를 확인할 필요가 있기에 그리고 슈레버가 행했던 치료와 교육 사이의 경계적 작업에 대한 이해를 도모하기 위해서라도 그리고 마지막으로, 아래 소개할 그의 '교육적' 도구·장치들의 구상이 어떤 배경에서 비롯되었는지를 이해하기 위해서라도 그의 학술적·직업적 배경을 이해하는 것이 필요하다는 점을 밝혀둔다.

3) 신체 교육을 위한 장치·도구들

『칼리패디』에는 총 72개의 그림이 등장한다. 이 모든 그림들은 신체 각 부위별 체형과 자세의 교정을 위한 장치도 있고, 이와 병행되어야 할 실내체조들도 있다. 참고로 "정신적 측면"의 교육은 형상화가 필요하거나 가능하지도 않았을 것이므로, 그림의 유무 자체는 큰 의미가 없다. 그러나 그림을 통해 접하게 되는 모리츠 슈레버의 교육 구상은, 본장의 주제인 인간의 기계화의 맥락에서 보자면, 참으로 흥미롭다. 그중 몇 가지만 소개하고자 한다.

   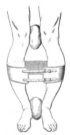

[그림 8]	[그림 9]	[그림 10]	[그림 11]
(Schreber, 1858: 89)	(Schreber, 1858: 89)	(Schreber, 1858:92)	(Schreber, 1858: 92)

[그림 8-11]는 4-7세의 아동의 하체교정을 위한 장치들이다. 모리츠 슈레버는 각 장치들의 사용법을 의약품의 사용설명서와 같은 방식으로 아주 상세히 기술하고 있다. 예를 들어 [그림 10-11]의 경우, 성인의 동반 시에만 사용하라거나 혹은 반복적 착용의 중간 휴식 때 심호흡을 통해 흉부 기관들의 작용을 원활하게 하라거나 혹은 착용의 시간으로 조식 직전 혹은 중식 직전 시간이 적당하며, 1주일에 2-3차례 착용리듬을 지켜야 한다거나 하는 등이 그것이다.(Schreber, 1858: 93) 본장의 주제인 파울 슈레버의 기계화된 인간상과 보다 직접적으로 관련된 몇 가지 장치들을 소개하기 전에 환기해 둘 점은, 『칼리패디』가 예방의학이나 물리치료 분야 의학서가 아니라 교육학 저서라는 점이다. 그리고 아래 소개하게 될 장치들 역시 저자인 모리츠 슈레버는 교육을 위한 도구·장치라고 밝히고 있다.

앞서 우리는 『회상록』에서 발췌된 파울 슈레버의 자기묘사를 읽은 바 있다. 그는 "가슴협착과 머리협착"이라는 반복적 작용으로 인해 인간과는 다른 모습의 존재가 되어 있노라고 고백한 바 있다. 아래 그림들은 파울 슈레버의 부친이 고안하고 활용했던 교부재들 중 가슴과 머리 부위에 집중된 것들이다.

가. 수면자세 교정장치

슈레버는 신체 발달에 있어서 수면이 갖는 의미에도 주목하였다. 그는 7-8세 이상의 아동·청소년의 경우, 수면 시 잘못된 자세로 인해 나타날 수 있는 발달상의 오류 예방을 위해 혹은 교정을 위해 [그림 12-13]과 같은 장치의 사용을 제안한다.

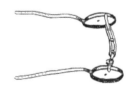

[그림 12] (Schreber, 1858: 174)   [그림 13] (Schreber, 1858: 174)

사용 방법은 다음과 같다. 가)[그림 12]의 가슴가죽끈을 가슴너비에 맞게 조인다. 나)[그림 12]의 팔 두께에 맞게 만들어진 두 원 속으로 양 팔을 끼워 넣고 겨드랑 밑까지 넣는다. 다)[그림 13]에서와 같이 침대에 눕고 [그림 12]의 가죽끈을 침대 옆면에 부착시켜 상체가 상하좌우로 움 직이지 않도록 고정시킨다. 슈레버에 따르면, 이런 장치의 사용을 통해 수면 시 뒤척거림이 수개월 후에 고쳐진다면, 사용이 더 이상 필요하지 않겠지만, 그렇지 않을 경우 신체 발달기 동안 계속해서 이 장치를 사용 하여야 한다.(Schreber, 1858: 173f)

나. 어깨끈(Schulterband)과 머리유지기(Kopfhalter)

금속(양쪽 어깨 앞면이 닿는 부분)과 가죽을 이어 만든 어깨끈은 [그림 14-15]에서와 같은 방식으로 자세가 교정될 때까지 단단하게 상시 착용 하여야 한다. 그리고 [그림 16]의 머리유지기는, 마치 한 줄짜리 가죽 멜 빵처럼 고안된 것으로서, 아랫쪽은 하의에 고정하고 위쪽은 뒤통수의 머 리카락 뭉치를 집을 수 있도록 고안된 것이다. 상체나 머리를 앞으로 숙 일 경우 통증이 생기거나 혹은 머리카락이 뽑힐 수 있기에, 이를 피하기 위해 우선적으로는 행동이 교정되고, 결국에는 자세가 교정될 것이라는 것이 슈레버의 설명이다.(Schreber 1858: 166-169)

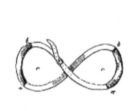  

[그림 14-15] 어깨끈
(Schreber, 1858: 198)

[그림 16] 머리유지기
(Schreber, 1858: 199)

다. 턱밴드(Kinnband)

치아와 턱 부정교합의 교정과 예방을 위해 슈레버는 [그림 17]과 같은 턱밴드를 고안하였다. 슈레버에 의하면, 이것은 "성형의 목적 이외에도 치아의 조화로운 사용"을 위함이다. 12개월 동안 야간에 꾸준히 착용하되, 더운 여름에는 부작용을 피하기 위해 사용을 자제할 수 있다고 그는 쓰고 있다.(Schreber, 1858: 219f)

[그림 17] 턱밴드
(Schreber, 1858: 220)

4) 교육적 과거의 영향

『칼리패디』의 그림들과 『회상록』의 "가슴협착·머리압착" 증상 또는 망상을 동일 선상에 놓고 연결짓는 일은 사실상 증명이 불가능한 작업이다. 무엇보다도 두 기록 사이의 시차가 거의 반세기나 되기에 이 두 가지 요소들의 인과관계를 주장하는 것은 어쩌면 무의미에 가까운 일일 수도 있다. 다만 다음과 같은 몇 가지 정황은 참조할 필요가 있다.

첫째, "체조적-정형외과적 시설"(Die gymnastische-orthopädiesche Freianstalt)이라 불리던 모리츠 슈레버의 병원은 입원환자들을 위한 시설임과 동시에 슈레버 가족의 거처이기도 했다. 이곳은 그의 일터이고 실험실이었으며, 동시에 그와 부인과 자녀들의 보금자리이자 슈레버가 후에 임종을 맞은 곳이기도 했다.(Israëls, 1989: 44f). 그러나 문제는 이 두 가지의 과도한 혼재에 있었다. 그는 자신의 의료적 구상들을 자신의 진료실에서만 실천하고 실현한 것이 아니다. 그는 자신의 의료적 구상들을 가족의 영역으로까지 확장하여 친자녀들까지 대상으로 하였다. 그의 자녀들은 교정과 치료의 필요에 따라 병원을 방문한 환자들보다 오히려 더욱 이른 시점에, 더욱 거친 방식으로 교정과 치료의 대상으로서 역할을 감내하여야만 했다. 환자들은 자의에 따라 혹은 법률적 대리인의 의사에 따라 슈레버의 치료를 수용하거나 거절하거나 혹은 병원을 떠나갈 수도 있었다. 그러나 그들의 자녀들은 그럴 수 있는 처지에 있지 못하였다. 자녀들은 그의 임상실험의 자의적·타의적 조교들이자 대상이었다. 슈레버가 이 사실을 『칼리패디』에 직접 적고 있거니와(Schreber, 1858: 203), 후대 연구자들도 이에 관해 보고하고 있다.(Niderland, 1978: 21; Schatzman, 1973) 특히 위 도구·장치들이 주로 7-18세의 아동·청소년을 그 대상으로 하고 있다는 점 그리고 모리츠 슈레버의 두 아들 구스타프와 파울이 『칼리패디』가 출판되던 1858년에 각각 19세와 16세였다는 점을 감안할 때, 누구보다도 이들 두 아들이 부친의 프로젝트에 관여되었으리라는 혹은 동원되었으리라는 점은 의심의 여지가 적다. 즉 사후적 치료가 필요했던 입원환자들과 달리 이들 두 아들은 - 특히 연령대로 보아 『회상록』의 저자인 파울이 - 지속적으로 부친의 "교육" 기획을 도와야 했을 것이다.

이 대목에서 우리는 모리츠 슈레버가 주장하였던 교육학의 구성요소를 반추해 볼 필요가 있다. 그의 교육학은 생리학과 해부학이 포함된 개념이다. 모리츠 슈레버는 『칼리패디』를 교육학 저서라고 밝히고 있지만, 우리는 이것이 과연 예방의학 교과서인지 혹은 교육학 서적인지에 대하여 회의를 표할 수밖에 없다. 어쩌면 그는 치료와 교육을 동일한 의미로 사용하였는지도 모른다. 그럴 경우 진료실과 교실, 진료실과 거실은 동의어가 되고 만다.

둘째, 가슴협착과 머리압착을 통한 신체의 기계화 증상을 망상적 언어로 호소한 파울 슈레버는 과연 부친의 교육적 구상과 실천에 공감하였을까? 『회상록』의 저자는 부친과 부친의 교육에 대해, 적어도 문자적 기록의 형태로는, 직접적 언급을 삼갔다. 그러므로 이 질문, 즉 모리츠 슈레버와 파울 슈레버의 교육적 관계에 대하여도 우회적 추론을 감행할 수밖에 없다. 앞서 언급한 바와 같이 『칼리패디』에는 "정신적 측면"의 교육에 대한 모리츠 슈레버의 구상도 기술되어 있다. 교육적 관계의 성격과 관련하여 가장 주목을 끄는 대목은 다음과 같다.

"아이가 자신의 의지(Wille)를 통제할 수 있다는 생각을 못하도록 해야 한다. 오히려 아이가 어른과 교육자에게 자신의 의지를 예속시키도록 해야 한다 이것이 예외 없이 확고하다는 점을 분명히 하여야 한다. 이렇게 해야 아이가 규칙에 저항하는 것이 불가능하다는 느낌을 받게 된다. 아이의 복종이 이후의 모든 교육의 근본 조건이라는 점이 확실히 자리잡혀야 한다."(Schreber, 1858: 66)

위 인용문은 만 1세 미만 영아들의 정신적 측면의 교육에 관한 모리츠 슈레버의 생각이다. 그리고 위와 같은 정신교육의 기조는 2-7세 유아들에게도 지속되어야 한다고 그는 주장한다. "우리는 [아동의] 도덕적 의지력과 성격을 발달시키는 수단과 길을 따로 찾을 필요가 없다. … 이러한 목적에 도달하기 위한 일반 조건은 아동의 무조건적 복종이다." (Schreber, 1858: 135) 그리고 심지어 "필요하다면 강제·폭력(Gewalt)을 동원해서라도"(Schreber, 1858: 66) 이 원칙을 확고히 지키라고 모리츠 슈레버는 당부한다.

가정하건대, 위와 같은 기조의 정신교육이 영아기에서 유아기를 거쳐 아동·청소년기에 이르도록 일관되게 지속된다면, 이것은 정신의 교육으로만 그치지는 않을 것이다. 이러한 방식의 절대권위는 자연스럽게 절대복종으로 이어지게 된다. 그리고 이 정신적 절대복종은 신체의 순응과 도구화를 전제로만 가능하다. 더욱이 신체적 측면의 교육이라는 명분 아래 가죽과 금속 재질의 끈에 일정 시간 혹은 장시간 결박되는 경험이 동반된다면, 정신과 신체가 동시적으로 협착되고 압착되는 증상 혹은 망상으로 귀결될 수도 있다는 가능성 역시 아주 무의미한 억측은 아닐 것이다. 10대의 소년이 수면자세 교정기로 침대에 고박당한 채 꿈을 꾼다면 그리고 턱밴드로 머리와 턱이 조여진 채 한낮의 태양을 응시한다면, 그는 그 순간 자신을 어떤 존재로 인식하게 될까? 다시 『회상록』의 망상들이 어디서 기인하였을까를 조심스럽게 유추해 보게 된다.

2. 치료적 현재 - 플레히지히(Paul Flechsig)

『회상록』과『칼리패디』사이 교육적 관계가 약 반세기의 시차를 두고 있는데 반해, 파울 슈레버와 뇌생리학자 플레히지히와의 치료적 관계는 파울 슈레버의 발병(1884)이후 약 10여 년 동안 지속된다. 당시 라이프치히 대학병원 정신과 교수였던 플레히지히는 파울 슈레버가 흡족해 했던 6개월간의 1차 입원진료를 책임져 주었으며, 결국에는 관계의 파국으로 치닫게 된 2차 입원 및 9년간의 수용시설 생활의 단초를 제공했다고 지목되었던 인물이다. "플레히지히 교수께 보내는 공개서한"으로 시작되는『회고록』의 내용은 플레히지히에 대한 분노와 비난으로 가득 차 있으며, 심지어 플레히지히라는 이름은『회상록』제 2장에서 "영혼살해"라는 표현과도 연결지어져 있다. 그는 이 특정 인물의 이름을 지목하며 다음과 같이 쓰고 있다.

> "플레히지히라는 이름을 가진 존재가 신적 영감을 위해 ⋯ 자신에게 부여된 신경첨부를 악용해 신의 광선을 잡아두는 데 성공했다. ⋯ 인간의 신경에 이러한 방식으로 영향을 미칠 수 있는 것은 원래 신의 광선만이 가진 능력이다. 신이 자고 있는 사람에게 꿈을 불어넣을 수 있는 것도 바로 이 능력에서 기인한다."(Schreber, 1903/김남시, 2010: 61)

물론『회상록』의 곳곳에서 저자가 사용하는 표현으로 보자면, 이 플레히지히라는 이름이 자신의 주치의였던 그 플레히지히를 항상 직접적으로 의미하는 것은 아니다. 실제로『회상록』에는 "신"이 자주 등장하는데, 플레히지히는 이 신의 고유한 능력인 영혼첨부, 즉 인간의 신경에 접속하여 목소리와 광선을 지속적으로 보내는 행위를 악용하는 유사-신으로 묘사되고도 있다. 흥미로운 점은, 이 신의 속성이 "신경, 광선" 등으로 표현된다는 사실이다.

"신은 처음부터 신경일 뿐이며, 육체가 아니다. … 신의 신경은 무한하거나 영원하다. 신의 신경은 … 그 잠재성에서는 인간의 개념을 초월한다. … 신의 신경은 창조된 세계의 어떤 사물로든 모습을 바꿀 수 있는 능력 … 이러한 능력으로 그 신경들은 광선(Strahlen)이라고 불리며, 바로 여기에 신의 창조의 본질이 있다."(Schreber, 1903/김남시, 2010: 26)

여기서 파울 슈레버의 망상 속에서 묘사된 신과 플레히지히(라는 이름을 가진 존재) 그리고 이들의 관계에 대한 유추를 잠시 멈추고, 실제 플레히지히가 어떤 인물이었는지를 살펴볼 필요가 있다. 플레히지히는 19세기 후반 신경해부학계를 대표하는 인물로서, 이른바 뇌 피질이 부위에 따라 각기 다른 기능을 담당한다는 뇌지도(Brain Mapping) 이론의 기초를 닦은 사람이다. 그는 1877년 라이프치히 대학병원 정신과 교수로 부임하였고, 오늘날 "파울 플레히지히 뇌연구소"(Paul-Flechsig-Institut-für-Hirnforschung)라는 이름으로 그 전통과 명성이 유지되고 있는 "뇌 해부학 연구소"(1883)를 설립한 인물이다.(Leibnitz, 1977) 그런데 『정신의학의 역사』의 저자 쇼터는 뇌생리학자이자 뇌해부학자인 플레히지히에 대해 다음과 같은 흥미로운 기록을 남겼다.

"뇌만 들여다보던 플레히지히 … 독일의 생물정신학은 … 어두운 그림자를 가지고 있었다. 정신질환은 치유 불가능하다는 믿음 아래 이들 교수들은 기초과학 연구에만 몰두했고 임상정신의학에는 큰 관심을 보이지 않았다. 환자를 낫게 해 주어야 한다는 생각은 별로 하지 않았던 것이다. … 이런 까닭에, 뇌해부학과 뇌생리학에 대한 연구가 점차 가속화됨에 따라 치유에 대한 기대는 허무주의에 빠져 들어가고, 대신 정신의학은 기초 의과학의 부속품으로 변질되어 갔다. … 플레히지히 밑에서 수련의를 하던 에밀 크레펠린은 얼마 지나지 않아 넌덜머리를 내고 떠나게 되는데, 그 이유는 플레히지히가 환자에 대해 알려고조차 하지 않았기 때문이었다. … 크레펠린의 심리학에 대한 매료와 해부학 지향적인 정신의학에 대한 혐오는 라이프치히에서의 경험으로 더욱 강화된다. 크레펠린은 한때 생활비를 벌기 위해 파울 플레히지히의 조수로 일했었는데, 플레히지히는 오직 현미경과 해부대만 알고 있던 사람이었다."(Shorter, 1997/최보문, 2009: 130, 139, 175)

쇼터가 말하는 "해부학 지향적인 정신의학"은 플레히지히의 뇌지도 이론이다. 즉 신체의 각 부위는 뇌의 특정 부위와 각각 연결되어 있으므로, 신체와 뇌는 일종의 기계적 상호작용의 관계에 있다는 것이다.

이러한 "뇌-신화적" 신념(Roberts, 1988: 34)이 그로 하여금 '오직 현미경, 오직 뇌'를 외치게 한 것이다. 플레히지히라는 이름이 언급되는 곳이면 어김없이 등장하는 한 장의 사진([그림 18])은 그가 자신의 실험실에서 몰두한 것이 인간이라기보다는 뇌라는 기능체였음을 시사한다.(Robers, 1988: 34; Shorter, 1997: 140; 김남시, 2010: 490)

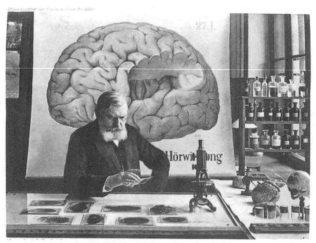

[그림 18] (Shorter, 1997: 14)

이를 통해 우리는 파울 슈레버가 플레히지히로부터 받았던 치료의 성격을 유추해 볼 수 있다. 물론 파울 슈레버는 라이프치히 대학병원에 환자로 내원하였고, 대학병원 교수였던 그에게 이러한 치료적 관계는 처음부터 분명하였을 것이다. 그러나 플레히지히가 본 환자는 인간 파울 슈레버가 아니라, 무리를 무릅쓰고 과한 표현을 쓰자면, 파울 슈레버라는 이름을 지닌 일종의 뇌-신체-기계로 인식되었을 확률이 크다. 그는 파울 슈레버의 망상증 역시 뇌의 특정 부위의 오류로 인한 것이라고 믿고, 이를 교정하기 위해 노력하였을 것이다. 그러나 이들의 치료적 관계는 파울 슈레버의 개인사와 마찬가지로 비극적 결말을 맞게 되었고, 고유명사이자 일반명사인 "플레히지히"는 『회상록』에서 "영혼살해자"로 지목되게 되었다. 그리고 이 이름은 부서짐과 재생이 무한반복되는 기계 같은 가슴을 짓누르고, 쪼개져서 맞물려 돌아가는 톱니바퀴 같은 두뇌를 압착하고, 광선과 목소리로 두뇌신경에 침투하여 "기계적으로 사유를 강제"(Schreber, 1903/김남시: 2010: 61)하는 존재가 되어버렸다.

『회상록』의 "플레히지히"라는 이름이 권위적이고 기계적인 "교육"을 자신에게 자행했던 부친 모리츠 슈레버에 대한 은유인지 혹은 뇌생리학자·뇌해부학자 플레히지히에 대한 직접적 지칭인지 혹은 이 둘이 합해진 무엇인지 혹은 그저 망상된 이름인지는 분명치 않다. 중요한 것은 파울 슈레버 역시 반세기의 인생을 지나는 사이 일종의 신체기계, 뇌기계, 인간기계가 되어 있었다고 스스로를 규정하였다는 사실이다.[10] 그것이 "교육적 과거"에 기인하는 것인지 혹은 "현재적 치료"로 인한 것인지는 누구도 확언할 수 없다. 분명한 것은, 이 두 가지 외부적 작용이 추구했던 '교육적·치료적' 인간상이 인간적 인간상보다는 기계적 인간상에 더욱 가깝다는 사실이다.

---

10 『회상록』의 영역본(1988)에는 플레히지히의 조수였던 크레펠린의 후임 베버(Guido Weber)가 드레스덴 고등법원에 보낸 파울 슈레버 병리 소견서의 일부가 인용되어 있다고 한다. Roberts의 논문에 간접화법 형식으로 소개된 베버의 보고서를 재인용하자면 다음과 같다. "베버는 … 파울 슈레버의 행동을 일정 부분 '병리적'(pathological)인 것으로 기술하였다. 즉 눈알을 빙빙 돌리고, 얼굴을 찡그리고, 일반적이지 않은 방식으로 머리 자세를 유지하였는데, 이 모든 것은 극도로 기계적이고 경직되어 보였다. … 거의 레이다 안테나와 흡사하게 그는 자신의 머리를 기계적으로, 마치 우주로부터 무엇을 전송받기라도 하는듯, 이쪽에서 저쪽으로 흔들어댔다."(Roberts, 1988: 35)

IV. 교육적 인간의 항상성

"나는 파이보그다. 여러분도 마찬가지다. 기능적 사이보그(funtinal cyborg)라는 의미의 파이보그는 기술 연장을 통해 기능적인 면을 보충한 생물학적 유기체다."(Gazzaniga, 2008/박인균, 2009: 419)

일견 "파이보그"라는 표현의 첨단성이 생물학적 유기체라는 고전성과는 전혀 어울리지 않을 것 같지만, 뇌과학자 가자니아는 위와 같은 인간 정의를 선보인다. 바야흐로 인간의 시대가 가고 이제는 파이보그라 명명된 기능적·기계적 존재의 시대가 도래한 것처럼 보인다. 그러나 과연 그러한가?

본고에서 고찰한 사실들을 정리해 보자면, 17세기의 인간은 당대 최첨단의 발명품 중 하나였던 시계와 같은 정밀존재로 비유되었고, 스피리투스 미립자로 뇌부터 발끝까지의 운동이 좌우되는 정밀 열기계 시스템으로 이해되기도 하였다. 또한 각종 기계적 장치와 도구를 사용하여 인간의 체형과 자세를 예방적으로 교정하고, 이로써 이상적 건강에 이르기를 극단적 방식으로 추구하였던 19세기의 한 인물은 교육학사에서 이른바 "검은 교육학"(Schwarze Pädagogik)의 범주로 분류될 뿐 교육학에서 거의 언급되지 않게 귀결되었다.(Rutschky, 1977: 260-264, 344-346, 532; Miller, 1983: 17-22) 아울러 현미경이 보편화되고 뇌신경학이 싹을 틔우던 그 시기, 환자와 동료와 인간보다 뇌에 탐닉했던 한 의학자는 망상증 환자로부터 "영혼 살해자"로 지목되어 학계에 지속적으로 회자되는 불운을 맞게 되었다.(Schatzman, 1973) 이 모든 오명과 불운의 와중에, 이들과 불가분의 관계에 있던 그 개인은 자신이 가슴이 협착되고 머리가 압착되는 기계가 되었노라고 회상한 바 있다.

그리고 그로부터 다시 100여 년이 지난 오늘, 가자니아는 "나는 파이보그다"라는, 이미 현대의 여러 공상과학영화의 등장으로 인해 어쩌면 더 이상 충격적이지 않은 선언을 내어놓았다. 이 선언적 자기규정을 담은 그 저서의 한국어 번역본의 감수자인 또 다른 뇌과학자 정재승은 가자니아의 강연 일부를 적극적으로 패러디하여 다음과 같이 말한다. "우리가 인간답게 행동하는 이유는 우리의 뇌가 그렇게 생겨먹었기 때문이다."(Gazzaniga, 2008/박인균, 2009: 7) 그리고 21세기 한국의 교육학계 일각에서는 "모든 학습은 뇌에서 이루어진다."(김성일, 2006: 378; 신동훈, 2017: 387f)는 명제가 유행처럼 회자되고 있다.

연구를 정리하는 지점에서 파이보그 선언이나 인간의 뇌과학적 환원과 관련된 새로운 논의를 열 수는 없다. 그러나 한 가지 사실은 재확인해 둘 필요가 있다. 이 모든 인간의 기계적 환원의 역사적 흐름의 한가운데, 그 환원의 대상인 인간은 언제나 그리고 여전히 인간으로 실존하고 있다는 사실 그리고 교육은, 항상 그래왔듯이, 그 인간을 이론과 실천의 본령으로 삼아야 한다는 당위가 바로 그것이다. 이 당위적 사실의 핵심은 바로 기계(적으)로 환원 불가능한 인간의 존엄이다. 물론 시대에 따른 문명의 흐름은 널리 공유되어야 하고, 아울러 교육 역시 이에 민감하게 반응할 필요가 있다. 그러나 인간교육의 본령에 대한 성찰은 그 모든 문명사적 흐름과 무관하게 지속되어야 한다. 본고의 고찰이 인간교육의 본령에 대한 현대적 성찰에 작은 기여가 되기를 소망하며, 글을 맺고자 한다.

참고문헌

김성일 (2006). "뇌기반학습과학: 뇌과학이 교육에 대해 말해 주는 것은 무엇인
가?".『인지과학』17(4). 375-398.

박치완 (2007). "데카르트의 <Cogito 논증>, 과연 효과적인가?".『프랑스학연구』
40, 269-310.

송창호 (2015).『인물로 보는 해부학의 역사』. 서울: 정석출판.

신동훈 (2017). 제4차 산업혁명과 뇌-기반 교육.『교육비평』39, 386-421.

우정길 (2009b). "두 개의 세계, 두 개의 인간학 그리고 하나의 교육 – 코메니우
스의 기독교 우주론적 보편주의에 대한 소고".『한국교육학연구』15(2), 5-29.

우정길 (2018a). 교육적 인간의 기계적 환원에 관한 소고.『교육철학연구』
40(1), 91-110.

우정길 (2018b). "슈레버 사례"에 대한 교육학적 고찰- 모리츠 슈레버(M.
Schreber)의『칼리패디 또는 아름다움을 위한 교육』(1858)을 중심으로.『교
육혁신연구』28(1), 447-468.

Alt, R. (1970). *Herkunft und Bedeutung des Orbis Pictus*. Berlin: Akademie
Verlag.

Cipolla, C. M. (1967). Clocks and Culture. 최파일 옮김 (2013).『시계와 문
명』. 미지북스.

Comenius, J. A. (1623). *Das Labyrinth der Welt und Lusthaus des Herzens*.
이숙종·이규민·이금만·김기숙 옮김 (영-한: 2004).『세상의 미로와 마음의
낙원』. 서울: 예영.

Comenius, J. A. (1657). *Opera didactica omnia*. 정일웅 옮김 (2002).『대교
수학』. 서울: 창지사.

Comenius, J. A. (1658). *ORBIS SENSUALIUM PICTUS*. Nürnberg: Endter
Verlag. 남혜승 옮김 (1999).『세계최조의 그림 교과서 ORBIS SENSUALIUM
PICTUS』. 서울: 씨앗을 뿌리는 사람.

Comenius, J. A. (1668). *Via Lucis*. 이숙종 옮김 (1999).『빛의 길』. 서울: 여

수른.

Comenius, J. A. (1991). *PANPAEDIA. ALLERERZIEHUNG.* 정일웅 옮김 (1996). 『범교육학』. 서울: 여수른.

Descartes, R. (1642/1993). *Meditationen über die Grundlage der Philosophie.* Übers. und hrsg. von Lüder Gäbe. Hamburg: Meiner.; 이현복 옮김 (1997a). "제1철학에 대한 성찰". 『성찰』(pp.13-122). 서울: ㈜문예출판사.

Descartes, R. (1677). *L'Homme de Renē Descartes.* Transl. by Hall, T.S.(2003). *Treatise of Man.* New York: Prometheus Book.

Dieckhöfer, K. & Thiem, J.H. (1990). "Grundgedanke einer frühen Präventivmedizin im Wekr des "pädagogischen" Mediziners Daniel Gottlob Moritz Schreber". *Medizinische Klinik,* 85, 102-106.

Düweke, P. (2001). *Kleine Geschichte der Hirnforschung.* München: Beck. 이미옥 옮김 (2005). 『두뇌의 비밀을 찾아서』. 서울: 모티브.

Gazzaniga, M (2008). *Human: The Science Behind What Makes Your Brain Unique.* 박인균 옮김 (2008). 『왜 인간인가?』. 서울: 추수밭.

Hatfield, G. (2007). "The Passions of the soul and Descartes's machine psychology". *Studies in History and Philosophy of Science,* 38, 1-35.

Heesakkers, C.L. (1996). *Colloquium Comenius and Descartes.* Naarden: Comenius Museum.

Israëls, H. (1989). *Schreber: Vater und Sohn.* München-Wien: Internationale Psychoanalyse.

Leibnitz, L. (1977). "From Paul Flechsig to the Paul Flechsig Institute for Brain Research. Development of brain research at the Karl Marx University". *Psychiatrie, Neurologie, und medizinische Psychologie* 29(4), 231-239.

Meyer-Drawe, K. (1995). "Mit der Präzision eines Uhrwerks denken: René Descartes". *ACTA COMENIANA* 11, 47-60.

Meyer-Drawe, K. (1996b). *Menschen im Spiegel ihrer Maschinen.* München: Wilhelm Fink.

Meyer-Drawe, K. (1997). "Machine". Wulf, C. (Hrsg). *Vom Menschen. Handbuch Historische Anthropologie* (726-737). Weinheim-Basel: Beltz.

Miller, A. (1983). *Am Anfang war Erziehung.* F.a.M.: Suhrkamp.

Niederland, W. G. (1978). *Der Fall Schreber.* F.a.M.: Suhrkamp.

Roberts, M.S. (1988). "Wired. Schreber as Machine, Technophobe, and

Visualist". *The Drama Review* 40(3), 31-46.

Rutschky, K. (1977). *Schwarze Pädagogik.* F.a.M.: Ullstein Materialien.

Schäfer, A. & Wimmer, M.(Hrsg.) (2003). *Machbarkeitsphantasien.* Opladen: Leske+Budrich.

Schatzman, M. (1973). *Soul Murder. Persecution in the Family.* London: Allen Lane. 오세철·심정임 옮김 (1980). 『어린 혼의 죽음』. 서울: 현상과 인식.

Shorter, E. (1997). *A History of Psychiatry.* 최보문 옮김 (2009). 『정신의학의 역사』. 서울: 바다.

Woo, J.-G. (2016). Revisiting *Orbis Sensualium Pictus.* A Iconographical Reading in Light of the Pampaedia of J.A. Comenius. *Studies in Philosophy and Education* 35, 215-233.

Wozniak, R. H. (1992). *Mind and Body: René Descartes to William James.* Washington, D.C.: National Library of Medicine. 진영선·한일조 옮김 (2011). 『마음·뇌·심리. 데카르트에서 제임스까지』. 서울: 학지사.

II

포스트휴머니즘과 교육

04

포스트휴머니즘 인간관
- "기능과 욕망의 변주"*

I. 탐구의 배경

1. 인간 업그레이드론

2016년 이후 소위 "제4차 산업혁명"은 우리 시대를 규정하는 열쇠어가 되었다. 그리고 이 현재적 혹은 미래적 혁명의 핵심은 기계화이다. 이 새로운 기계화가 이전 시대의 그것과 가장 구분되는 특징은 바로 초연결성(Hyper-Connectedness)과 초지능성(Hyper-Intelligence), 즉 초월성이다. 즉 이제까지의 기계류를 뛰어넘는 초기계의 출현, 이제까지의 지능을 능가하는 초지능의 가능성이 제4차 산업혁명의 핵심이라 할 수 있다. 그리고 이러한 초월적 존재의 등장은 다양한 양상으로 예견되고 있거나 혹은 부분적으로는 이미 가시화되고 있다.[1]

---

* 우정길 (2018d). 포스트휴머니즘 인간관에 대한 비판적 성찰: 기능과 욕망의 관점에서. 『교육철학연구』 40(2), 75-99.

이러한 변화의 와중에 흥미로운 점은, 이 새로운 혁명의 대상이 단순히 인간 외부의 세계에 국한되는 것이 아니라는 점이다. 즉 점차 현재가 되어가고 있는 이 미래적 혁명에서는 전통적 의미의 물리적 기계류의 경계가 붕괴되거나 확장되고, 새롭게 설정된 경계 속으로 인간 자신도 포섭되는 양상으로 전개되고 있다는 사실이다. 달리 표현하자면, 초연결될 수 있는 혹은 초연결되어야 할 대상에 이제는 인간도 포함되는 방향으로 기술과 논의가 전개되어 가고 있다는 것이다. 그리 오래지 않은 과거에 지능 또는 상대적으로 우월한 지능이 인간의 대명사이자 전유물이었다면, 지난 30여 년 동안 학계 일각에서는 인간의 지능을 인공지능과 구분하여 "자연지능"이라 명명해 오기도 하였다.(이일병, 1985; 소흥렬, 1994; 장래혁, 2017) 인간은 점차 '오래된' 혹은 '구식의'라는 의미의 '자연'이 되어 가고 있다. 그리고 이러한 논의의 기저에는, 인간이라는 자연은 응당 업그레이드될 수 있고, 또 심지어 당위적으로 그리 되어야 한다는 암묵적 요청이 놓여 있는 것으로도 보인다. "산업 4.0"(Industry 4.0)은 "제4차 산업혁명" 담론을 촉발하였고, 이것은 이제 "4차 인간"(Humanity 4.0) 담론으로 이어지고 있다.(조상식, 2017; 한국교육방송, 2018) 이로써 우리 인간은 인간에 대한 "버전"(version)적 사유의 압박 속에 놓이게 되었다. 과연 인간에게 버전이 있는 것일까? 그리고 "4.0"이라는 새로운 버전의 인간은 또 어떤 정체의 존재인가? 현대를 살고 있는 우리는 과연 이 연속적 버전의 어디에 위치하고 있는가? 그렇다면 "버전 4.0" 이후의 인간은 다시 그 다음 버전을 동경하고 욕망할 예정인가? 그리고 그 연속적 업그레이드의 말미

---

1 물론 한국의 교육학계는 이러한 문명사적 변화를 예의주시하며 지속 가능한 미래를 위한 고민과 논의를 이어가고 있다.(대표적으로, 한국교육학회 2017년 연차학술대회; 정영근, 2017; 조난심, 2017; 조상식, 2017; 김대식, 2017) 조난심의 표현과 같이, 제4차 산업혁명과 관련된 모든 예측들이 "실제로 맞을 수도 있고, 틀릴 수도 있으며", 따라서 이러한 인류사적 변화가 "두려움의 대상"일지 혹은 우리가 능동적으로 만들어 나갈 수 있는, 즉 주체적으로 선택하고 구성해 나갈 수 있는 그 무엇일지에 대해서도 아직까지는 판단을 보류할 수밖에 없다.(조난심, 2017)

에 만나게 될 그들은 나와 어떻게 다른 누구일 것인가?

사실 이러한 인간 업그레이드의 논리가 교육학에서 그리 낯선 발상은 아니다. 넓은 의미에서 교육은, 제 II장에서 부분적으로 언급하게 되겠으나, 인간의 지적·정서적·신체적 업그레이드를 지향하고 기획하고 주도하고 조력하는 제 활동으로 이해되고 실천되어 왔다. 그러나 근래에 교육학계 외부에서 등장한 이른바 "인간향상론"(Savulescu & Bostrom, 2009)과 인간 업그레이드 구상들(Bostrom, 2003a: 497f; Onishi, 2011: 104f; 김연순, 2014: 130)은 전통적 교육학에 익숙한 논리와는 차원을 달리 한다. 앞서 언급된 초지능성은 자연적 인간을 넘어서는 부가적 업그레이드의 가능성도 포함된 것으로 이해되고 있고, 이러한 기반 위에서 인간과 사물과 세계의 초연결의 가능성이 타진되고 있기 때문이다. 처음부터 인공적으로 창안된 지능체에게 초지능은 버전의 단순 업그레이드를 의미하지만, 자연으로서 인간에게 초지능의 '초'는 넘어섬(Hyper)임과 동시에 섞임(Hybrid)을 의미한다. 자연으로서 인간이 무엇과 섞이지 않고는 자연적 인간 자신을 넘어설 수 없으며, 아울러 초연결도 가능하지 않다. 그래서 인간은 이제 고도로 발달된 모종의 기계적인 무엇과 섞여야 한다는, 그래서 인간 스스로가 부분적으로는 기계가 되어야 한다는 사회적 논의가 시작되었고, 어쩌면 이러한 경향은 앞으로 더욱 가속화할 수도 있다. 그리고 시간이 지날수록 이러한 주장과 요청은 자연과학뿐 아니라 인문사회과학 전반의 그리고 나아가서는 교육학의 중요한 논제와 과제가 될 수도 있다. 이른바 트랜스휴머니즘 또는 포스트휴머니즘이라는 이름하에 지난 30여 년간 과학계와 사상계 일각에서 꾸준히 제기되어 온 위와 같은 주장들에 대해 이제 교육학이 보다 적극적으로 동참할 필요가 있다고 판단된다. 이것은 단지 과학기술이나 공상적 미래에 관한 문제가 아니라 바로 인간의 현재적 자기 이해와 정체성에 관한 문제이기 때문에 그리고 그것이 곧 교육의 주요 관심사이기 때문에 그러하다.

2. '포스트'와 '트랜스'

현재 학계에서는 트랜스휴머니즘과 포스트휴머니즘이라는 두 가지
용어가 병용되고 있다. 우선 트랜스휴머니즘의 대표적인 정의를 소개하자
면 다음과 같다.

> "트랜스휴머니즘은 노화를 제거하고 인간의 지적·신체적·심리적 능력을
> 현저히 향상시키기 위한 적용 가능한 광범위한 기술의 개발을 통해 인간
> 의 조건을 근본적으로 개선하고자 하는 가능성과 소망을 확고히 하고자
> 하는 지적·문화적 운동이다."(Bostrom, 2003b: 4)

위 정의는 1998년 세계 트랜스휴머니스트 협회(WTA)의 결성을 주도
한 옥스퍼드 대학교 철학과 교수 보스트롬(N. Bostrom)에 의한 것이다.
이에 비해 포스트휴머니즘에 관하여는 이렇다 할 정의를 찾아보기 어렵
다. 그러나 흥미롭게도 트랜스휴머니즘은 세부적 분류에 있어서는 포스트
휴머니즘의 일부분으로 편입되기도 한다. 이 두 가지를 포괄하여 학자들
은 저마다의 관점, 즉 과학기술에 대한 신뢰의 정도와 태도에 따라 혹은
그 주안점이 과정(트랜스)에 있는지 결과(포스트)에 있는지에 대한 해석에
따라 "통속적 휴머니즘과 학문적 포스트휴머니즘"(김종갑, 2008), "울트라-
휴머니즘, 포스트-휴머니즘, 신비주의적 포스트휴머니즘"(Onishi, 2011),
"부정적 포스트휴머니즘, 낙관적 휴머니즘, 비판적 포스트휴머니즘"(임석
원, 2013), 또는 "반동적 포스트휴머니즘, 분석적 포스트휴머니즘, 비판적
포스트휴머니즘"(Braidotti, 2013) 등으로 다양하게 분류하기도 한다. 혹자
는 트랜스휴머니즘과 포스트휴머니즘이 철학적 기반과 인간에 대한 이해
에 있어서 서로 지극히 상이하므로 오해와 혼동을 경계하여야 한다고 주
장하는가 하면(이종관, 2017: 32f), 또 다른 학자는 "휴먼-트랜스휴먼-포
스트휴먼"의 삼분법보다는 트랜스휴먼이 포함된 보다 넓은 의미의 포스

트휴먼이라는 개념을 사용하여 "휴먼 - 포스트휴먼"의 이분법을 사용하자고 제안하기도 한다.(김건우, 2016: 31f)

위와 같은 다양한 분류와는 무관하게, 접두어를 통해 본 이 둘의 의미상의 차이는 분명하다. 즉 '트랜스'(trans-)는 공간의 이동을 나타내는 것으로서 '옮겨가는 혹은 과도기적'이라는 의미를 그리고 '포스트'(post-)는 '후'(後)의 의미를 내포한다. 이들이 휴머니즘과 결합될 경우 전자는 휴머니즘의 과도기성을, 후자는 이러한 과도기로부터 건너가는 혹은 이 과도기가 마감된 후의 휴머니즘을 의미한다. 이 과도기의 과정 중에 나타나는 다양한 양상의 휴머니즘들이 트랜스휴머니즘이라면, 이러한 결과로 도달하게 될 미래적 인간상이 바로 포스트휴머니즘의 주요 관심사라 할 수 있다. 즉 트랜스휴머니즘이 이 과도기의 현재적·미래적 진행형이라면, 포스트휴머니즘은 이 과도기의 미래완료형인 것이다.

그러나 이러한 구분 역시 명확하고 확정적인 체계를 제시해 주지는 못한다. 단적으로 표현하자면, 앞서 김종관이 제안한 바와 같은 맥락에서, 트랜스휴머니즘이 전제되지 않은 포스트휴머니즘은 가능하지 않기 때문이다. 아울러 현존 인간으로부터 완전히 단절된 혹은 현존 인간과 본질적으로 다른 종의 미래적 존재는 인간의 범주에 포함되지 않을 것이기에, '포스트'는 단절적 의미가 아닌 연속적 의미로 이해되어야하기 때문이다. 이런 의미로 사용되는 '포스트'에는 사실상 '트랜스'의 과도기 개념이 포함되어 있으며, 따라서 포스트휴머니즘이라는 용어는 트랜스휴머니즘의 의미를 포괄하는 광의의 개념으로 사용되는 것이 합리적이라고 판단된다. 이에 근거하여 본고에서는 포스트휴머니즘이라는 용어를 채택하여 사용하기로 한다.

다만 다음 두 가지 사항은 미리 밝혀두고자 한다. 첫째, 트랜스휴머니즘과 포스트휴머니즘 각각이 기존의 휴머니즘에 대해 어떠한 이해와 반응을 보이고 있는가는 이들 두 가지 새로운 종류의 휴머니즘의 성격 규정에 있어서 사실상 중요한 문제이거니와 이에 관한 논의 역시 여전히 진행 중이라는 사실이다. 트랜스휴머니즘이 기존 휴머니즘의 계승과 확장을 그리고 포스트휴머니즘이 기존 휴머니즘의 몰락 및 새로운 휴머니즘의 창조를 주장하는 것으로 이해하는 경우, 본고가 채택하고 있는 광의의 포스트휴머니즘의 성립은 불가능하다. 이것은 단순히 용어의 차이에서 비롯된 문제라기보다는 이 새로운 논의가 전개되어 온 역사 그리고 이 새로운 분야에서 자주 사용되는 휴먼·휴머니즘이라는 용어에 담긴 개별 연구자들의 신념과 조작적 정의와 관련되는 문제이기에, 손쉽게 합의되거나 명료하게 정리되기 어렵다.

둘째, 본고에서 포스트휴머니즘으로 통칭하여 전개하는 논의의 핵심을 이루는 포스트휴먼의 경계 역시 명료하게 제시되기 어렵다는 특징이 있다. 즉 어디까지가 휴먼인지 혹은 포스트휴먼인지, 달리 표현하자면 현재 진행 중이지만 아직은 도달하지 않은 혹은 어쩌면 인간의 끝없는 욕망으로 인해 영원히 도달되기 어려울 모종의 포스트휴먼이라는 존재가 과연 인간인가 아닌가라는 질문은 현 시점에서 간단히 대답될 수 있는 성격의 것이 아니다. 여전히 기독교적 창조질서의 파괴를 염려하며 시원적 과거에서 인류의 미래를 찾고자 하는 종교보수주의적 관점이 있음은 물론이거니와, 인간의 생물학적 조건의 불변성을 중시하는 이른바 바이오콘서버티브 학자군이 있는가 하면, 현대적 의미의 인간진화론의 입장에서 과학기술의 발달에 의한 인간과 기계의 부분적 혼용을 불가피한 현실로 받아들이고 이를 실존과 실존적 한계상황의 개선의 기회로 삼자는 목소리들도 있다. 아울러 인간의 미래적 변화에 대해 이들보다 훨씬 개방적·적극적인 입장이 있음은 물론이거니와 심지어 극단적 양상의 인간의 기계화를 옹호하는 기술결정론적 주장도 존재하고 있다는 점은 주지의 사실이다.(임석원, 2013: 64-73) 그리고 이 모든 논의의 중심에는 인간의 본질에 대한 오래된 그러나 새로운 질문들이 자리하고 있다.

이러한 다양한 관점과 주장을 배경으로 본고에서는 인간의 본질에 관한 논의는 가급적 삼가되, 포스트휴먼이 적어도 현재적 의미에서 인간의 범주를 벗어나지 않는다는 전제 위에서 논의를 전개하려 한다. 이러한 질문이 철학과 교육학의 역사에서 차지하는 비중이 사소해서 그런 것이 아니다. 다만 이에 관한 다양한 관점이 존재할 뿐 어떠한 최종적 해명이나 합의가 이루어졌다는 확증의 제시가 현재로서는 그리고 본고의 범위 내에서는 가능하지 않기 때문이다.

3. 포스트휴머니즘과 포스트모더니즘

앞서 포스트휴머니즘의 정의가 상당히 드물다고는 하였으나, 전혀 없는 것은 아니다. 아래 인용문은 포스트휴머니즘에 대한 아주 드문 조작적 정의 중 하나라 할 수 있다.

> "현대의 인류는 과학기술의 발전에 따른 인간신체와 정신의 확장, 디지털 네트워크화에 따른 시공간 개념의 동요 및 신체성 없는 주제의 등장 그리고 이러한 현상과 결부된 다양한 성 정체성이 출현과 같은 탈경계적 현상과 마주하고 있다. 전통적인 '인간' 개념의 경계를 문제 삼는 이러한 문화 현상은 인간이해를 구성하는 기본 범주 자체의 타당성을 재검토할 것을 요구한다. 이 현상들에서 관찰할 수 있는 혼종적이고 유동적이며 중층적인 인간 정체성을 올바로 이해하고 규명하기 위해서는 근대적 휴머니즘을 넘어서는 새로운 이해의 틀이 요구된다. 우리는 그것을 '포스트휴머니즘'이라는 이름으로 통칭하고자 했다."(신상규, 2013: 6)

그러나 인용문을 자세히 들여다보면, 엄밀한 의미에서 이것은 포스트휴머니즘의 정의라기보다는 포스트휴머니즘으로 통칭되는 탈경계적 문화 현상들이 비롯된 동기의 진단과 지향점에 관한 것이라는 사실을 알 수 있다.[2] 물론 인용문의 전반부에 제시된 과학기술의 발달이 중요한 배경과

---

2 이런 맥락에서 혹자는 포스트휴머니즘을 포스트휴먼-이즘이 아니라 포스트-휴머니즘으로 이해하자는 제안을 내어놓기도 한다. 본고에서는 구체적으로 다루지 않겠지만 이들의 주장을 간략하게 요약하자면 다음과 같다. 즉 지나치게 인간중심적인 전통적 휴머니즘의 경계를 넘어, 기존의 휴머니즘 논의에서 소외되고 배제되었던 다양한 인간 그

촉매가 되었으리라는 점에는 이견이 없겠으나, 인용문의 중반부 이후를 볼 때, 그것은 수단과 과정의 문제일 뿐 핵심은 결국 인간의 문제이자 휴머니즘의 문제로 환원되고 있다는 사실을 확인할 수 있다. 인용문에서 드러나듯, 포스트휴머니즘의 주제는 "전통적인 인간 개념의 경계 그리고 근대적 휴머니즘을 넘어서는 새로운 이해의 틀"이다. 즉 그 명칭이 트랜스휴머니즘이든 혹은 포스트휴머니즘이든 그리고 포스트휴머니즘의 '포스트'가 '트랜스'의 의미를 포함하는 연속적 개념이든 혹은 단절적 개념이든, 결국 논의의 핵심은 인간의 본질에 대한 현대적 혹은 미래적 이해의 문제로 귀결된다. 그리고 이 새로운 휴머니즘의 필요는, 위 인용문을 근거로 보자면, "근대적 휴머니즘"의 시대적 유효성에 대한 회의에 있어 보인다. 혹자는 위와 같은 휴머니즘에 대한 회의로서 포스트휴머니즘이 니체의 "초인론"에서 비롯되었다고도 하고(Sloterdijk, 1999; 이와 관련된 종합적·비판적 논평은 이진우, 2013), 또 다른 학자들은 푸코를 통해 촉발되었다고 세간에 알려진 "주체의 죽음"과 관련이 있다고도 한다.(Herbrechter, 2009/김연순·김응준, 2012: 26f; Herbrechter, 2012: 330f) 포스트휴머니즘이 이른바 근대적 휴머니즘의 대안으로 구상된 것이라면 이러한 논의가 타당할 수도 있다. 그리고 이 경우 포스트휴머니즘은 포스트모더니즘과 동일한 혹은 그로부터 파생된 또 하나의 포스트모더니즘으로 이해되어야 할 것이다.[3]

룹들, 다양한 양상의 생명체들, 심지어 미래에 등장하게 될 포스트휴먼이라는 새로운 종을 포함한 모든 세계 구성원들의 공존을 지향하는 보다 개방적인 휴머니즘이 기획될 필요가 있다는 것이다.(Snaza, et. al, 2014: 51f; 우정길, 2019b; 정윤경, 2019)

3 포스트휴머니즘과 포스트모더니즘의 관계에 관한 배드밍턴의 다음과 같은 논평은 참조할 만하다. "포스트휴머니즘이 미셸 푸코, 자크 라캉, 루이 알튀세와 같은 반휴머니즘적 사고와 연결된다 하더라도 포스트휴머니즘은 이 반휴머니스트들과는 뚜렷이 구분된다. 반휴머니스트들이 인간중심주의적인 헤게모니를 적극적으로 지원하는 반면에 포스트휴머니스트들은 '인간'이 몰락하고 있거나 이미 몰락했다는 견해를 보인다. 이것은 포스트휴머니즘이 휴머니즘의 몰락과 사라짐을 하나의 기정사실로 받아들이고 있음을 의미한다.(Badmington, 2006: 240-241. Herbrechter, 2009/김연순·김응준, 2012: 69재인용)

그러나 본론에서 제시될 포스트휴먼의 특성 기술이나 포스트휴머니즘의 정의를 반추해 보면, 포스트휴머니즘이 전통적 휴머니즘의 논의와 직접적 관련이 있다고 보기는 어렵다. 포스트휴머니즘은 휴머니즘으로부터 파생된 논의라기보다는 과학기술의 발달이 예고한 그리고 어쩌면 가까운 미래에 탄생시키게 될 포스트휴먼이라는 새로운 존재의 '휴먼'적 정체성 및 그것의 사회적 의미와 관련된 담론이다. 즉 근대적 인간상에 대한 회의에서 포스트휴먼이 설계된 것이 아니라, 과학기술의 발달로 인해 제안된 포스트휴먼의 실현 가능성이 포스트휴머니즘이라는 이름의 담론으로 구성되어 왔다고 보는 것이 더욱 타당할 것이다.[4]

II. 포스트휴머니즘 - 기능과 욕망

1. 인간의 기능주의적 환원

용어 자체로만 보자면, 포스트휴머니즘에 비해 트랜스휴머니즘의 의미범위는, 앞서 제시된 트랜스휴머니즘의 정의와 더불어 아래 보스트롬의 정의에서 보듯, 포괄적이다.

"트랜스휴머니즘은 지난 20여 년 동안 점진적으로 전개되어 온 움직임을 느슨하게 정의한 것이다. 트랜스휴머니즘은 기술의 발달로 인해 열려진, 인간의 조건과 인간 유기체를 향상시키기 위한 이해와 평가를 촉진한다.

---

4 이러한 관점과 무관하게, 모더니즘의 인간상과 대조를 이루는 포스트휴머니즘 인간상에 대한 비교는 여전히 흥미롭고 유의미하다. 코기토(Cogito), 즉 사유하는 자아로 대변되던 근대적 인간의 사유 기능이 인간의 유일한 존재론적 토대가 아니라는 사실이 포스트모더니즘의 다양한 논의들을 통해 이미 지적되어 왔거니와, 이제는 더욱 우월한 사유기능이 탑재된 기계가 인간의 손에 의해 만들어졌기 때문이다.(이상욱, 2009: 50-54; 김연순, 2013: 283-286) 우정길의 지적(2018a: 91-94)처럼, 이제 우리는 '동물 對 인간'이라는 근대 인간학적 틀로부터 '기계 對 인간' 혹은 '기계＋인간'이라는 새로운 관점으로 옮겨 가야 할 상황에 이르고 있다.

트랜스휴머니즘은 유전자 엔지니어링이나 정보기술 등과 같은 현재적 기술에도 주목할 뿐 아니라, 분자 나노테크놀로지나 인공지능과 같은 미래적 기술을 예견하는 일도 포함된다."(Bostrom, 2003a: 493)

이에 비해 포스트휴머니즘에 관한 논의는 보다 구체적임과 동시에 잠정적이라는 특징을 띤다. 이는 포스트휴머니즘이 포스트휴먼이라는, 구체적이지만 아직은 실현되지 않은 잠정적이며 가상적인 인간상을 전제로 하기 때문이다. 기존의 논의들에서 포스트휴머니즘이라는 용어의 정의가 제시된 예는 찾아보기 어렵다. 이보다는 포스트휴먼의 인간상이 우선 제시되고, 이에 근거하여 포스트휴머니즘에 대한 논의가 전개되는 것이 일반적이다. 대표적인 예로 2005년 비타-모어가 제시한 "프리모"([그림 1]) 라는 이름의 포스트휴먼을 들 수 있다.

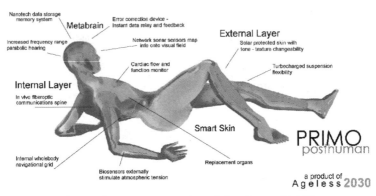

[그림 1] Posthuman Primo (Vita-More, 2005)

비타-모어가 제안한 포스트휴먼 프리모(Primo)의 뇌는 "메타-뇌"로 명명되어 있다. 여기에는 나노테크 데이터 저장시스템, 가청주파수 확장 장치, 네트워크 소나센서를 이용한 맵데이터 투영 장치, 데이터의 즉석 중계와 피드백이 가능한 오류 교정 장치 등이 장착되어 있다. 가슴에는 심장활동 감지 모니터가 내장되어 있고 모든 내장기관은 교체가 가능하도록 고안되어 있다. 아울러 상체에는 체내 내비게이션 그리드가 그리고 척추는 비보-파이버옵틱으로 명명된 커뮤니케이션 장치가 장착되어 있으며, 신체 곳곳의 바이오센서가 신체 외부를 향한 상황적 긴장도를 조절해 준다. 피부는 태양광으로부터 보호되도록 설계되어 있으며, 피부의 색상과 질감 역시 선택 가능하다. 다리에는 터보엔진이 장착되어 있을 뿐 아니라 유연성 역시 강화되어 있다. 무엇보다도 특징적인 점은, 이 모든 기능적 장치들이 교체와 업그레이드가 가능하다는 사실이다.(Vita-More, 2005) 즉 포스트휴먼은 유일하거나 유한한 존재도 아니며, 지속적 향상과 대체가 가능하도록 고안된 존재라는 것이다.

비타-모어의 가상적 포스트휴먼보다는 덜 확정적인 방식으로, 그러나 포스트휴먼의 가상적 특징들을 열거한 신상규의 정의도 반추해 볼 만하다.

"포스트휴먼은 완전히 인위적으로 만들어진 인공지능일 수도 있고, 신체를 버리고 슈퍼컴퓨터 안의 정보 패턴으로 살기를 선택한 업로드의 형태일 수도 있으며, 또는 생물학적 인간에 대한 작은 개선들이 축적된 결과일 수도 있다. 만약 생물학적 인간이 포스트휴먼이 되고자 한다면, 유전공학, 신경약리학, 항노화술, 컴퓨터-신경인터페이스, 기억향상약물, 웨어러블 컴퓨터, 인지기술과 같은 다양한 과학기술을 이용해 우리의 두뇌나 신체에 근본적인 기술적 변형을 가해야만 할 것이다. '포스트휴먼'은 '내가 이런 능력을 가지고 있었으면 얼마나 좋을까'하고 누구나 한 번쯤 상상해 보았을 법한 슈퍼인간의 모습을 서술한 기술적인(descriptive) 용어이다."(신상규, 2014: 104)

위 두 가지 예시의 포스트휴먼은 현존하는 인간 이상의 능력을 지닌 존재로 구상 혹은 가상되어 있다. 트랜스휴머니스트이자 비판적 포스트휴머니스트로 분류되는 보스트롬의 경우 더욱 선명하게 '능력'이라는 관점을 부각시킨다. 그는 포스트휴먼을 직접적으로 정의하지 않고, 이를 대신하여 포스트휴먼을 "일반적 중점 능력"을 지닌 존재라고 규정한다. 그리고 이 능력에 대해서는 아래 인용문과 같은 설명을 덧붙인다. 물론 이 세 가지 능력은 현존 인간의 최대치를 능가하는 것이라고 그는 밝히고 있다.

"건강: 정신적·신체적으로 완전히 건강하고, 활동적이고, 생산적일 수 있는 능력 / 인지: 기억력, 연역적·추론적 사고력, 주의력 등의 일반적 지적 능력들 및 음악, 웃음, 에로티시즘, 이야기, 영성, 수학 등 특수 영역의 능력 / 감정: 삶을 즐길 수 있고 삶의 다양한 상황들과 타인들에 대해 교감할 수 있는 능력"(Bostrom, 2008b: 1f)

포스트휴먼에 관한 위와 같은 예시들에서 발견되는 공통된 점은 바로 능력중심성이다. 즉 이들은 능력이라는 관점에서 포스트휴먼을 이해하고 설계한다. 이들이 예견한 포스트휴먼은 신체적·인지적 능력은 물론이거니와 심지어 관계와 감정의 영역에서도 현존 인간을 초월하는 것으로 설정되어 있다. 이들은 대체와 업그레이드가 가능한 기관과 지체를 지닌 존재들이며, 유한성이라는 현존 인간의 한계를 초월한다. 이런 의미에서 포스트휴먼의 강조점은 '휴먼'이 아니라 '포스트'에 있다고 보아야 한다. 그리고 이 '포스트'의 핵심은 능력, 즉 현재적 인간을 초월하는 다면적 능력이다. 포스트휴먼은 초월적 능력이라는 기능으로 환원된 미래적 양상의 인간 혹은 포스트-인간이다.

인간에 대한 이러한 방식의 기능주의적 환원은 그 유례를 찾아보기 어렵다. 물론 인류 역사가 커즈와일이 포스트휴머니즘과 관련하여 "특이점"(Singularity)(2005)으로 표현한 그 단계5에 아직은 도달하지 않았기에,

---

5 이 용어는 수학에서는 유한한 한계를 한없이 초월하는 큰 값을 의미하고, 천체물리학에서는 큰 별이 초신성으로 폭발할 경우, 폭발의 잔해들이 빨려 들어가는 부피가 없고 밀도가 무한대인 점을 의미한다. 커즈와일의 표현을 빌자면, "특이점은 기하급수적 증가에서 거의 수직에 가깝게 치솟는 단계"이다. 그의 저서의 맥락에서 달리 써 보자면, 가속화하던 과학기술의 발달이 이 점에 이르러 비약적 발달에 이르게 되고, 이로써 새로운 문명의 차원이 열리게 된다는 것이다. 실제로 그는 식사와 성교를 비롯한 인간의 일상, 일과 놀이와 학습, 질병과 수명, 치안과 국방에 이르는 인간 삶의

위와 같은 포스트휴먼에 직접적으로 비견될 사례가 존재할 수는 없다. 그러나 인간의 기능주의적 환원이라는 발상의 기저에서 우리는 인간을 기계(적 존재)로 환원시켜 이해하였던 몇몇 사례를 연상하게 된다. 그 고전적인 사례가 바로 데카르트의 인간론이다.

주지하는 바와 같이 데카르트는 인간의 몸을 정신이나 영혼과 분리 가능한 모종의 "지체기계(Gliedermaschine) 또는 신체기관모둠"(Descartes, 1993: 22, 115)으로 이해했다. 그에게 있어서 인간은 "팔, 다리, 머리 그리고 신체라고 불리는 여타 부분으로 합성된 전체"이자 "인간기계"(Descartes, 1989/이현복, 1997b: 152)이다. 기능의 관점에서 기계로 환원된 인간에 대한 위와 같은 사유는 그의 저서 『인간론』(1677)에 더욱 구체적으로 제시되어 있다. 이 저서에서 데카르트는, 인간의 신체는 "시계나 인공분수나 제분기 혹은 그와 유사한 기계와 다를 바 없는 기계"(Descartes, 1677/Hall, 2003: 4)라고 직설적으로 규정한다. 아울러 그는 이 기계에는 "색상 및 지체의 모든 형태와 같은 외형적인 측면뿐 아니라 걷고 먹고 숨 쉬는 등의 모든 상상 가능한 기능들을 모방하는 데 필요한 신체 내부의 각 부분들이 포함된다."(Descartes, 1677/Hall, 2003: 1-4)고 설명한다. 즉 우리가 상상하는 혹은 바라는 그 기능이 차질 없이 수행되는 데 필요한 부품들이 내장되어 있는 기계가 바로 인간이라는 것이다. 잘 알려진 바와 같이, 데카르트는 14세기 이후 가속화한 해부학적 지식을 적극적으로 수용하였고, 한때 동물해부에 심취한 경력도 있다. 이러한 이력을 바탕으로 그가 고안하게 된

모든 분야에서 특이점 이전과는 전혀 다른 차원의 양상이 전개될 것이라고 본다. 그가 예측하는 혹은 제안하는 특이점 이후의 인간 혹은 포스트휴먼의 모습은 다음과 같다: "인간의 지능은 비생물학적 지능과 융합될 것이며, 인간은 인간만큼 혹은 인간보다도 더욱 복잡하고 미묘한 면을 지닌 비생물학적 시스템을 만들고, 인간 자신이 생물학적 존재에서 비생물학적 존재로 변해갈 것이다."(Kurzweil, 2005/김명남·장시형, 2007: 465, 523) "곧 우리 몸과 뇌도 들락날락하게 될 것이다. 2030년경이 되면 우리 몸은 생물학적 부분보다 비생물학적 부분이 많게 될 것이다. … 2040년쯤이면 비생물학적 지능은 생물학적 지능보다 수십억 배 뛰어난 상태가 되어 있을 것이다."(Kurzweil, 2005/김명남·장시형, 2007: 425)

인간이라는 이름의 기계는 일종의 열기관임과 동시에 일종의 분수기계이기도 하다고 그는 규정하고, 후자의 작동원리에 관하여 다음과 같은 설명을 제공한다.

"실제로 사람들은 내가 묘사하고 있는 기계의 신경을 이 연못에 있는 기계의 관들과 비교할 수 있다. 근육과 건腱들은 다양한 장치들과 이 장치들을 돌리는 엔진과 비교하면 되고, 스피리투스 아니 말레스라 불리는 미립자는 엔진을 움직이는 물과 비교하면 된다. 이때 심장은 물이 나오는 원천이고, 뇌에 분포된 각각의 실室들은 그 물을 분배하는 역할을 맡는다. 그밖에도 호흡과, 시계에서 습관적이자 자연스럽게 일어나는 다른 활동들도 시계나 방앗간의 운동과 비슷하다."(Descartes, 1677/Hall, 2003: 22)[6]

이와 같은 신체-기계 작동의 기본원리를 바탕으로 데카르트는 자신의 해부학적 지식이 총동원된 『인간론』에서 총 39개의 그림을 이용하여 인간이라는 기계의 각 부품들에 관한 해설을 이어간다.(우정길, 2018c: 51-52, 67) 이 모든 도해적 설명에 있어서 인간의 자유의지나 이성, 감각과 감정과 영혼 등은 전혀 고려되지 않는다.[7] 그는 인간을, 특히 인간의 몸을

---

6 해당 인용문의 한국어 번역은 Düweke, 2001/이미옥, 2005: 33f에서 발췌.
7 물론 데카르트의 기능주의적 인간이해는 신체에만 국한된 것이 아니다. 그는 인간의 정신 역시 사유라는 유일 기능의 관점에서 파악하고, 이것은 코기토(cogito)로 명명되었다. 데카르트의 논리에 따르면, "나는 생각하므로, 존재한다."라는 인간학적 명제는 "나는 감각하므로, 존재한다."나 "나는 느끼므로, 존재한다." 등의 어떠한 명제로도 치환이 불가능하다. 이 코기토는 사유를 감행할 때만, 즉 생각이라는 기능을 수행하는 동안만 그 존재성이 확인 가능한 존재이다. 바꾸어 말하자면, 생각이라는 기능이 멈추는 순간 존재의 여부와 의미가 불확실해지는 생각기계이다. 이에 대한 마이어 드라베의 다음과 같은 논평은 데카르트의 기계론적 인간론에 대한 의미심장한 평가로 음미될 필요가 있다. "데카르트가 더 이상 부정할 수 없는 사유의 토대에 도달하였다고 생각한 바로 그 순간, 인간은 자기 자신에게 수수께끼 같은 존재가 되어버렸다. 그는 자기 자신 그리고 데카르트 자신이 만들어 낸 이 자동판매기 사이의 차이를 규명할 수 없게 되어버렸다. 정확하게 표현하자면, 데카르트의 인식 토대라는 것은

기능적 부품의 조합으로 환원시켜 이해하였다. 『인간론』의 인간은 인간이 아니라 인간의 모습을 가진 모종의 기능체, 즉 기계이다. 그리고 이 기계 는, 그것이 시계와 흡사한 정밀복합 시스템이든 혹은 주전자나 분수기계의 기제를 띤 동력기관이든, 기능적 부품의 조합으로 이루어져 있다.[8]

데카르트에서처럼 직접적인 방식은 아니라 하더라도 인간이 은유적 차원에서 일종의 기계로 파악된 예는 교육학의 역사에서도 찾아볼 수 있 다. 데카르트와 동시대를 살았던 코메니우스는 인간을 시계에 비유한 것 으로도 잘 알려져 있다.

> "인간은 스스로 육체에서처럼 역시 영혼에 있어서도 조화보다 아무것도
> 다르지 않다. 왜냐하면 우주 자체가 엄청난 시계와 유사하듯이, 많은 바
> 퀴들과 추로 구성된 우주는 매우 예술적으로 조립되어서, 모든 일에 있
> 어서 모든 부분이 서로 조화를 이루고 지속적으로 진행되도록 맞물려있
> 기 때문이다. 인간 역시 마찬가지이다. 말하자면 매우 경이롭게 예술적으
> 로 만들어진 육체에 있어서 먼저 심장은 동력(mobile), 즉 삶과 행동의
> 원천인데, 이 동력에 의해 다른 지체가 움직인다. 그러나 운동을 일으키
> 는 추는 두뇌이다. 이 추는 신경의 도움을 받아 밧줄이 움직이는 것처럼
> 나머지 바퀴들(말하자면 지체들)을 당겼다 늦췄다 한다. 내적이며 외적인

하나의 정신기계를 나타내는 것이다. 즉 이것은 시계의 정확성에 따라 작동되는 그리 고 외부로부터의 영향을 전혀 받지 않는 어떤 규칙물이다."(Meyer-Drawe, 1996b: 48-52) 데카르트의 이른바 방법론적 회의와 인간의 기계론적 환원에 대한 보다 구체 적인 논의는 박치완(2007)과 우정길(2018a: 95-100)을 참조 바란다.

8 데카르트의 이러한 기계론적 인간론은 그로부터 백여 년 후 라메트리(J.O. de La Mettrie. 1709-1751)에 이르러 더욱 극단적인 인간기계론으로 이어진다. 철저히 유 물론적인 관점에서 인간을 일종의 자동기계로 파악하는 라메트리는 영혼과 정신에 대해 그리고 감각에 대해 적절한 해명을 내어놓지 못했던 데카르트의 "정태적 기계 론"을 간단히 지나쳐 버린다. 라메트리에게 있어서 인간의 영혼이란 단지 하나의 텅 빈 개념으로서, 그 "내용이 알려진 바 없는, 인간 속에서 생각을 하는 어떤 부분을 지칭하기 위해 똑똑한 인간들이 그저 사용해 온 개념"일 뿐이다.(Meyer-Drawe, 1996: 103재인용; Meyer-Drawe, 1997: 729f; Wozniak, 1992/진영선·한일조, 2011: 30-36; 정영근, 2017: 107)

활동의 다양성은 바로 움직임의 균형 잡힌 관계에 달려있다. ⋯ 인간은
실제로 그 자체가 조화 이외의 다른 것이 아니다."(Comenius, 1657/정
일웅, 2002: 77)

물론 기독교 창조론을 자신의 종교적 신념으로 삼았던 코메니우스는
저 유명한 시계의 비유를 통해 완벽하고 정밀한 신적 섭리가 인간이라는
피조물 속에서 그리고 우주 속에서 어떻게 조화롭게 구현되는지를 주장
하려고 하였다. 그는 자신이 취하고 있는 창조주의 관점으로 인해 본의
아니게 인간을 부품화·도구화하고, 은유적 차원에서나마 인간을 신적 조
화를 위해 고안된 기계적 존재로 규정하기에 이른 것이다. 데카르트가 그
러하였듯이, 코메니우스 역시 시계와 해부학이라는 문명사적 흐름을 자신
의 인간학적 사유 속에 의식적으로 혹은 무의식적으로 반영하게 되었
다.(Meyer-Drawe, 1997: 729; 우정길, 2018c: 45-54, 66-67)
　　교육학의 역사에서 인간이 기능이라는 관점에서 보다 적극적으로 다
루어진 다른 예로는 19세기 독일 라이프치히의 교육자였던 슈레버(D.G.M.
Schreber, 1808-1861)를 들 수 있다. 정형외과 의사이자 실내체조 선수로
도 활동한 바 있던 그가 강조하였던 것은 유아와 청소년들의 건강을 위한
충분한 신체운동이었다. "놀이시간은 인생학교의 기초학급"이라는 소신을
갖고 있었던 그는 "청소년 놀이의 보건적·교육적 중요성 및 학교교육의
측면에서 그것에 주목해야 할 필요성"(Schreber, 1860)이라는 기사를 통해
그는 당시 그가 활동하던 도시 라이프치히 내 유아 놀이터와 청소년 운동
시설이 부족하다는 점을 지적하고, 유아청소년기의 충분한 운동이야말로
인간의 건강한 신체 발달을 위해 필요불가결하다는 의견을 피력한 바도
있다.
　　그러나 대외적으로 피력된 그의 견해가 "슈레버가르텐"(Schrebergarten)
이라는 사회적 결실로 나타나기 훨씬 이전에, 그의 기능주의적 신체'교육'
또는 신체'실험'은 문제적 소지를 배태한 채 가장 기초적 사회적 단위인

가정, 그것도 자신의 자녀들을 대상으로 이미 오랜 기간 동안 이루어지고 있었다. 그는 자신이 직접 고안한 신체 교정 기구들을 자신의 자녀들에게 오랜 기간 시착시키고, 이를 통해 자신의 이상에 부합하는 신체상을 실현하고자 하였다.9 문제는, 그가 교육이라고 불렀던 그 행위의 과정에 사용된 기구들이 애초 사후적 교정 또는 치료적 기능에 적합하도록 고안된 정형외과적 도구들이라는 점 그리고 이 도구들의 적용대상인 인간 역시 그에 상응하는 기능의 집합체로 인식되었다는 점이다. 그는 사고력교육이나 정서교육 그리고 도덕교육에 우선하여 신체교육을 가장 중시하였거니와, 자신의 대표적 교육학 저서 『칼리패디 또는 아름다움을 위한 교육』(1858)에서 해부학과 생리학이 교원 양성의 매우 중요한 교육과정이 되어야 한다고 강조하고 있다.

> "이 아주 중요한 교육학은 인간의 [물리적]자연과 본연에 대한 명확한 인식을 필요로 한다. … 이 [중요한] 학문이 어떤 상태에 있는지 보라. … 다른 모든 학문에 비해 가장 생각 없고 발달되지 않은 채로 … 이런 관점에서 현 시대에 가장 필요한 것으로, 교육학을 통한 교직과정의 완성에 있어서 … 해부학과 생리학의 철저한 공부가 너무나도 부족하다." (Schreber, 1858: 24f)

이 저서에서 슈레버가 기획하였던 교육의 대상인 인간은 자유의지와 도덕적 감수성이 거세된 혹은 애초에 삭제된, 이와 동시에 신체에 가해지는 각종 기능적 교정교육에 복종해야 하는 기계적 존재이다. "필요하다면 강제·폭력(Gewalt)을 동원해서라도"(Schreber, 1858: 66) 아래에서 인용될 교육의 원칙을 확고히 지키라고 그가 당부하는 장면에서, 그리고 2-7세 아동의 교육에 대하여 아래와 같은 교육적 신념을 피력하는 장면에서, 우

---

9 『칼리패디 또는 아름다움을 위한 교육』에 등장하는 교육 장치들의 모양 및 각각의 극단적 기능(중심)성에 대한 소개와 비평은 Israëls, 1989: 80-104; Niederland, 1978: 75f; 우정길, 2018b: 455-458을 참조 바란다.

리는 그의 인간이해가 어떤 성격의 것이었는지를 짐작할 수 있다.

"아이가 자신의 의지(Wille)를 통제할 수 있다는 생각을 못하도록 해야 한
다. 오히려 아이가 어른과 교육자에게 자신의 의지를 예속시키도록 해야
한다 이것이 예외 없이 확고하다는 점을 분명히 하여야 한다. 이렇게 해야
아이가 규칙에 저항하는 것이 불가능하다는 느낌을 받게 된다. 아이의 복
종이 이후의 모든 교육의 근본 조건이라는 점이 확실히 자리 잡혀야 한
다."(Schreber, 1858: 66) "우리는 [아동의] 도덕적 의지력과 성격을 발달
시키는 수단과 길을 따로 찾을 필요가 없다. … 이러한 목적에 도달하기
위한 일반 조건은 아동의 무조건적 복종이다."(Schreber, 1858: 135)

위와 같은 인간관의 소유자이자 신체기능중심적 교육의 실행자였던
슈레버가 후에 "영혼의 살인자"(Soul Murder)(Schatzman, 1973)나 "가정폭
군"(Haustyrann)(Israëls, 1989: 80)이라는 불편한 별칭을 얻게 된 것은 비단
그의 아들(P. Schreber)이 정신분석학계의 유명한 사례로 남게 된 편집증
적 망상증을 앓았기 때문만은 아니다.(Schreber, 1903) 그는 인간의 정신
과 자유의지와 영혼을 도외시하고, 인간신체의 정형외과적 기능에 집착하
였다. 그리고 '교육'이라는 명목하에 인간 몸의 각 지체가 자신이 이상적
으로 그리던 기능적 아름다움의 완성에 이르도록 물리적 강제를 지속한
것이다. 신체는 인간의 한 부분이라는 점 그리고 인간은 물리적 기능만으
로는 설명되지 않는 복합적 존재라는 사실을 애써 외면하였던 그는 인간
을 물리적 가소성의 존재로만 인식하였던 것이다. 『칼리패디 또는 아름다
움을 위한 교육』보다 6년 앞서 출판된 슈레버의 저서 *Kinesiartik oder
die gymnastische Heilmethode*(1852)에서 선보인 "치료체조기"의 그림
속에는 대형 우산을 연상케 하는 기구에 매달린 채 제자리를 맴도는 소년
([그림 2])과 허공에 매달린 소년([그림 3])이 등장한다. 이 장면에서 우리
가 마네킹을 연상하게 되는 이유 역시 "영혼의 살인자"라는 별칭과 무관
하지 않다.

[그림 2]
치료체조기 (Schreber, 1852)

[그림 3]
치료체조기 (Israëls, 1989: 103재인용)

　　포스트휴먼의 '휴먼'상(像)을 보고 있노라면, 데카르트의 기계적 인간론과 그로부터 이어진 라메트리의 인간기계론 그리고 시계로 비유된 코메니우스의 인간관과 슈레버의 신체기능주의적 인간교육을 연상하게 된다. 이들이 공히 개념화했던 혹은 전제했던 인간은 능력과 기능으로 환원된 인간이거나 혹은 인간기계·기계인간과 흡사한 어떤 존재이다. 실제로 미래 어느 시점에 존재하게 될 수도 있는 이들의 모습과 별개로, 포스트휴먼의 상(像)에서 강조되는 것은 존엄도 자유의지도 정신도 영혼도 아니며, 개별 기능의 수행 가능성 및 개별 기능들의 조합이 이루어 내는 종합적 기제이다. 이 개별 기능들은 개별 부품으로 대체 가능하고, 종합적 기제는 상시적 업그레이드를 전제로 한다. 부품은 다만 기능의 유지와 향상을 위해 존재할 뿐 그 자체로 고유한 의미를 갖지는 않는다. 기계의 경우, 부분의 합은 합 그 이상도 이하도 아니다.

　　그러나 인간은 기계와는 본질적으로 다른 기제를 갖는 유기체이자 생명체이다. 인간의 경우, 부분의 합은 언제나 합 이상이거니와, 이 합 또는 합 이상은 부분으로 나누어져서 개별적으로 존재할 수도 없다. 데카르트가 해부실험을 통해 경험하였던, 혹은 코메니우스가 해부학 교재를 통해 파악하였던(Alt, 1970; Woo, 2016), 혹은 슈레버가 해부생리학 교재를 통해 학습하였던 인체는 교부재로 허용된 실험과 학습의 대상이지, 일반적 의미의 인간이라 볼 수 없다. 심지어 인간의 주검에 대하여도 한 때 생명이 깃들었던 까닭에 예를 갖추는 것이 동서고금의 인지상정이기에, 인간은 항상 기능적 부분의 합만으로는 해명되기 어려운 그 무엇을 담지하고 있다. 포스트휴머니스트들이 포함된 상당수의 학자들은 그것을 "존엄"(Bostrom, 2005a, 2008a; O'Mathūna, 2013; 정연재, 2015)이라는 주제하에서, 혹은 보다 폭넓게는 "인간본성론"(Fukuyama, 2002; 백종현, 2015, 천현득, 2016)의 영역에서 탐구의 대상으로 삼기도 한다.

부분의 합 이상의 그 무엇이 무엇이든 그리고 그것이 어떻게 명명되든, 인간은 단순히 어떤 능력이나 기능의 조합만으로 환원되지는 않는 존재이다. 물론, 극단적 기술결정론자들과 공상주의자들을 제외한 대부분의 포스트휴머니스트들 역시 인간이 단순히 어떤 초월적 능력이나 기능으로 완전히 대체 가능하다고 주장하지는 않는다. 그들에게도 인간의 존재성은 일종의 딜레마이다. 이들은 한편으로는 인간을 넘어서는 인간의 가능성을 적극적으로 제안하면서도, 다른 한편으로는 인간 존재의 의미 구성과 확장에 대해 조심스러운 입장을 견지한다. 그럼에도 불구하고, 포스트휴머니즘의 핵심개념인 포스트휴먼의 모습은 현존 인간과는 혹은 어쩌면 인간의 일반적이고 본질적인 모습과는 괴리가 있는 기능중심적 기계와 흡사하다. 그것을 "사이보그"10라 통칭하든 혹은 보다 현대적으로는 "파이보그"11로 개칭하든, 인간 고유의 유기체적 요소의 임계점에 대한 논의가

---

10 "사이버네틱(Cybernetic)과 유기체를 뜻하는 오가니즘(Organism)의 합성어인 사이보그는 생물학적 신체와 기계적 장치가 결합된 존재를 뜻한다. … 1960년 만프레드 클라인즈(Manfred Clynes)는 네이선 클라인(Nathan Kline)과 함께 쓴 "사이보그와 우주"라는 논문에서, 인간이 생존하기에 적합하지 않은 환경 속에서 이루어지는 우주 탐사를 위해, 지구와 유사한 인공적인 환경을 우주인에게 제공하려 노력하는 대신에, 인간을 외계의 환경에 적합하도록 계량할 것을 제안하면서 '사이보그'란 표현을 처음으로 사용했다. 말하자면 우주여행에 적합하도록 인간의 생물학적 진화과정에 개입하자는 것이다."(Clark, 2003/신상규, 2014: 53재인용; Haraway, 1991; Kurzweil, 2005/김명남·장시형, 2007: 425)

인간신체의 기능적 업그레이드를 통해 달라지고 있는 것만은 분명해 보인다.[12]

2. 욕망 – 인간임, 인간됨, 인간초월

그렇다면 이른바 포스트휴머니스트로 통칭될만한 그들은 왜 능력, 특히 현존 인간을 넘어서는 기능성에 주목하는 것일까? 즉 인간인 자신의 능력을 최대치로 확장하되, 과학기술이 허용하는 모든 신체 내·외적 수단을 동원하여 인간을 능가하는 포스트휴먼이고자 하는가? 물론 이러한 소망에는 이전에는 상상의 영역에서만 가능했던 일들을 가능하게 해 주는 현대 과학기술의 비약적 발전이 결정적으로 작용했으리라는 점은 의심의 여지가 없다. 그러나 과학기술의 발전만으로는 설명되지 않는 부분이 있다. 여기에는 과학기술의 발달을 지금껏 추동해 왔을 뿐 아니라 이것을 인간 자신의 기능적 면모를 변화시키는 수단으로 적극적으로 수용하고 활용하려는 인간의 욕망에 대한 이해가 언급될 필요가 있다. 개인적으로든 사회적으로든 현재보다 나아지고자 하는 인간의 욕망은 시대와 무관하게 존재해 왔고, 이것은 어떤 형태로든 인간 역사를 진보하게 한 기본 동력으로 작용해 왔다.

보스트롬의 경우 포스트휴머니즘을 위와 같은 인간적 욕망이 표출된

---

11 "나는 파이보그다. 여러분도 마찬가지다. 기능적 사이보그(functional cyborg)라는 의미의 파이보그는 기술 연장을 통해 기능적인 면을 보충한 생물학적 유기체다." (Gazzaniga, 2008/박인균, 2009: 419)

12 지면의 한계로 인해 본고에서 구체적으로 다루기는 어렵겠지만, 인간의 기능주의적 이해라는 맥락에서 인간의 정체성에 관한 다음 규정들은 특히 최근 뇌과학의 영역에서 제기되고 있는 인간과 교육의 뇌기능주의적 환원 경향은 진지한 성찰이 필요한 부분이다: "우리는 기계이다. 그러나 복잡한 기계이다."(M. Koubeissi), "인간의 뇌는 물리적 기계이다."(C. Koch), "인간은 커다란 생물학적 컴퓨터이다."(A. Huth), "나는 [나의 뇌신경세포연결망이기에] 나의 컨넥톰(Connectum)이다."(S. Seung) (EBS, 2018), "우리가 인간답게 행동하는 이유는 우리의 뇌가 그렇게 생겨 먹었기 때문이다."(정재승: Gazzaniga, 2008/박인균, 2009: 7), "모든 학습은 뇌에서 이루어진다."(김성일, 2006: 378; 신동훈, 2017: 387f)

현대적 사례로 이해하면서, 그 사상적 연원을 흔히 근대라 불리는 시대보다 훨씬 이전의 시대에서 찾고 있다. "트랜스휴머니스트 사유의 역사"(2005b)에서 그는 심지어 프로메테우스와 제우스, 다이달로스와 이카루스의 신화를 예시로 들어, 자연의 한계를 극복하려는 욕망이야말로 인간의 본능적 욕망에 속하며, 그러므로 그 역사는 인간 종의 역사와 동일하다고 주장한다. 이후 그가 들고 있는 예들은 미란돌라(P. D. Mirandola)와 베이컨(F. Bacon), 프랭클린(B. Franklin)과 다윈(C. Darwin) 그리고 라메트리(J.O. de La Mettrie)와 칸트(I. Kant)에 이르기까지 다양하다. 필자가 판단하기에 그가 주장하고자 하는 바를 가장 잘 대변해 줄 뿐 아니라 교육학과 관련하여 주시할 필요가 있는 예시는 미란돌라와 칸트이다. 물론 그의 주장에는 오해 또는 논리적 오류가 내재되어 있다는 점을 본장에서 밝히고자 한다.

주지하다시피 미란돌라는 에라스무스와 더불어 15세기 르네상스 인문주의를 대표하는 인물이다. 그는 "중세의 가을"(Huizinga) 또는 "근대의 여명"(Buckhardt)이라고도 불리던 시대에 "인간 존엄성에 관한 연설"(1496)로 기독교적 인본주의의 중요한 한 축을 세운 인물이다. 그러나 "기독교적 인본주의"라는 표현 속에는 역설에 가까운 긴장이 내포되어 있다. 본질적으로 신중심적 세계관인 기독교가 인본주의와 어떻게 양립 가능한가라는 질문 그리고 만약 신중심적 인간중심성이라는 것이 가능하다면 그모습은 어떠한 것인가라는 질문이 바로 그것이다. 물론 이 질문은 후에 에라스무스와 루터 사이에 있었던 논쟁의 주요 쟁점이 되기도 한다. (Luther & Erasmus, 1969) 그러나 보스트롬의 경우 에라스무스와 루터의 논쟁보다는 미란돌라의 "인간 존엄성에 관한 연설"의 일부를 인용하여 자신의 논지를 전개한다.

"나는 너[아담]를 천상존재로도 지상존재로도 만들지 않았고, 사멸할 자로도 불멸할 자로도 만들지 않았으니, 이는 자의적으로 또 명예롭게 네가 네 자신의 조형자(造形者)요, 조각가(彫刻家)로서 네가 원하는 대로 형상(形相)을 빚어내게 하기 위함이라. 너는 네 자신을 짐승 같은 하위의 존재로 퇴화시킬 수도 있으리라. 그리고 그대 정신의 의사에 따라서는 '신적'이라 할 상위 존재로 재생시킬 수도 있으리라."(Bostrom, 2005b: 2재인용)[13]

우선 확인해 두고자 하는 것은, 보스트롬이 인용하고 있는 미란돌라의 글은 기독교 성서의 일부가 아니라는 사실이다. 이것은 성서에 나타난 기독교적 인간관에 대한 미란돌라 자신의 해석을 신의 가상적 목소리로 적은 것이다. 보스트롬의 인용문에는 나타나있지 않지만, 위 인용문의 의미를 보다 분명히 하기 위해 미란돌라의 동일 출처에서 두 문장을 추가적으로 소개하자면 다음과 같다.

"하나님은 인간을 미완(未完)된 모상(模像)의 작품으로 받아들이셨고 … 너는 그 어떤 장벽으로도 규제받지 않는 만큼 너의 자유의지에 따라서 (네 자유의지의 수중에 나는 너를 맡겼노라!) 네 본성을 테두리 짓도록 하여라."(Mirandola, 1496: 2/성 염, 2009: 17)

미란돌라가 제안하고 있는 창조의 진행형과 미완의 인간학, 인간의 자유의지와 자기창조 등은 신학적 관점에서는 다양한 해석이 존재할 것이다. 그것보다 본고가 관심을 갖는 부분은, 보스트롬이 이해하는 혹은 보스트롬이 주장하고자 하는 새로운 휴머니즘, 즉 포스트휴머니즘의 키워드가 "미완의 인간과 자유의지"라는 점이다. 그가 "미완의 인간과 자유의지"를 새로운 휴머니즘인 포스트휴머니즘의 철학적 기반으로 지목한 이유는 다음 두 가지로 해석 가능하다. 그 하나는 완성의 창조론이라 할 수 있는 기독교 신학적 인간학의 부정이고, 다른 하나는, 이를 통해 인간 스스로가 자기 자신을 추가적으로 혹은 아주 새롭게 창조해도 된다는 논리

---

13 해당 인용문의 한국어 번역은 Mirandola, 1496: 2/성 염, 2009: 18에서 발췌

적 근거의 마련이다. 즉 기독교 신학적 인간학의 이해에 있어서, 인간의 (재)창조 혹은 인간-만듦의 권리를 신으로부터 인간이 합법적으로 부여받은 것으로 해석함으로써, 인간 존재가 추가적 교정이나 수정이 허용되지 않는 신의 완성품이 아니라, 몸을 비롯한 자신의 모든 것을 적극적으로 바꾸어 나가도 될 뿐 아니라 심지어 그렇게 하는 것이 아담을 향한 신의 명령이었다는 주장을 보스트롬은, 어쩌면 미란돌라의 의도와는 무관하게, 우회적으로 펼치고 있는 것이다. 그리고 이와 같은 주장은 그가 진화론자 다윈을 트랜스휴머니스트 사유의 역사적 예시로 들 때 더욱 분명해진다. 다윈의 『종의 기원』을 언급하면서 그가 인용하고 있는 짧은 문장, 즉 "현재 버전의 인간(humanity)은 진화의 마지막 단계가 아니라 초기적 단계일 수도 있다는 관점이 점점 분명해졌다."(Bostrom, 2005b: 3)는 선언은 보스트롬이 추구하는 포스트휴머니즘의 인간학적 지향점을 분명히 보여 준다. 즉 그는 인간을 여전히 진화의 과정 중에 있는 미완의 존재로 파악하고 있으며, 이 진화는 더 이상 신의 독점적 권한이나 자연의 몫이 아니라 인간 스스로의 자유의지와 자기창조의 결과물이라고 주장하는 것이다.

인간이 신에 의해 완벽히 피조된 존재이기에 추가적 수정이나 보완이 불필요하다는 시대적·종교적 신념으로부터 벗어나서 스스로를 보다 주체적이고 적극적으로 개선하고자 하는 노력은, 보스트롬의 지적과 같이, 근대 이후 인간의 역사가 걸어온 방향과 궤를 같이 한다. 특히 교육학의 역사에서 근대 이후 오늘날까지도 지속되고 있는 계몽의 기획은 인간이 어떤 모습을 지향하는 것이 인간임(Menschsein/human-being)에 충실한 것이며, 인류가 지향해야 할 방향이 어디인가에 대한 뚜렷한 이정표가 되어 왔다. 즉 인간의 본성을 포함한 자연의 원리와 이성의 원리는 개인과 인류가 교육을 통해 진보를 이룰 수 있으며, 그것이 인간의 존재론적 당위이기에, 이 교육의 가능성과 교육의 당위성을 바탕으로 인간의 개선과 인류의 진보가 이루어져야 한다는 것이다. "합리주의적 낙관주의와 조화의 사유"(Leibniz), "완전성을 향한 도야 및 개선의 과정"(Herder) 등은 이러한 계몽주의적 이성중심주의의 예시들이자 문명의 진보에 대한 계몽적 신념의 표현들이다.(Reble, 1995: 135f; Lenzen, 2001: 93f) 이러한 계몽주의 교육학의 사유는, 보스트롬이 미란돌라의 예시에 이어 제시하고 있는 칸트의 "'계몽이란 무엇인가'에 대한 답변"(1783)에서 더욱 분명히 드러난다.

"계몽이란 인간이 스스로 초래한 미숙의 상태에서 벗어나는 것이다. 미숙함이란 타인의 지도 없이는 자신의 오성을 사용하지 못하는 것을 의미한다. 만약 이 미숙함의 원인이 오성의 결여에 있지 않고 다른 사람의 지도 없이 자신의 오성을 사용하려는 결단과 용기의 결여에 있다면, 스스로 책임을 져야 하는 것이다. 따라서 과감히 알려고 하라! 너 자신의 오성을 사용하려는 용기를 가져라! 이것이 계몽의 표어이다."(Kant, 1998a: 53)

이성, 이성적 인간 그리고 이성적 사회 – 이것은 계몽주의 교육의 수단임과 동시에 목적이기도 하다. 이성을 지니기에 인간은 자율적 존재이고, 이 자율성으로 인해 인간은 자기규정의 존재이자 교육의 주체인 것이다. 스스로를 책임지려는 용기의 발로로서 교육은 인간이 미숙의 상태에 머물지 않고 완성형 인간으로 나아가려는 과정이다. 인간은, 칸트의 선언처럼, "오로지 교육을 통해 인간이 된다. 인간은 교육이 만들어 낸 것에 다름 아니다."(Kant, 1998b: 699) 그리고 이러한 계몽주의적 인간이해에 근거하여 교육은 만듦(Machen)과 자라게함(Wachsenlassen)이라는 은유적 형태로 개념화되어 온 것이다.

이런 맥락에서 보자면, 보스트롬이 참조하고 있는 미란돌라의 인본주의적 인간이해, 즉 미완의 인간론 그리고 인간의 자유의지와 자기창조의 가능성 등은 계몽주의적 인간이해 및 계몽주의적 교육개념과 궤를 같이 한다고 볼 수 있다. 미란돌라가 "의지에 따른 상위 존재로의 재생"으로 표현한 그것은 사실상 칸트가 "계몽의 표어"를 통해 표방한 "미숙의 상태

에서 벗어나기 위한 용기의 구현"과 다르지 않은 것이며, 이 용기의 구현
은 곧 교육을 통한 인간됨이다. 즉, 미란돌라와 칸트가 공히 지향하는 인
간의 개선과 진보는 인간이 신을 비롯한 여타의 존재에 의존적인 채로 머
무르는 미숙함의 굴레를 벗어나 이성을 사용하여 주체적으로 자신을 개
선하라는 의미이며, 이러한 인간됨의 과정을 통해 최종적으로는 인간임이
구현될 수 있다는 선언인 것이다. 즉 인간임은 인간됨의 목적이자 테두리
이며, 인간됨은 인간임을 위한 수단이자 과정인 것이다.

　　그러나 여기서 우리는 보스트롬의 주장을 보다 세밀하게 살필 필요
가 있다. 미란돌라의 인본주의적 사유가 계몽주의의 자율적 인간관 및 자
기주도적 인간됨과 사상적으로 맞닿아 있다는 것은 사실이다. 그러나 보
스트롬이 이것을 포스트휴머니즘의 역사적·철학적 근거로 제시하는 경
우, 거기에는 인간임(Menschsein/human-being)과 인간됨(Menschwerden/
human-becoming) 개념의 자의적 해석으로 인해 논리적 오류가 발생할 가
능성이 크다.

　　앞서 기술한 바와 같이, 계몽주의적 인간관에서 "인간됨"은 인간의
인간임에 처음부터 내포된 개념으로서, 계몽주의적 인간상에 충실히 근접
하게 된다는 의미이다. 즉 인간됨은 곧 인간임의 이상이 실현되어 가는
과정을 의미한다. 그러나 포스트휴머니즘은 이 인간됨을 보다 적극적으로
해석하여 '인간을 넘어선다.'는 뜻으로 사용한다. 달리 표현하자면, 포스
트휴머니즘은 인간됨을 인간임의 한 부분으로 해석하는 데 그치지 않고
'인간을 넘어섬'으로 확대 또는 과잉 해석한다.

　　부연하자면, 이들의 논리 속에는 인간임이 우선 있고, 그 후에 소위
'향상'(enhancement)이라 불리는 인간됨의 보조장치를 통해 포스트휴먼이
된다는 의미이다. 즉 미란돌라와 계몽주의의 인간(교육)론은 인간임이라는
큰 틀 속에 인간됨이 포함되어 있는, 형식상 이원적으로 보이지만 사실상
일원론적 인간론임에 반해, 포스트휴머니즘의 인간(교육)론은 인간임과 인
간됨의 구분이 명확한 이원론이라 할 수 있다. 전자의 인간됨이 인류가

현재까지 경험하고 지속해 온 교육을 의미하는 반면, 후자의 인간됨은 교육이 아니라 '향상'이라고 불리는 다양한 종류의 생물학적 보완·대체 프로그램이자 인간 업그레이드 프로그램이며, 이것은 사실상 인간됨의 범주를 넘어서는 모종의 인간초월의 기획을 의미한다. 전자의 경우 인간임과 인간됨은 처음부터 하나이자 교육을 매개로 반복적으로 연결되는 하나의 연속체에 관한 것이지만, 후자의 경우 휴먼과 포스트휴먼은 향상 이전과 이후가 명확히 구분되는 두 가지 상이한 실체를 의미한다. 후자의 경우 교육의 의의는 상대적으로 미미해지고, 심지어 "[기술적] 수준이 낮은 수단"(low-tech means) (Bostrom, 2003a: 496)으로 폄하된다. 향상이 교육보다 훨씬 손쉽고 즉각적이고 매력적인 도구이기 때문이다.

이러한 구상은 "인간 유전자 향상 – 트랜스휴머니스트 관점"(2003)이라는 글의 "우리의 기본적인 생물학적 한계들을 극복할 의료와 기술"에 대한 언급에서 더욱 구체적으로 드러난다.

> 우리는 현존 인류가 도달한 개인적 발달과 성숙의 수준보다 훨씬 위대한 수준에 도달한 존재를 상상할 수 있다. 왜냐하면 이들은 완전한 신체적 정신적 정력을 지난 채 수백 년 수천 년 살 기회를 가지기 때문이다. 우리는 우리보다 훨씬 똑똑하고 순식간에 다량의 책을 읽어 내는 존재를, 우리보다 훨씬 훌륭한 철학자들을 그리고, 어쩌면 우리가 피상적 수준에서만 이해하게 될 수도 있겠으나, 걸작들을 남기게 될 예술가들을 상상해 볼 수 있다. 우리는 지금껏 어떤 인간도 품지 못했던 더욱 강렬하고 순수하고 안전한 사랑을 하게 될 수도 있다. … 우리는 우리 속에 더욱 위대한 능력들을 발달시킬 수 있다는 가능성에 대한 사유를 할 수 있어야 하고, 현재의 향상되지-않은(un-enhanced) 생물학적 인간 존재보다 더욱 고등한 질서체로 발돋움시켜 줄 수 있는 가치들을 발견하게 될 것이다.(Bostrom, 2003a: 494f)

재차 강조하자면, 위와 같은 유토피아적 비전에는 두 가지 종류의 휴머니즘이 전제되어 있다. 즉 이른바 향상(enhancement) 이전의 현존 인간과 향상 이후의 포스트휴먼이 그것이다. 이것은 계몽의 기획이 표방했던 이원적 교육인간학, 즉 교육 이전의 인간과 교육 이후의 인간을 나누는 관점(Kant, 1998b, 697-707; Ricken, 1999: 94-99; 우정길, 2007: 143-148)과는 차원을 달리한다. 계몽주의적 인간이원론은, 인간은 비록 인간으로 태어났으나 교육을 통해 더욱 온전한 이성적·주체적 인간이 될 수 있으며, 이것은 인간이라는 종의 범주 내에서 이성의 계발을 통해서 가능하다는 논리이다. 인간은 비록 처음부터 인간이지만, 교육을 통해 더욱 인간이 되어가며, 이로써 인간임의 기획이 완성된다는 것이다. 이에 반해, 포스트휴머니즘은 인간이라는 종의 생물학적 조건 자체의 '향상'을 지향하거나 혹은 향상 기제를 통한 인간의 기계적 혼종성의 가능성을 적극 고려한다. 그러하기에 포스트휴머니즘은 지속적으로 '인간을 넘어서는 인간상'을 지향하고 제안한다. 그리고 그 유토피아적 인간상은 올림픽 구호를 연상시킬 정도로 자극적이다. 1991년에 창립된 트랜스휴머니스트 재단 Extropy Institute의 초대 회장 모어(M. More)의 다음과 같은 구호는 이러한 초월의 소망을 집약적으로 대변해 준다.

"의도적 디자인을 통해 우리는 더 강해질 수 있고, 더 건강해질 수 있고, 더 행복해질 수 있고, 더 똑똑해질 수 있습니다. 우리는 더욱 사랑스러워질 수 있고, 더 효능적일 수 있으며, 더 공감적일 수 있고, 더 정력적일 수 있습니다."(Max More; Fitzsimons, 2007: 10에서 재인용)[14][15]

---

14 모어의 최초 인용 출처 (http://www.incipientposthuman.com/beginnings.htm. 2018.04.18) 현재는 인용문과 흡사한 내용은 게재되어 있으나, 인용문과 동일한 문구는 찾아볼 수 없음. Exropy Institute의 취지와 활동(가)에 관한 사항은 http://www.extropy.org/About.htm 참조 바란다.
15 흡사한 구호의 예: "인간은 문화적으로 더 건강하고, 더 위트 있고, 더 행복한 수준에 이를 수 있게 된다."(Bostrom, 2003a: 498)

포스트휴머니즘이라는 구호 아래 이들이 꿈꾸는 것은 인간다운 인간, 자기규정적 인간, 주체적 인간과는 거리가 멀다. 이들이 추구하는 인간은 전통적 교육과는 차원을 달리하는 '의도적 디자인'을 통한 이른바 '새로운 인간'이다. 그리고 이 '새로운 인간'을 향한 이정표인 포스트휴머니즘의 표어는, 다시 보스트롬의 표현을 빌자면, "우리를 '인간 이상으로' 만들기"(to make ourselves 'more than human')이다. 인간의 인간임보다 "인간을 넘어서는 인간"을 지향하는 포스트휴머니즘은 사실상 현존 인간과 관련이 적거나 혹은 관련이 아주 없을 수도 있고, 그러므로 휴머니즘의 범주에 들지 않을 수도 있다. 이런 의미에서 포스트휴머니즘은 휴머니즘의 일종이라기보다는 아주 새로운 종, 즉 포스트휴먼이라 명명된 새로운 혼종적 종에 관한 하나의 이즘(-ism)일 가능성이 높다. 물론 이러한 새로운 종의 이해와 범주화에 관한 논의는 그리 간단한 문제가 아니거니와 이후로도 지속될 것이다. 그러나 이와는 무관하게 이것을 기존의 인본주의적 ·계몽주의적 전통과 동일한 논의구조를 갖는 것으로 정당화하려는 시도는 비판적으로 성찰될 필요가 있다.

III. 맺음말

본고를 맺으며, '왜 포스트휴머니즘일까?' 혹은 '왜 포스트휴머니즘에 대한 비판적 성찰인가?'를 진지하게 재음미해 본다. 인간을 기능의 집약체로 환원하여 이해하려는 일련의 시도들의 근본 동기는 무엇일까? 그 대답을 본고는 욕망에서 찾고자 하였다. 교육의 역사를 통해 인간이 보여 준 보습은 욕망하는 존재이다. 인간은 욕망한다. 욕망하되, 언제나 더 나아지고자 교육의 기획을 지속해 왔다. 그러나 포스트휴머니즘의 논의 가운데 우리가 목도하는 욕망은 더 나은 인간이 되고자 하는 전통적 휴머니즘의 범주를 훌쩍 넘어선다. 이들 논의에서 포착되는 것은 기능적으로 완벽한 존재가 되려할 뿐 아니라 완벽한 기능성의 존재를 직접 창조하려는, 완벽과 완성의 욕망이다.

본고의 의도는 완벽한 존재가 되려는 혹은 스스로 그러한 존재를 창조하려는 욕망 자체를 문제 삼으려 함이 아니다. 그 욕망의 실현 가능성 및 윤리적 정당화의 문제와는 별개로 혹은 그 이전에 지적될 필요가 있는 것은, 이러한 욕망이 '휴머니즘'이라는 기표 아래 논의되고 있으며, 이로 인해 모종의 착시현상이 발생하고 있다는 사실이다. 포스트휴머니즘의 '포스트'가 극단적 방식의 인간의 기능주의적 환원을 의미하며, 이렇게 '기능적으로 환원된 휴먼'을 지향하는 포스트휴머니즘은, 비록 현재는 휴머니즘이라는 포괄적 범주 내에서 논의되고는 있다 하더라도, 기존 휴머니즘과는 다른 차원의 기능주의적·기계적 인간형성론일 가능성이 크다. 그리고 커즈와일의 "그 특이점"에 이르게 되는 그 시점에 우리는 포스트휴머니즘이라는 이름의 기능주의적·기계적 휴머니즘과 결별하고 모종의 기계주의에 대한 논의를 시작해야 할 수도 있다.

그 시점에 이르기 전, 즉 휴먼이 아직 포스트휴먼으로 변형되기 이전까지의 논의를 위해 제안해 두고자 하는 관점은 다음과 같다. 즉, 인간보다 포스트휴먼을, 더 나은 인간보다 인간 이상이 되기를, 휴머니즘의 진보보다는 휴머니즘 이후의 포스트휴머니즘을 욕망한다는 것은 인간에 대한 회의와 휴머니즘에 대한 불신을 의미하는 것일 수도 있다는 점 그리고 이것은 교육을 통한 인간의 개선 및 계몽을 통한 인류의 진보라는 근현대적 교육학의 중심적 신념에 대한 급진적 부정을 의미하는 것일 수도 있다는 관점이 그것이다.

참고문헌

김건우 (2016). 포스트휴먼의 개념적, 규범학적 의의. 『포스트휴먼 시대의 휴먼』. 파주: 아카넷. 29-66.

김대식 (2017). 4차 산업혁명 시대 초등교육의 정체성과 역할. 『교육사상연구』 31(4), 23-45.

김성일 (2006). 뇌기반학습과학: 뇌과학이 교육에 대해 말해 주는 것은 무엇인가?. 『인지과학』 17(4), 375-398.

김연순 (2013). 트랜스휴먼, 인간과 기계의 혼성적 실재에 대한 문화학적 고찰. 『인문과학연구논총』 35, 279-298.

김연순 (2014). 트랜스휴먼 원리로서 하이브리드의 자기조직화와 상호되먹임. 『인문과학연구』 21, 125-142.

김종갑 (2008). 아이러니와 기계, 인간: 휴머니즘과 포스트휴머니즘. 『비평과 이론』 13(1), 69-92.

박치완 (2007). 데카르트의 <Cogito 논증>, 과연 효과적인가?. 『프랑스학연구』 40, 269-310.

백종현 (2015). 인간 개념의 혼란과 포스트휴머니즘 문제. 『철학사상』 58, 127-153.

소흥렬 (1994). 인공지능과 자연지능. 『과학사상』 8, 6-23.

신동훈 (2017). 제4차 산업혁명과 뇌-기반 교육. 『교육비평』 39, 386-421.

신상규 (2013). 인간과 포스트휴머니즘. 『인간과 포스트휴머니즘』. 서울: 이화여대출판부. 5-15.

신상규 (2014). 『호모 사피엔스의 미래』. 파주: 아카넷.

우정길 (2007). 부자유를 통한 자유와 교육행위의 지향성. 탈주체성 또는 상호주관성의 교육이론을 위한 일 고찰. 『교육철학』 38, 139-164.

우정길 (2018a). 교육적 인간의 기계적 환원에 관한 소고. 『교육철학연구』 40-1, 91-110.

우정길 (2018b). "슈레버 사례"에 대한 교육학적 고찰 - 모리츠 슈레버(M. Schreber)

의 『칼리패디 또는 아름다움을 위한 교육』(1858)을 중심으로. 『교육혁신연구』 28(1), 447-468.

우정길 (2018c). "기계로서 인간": 교육적 인간의 기계적 환원 사례 연구. 『교육문제연구』 31(2), 43-72.

우정길 (2019b). 포스트휴머니즘과 인간 교육 - 샌델(M. Sandel)의 선물론(Theory of Giftedness)을 중심으로. 『교육철학연구』 41(3), 91-116.

이상욱 (2009). 인공지능의 한계와 일반화된 지능의 가능성: 포스트휴머니즘적 맥락. 『과학철학』 12, 49-69.

이일병 (1985). 인공지능과 자연지능. 『전자공학회잡지』 12(2), 138-141.

이종관 (2017). 『포스트휴먼이 온다』. 고양: 사월의 책.

이진우 (2013). '인간 극복'과 니체의 트랜스휴머니즘. 『니체연구』 24, 87-118.

임석원 (2013). 비판적 포스트휴머니즘의 기획: 배타적인 인간중심주의 극복. 이화인문과학원 (2013). 『인간과 포스트휴머니즘』 (pp. 61-82). 서울: 이화여자대학교.

장래혁 (2017). 자연지능, 자연산 인재가 필요한 시대. 『브레인』 64, 5.

정연재 (2015). 존엄성 개념의 명료화를 통한 트랜스휴머니즘의 비판적 고찰. 『윤리연구』 105, 137-162.

정영근 (2017). 교육의 진보인가 종말인가?: 디지털 기술문명시대에 대한 일반교육학적 성찰. 『교육철학연구』 39(4), 105-122.

정윤경 (2019). 포스트휴머니즘과 휴머니즘에 기반한 교육 재고. 『교육철학연구』 41(3), 117-147.

조난심 (2017). 제4차 산업혁명과 교육. 『교육비평』 39, 330-347.

조상식 (2017). '제4차 산업혁명'과 교육: 적응이냐 종속이냐. 『교육비평』 39, 348-368.

천현득 (2016). 포스트휴먼 시대의 인간 본성. 『철학』 126, 157-183.

Alt, R. (1970). *Herkunft und Bedeutung des Orbis Pictus*. Berlin: Akademie Verlag.

Bostrom, N. (2003a). Human Genetic Enhancements: A Transhumanist Perspective. *The Journal of Value Inquiry* 37, 493-506.

Bostrom, N. (2003b). The Transhumanist FAQ (Version 2.1). (www.nickbostrom.com 2018.04.18.)

Bostrom, N. (2005a). In defense of Posthuman Dignity. (www.nickbostrom.com 2018.04.18.)

Bostrom, N. (2005b). A History of Transhumanist Thought. (www.nickbostrom.com 2018.04.18.)

Bostrom, N. (2008a). Dignity and Enhancement. (www.nickbostrom.com 2018.04.18.)

Bostrom, N. (2008b). Why I Want to be a Posthuman When I Grow Up. (www.nickbostrom.com 2018.04.18.)

Braidotti, R. (2013). *The Posthuman*. Cambridge: Polity Press. 이경란 옮김 (2017). 『포스트휴먼』. 서울: 커뮤니케이션북스.

Comenius, J. A.(1657). *Opera didactica omnia*. 정일웅 옮김 (2002). 『대교수학』. 서울: 창지사.

Descartes, R. (1677). *L'Homme de Renē Descartes*. Transl. by Hall, T.S. (2003). *Treatise of Man*. N.Y: Prometheus Book.

Descartes, R. (1989). *Die Suche nach Wahrheit durch das natürliche Licht*. Dt. übers. von Gerhard Schmidt. Würzburg: Königshausen u. Neumann. 이현복 옮김 (1997b). "자연의 빛에 의한 진리탐구". 『성찰』 (pp. 123-164). 서울: ㈜문예출판사.

Descartes, R. (1993). *Meditationen über die Grundlage der Philosophie*. Übers. und hrsg. von Lüder Gäbe. Hamburg: Meiner.

Düweke, P. (2001). *Kleine Geschichte der Hirnforschung*. München: Beck. 이미옥 옮김 (2005). 『두뇌의 비밀을 찾아서』. 서울: 모티브.

Fitzsimons, P.J. (2007). Biotechnology, ethics and education. *Studies in Philosophy and Education* 26, 1-11.

Fukuyama, F. (2002). *Our Posthuman Future*. N.Y.: Farrar, Straus, Giroux.

Fukuyama, F. (2002). *Our Posthuman Future*. 송정화 옮김 (2003). 『Human Nature 부자의 유전자 가난한 자의 유전자』. 서울: 한국경제신문.

Gazzaniga, M (2008). *Human: The Science Behind What Makes Your Brain Unique*. 박인균 옮김 (2008). 『왜 인간인가?』. 서울: 추수밭.

Haraway, D.J. (1991). *Simians, Cyborgs, and Women. The Reinvention of Nature*. N.Y: Routledge.

Herbrechter, S. (2009). *Posthumanism*. Darmstadt: WBG. 김연순·김응준 옮김 (2012). 『포스트휴머니즘』. 서울: 성균관대학교.

Herbrechter, S. (2012). Posthumanism, subjectivity, autobiography. *Subjectivity* 5(3), 327-347.

Israëls, H. (1989). *Schreber: Vater und Sohn*. München-Wien: Internationale Psychoanalyse.

Kant, I. (1998a). Beantwortung der Frage: Was ist Aufklärung (Dez. 1783). *Immanuel Kant* (VI). Hg. von Wilhelm Weischedel. Darmstadt: WBG.

53-61.

Kant, I. (1998b). Über Pädagogik (1803). *Immanuel Kant* (VI). Hg. von Wilhelm Weischedel. Darmstadt: WBG. 695-778.

Kurzweil, R. (2005). *The Singularity is Near. When Humans Transcend Biology.* N.Y: Penguin. 김명남·장시형 옮김 (2007). 『특이점이 온다』. 파주: 김영사.

Lenzen, D. (2001). *Pädagogische Grundbegriffe.* Band 1. 6. Aufl. Hamburg: Rowohlt.

Luther, M., D. Erasmus. (1969). *Free Will and Salvation.* Ed. by E.G. Rupp, P.S. Watson. London: The Westminster Press.

Meyer-Drawe, K. (1996b). *Menschen im Spiegel ihrer Maschinen.* München: Wilhelm Fink.

Meyer-Drawe, K. (1997). Machine. Wulf, C. (Hrsg). *Vom Menschen. Handbuch Historische Anthropologie.* Weinheim-Basel: Beltz. 726-737.

Mirandola, P.D. (1496). *Oratio de hominis dignitate.* 성 염 옮김 (2009). 『인간 존엄성에 관한 연설』. 파주: 경세원.

Niederland, W. G. (1978). *Der Fall Schreber.* F.a.M.: Suhrkamp.

O'Mathúna, D. (2013). 인간존엄성과 인간 향상의 윤리. 이화인문과학원(편). 『인간과 포스트휴머니즘』(pp. 109-138). 서울: 이화여대출판부.

Onishi, B.B. (2011). Information, Bodies, and Heidegger: Tracing Visions of the Posthuman. *Sophia* 50, 101-112.

Reble, A. (1995). *Geschichte der Pädagogik.* 18. Aufl.. Stuttgart: Klett Cotta

Savulescu, J. & Bostrom, N. (Ed.)(2009). *Human Enhancement.* London: Oxford Univ. Press.

Schatzman, M. (1973). *Soul Murder. Persecution in the Family.* London: Allen Lane. 오세철·심정임 옮김 (1980). 『어린 혼의 죽음』. 서울: 현상과 인식.

Sloterdijk, P. (1999). *Regeln für den Menschenpark.* F.a.M.: Suhrkamp.

Schreber, D.G.M. (1852). *Kinesiartik oder die gymnastische Heilmethode.* Leipzig: F. Fleischer.

Schreber, D.G.M. (1858). *Kallipädie oder Erziehung zur Schönheit.* Leipzig: Adamant Media.

Schreber, D.G.M. (1860). Die Jugendspiele in ihrer gesundheitlichen und pädagogischen Bedeutung und die Nothwendigkeit ihrer Beachtung von Seite der Schulerziehung. *Jahrbuch für Kinderheilkunde und psysische*

Erziehung, 3, 247-254.

Schreber, P.D. (1903). *Denkwürdigkeiten eines Geisteskranken*. Leipzig: Oswald Mutze.

Snaza, N. et. al. (2014). Toward a Posthumanist Education. Journal of Curriculum Theorizing 30(2), 39-55.

Woo, J.-G. (2016). Revisiting *Orbis Sensualium Pictus*: An Iconographical Reading in Light of the Pampaedia of J.A. Comenius. *Studies in Philosophy and Education* 35(2), 215-233.

Wozniak, R. H. (1992). *Mind and Body: René Descartes to William James*. Washington, D.C.: National Library of Medicine. 진영선·한일조 옮김 (2011). 『마음·뇌·심리. 데카르트에서 제임스까지』. 서울: 학지사.

Vita-More, N. (2005). The New [human] Genre Primo [first] Posthuman. (http://www.natasha.cc/paper.htm 2018.04.18.)

한국교육방송 (2018.03.16.). 다큐프라임 – "4차 인간(제 2부: 인간은 기계인가?)". 고양: EBS.

05

휴머니즘과 교육의 종말?
"슬로터다이크-스캔들"*

I. "슬로터다이크-스캔들"

『냉소적 이성비판』이라는 방대한 저서로 현대 철학계의 주목을 받아 온 혹은 보다 대중적으로는 독일 공영방송 ZDF의 철학 토크쇼인 "철학4 중주"(Das philosophische Quartett. 2002-2012)의 진행자로 널리 알려진 슬로터다이크(P. Sloterdijk)는 1999년 출판한 자신의 저서 『인간농장을 위한 규칙』의 후론(Nachbemerkung)에서 다음과 같은 소회를 적고 있다.

> "나는 이런 종류의 무시무시한 질문들 속에서 새로운 진화론적 지평이 우리 앞에 전개되고 있다는 점을 덧붙였다. 몇몇 신문기자들은[언론인들은. 필자주] 이 의문문을 규정문으로 만들었다."(Sloterdijk, 1999: 60/이진우·박미애, 2004: 84)

---

* 우정길 (2018e). 휴머니즘과 교육에 관한 소고(小考): 슬로터다이크의 『인간농장을 위한 규칙』(1999)을 중심으로. 『교육문제연구』 31(4), 81-104.

위 인용문이 지시하고 있는 이른바 슬로터다이크-스캔들의 시작은 1997년으로 거슬러 올라간다. "휴머니즘의 새로운 길들"이라는 주제로 스위스 바젤에서 개최된 학술대회에서 슬로터다이크는 "인간 농장을 위한 규칙: 하이데거 휴머니즘 서한에 대한 답신"이라는 글을 발표했다. 이 강연은 휴머니즘 일반에 관한 것으로서, 문자 문화를 기반으로 생성되고 전수되어 온 유럽의 전통적 의미의 휴머니즘 그리고 이를 기반으로 한 인간 길들이기 기획으로서 교육은 이제 종언을 고하고 있으며, 동시에 어쩌면 새로운 의미의 휴머니즘이 모색될 필요가 있다는 슬로터다이크의 제안을 담고 있다. 강연자 자신의 사후적 표현으로 보자면 이 강연은 "문자를 통한 그리고 판단을 유보하고 귀를 열어놓도록 교육하고 인내하도록 만드는 독서를 통한 인간형성의 유토피아로서의 문자적 휴머니즘의 위험 가득한 종말"(Sloterdijk, 1999: 58/이진우·박미애, 2004: 83)에 관한 것이다.

1997년 당시 이 강연은 학계와 대중의 주목의 대상이 되지는 않았다. 그도 그럴 것이, 이 강연은 휴머니즘의 현주소에 대한 현대 유럽의 저명한 12인의 지성인들의 연속 강연 중 하나에 불과하였을 뿐 아니라, 독일 11대 대통령인 가우크(J. Gauck)를 비롯하여 독일 철학자 회슬레(V. Hösle), 스위스 영문학자 브론펜(E. Bronfen), 이탈리아 건축학자 람푸냐니(V. Lampugnani), 독일 작곡가·지휘자 림(W. Rihm), 독일의 이슬람학자 쉼멜(A. Schimmel) 등이 슬로터다이크에 앞서 이미 강연을 행한 후였기 때문이다.

그러나 이로부터 2년 후인 1999년, 슬로터다이크는 동일한 제목과 내용의 강연을 재차 학계에 선보이게 되는데, 그것이 이른바 슬로터다이크-스캔들의 촉발점이 된 엘마우성(城) 강연[이하 "엘마우 강연"]이다. 이 강연은 기업인 디트마 뮐러가 예루살렘의 판-레어-연구소(Van-Leer- Institut), 히브리 대학의 프란츠-로젠츠바이크-센터(Franz-Rosenzweig- Center)와 공동 주최한 국제학술대회에서 행해진 것인데, 이 학술대회에는 레비나스와 하이데거를 기리기 위해 독일, 프랑스, 이탈리아, 미국, 이스라엘 등지에서 총 18명의 신학자와 철학자가 초대되었다. 이 학술대회의 주제는 "주체의 피안, 하이데거 이후의 철학"이었고, "하이데거의 존재신학의 붕괴 이후 철학의 윤리·신학적 전환"이라는 부제를 달고 있었다.(장희권, 2005: 179) 슬로터다이크의 강연에서 니체와 플라톤이 언급은 되고 있으나, 내용상 가장 중심적 비중은 하이데거의 휴머니즘에 대한 비평에 있다. 강연의 부제가 "하이데거의 휴머니즘 서한에 대한 답신"이었거니와, 그 틀에 있어서도 하이데거의 서신에 대한 답신의 형식을 띠고 있기 때문이다. 그런데 이 강연에 대한 반응은 그의 기대와 전혀 다른 방식으로 전개되었다. 다시 그의 불만 섞인 후기의 일부를 소개해 본다.

> "내가 이 강연을 1999년 7월 엘마우 학술회의에서 이스라엘, 프랑스, 미국, 아르헨티나와 독일에서 온 신학자들과 철학자들이 있는 자리에서 반복했을 때, 나는 이 그룹의 사람들이 이 강연의 기술적으로 흥미로운 두가지 측면들, 즉 매체논리적·문법학적으로 초점을 맞춘 인간성의 연역과 하이데거의 빈터(Lichtung) 모티프에 대한 역사적·인간학적 수정('존재자적'과 '존재론적'의 관계의 부분적 전도)을 전문적인 맥락에서 하나의 자극으로 이해할 것이라는 가정에서 출발해도 괜찮았다. 이러한 기대는 전문가들과 관련해서는 어긋나지 않았다. 그러나 우연히 그 자리에 있었던 몇몇 언론인들과 관련해서는 어긋났다. 그들은 이 강연의 논리에 관해서는 아무것도 알아차리지 못한 채, 그 어휘 속에서 비열하게 밀고하는 '보고'통신의 기회를 포착한 것이다. 이야기의 나머지는 소위 말하는 슬로터다이크 논쟁 (혹은 프랑스에서 불리는 것처럼 슬로터다이크-하버마스 스캔들)을 구성한다. 나 자신은 이 논쟁이 탈맥락화의 폭발력을 증명해 준다는 사실을 언급하는 것 외에는 더 이상 기여하고 싶지 않다."(Sloterdijk, 2014: 58f/이진우·박미애, 2004: 83f)

그렇다면 그가 "비열한 '보고'통신"이라고 지칭한 그것은 무엇인가? 몇몇 언론인들의 "밀고"의 소재가 되었던 강연의 일부분을 소개하자면 다음과 같다.

"플라톤이 니체에게 그러했던 것과 같이 니체 역시 또한 역사적 과거가 되었노라 생각할 수 있을 정도로 세상의 모든 시간들에 대해 긴 호흡을 지닌 사람이 있을까요? 어쩌면 이제 올 어떤 긴 기간이 인간에게 종(種) 정치적으로(gattungspolitisch) 중요한 결정(의 기간)이 될 수 있으리라는 점을 분명히 해 둘 필요가 있습니다. 인류 또는 인류의 문화적 주요계파가 자기 길들이기의 효과적인 절차들을 적어도 다시 시행하는 데 성공하게 될지가 이 시기에 드러나게 될 것입니다. ⋯ 장기적 발전이 인간 종특성의 유전적 개량으로도 이어지게 될 것인가? 그리고 미래의 인간공학이 명시적 형질설계를 가속화하게 될 것인가? 인류가 종 전체에 걸쳐 탄생운명론으로부터 선택적 출생과 출생 전 선택(pränatale Selektion)으로의 방향 전환을 실행하게 될 것인가? 이러한 질문들 속에서 아직은 모호하고 섬뜩한 진화론적 지평이 자신의 모습을 드러내게 될 것입니다."(Sloterdijk, 2014: 45f/이진우·박미애, 2004: 72f참조)

위 인용문에서 사용된 용어들은 현대 과학기술의 발달이 인류에게 던지고 있는 존재론적·윤리적 문제와 분명 맞닿아 있다. 그의 강연이 행해졌던 20세기 말은 이미 동물 체세포 복제가 공론화되던 시기였으며,[1] 인간복제의 가능성 역시 낙관적으로 전망되던 시점이었기에, 슬로터다이크의 위와 같은 질문들은 시대적으로 지나치게 앞선 것은 아니었으며, 아울러 그것 자체로 인간 존엄에 대한 도발 혹은 부정과 직결되는 것으로 보기는 어렵다. 그럼에도 불구하고 슬로터다이크의 질문들은 어쩌면 강연의 중심 목적과 무관하게 모종의 "언론적 어긋남"을 촉발시켰고, 그것은 일종의 스캔들로 비화되었다. 추측컨대 그것은 그가 강연의 제목에 "인간농장"이라는 자극적인 용어를 사용한 것과 관련이 있을 수도 있고, 또한 비록 역사적 실현과는 거리가 있었다고 하더라도 우생학과 초인(Übermensch)을 연상시키는 플라톤과 니체를 강연의 작은 축으로 사용한 것과 관련이 있을 수도 있다.

---

1 성환후 외(2015: 205-206)의 보고에 따르면, 1996년 세계 최초 체세포 복제에 성공한 영국의 로슬린 연구소의 복제양 "돌리"(Dolly) 이후 2005년까지 동물의 체세포를 이용한 복제산자 생산에 성공한 사례는 13건에 이른다.

주지하다시피 1945년 이후 우생학과 휴머니즘은 독일과 독일인들이 학술적·정치적으로 가장 민감하게 반응할 수밖에 없는 사안이기도 하다.

그 이유야 어찌되었든, 엘마우 강연 이후 슬로터다이크는 주요 언론의 집중적 관심의 대상이 되었다. 이른바 슬로터다이크-스캔들과 관련된 혹은 스캔들화(Skandalisierung)에 일조하였던 언론 보도는 1999년 7월 24일부터 9월 10일 사이 10여 건에 달할 정도였다.(Nennen, 2003: 61f)[2] 그 중 대표적인 사례로 다음 두 가지를 들 수 있다. 우선은 *Die Zeit* (1999. 09.02.)에 게재된 아쓰호이어(T. Assheuer)의 기사이다. 이 기사가 이전의 기사들과 가장 구별되는 지점은 이 기사의 제목이 갖는 선전적 상징성이다. 아쓰호이어는 이 강연에 나타난 슬로터다이크의 의도를 "짜라투스트라-프로젝트"로 규정하고, "슬로터다이크가 인간의 유전공학적 재고를 요구하다"라는 부제로 이를 논평한다. 그가 보기에 슬로터다이크는 "철학과 자연과학의 화해를 도모하기 위해 도덕적인 질문보다는 실용적 도구에 손을 대고, 유전자 선별과 사육을 이용하여 인간 종의 유전자 재고를 추구한다."는 것이다. 이를 통해 "니체의 소망, 즉 초인을 향한 짜라투스트라-판타지가 실현될 것"이라는 점이 아쓰호이어가 비판적으로 지적하고 있는 엘마우 강연의 문제이다.[3]

---

2 넨넨의 저서에 언급된 언론보도들만을 시간 순으로 열거하자면 다음과 같다. Martin Meggle(*Frankfurter Rundschau*, 1999.07.24.), Peter Vogt(*Frankfurter Allgemeine Zeitung*, 1999.07.28.), Rainer Stephan(*Süddeutsche Zeitung*, 1999.07.29.), Dietmar Müller-Elmau(*Süddeutsche Zeitung*, 1999.08.05.), Martin Meggle(*Frankfurter Rundschau*, 1999.08.10.), Rainer Stephan(*Frankfurter Rundschau*, 1999.08.14.), Frank Miething(*Frankfurter Rundschau*, 1999.08.20.), Thomas Assheuer(*Die Zeit*, 1999.09.02.), Reinhard Mohr(*Der Spiegel*, 1999.09.06.), Rainer Stephan (*Süddeutsche Zeitung*, 1999.09.07.), Peter Sloterdijk(*Die Zeit*, 1999.09.09.), Gregor Dotzauer (*Tagesspiegel*, 1999.09.10.). 참고로 슬로터다이크의 강연문 전체가 인터넷에 공개된 것은 1999년 9월 10일이었으며, 같은 해 주어캄프(Suhrkamp) 출판사에서 단행본 특별판으로 출판되었다.
3 *Die Zeit* (1999.09.02.) https://www.zeit.de/1999/36/199936.sloterdijk1_.xml (2018.07.01. 열람)

그로부터 나흘 뒤 모어(R. Mohr)는 *Der Spiegel* 온라인 판에 "초인 사육자"(Züchter des Übermenschen)라는 제목의 글을 발표하면서, "철학자 페터 슬로터다이크가 '출생전 선별'과 '선택적 출생'을 선전하고 있다: 응용사회비평으로서 유전공학. '인간사육'에 관한 그의 최근 강연은 파시스트적 수사의 특징을 띠고 있다."고 날선 논평을 이어갔다. 모어는 "문화 엘리트의 지도 아래 확고한 목표를 갖고 시행될 유전자 선별"이라는 (슬로터다이크 자신은 "의문문"이라고 표현했던) 슬로터다이크의 "규정문"을 플라톤의 "사육적 왕도", 니체의 "초인" 그리고 하이데거의 "휴머니즘의 종말"과 함께 언급함으로써, 이 "의문문 혹은 규정문"이 "파시스트적 호소"의 성격을 띠고 있노라고 강조하였다. 모어의 기사에서 가장 인상적인 혹은 선정적인 부분은 2쪽짜리 지면 상당 부분을 차지하고 있는 사진들이다. 특히 니체의 증명사진과 나란히 게재된 하이데거의 사진([그림 1])은 1933년 나치의 고위급 간부 일당이 라이프치히를 시찰하던 도중 찍은 것으로서, 나치의 상징인 하켄크로이츠 깃발을 배경으로 당의 여러 간부들과 함께 전면에 자리하고 있는 하이데거를 부각시킨 것이다. 이를 통해 모어가 강조하려는 메시지는 분명하다. 즉 슬로터다이크가 전후 독일의 시대정신이었던 계몽의 구호인 사회비판(Gesellschaftskritik)을 폐기하고 이를 대신하여 새로운 문화권력이자 "파시스트적 공포"가 될 "유전공학"을 주장하고 있다는 것이다.

[그림 1] 나치-간부 순시(1933년 라이프치히. 동그라미 속 인물은 철학자 하이데거)
(https://www.spiegel.de/spiegel/print/d-14718468.html)

언론의 이러한 일련의 비판이 최고조에 이르렀던 1999년 9월 9일 슬로터다이크는 *Die Zeit*에 장문의 공개서한을 게재한다. 이 서한은 아쓰호이어와 하버마스를 향한 것이었으며, 제목은 "비판이론은 죽었다"이다. 이 서한에는 자신을 향해 언론인들이 제기했던 질문, 즉 슬로터다이크가 유전공학적 개입을 통한 새로운 인간의 창조(또는 슬로터다이크의 표현으로는 "사육")에 찬동하는지에 대한 그리고 이러한 찬동이 역사적·정치적 관점에서는 부적절한 것으로 판명된 우생학의 옹호가 아닌가에 대한 슬로터다이크 자신의 대답이 들어있지는 않다. 오히려 그는 비판이론의 주창자인 하버마스가 언론계 내에 있는 하버마스의 추종자들을 부추겨 자신에게 적대적인 여론을 조성하고 있다는 주장과 아울러 비판이론이 이제 윤리적 독단을 바탕으로 민주주의의 적이 되고 있다는 비판을 쏟아내었다.[4] 동시에 그는 그때까지 공개하지 않았던 엘마우 강연 원고를 인

---

4 *Die Zeit* (1999.09.09.) https://www.zeit.de/1999/37/199937.sloterdijk_.xml (2018. 07.01. 열람)

터넷에 전격 공개함과 동시에 같은 해 주어캄프(Suhrkamp) 출판사의 특별판을 통해 이 강연문을 출판하였다.

이렇게 출판된 원고의 후기에서 그는 이들 언론권력을 향해 다시 한 번 "노골적인 선동 저널리즘"이자 "방종의 폭행"이라고 맹비난하기에 이른다.(Sloterdijk, 2014: 57f/이진우·박미애, 2004: 82f참조) 이 공개서한에 대한 하버마스의 답신 역시 그로부터 1주일 후 같은 신문에 게재되었다.[5] 이 서한에서 하버마스는 지난 2개월 동안의 슬로터다이크의 행위를 "이중플레이"로 명명한다. 그가 보기에 슬로터다이크는 실제로 존재하는 한 인간의 입장과 가상적 유령의 입장을 동시에 취하고 있다는 것이다. 아울러 슬로터다이크가 무해한 생명윤리학자인 척 하면서 대중의 눈에 모래를 뿌리고 있다고 비판하였다. 덧붙여서 하버마스는 *Der Spiegel*의 모어를 비롯한 언론인들과는 슬로터다이크가 지적한 바와 같은 동맹의 관계를 전혀 맺고 있지 않다는 점도 피력하였다.

"슬로터다이크-스캔들"과 관련된 당사자들 사이의 논란에 대한 보고는 이쯤에서 맺고자 한다.[6] 물론 이 논란으로 인해 환기된 유전공학·생명공학의 윤리적 차원의 근본 질문들은 20세기 말의 시점에서나 오늘날에나 동일하게 중요하고 이후로도 지속적 탐구의 대상이 되어야 함은 마땅하다. 다만 본고에서는 슬로터다이크 논란을 엘마우 강연문을 중심으로 고찰함과 동시에 교육학적 관점에서 이 논란을 어떻게 볼 것인가라는 문제에 천착하고자 한다. 아래에서 고찰하게 되겠으나, 슬로터다이크의 휴머니즘 비평은 곧 근대교육학의 학문적 정체성 및 효용가치의 문제와 직접적 연관을 맺고 있다. 언론이 큰 소리 내어 주목했던 생명윤리학적 문제로부터 한 걸음 비켜 서 보면 슬로터다이크가 의도적으로 혹은 무의도적으로 제기하였던 교육학의 문제가 드러나는데, 이 부분을 본고에서 다

---

5 *Die Zeit* (1999.09.16.) https://www.zeit.de/1999/38/Post_vom_boesen_Geist/ komplettansicht?print (2018.07.01.열람)

6 이에 관한 보다 상세한 보고는 앞서 언급한 Nennen(2003), 이진우 외(2004: 72-94), 장희권(2005: 176-188)를 참조 바란다.

루어보고자 한다.

한 가지 미리 밝혀 둘 점은, 본고는 슬로터다이크의 엘마우 강연의 모든 내용을 다루지는 않고자 한다. 즉 슬로터다이크가 "몇몇 언론인들이 알아차리지 못했다."고 불평했던 이 강연의 중심 주제인 하이데거의 휴머니즘은 본고의 논의에서 제외하기로 하였다. 내용에 따라 강연을 세 부분으로 나누자면 제 2부에 해당될 하이데거-휴머니즘 비평은 내용상 비교적 독립적인 위치를 점하고 있을 뿐 아니라, 생명윤리학이나 교육학과도 직접적 관련이 적다.7 앞서 간략히 보고된 슬로터다이크 스캔들에 관여된 모든 언론인들이 이 부분을 논란의 대상에서 제외한 것이 슬로터다이크의 불평처럼 "알아차리지 못한" 것인지 혹은 그럴 필요가 없어서 그러했는지는 분명치 않다. 그러나 본고의 의제와는 거리가 있기에 고찰의 대상에서 제외하였다는 점을 밝혀두며, 별도의 기회를 보아 논의의 대상으로 삼고자 한다.

II. 슬로터다이크의 휴머니즘 – "문학사회 모델"

슬로터다이크의 엘마우 강연의 큰 주제는 휴머니즘이다. 그러나 그는 휴머니즘이 무엇인가라는 질문에 답하는 대신 전통적으로 휴머니즘이 어떻게 이해되어 왔는가의 문제, 즉 휴머니즘에 대한 특정한 혹은 유럽의 대표적인 이해에 대한 은유적 비평으로 자신의 강연을 시작한다. 그에 따르면 휴머니즘이란 "문자를 매개로 이루어지는 우애의 원거리 통신이다." 즉 그는 문자를 매개로 발신자와 수신자 사이에 이루어지는 모든 우애의 대화를 휴머니즘으로 이해한다. 이러한 의미의 휴머니즘은 대부분의 경우 발신자와 수신자가 서로를 알 수 없을 정도로 시간적으로나 공간적으로

---

7 이와 관련하여서는 우정길, 2018f 또는 이 책의 제 II부 6장 "휴머니즘과 포스트휴머니즘 사이의 교육"을 참조 바란다.

멀리 떨어져 있으며, 따라서 배달인 또는 해석가들의 역할이 중요하다.

그런데 슬로터다이크의 휴머니즘 비평의 핵심은 이러한 "문자로 매개된 우애의 원거리 통신"을 근대 사회의 구성 및 작동의 원리로 치환하는 데 있다. 즉 그는 위와 같은 휴머니즘의 사회를 "일종의 문학사회의 모델로 환원"(Sloterdijk, 2014: 10/이진우·박미애, 2004: 42)하여 휴머니즘의 전개사를 파악한다. 이 경우 휴머니즘은 휴머니즘이라는 기표 아래 일반적으로 연상되는 인간에 대한 모종의 보편적 이해라기보다는 아래와 같은 세 가지 특정 기능을 수행하는 사회적 기제로 작동하고 이해된다.

그 첫 번째 기능은 공통성의 부여와 모둠이다. 슬로터다이크의 "문학사회"는 문자를 매개로 구성된 사회 구성원들의 모임이지만, 이 경우 문자는 그 의미가 기호 또는 부호화되어 씌여진 문자라기보다는 언어 일반으로 이해되는 것이 적절하다. 그가 "이 사회의 참여자들은 표준적 독서를 함으로써 영감을 불러일으키는 발신자들에 대한 공동의 사랑을 발견합니다."(Sloterdijk, 2014: 10/이진우·박미애, 2004: 42)라고 말할 때, 독서는 분명 사회 구성원들에게 역사적·사회적·인간적 삶을 위한 공동의 토대를 제공해 주고, 그들을 한 울타리에 속하게 해 주는 모둠의 기능을 한다고 볼 수 있다.

두 번째 기능은 구분이다. 슬로터다이크는 문학사회의 속성이 공통성의 획득과 공동체의 형성에만 있다고 보지 않는다. 그가 보다 강조하는 "휴머니즘으로서 문학사회"의 속성은 바로 "종파화·클럽화"(Sloterdijk, 2014: 10/이진우·박미애, 2004: 42)에 있다. 그의 설명은 다음과 같다.

"우리는 읽을 수 있도록 선택된 사람들의 운명적 유대에 대한 꿈을 발견하는 것입니다. 고대 세계에, 즉 근대 민족국가의 전야에 이르기까지, 읽기 능력은 실제로 비밀로 둘러싸인 엘리트 구성원 자격과 같은 것을 의미하였습니다. … 읽고 쓸 수 있는 사람에게는 다른 불가능성들 역시 쉽게 해결됩니다. 인간화된 사람들은 처음에는 문자계몽을 받은 사람에 지나지 않았습니다. … 문자계몽이 환상적일 정도로 경이롭고 요구가 많은 곳에서는 문법적 신비주의 또는 문자 신비주의가 생겨났습니다."(Sloterdijk, 2014: 10f/이진우·박미애, 2004: 42f)

"문자를 기반으로 한 문학사회"로서 휴머니즘은, 원초적으로 표현하자면, 읽을 수 있는 자와 읽지 못하는 자를 구분한다. 즉, 엘리트와 비엘리트를 구분하고, 인간의 특정 "종파"에 드는 부류와 그렇지 않은 부류, 인간의 특정 "클럽"에 속할 사람과 그렇지 않을 사람을 나누는 기능을 수행한다. 이때 휴머니즘은 그의 표현과 같이 "문자계몽주의"와 사실상 동일한 것이다. 그리고 이러한 종류의 휴머니즘 경향은 현대로 가까울수록 그 기능성이 강화된다고 슬로터다이크는 진단한다.

"19세기와 20세기 시민적 민족국가의 김나지움 이데올로기에서처럼 휴머니즘이 실용적이고 강령적이 된 곳에서는 문자사회의 표본은 정치사회의 규범으로 확대되었습니다. 이때부터 민족들은 철저히 문자계몽된, 문맹으로부터 철저하게 깨어난, 강요된 친구집단으로 조직되었습니다. 이 집단들은 그때마다 민족공간에서 구속력이 있는 읽기 규범을 광적으로 확신하게 되었습니다."(Sloterdijk, 2014: 11/이진우·박미애, 2004: 43)

애초 "우애의 원거리통신"이었던 그 문자기반 휴머니즘이 이제는 "강요된 친구집단"으로 변모하게 된 것이다. 슬로터다이크의 "독서의 은유"를 빌어 표현하자면, 애초 "읽고 싶음의 관계"가 이제는 "읽을 수 없으면 혹은 읽지 않으면 가입되지도 유지되지도 않는 관계"가 되어 버린 것이다. 이제 독서는 낭만적 우정의 표식이 아니라 특정 종파와 클럽의 일원임을 나타내는 표식이 된 것이다. 그래서 슬로터다이크는 이 근대적 휴머니즘의 시대를 "무장하고 다독(多讀)한 인간성의 시대"(Sloterdijk, 2014: 12/이진우·박미애, 2004: 43)로 명명한다. 이러한 기준에서 그는 근대의 민족국가들 역시 "동일한 글들을 읽음으로써 마음이 같은 친구집단이 될 수도 있는 공중"(Sloterdijk, 2014: 12/이진우·박미애, 2004: 43)이라고 정의한다. 휴머니즘, 즉 슬로터다이크의 관점에서 "문자를 기반으로 한 문학사 회로서 휴머니즘"은 같은 독서를 수행한 무리의 사람들에게는 공통의 기반 그 자체이자 이러한 공통의 토대가 형성되는 중요한 통로이기도 함과 동시에, 이러한 특정 무리의 사람들과 그렇지 않은 사람들의 소속을 가르게 하는 중요한 도구이기도 하다. 심지어 국가마저도 이러한 과정을 통해 형성되고 구분되기도 한다는 것이 그의 견해이다. 이런 의미의 휴머니즘은 규범임과 동시에 권력이기도 하다. 그리고 이것은 곧 휴머니즘의 세 번째 기능과 밀접한 연관을 맺는다.

휴머니즘의 세 번째 기능은 길들이기이다. 슬로터다이크가 휴머니즘을 주제로 한 강연에서 선보였던 가장 선정적인 언어의 조합 중 하나가 바로 "휴머니즘과 길들이기"이다. 앞서 휴머니즘의 두 번째 기능에서 이미 암시된 것처럼, 휴머니즘은 읽는 자와 읽지 못하는 자들을 구별하고 선별하여, 언제나 읽기를 권유하고 강제한다. 그러므로 휴머니즘의 대상 범주에 들기 위해서는 읽어야 하며, 읽는다는 것은 일원이 된다는 것과 공유한다는 것을 의미한다. 그들은 독서를 통하여 가치와 규범을 공유하고, 견해와 권력을 공유하며, 민족감과 국가관을 공유한다. 휴머니즘의 상징으로서 독서는 시대와 공간과 문화의 공유를 의미한다. 그러므로 독서는 곧 시대와 공간 속 개인의 정체성을 확인하는 수단이며, 야만에서 문화로의 진입을 가능케 하는 사회적 수단이다.

> "휴머니즘은 인간을 야만의 상태에서 회복시키는 데 참여하는 것이기 때문입니다. 인간 사이의 폭력적 상호작용을 통해 방출되는 야만적 잠재력에 대한 특별한 경험을 한 시대들은 바로 휴머니즘에 대한 외침이 더욱 커지고 더욱 많은 것을 요구하는 시대였다는 사실은 쉽게 이해됩니다. … 휴머니즘의 잠재적 주제는 인간의 길들이기(Entwilderung)이며, 휴머니즘의 잠재적 명제는 다음과 같습니다: 올바른 독서는 길들인다."8

---

8 "길들이기"라는 한국어 번역어와 관련하여: 본고가 인용하고 있는 이진우·박미애의 번역본(2004)에는 "길들이기"라는 단어가 자주 등장한다. 이 번역어에 해당하는 원문의

(Sloterdijk, 2014: 16/이진우・박미애, 2004: 47)

더욱이 슬로터다이크가 염두에 두고 있는 20세기 유럽의 전쟁 상황들 및 전후 일시적 성찰의 시기(Sloterdijk, 2014: 14-17/이진우・박미애, 2004: 45-48)는 확실히 휴머니즘의 길들이기 기능에 대한 신뢰가 최고조에 달했던 시대였다. 그의 표현에 따르면, "1차 세계대전 이후"와 "전후 휴머니즘"의 시대는 "극단화된 서적 애호"의 시대였으며, 이를 통해 그들은 "유럽의 영혼을 구원할 수 있다는 하나의 꿈"을 공유하였다. 그리고 이 꿈의 핵심은 인간의 탈야성(Entwilderung) 가능성, 즉 길들이기의 가능성이다. 올바른 독서로서 휴머니즘은 인간을 길들인다. 그러므로 슬로터다이크의 휴머니즘은 곧 교육을 의미한다.

III. 휴머니즘과 교육

"인간은 '영향을 받는 동물들'이며, 그렇기 때문에 이들이 올바른 영향을 받을 수 있도록 하는 것이 불가피하다는 확신은 휴머니즘의 신조에 속합니다. 휴머니즘의 표찰은 인간을 둘러싸고 계속되는 싸움을 상기시킵니

단어는 다음 두 가지, 즉 "Entwilderung"과 "Bezähmung(zahm machen)"이다. "올바른 독서는 길들인다."라는 문장에서 사용된 "zahm machen" 또는 그것의 동명사형인 Bezähmung은 원래 동물을 대상으로 사용하는 단어로서, Duden 사전에 따르면, "(동물을) 울타리 속에 가두고, 야생적이지 않게 하다."를 뜻한다. 물론 이 단어는 사람을 대상으로 사용되기도 하는데, 이때는 "통제권하에 두다, 통제하다."를 의미한다. 또 다른 단어인 "Entwilderung"은 일차적으로는 "야(생)성Wildheit의 제거"를 의미하는데, 이로부터 "길들이다."라는 번역어가 채택된 것으로 보인다. 두 단어 공히 "길들이기"로 번역되고는 있으나, 굳이 의미상 작은 차이를 찾자면, 전자는 동물적 속성이 그리고 후자는 야(생)성(野生性. Wildheit)이 단어의 중심뜻을 이루고 있다는 점을 환기해 두고자 한다. 그중 야(생)성(野生性. Wildheit)이라는 단어는 아래에서 언급될 칸트의 교육학 강의에서도 사용되고 있다. 이 단어는 아래에서는 편의상 "야성"(野性)으로 줄여서 표기하고자 한다.

다. 이 싸움은 야수의 경향과 길들이는 경향 사이의 다툼으로 실행됩니다."(Sloterdijk, 2014: 17f/이진우·박미애, 2004: 47f)

제 II장에서 기술된 슬로터다이크의 휴머니즘 이해 또는 휴머니즘 비평은 그것 자체로는 큰 논쟁을 야기할 성격의 것은 아니다. 아울러 위에서 소개된 바와 같은 휴머니즘의 기능들, 그중에서도 특히 세 번째 기능, 즉 "탈야성 또는 길들이기로서 휴머니즘"은 일견 인간교육에 대한 폄하로 들릴 수도 있지만, 실상은 근대 교육학의 역사에서 비교적 익숙한 사유의 방식이기도 하다.

그 일례로, 학문으로서 교육학이 태동하던 시기에 칸트는 인간의 교육을 강의하면서, 그 첫째 단계로 훈육을 제안한 적이 있다. 칸트가 말하는 훈육은 오늘날의 의미와 다소 차이가 있다. 그의 훈육은 "동물성을 인간성으로 변화시키는 일"9(Kant, 1998: 697)이자 "야성을 길들임"(Bezähmung der Wildheit)(Kant, 1998: 706)이었다. 혹자는 칸트가 채택했던 "동물성, 야성, 길들이기" 등의 용어들이 은유적 차원에서 사용된 것이라고 주장할 수도 있을 것이다. 그러나 앞서 인용된 칸트의 문장에는 "훈육" 옆에 "사육"이라는 용어가 나란히 등장한다. 해당 문장 전체를 옮기자면, "훈육 또는 사육은 동물성을 인간성으로 변화시킨다."이다. 이것이 인간의 교육에 관한 강의였다는 점을 감안하면, "훈육 또는 사육"이 은유적 차원의 수사라고만 해석하기는 어렵게 된다. 칸트는 인간의 훈육을 동물의 사육과 흡사한 것으로 혹은 적어도 이 두 가지가 유비 가능한 것으로 구안하고, 자신의 교육학 강의에서 이 두 가지를 병렬하여 언급한 것이다.

이렇듯 동물과의 유비에 근거한 인간교육론은, 그것이 동물적 야생성의 억제라는 소극적 개념으로든 혹은 교육자가 원하는 방향과 모습으로 피교육자를 기르고 길들이고 만든다는 적극적 개념으로든 혹은 그것을

---

9 *"Disziplin* oder *Zucht* ändert die Tierheit in die Menschheit um."(Kant, 1998: 697. 이탤릭체는 옮긴이 강조)

유기체적 교육관으로 명명하든 공학적 교육관으로 명명하든, 근대교육학의 흐름 속에서 지속적으로 구안되고 채택되어 온 개념화의 방식이라는 점은 분명하다.(Kron, 1996: 195f; Bollnow, 1959: 16f; 김정환 외, 2014: 17f)

이런 맥락에서 보자면, 슬로터다이크가 휴머니즘을 독서 또는 문자로 매개된 계몽이라고 규정하고 이러한 휴머니즘의 주제이자 기능으로 인간의 탈야성·길들이기를 지목한 것은 아주 새롭거나 특별히 도발적인 사유라고는 볼 수 없다.[10] 그가 "올바른 독서는 길들인다."고 단언하였을 때, 어쩌면 그는 인간의 존재성과 교육의 당위성 사이에서 혹은 타자의 타자성에 대한 존중으로서 교육과 길들이기로서 교육 사이에서 오랫동안 윤리적 정당성을 모색해 온 근대교육학의 민감한 난제(우정길, 2007: 139-143; 우정길, 2009a; 김상섭, 2012; 곽덕주, 2013: 1-4; Woo, 2014)를 피상적으로나마 감지하였을 수도 있다. 물론 철학자 슬로터다이크가 교육학의 다양한 논의들에 익숙하지 않을 수도 있다는 점을 감안하자면, 그가

---

10 오해를 피하기 위해 부연하자면, "길들이기로서 교육"이라는 슬로터다이크의 교육 이해가 교육학의 지형에서 낯설지 않다는 진술이 곧 모두가 이에 동의하거나 그것 자체로 논란의 여지가 없다는 것을 의미하지는 않는다. 인간을 동물과의 유비 속에서 파악하였던 칸트의 관점에 대한 비판적 논의들은 근래에 심심찮게 등장하고 있고(Ricken, 1999: 94-104; Cavallar, 1996; Woo, 2007a), 이보다 한 세기 앞서 인간을 동물과의 유비를 통해서가 아닌 "아동으로부터"(vom Kinde aus) 파악하려는 시도도 20세기 개혁교육학 흐름 속에 이미 있었다. 특히 개혁교육학의 구호이기도 한 "아동으로부터의 교육"의 주창자인 케이(E. Key)는 자신의 저서 『어린이의 세기』에서 피교육자인 아동을 동물과 전혀 무관한, 심지어 신성한 존재로까지 묘사한다. "한 발가벗은 - 새로운 세기를 상징하고 있는 - 어린 아이가 지구 위로 내려오려고 한다. … 그 발가벗은 어린이가 상징하는 바인 자연, 온정, 사랑 그리고 인간다움"(Key, 1992: 13/최재정, 2008: 94재인용) 아울러 그녀는 "어린이 속의 손상되지 않은 선한 싹"을 강조하면서, 인간을 동물에 유비시켜 교육을 논하던 기존의 전통을 비판한다. "사람들은 어린이를 여전히 하나의 동물로 보고 동물처럼 사육하지 않으면 안 된다고 말한다. 그렇게 말하는 사람들은 어린이에 대해서도 동물에 대해서도 뭔가를 모르고 있다."(Key, 2000/정혜영, 2009: 41) 한 가지 사례를 추가하자면, "길들이기로서 교육"에 내재된 인간학적·교육학적 전제에 대한 완강한 회의와 비판은 이른바 "검은 교육학"(Schwarze Pädagogik)(Rutschky, 1977; Miller, 1980)의 주된 모티브였다는 점 역시 주지의 사실이다.

"교육"을 "사육, 길들이기"라는 용어들과 나란히 열거하고 있다는 점 (Sloterdijk, 2014: 41/이진우·박미애, 2004: 68) 역시, 비록 그것이 인간의 교육을 전문적으로 고민하고 교육학자와 실천적 열정을 기울이는 교육인 모두에게 불쾌한 심상을 불러일으킬 수는 있다 하더라도, 진지한 논평과 반박의 대상으로 삼기는 어렵다.

교육과 관련하여 보다 주의 깊게 주목할 필요가 있는 부분은 앞서도 언급한 바 있는 슬로터다이크의 진단, 즉 "문자를 통한 그리고 판단을 유보하고 귀를 열어 놓도록 교육하고 인내하도록 만드는 독서를 통한 인간 형성의 유토피아로서의 문자적 휴머니즘의 위험 가득한 종말"(Sloterdijk, 2014: 58/이진우·박미애, 2004: 83)이다. 이른바 문자에 기반한 계몽의 기획으로서 휴머니즘이 이제 시대적으로 종언을 고하고 있다고 진단한다면, 이에 기반을 둔 길들이기로서 교육 역시 이제 더 이상 유효하지 않다는 것이다. 즉 휴머니즘과 교육의 동시적 종말이다. 그리고 실제로 그는 "학교모델과 교육모델로서의 근대 휴머니즘의 시대는 끝났습니다."(Sloterdijk, 2014: 14/이진우·박미애, 2004: 45)라고 선언한다.

우리는 이 두 가지 "종말"에 대한 슬로터다이크의 해설을 구체적으로 참조해 볼 필요가 있다. 우선 이러한 "독서사회"의 필요성 및 그 유지 원리와 관련하여 그는 다음과 같이 설명한다.

"실제로 1789년부터 1945년까지 독서를 좋아하는 민족적 휴머니즘은 전성기를 맞았습니다. 그 중심에는 중요하고 두꺼운 서한들의 수신자 집단에 후손을 가입시키는 과제를 위탁받았다고 믿는 고전을 연구하는 고 문헌학자와 근대 작품을 연구하는 신 문헌학자들의 계급사회가 자리 잡고 있었습니다. 이 시대 교사의 권력과 문헌학자들의 핵심적인 역할은 공동체를 창설하는 글들을 보낸 발신자로 여겨지는 저자들에 관한 특권적 지식에 근거를 두고 있었습니다. 그 본질에 따르면 시민적 휴머니즘은 청소년에게 고전을 강요하고 민족적 작품의 보편적 타당성을 주장하는 권한과 다를 바 없습니다."(Sloterdijk, 2014: 12/이진우·박미애, 2004: 44)

구체적인 연대 및 이와 관련된 역사적 사건들로부터 한 걸음 물러서 관망해 보면, 우리는 위 설명을 교육 일반에 관한 진단으로 확대하여 이해해 볼 수 있다. 인용문의 중심 의제는 이른바 "독서사회"를 지속시키고자 하는 교육적·사회적으로 선한 취지 및 그것이 작동하는 교육적 권력 관계이다. 즉 독서사회는 특권적 지식을 소유한 이들이 "배달인 또는 해석가"(Sloterdijk, 2014: 8/이진우·박미애, 2004: 40)의 역할을 수행함으로써 새로운 회원을 지속적으로 가입시키는 행위를 통해 지속되어 왔다는 것이다. 물론 이러한 교육적 관계에는 이른바 "배달인·해석가"와 "독서사회의 잠재 회원" 사이의 차이가 전제되어 있다. 이 차이에는 슬로터다이크가 "원거리 통신"이라 표현한 시간적·공간적 차이만 속하는 것이 아니다. 여기에는 "특권적 지식"을 이미 섭렵한 "배달인·해석가"와 아직은 그 수준에 이르지 못한 잠재적 회원 사이의 지식과 공감의 정도의 차이가 포함된다. 즉 "배달인·해석가"와 아직은 "저자들에 대한 충분한 공감 또는 운명적 우애관계"(Sloterdijk, 2014: 13/이진우·박미애, 2004: 44)로까지 발달하지 못한 잠재적 회원들 사이의 차이로 인해 "배달과 해석"의 기능, 즉 교육이 더욱 중요해지는 것이다. 그리고 이 모든 것의 근본 원인은 독서 사회의 기본 구조가 "원거리 통신"에 기반하고 있(었)기 때문이다. 적어도 그가 지목한 그 시기 그리고 그가 "전후 휴머니즘"(Sloterdijk, 2014: 16/이진우·박미애, 2004: 46)이라고 명명한 짧은 기간 동안은 위와 같은 명분과 방식으로 이른바 "독서사회의 휴머니즘" 및 "길들이기로서 교육"이 운영되었다는 것이 슬로터다이크의 설명이다.

그런데 그는 이제 우리가 이러한 방식의 원거리 통신이 더 이상 필요하지 않은 시대로 접어들었다고 진단한다.

"친구들의 민족국가에 사랑을 불러일으키는 편지를 쓰는 예술이 … 현대 대중사회의 거주자들 사이의 원거리 통신의 끈을 잇기에 충분하지 않기 때문에 시민적·민족적 휴머니즘이 종말에 도달한 것입니다. 1918년(방송)과 1945년(텔레비전) 이후 선진사회에 미디어를 통해 대중문화가 정착됨으로써 그리고 사회를 더욱 촘촘하게 엮는 관계망과 관련된 더 많은 현실적 혁명들을 통해 현실사회에서의 인간들의 공존은 새로운 토대 위에 서게 되었습니다. … 현대의 거대사회는 편지의, 문학적·인문주의적 매개수단을 통해서 단지 주변적으로만 그들의 정치적·문화적 통합을 생산할 수 있습니다. 그렇기 때문에 문학이 끝나는 것은 결코 아니지만, 문학은 독자적인 하부문화로 분화되었습니다. 문학이 민족정신의 지주로 과대평가받던 시대는 지나간 것입니다. 사회적 통합은 무엇보다도 … 책과 서한의 문제가 아닙니다. 그 사이 정치·문화적 원거리 통신의 새로운 미디어들이 주도권을 획득하였습니다. 그것은 글을 통해 생성한 우애관계의 도식을 최소한으로 억제해 놓았습니다."(Sloterdijk, 2014: 13f/이진우·박미애, 2004: 44f)

이제 "우애를 위한 원거리 통신"의 시대는 가고 새로운 미디어의 시대가 도래하였다는 슬로터다이크의 진단, 이에 따라 과거의 "배달인·해석가"와 "잠재적 회원" 사이의 차이가 감소하여 교육의 필요 역시 줄어들게 되었다는 그의 견해, 그리하여 결국 "학교모델과 교육모델로서 근대 휴머니즘의 시대는 끝났다."는 그의 주장은, 그것 자체로 현대 사회와 교육의 이해를 위해 그리고 어쩌면 미래 교육을 위해 참고할 만한 중요한 교육학적 견해로 수용할 만하다.

그러나 이러한 "종말"의 진단 역시 전례 없는 충격의 이유는 되지 못한다. 우리는 슬로터다이크의 엘마우 강연 이전에 이미 또 다른 종류의 "휴머니즘의 종말"과 "교육의 종말" 또는 그에 대한 소문을 경험한 바 있기에(Foucault, 1974: 462; Meyer-Drawe, 1996a; Masschelein, 1996: 168), 슬로터다이크의 진단이 비록 수사적으로 극적인 것이기는 하나 이것 역시 상대화시켜 이해할 필요가 있다. 역설적이게도, 휴머니즘과 교육의 종말에 관한 수사적으로 동일한 진단들이 시차를 두고 반복됨에도 불구하고, 인간은 여전히 여기에 있고, 휴머니즘은 지속적으로 회자되고 있으며, 교육은 계속 진행 중이다.

슬로터다이크의 진단이 새롭거나 도발적이라면, 그것은 휴머니즘과 교육의 종말이라는 진단 그 자체보다는 이러한 진단에 이어 그가 강연의 세 번째 부분에서 제안하는 부가적 화두 때문일 것이다. 실제로 그의 강연의 세 번째 부분은 분량이 상대적으로 적으며, 강연자 스스로 밝히고 있는 바와 같이 그 강연의 중심 주제인 "하이데거의 휴머니즘 서신에 관한 비평"으로부터도 비켜 서 있다. 그러나 대중적 관점에서 이 부분은, 앞서 슬로터다이크 스캔들에 대한 소개에서 확인한 바와 같이, 커다란 논란의 대상이 될 수 있는 내용을 담고 있다. 아울러 교육학적 차원에서도 진지한 반추를 요하는 내용을 담고 있다. 강연의 이 세 번째 부분의 핵심은, 그렇다면 휴머니즘이 스러진 자리, 즉 슬로터다이크의 표현으로는 "휴머니즘의 지평이 파괴된"(Sloterdijk, 2014: 39/이진우·박미애, 2004: 67) 자리는 무엇으로 채워질 것인가라는 화두이다. 그리고 슬로터다이크는 이제 니체를 등장시킨다. 그는 "그들은 늑대를 개로 만들고, 인간 자체를 인간에게 최선의 가축으로 만든다."(Sloterdijk, 2014: 39/이진우·박미애, 2004: 67재인용)는 니체의 예언적 문구를 인용한 후, 보다 적극적으로 니체의 관점에 관한 자신의 해설을 강변해 나간다.

"니체는 학교의 인간 길들이기의 명랑한 지평 뒤에서 좀 더 어두운 두 번째 지평을 알아차렸다고 생각합니다. 그는 인간사육의 방향들에 관한 피할 수 없는 투쟁이 시작될 공간의 냄새를 맡습니다. … 만약 짜라투스트라가 모든 것이 작아진 도시를 가로질러 간다면, 그는 이제까지 성공적이고 논란의 여지가 없는 사육정치를 알아차릴 것입니다. 인간들은 윤리학과 유전학의 절묘한 결합의 도움을 받아 스스로를 작게 사육하는 일을 해냈습니다. 그들은 스스로 길들이기에 예속시켰고, 다루기 쉬운 가축성격을 지향하는 사육선택(도태)을 자기 자신에게 개시하였습니다. … 그[니체]는 이제까지 사육을 독점하였던 사람들의 이름과 은밀한 기능을 분명히 말하고자 하며, 다양한 사육자들과 다양한 사육 프로그램들 사이에서 이루어지는 세계사적으로 새로운 종류의 투쟁을 공개하고자 합니다. 이것이 니체가 가정한 모든 미래의 근본적인 갈등입니다. 그것은 인간의 대(大)사육자들과 소(小)사육자들 사이의 투쟁입니다. 우리는 휴머니스트들과 슈퍼휴머니스트들, 인간 친구들과 초인 친구들 사이의 투쟁이라고 말할 수도 있을 것입니다."(Sloterdijk, 2014: 39f/이진우·박미애, 2004: 67f)

위 인용문에서 니체가 "새로운 종류의 투쟁"으로 지칭했다는 것이 무엇인지에 대해 슬로터다이크는 선명한 어휘를 아낀다. 슬로터다이크 자신의 표현처럼 "[니체의] 이러한 암시들을 가지고"(Sloterdijk, 2014: 41/이진우·박미애, 2004: 69) 그는 일종의 예언서에 주석을 달듯 강연을 이어 간다.11 그리고 그의 강연 곳곳에는 도발적인 단어의 조합이 눈에 띤다. "사육정치", "윤리학과 유전학의 절묘한 결합, 사육", "사육선택(도태)", "대사육자와 소사육자 사이의 투쟁", "휴머니스트들과 슈퍼휴머니스트들", "인간 친구와 초인 친구들" 등의 표현들은 언뜻 보아도 인간과 휴머니즘에 관한 일반적 담론의 차원을 이미 넘어서고 있다는 인상을 남긴다. 아울러 그는 "인간의 가축화"(Sloterdijk, 2014: 43/이진우·박미애, 2004: 70), "인간수호와 인간사육"(Sloterdijk, 2014: 47/이진우·박미애, 2004: 73)이라는 표현도 추가하고 있다. 그리고 강연의 말미에 이르러 강연 현장에 참석한 일부 언론인 및 이후 강연장 밖의 지식사회가 적극적인 반응을 보였던 문장들이 등장한다. 참조를 위해 본고의 제I장에서 인용된 바 있는 내용의 일부를 다시 옮겨 본다.

"장기적 발전이 인간 종특성의 유전적 개량으로도 이어지게 될 것인가? 그리고 미래의 인간공학이 명시적 형질설계를 가속화하게 될 것인가? 인류가 종 전체에 걸쳐 탄생운명론으로부터 선택적 출생과 출생 전 선택(pränatale

---

11 니체와 트랜스휴먼·포스트휴먼의 관련성에 관해서는 양혜림(2013)과 이진우(2013)를 참조 바란다.

Selektion)으로의 방향 전환을 실행하게 될 것인가?"(Sloterdijk, 2014: 46/이진우·박미애, 2004: 73참조)

이 문장들은 형식상 의문문임이 분명하다. 그러나 언론인들은 이 의문문을 규정문으로 독해하였다. 물론 언론인들의 이러한 독해에 대하여 슬로터다이크는 적극적으로 항변하고 있으나, 전후 맥락을 보자면 언론인들의 독해가 부당하다고만 볼 수는 없다. 예언에는 의문문이 없다. 예언은 언제나 규정문이다. 니체의 예언이 공개되는 자리에 "인간 사육의 방향들에 관한 피할 수 없는 투쟁"이 진지하게 언급된다면 그리고 니체의 "초인"이 "윤리학과 유전학의 절묘한 조합"이라는 표현과 동일한 문맥에서 사용된다면, 이것은 예언 치고도 꽤나 구체적인 모습의 것이다. 어쩌면 슬로터다이크는 여기서 니체 예언의 적극적 "배달인·해석가"의 소임을 자처하고 있는 것일 수도 있다. 휴머니즘의 배달인·해석가들이 휴머니즘의 시대에 원거리 통신의 관리인 역할을 수행하였듯이, 이제 곧 달라질 시대, "인간 길들이기의 학교라는 명랑한 지평 뒤, 좀 더 어두운 지평"에서 새로운 권력의 자리에 자신의 이름이 등재되는 것을 그나마 "의문문"의 형식으로 소박하게 예고한 것일 수도 있다. 그리고 우리는 이제 "좀 더 어두운 지평"에서 과연 교육은 어떠한 모습일 것인가에 대해 성찰해 보지 않을 수 없다.

IV. 포스트휴머니즘 - 스캔들의 빌미

제 II장의 말미에서 "달라진 시대"라고 표현한 것과 관련하여 다음 몇 가지가 언급될 필요가 있다. 첫째, 그 "지평이 파괴된 것으로 지목"된 휴머니즘의 자리를 대체할 "새로운 휴머니즘"은 무엇인가? 즉 슬로터다이크가 "대(大)사육자, 슈퍼휴머니스트, 초인의 친구"라고 명명한 그들의 시대는 어떻게 명명될 것인가? 이에 대해 슬로터다이크는 아주 간략한 대답을 제시하고 있다. 엘마우 강연의 초반에 그는 이것을 "문자 이후와 발신인 이후"라는 의미에서 "포스트휴머니즘"(Sloterdijk, 2014: 15/이진우·박미애, 2004: 45)으로 명명하였다. 강연의 초반에 아직은 그 성격이 분명치 않아 보였던, 그러므로 유해하거나 부적절해 보이지 않았던 이 "포스트휴머니즘"이라는 용어는 사실상 상당한 논란의 가능성을 처음부터 내포하고 있었다. 즉 이것이 교육의 수단으로서 "원거리 우애 통신"을 대체할 만한 "새로운 미디어"와 결합될 때, 포스트휴머니즘은 단지 "휴머니즘 이후"라는 중립적 학술용어에 그치지 않는다. 앞서 고찰한 바 있거니와 그가 말하는 "새로운 미디어"는 넓게는 책과 서한의 기능과 효능을 대신할 새로운 대중매체의 출현을 의미하기도 하거니와, 좁게는 그리고 어쩌면 보다 정확하게는 "윤리학과 유전학의 절묘한 조화"의 그 유전학을 의미하는 것으로 해석될 수도 있기 때문이다. 특히 강연의 후반에 니체의 예언을 언급하면서 그가 제기하였던 그 "의문문들"은 이 "새로운 미디어"와 "포스트휴머니즘"이라는 개념들과 결합하여 당시 언론인들이 "짜라투스트라-프로젝트/판타지"나 "초인의 사육"이라는 자극적인 헤드라인으로 혹독히 비평한 바 있던 그 비판적 의혹의 대상이 되기에 충분한 원인을 제공하였다고 볼 수 있다.

둘째, "포스트휴머니즘"이라는 용어의 채택에 관하여도 간략한 고찰이 필요하다. 과연 슬로터다이크는 자신의 강연에서 밝히고 있듯이 단순히 "문자 이후와 발신인 이후"라는 무해해 보이는 의미로 이 용어를 사용하였을까? 그가 직접 밝히고 있지는 않기에 강연자 내면의 진실은 확인할 도리가 없다. 그러나 당시 학계의 상황은 참조해 볼 필요가 있다.

포스트휴먼 또는 포스트휴머니즘이라는 개념은 이미 1990년대 이전에 학계에서 회자되거나 예고된 것으로서, 과학기술의 발달이 예고한 그리고 어쩌면 가까운 미래에 탄생시키게 될 포스트휴먼이라는 새로운 존재의 '휴먼'적 정체성 및 그것의 사회적 의미와 관련된 담론 일반을 지칭해 왔다.[12] 엘마우 강연 이전의 대표적인 예이자 포스트휴머니즘의 선구적 고전으로 꼽히는 사례로는 1983년에 학계에 발표되고 1991년 『유인원, 사이보그, 그리고 여자』라는 제목의 저서의 일부로 출판된 헤러웨이의 "사이보그 선언문"을 들 수 있다. 이 선언에서 그녀는 "사이보그"라는 새로운 종류의 인간 혹은 존재를 제안하였다. 그녀가 말하는 "사이보그"는 "인공두뇌의 유기체이자 기계와 유기체의 잡종이며, 허구의 피조물일 뿐 아니라 사회적 실재(social reality)의 피조물"(Haraway, 1991/민경숙, 2002: 267)로서, 2000년대 이후 포스트휴머니즘에 관한 논의에서 지속적으로 거론되는 포스트휴먼의 정체성과 궤를 같이 한다.

포스트휴머니즘이라는 당시의 화두에 보다 명확하게 접근한 예로는 헤일즈의 저서 『우리는 어떻게 포스트휴먼이 되었는가』(1999)를 들 수 있다. 그녀에 따르면, 현존 인간의 존재성은 절대자에 의해 피조된 최후의 정체성이 아니라 단지 진화의 과정 중에 생겨난 "역사적 우연"이며, 이에 근거하여 그녀는 포스트휴먼을 "인간과 지능을 가진 기계의 결합"으로 규정한다. 달리 표현하자면, 포스트휴먼은 "신체를 가진 존재와 컴퓨터 시뮬레이션, 사이버네틱스 메커니즘과 생물학적 유기체, 로봇의 목적론과 인간의 목표 사이에 본질적인 차이나 절대적인 경계가 존재하지 않는"(Hayles, 1999/허진, 2013: 24) 존재이다. 이런 의미의 포스트휴먼은 인간 이후(post)임과 동시에 사실상 인간을 넘어선(beyond) 인간, 즉 초(超)인간이다.

이로부터 3년 후에 후쿠야마는 『우리의 포스트휴먼적 미래』(2002)라

---

12 아래에서 들게 될 세 가지 대표적 예 이전에 이 용어의 "계보학"에 대해서는 헤어브레히터의 해설이 참조가 된다. "'포스트휴머니즘'이라는 개념의 계보학은 물론 있다. 일례로 올리버 크뤼거는 '포스트휴먼'이라는 용어가 1656년 토머스 블런트의 글로소그래피아(Glossographia)에 이미 등장하였다고 말하면서 옥스퍼드 영어사전을 그 근거로 제시한다. 이와 반대로 닐 배드밍턴은 블라바츠키를 최초의 '포스트-휴먼' 사용자라고 말한다. 하지만 '포스트-휴머니즘'이라는 용어를 비판적으로 사용한 최초의 인물은 바로 이합 핫산이다.(1997)"(Herbrechter, 2009/김연순·김응준, 2012: 54)

는 저서를 "생명공학 혁명의 결과들"이라는 부제를 붙여 출판한다. 이 저서에서 후쿠야마는 현대 생명공학이 전통적 생명윤리학의 토대에 심대한 도전이 되고 있고, 이것으로 인해 "인류는 디스토피아에 이르게 될 수도 있기에, 이와 관련하여 국가권력이 적극적으로 규제를 실행해야 한다." (Fukuyama, 2002/송정화, 2003: 19-39)고 주장한다.

이와 같이 1980년대에서 2000년대 당시 관련 학계에서는 포스트휴머니즘이라는 용어가 상당히 구체적인 맥락에서 이미 제안되고 사용되어 오던 중이었다. 이러한 일련의 학술적 흐름 속에서 1997년과 1999년 두 차례에 걸쳐 슬로터다이크의 강연이 이루어졌고, 이 강연에서 "포스트휴머니즘"이라는 용어가 사용되었기에, 이것을 탈맥락적으로 이해하거나 단순히 우연의 일치라고 보기에는 무리가 있다. 앞서 소개한 세 가지 사례에서 보인 바와 같은 "포스트휴머니즘"과 슬로터다이크의 "유전학적 인간 사육의 정치"는, 비록 그것이 상이한 철학적·사회학적 토양에 터하고 있다고 하더라도, 사실상 흡사한 지향점을 가리키고 있다고 볼 수 있다. 그리고 이것은 슬로터다이크가 이른바 "의문문"의 형식으로 제안했던 그것과 연계될 때, 대중적 스캔들로 비화될 만한 충분한 요인이 된다.

셋째, 앞서도 언급된 것처럼, 슬로터다이크는 휴머니즘의 시대가 가고, 아울러 이 휴머니즘에 기반한 교육도 종언을 고한다고 진단한다. 이에 다시 교육의 가능성과 한계에 대해 혹은 어쩌면 교육의 한계와 사육의 가능성에 대해 성찰해 볼 필요가 있다. 강연 말미에 들려오는 슬로터다이크의 자조적 방백을 음미해 본다.

"더 이상 배달되지 않는 우편물은 가능한 친구들에게 보낸 편지이기를 그만둡니다. 그것들은 서고에 비치된 대상들로 변화합니다. 한때 권위 있던 책들이 친구들을 향한 편지이기를 점점 더 그만둔다는 사실, 그것들이 더 이상 독자들의 책상이나 침실용 탁자 위에 있지 않고 서고의 영원성 속으로 가라앉는다는 사실, 이것 역시 휴머니즘의 운동에서 그것이 한 대 가졌던 생기의 대부분을 빼앗았습니다. 서고의 전문 관리인들은 현대의 표제어에 대한 예전의 표현들을 찾아보기 위하여 좀처럼 텍스트의 유물들이 있는 곳으로 내려가지 않습니다."(Sloterdijk, 2014: 55f/이진우·박미애, 2004: 80f)

아울러 이후에 이어지는 문장에서는 이 서고를 "문화의 죽은 지하실"(Sloterdijk, 2014: 56/이진우·박미애, 2004: 81)이라고까지 명명하고, 이 서고의 전문 관리인들은 사실상 서고를 유지할 의지도 이유도 없어졌다는 의사를 피력한다. 그가 "아직 서고를 뒤지고 있는 소수의 사람들"(Sloterdijk, 2014: 56/이진우·박미애, 2004: 81)이라고 칭한 그 사람들이 발견하고자 하는 그것은, 적어도 슬로터다이크가 보기에, 아마도 철 지난 휴머니즘과 교육일 것이다. 그리고 이 소수자들은 결국 "문화의 죽은 지하실 서고"를 뒤로 하고, "좀 더 어두운 두 번째 지평"에서 슬로터다이크의 "의문문들"을 마지못해 혹은 기꺼이 읊조리게 될 수도 있다. "소(小)사육자, 휴머니스트, 인간의 친구"들이 추구하고자 하였던 교육을 "인간향상"(Human Enhancement)이라는 새로운 프로그램으로 대체해 나가자는 "대(大)사육자, 슈퍼휴머니스트, 초인의 친구들"의 꿈에 부분 구호들(Bostrom, 2003a, 2003b)이 벌써 저만치 가까워오고 있기에, 의문문을 규정문으로 독해한 그들의 호들갑이 아주 어긋난 소동은 아닐 수 있다.

V. 다시 휴머니즘의 교육으로

슬로터다이크의 휴머니즘 규정에 동의하지 않는다면, 길들이기로서 교육이라는 그의 교육 규정 역시 의미를 득하지 못할 것이다. 앞서도 언급한 바 있듯이, 교육학에는 그가 이해하는 길들이기로서 교육 외에도 다양한 양상의 교육 개념들이 공존해 왔고, 그러므로 슬로터다이크의 교육 이해는 우리가 꼭 진지한 성찰의 유일한 대상으로 삼거나 필연적으로 수용해야 할 사안은 아니다.

그러나 한 가지 경계해야 할 것이 있는데, 그것은 슬로터다이크가 교육의 종언에 이어 간접적 혹은 은유적으로 제안하고 있(다고 여겨지)는 그것, 즉 생명공학·유전공학에 기반한 새로운 인간의 창조 혹은 근래에 회자되는 용어로는 "인간향상"이다.(Bostrom, 2003a, 2003b; Savulescu & Bostrom, 2009) 본고에서는 별도의 언급을 삼가고 있지만, 그가 플라톤을 간략히 인용하는 가운데 "숙고할 문제"(Sloterdijk, 2014: 54/이진우·박미애, 2004: 79)라면서 넌지시 건네는 다음과 같은 화두는 교육학적·정치적 관점에서 실로 "숙고"의 문제임과 동시에 어쩌면 회의와 경계의 대상이기도 하다.

"플라톤이 낯선 사람의 입을 통해 발표하도록 한 것은 휴머니즘 사회의 프로그램입니다. 이 사회는 유일한 완전한 휴머니스트, 즉 왕의 목자 기술을 지닌 지배자에게서 구현됩니다. 이러한 초(超)휴머니스트의 과제는 오로지 전체를 위하여 사육되어야 하는 엘리트에게서 이루어지는 특성설계와 다를 바가 없을 것입니다."(Sloterdijk, 2014: 54/이진우·박미애, 2004: 79)

그것이 "완전한 휴머니스트"(Voll-Humanist)의 이름을 하든 혹은 "초-휴머니스트"(Über-Humanist)로 명명되든, 교육이 어떤 방식으로든 우생학적 비전과 결탁하여 어떤 새로운 인간을 휴머니즘의 고전적 서고를 대신할 만한 "모종의 현대적 미디어"의 "새로운 관리인"으로 세우려 한다면, 그리고 그렇게 달라진 "인간 농장"이라는 생태계 속에서 포스트휴먼, 즉 인간 이후의 인간 혹은 인간을 넘어선 인간을 인공적으로 사육하려 한다면, 그것은 이미 인간과 교육의 영역 밖의 사안일 가능성이 높다. 그럼에도 불구하고 휴머니즘과 포스트휴머니즘 사이에서 그리고 교육과 사육의 경계에서, 인간의 의미와 의의에 관하여 그리고 교육의 가능성과 한계에 대하여 회의와 경계와 성찰의 자세를 견지하는 것은 인류와 교육을 위해 불가결한 사안일 것이다.

글을 맺는 지점에서, 본고의 취지와 관련하여 한 가지 첨언하고자 한다. 본고의 목적은 슬로터다이크의 진의를 검증하는 데 있지 않다. 즉 본고의 취지는 슬로터다이크가 전통적 휴머니즘의 시대적 소멸을 주장하고 유전학적 개입과 향상에 근거한 포스트휴머니즘의 프로파간다를 펼치고 있는지 그리고 과연 교육의 의미와 의의를 부정하고 이를 대신할 만한 어떤 사육적 프로그램의 수립을 촉구하고 있는지에 관한 진위 여부를 가리고자 함이 아니다. 이에 관한 언론의 공박과 슬로터다이크의 해명은 결국 진위여부의 판정이 아니라 진영 간의 첨예한 논쟁으로 번지다가 큰 아우성 가운데 소멸되었기에, 20년이 지난 오늘에 이르러 이를 다시 쟁론하는 것은 큰 의미가 없다.

오늘날 교육학의 관점에서 보다 중요한 것은 슬로터다이크가 아니라 휴머니즘과 교육 그 자체이다. 슬로터다이크로로 인해 목표점이 뚜렷해진 혹은 이것을 포함하여 지난 30여 년 동안 진행되어 온 또 하나의 (포스트)휴머니즘 논쟁은 교육학의 입장에서 그리 가볍게 보아 넘길 성격의 것은 아니라는 것이 필자의 판단이자 본 연구의 동기이다. 가깝게는 국내 철학계의 2018년 동향에 주목할 필요가 있을 것이고, 더 큰 틀에서는 그 이전에 이미 지속적·대중적으로 이어져 온 관련 연구들의 동향을 예의주시할 필요가 있다.[13] 이것은 굳이 슬로터다이크나 포스트휴머니즘이라는

---

13 전자의 정보는 "2018년 범한철학회 정기학술대회(주제: "기술문명과 인간 본성". 2018.06.08. 전남대학교)"이다. 후자의 경우, 국내 학계에 국한하고 공적 자금의 지원으로 장려된 몇몇 대표적 저서만을 꼽자면 다음과 같다. 이진우 외 (2004). 『인간복제에 관한 철학적 성찰』. 서울: 문예출판사; 이화인문과학연구원 (2013). 『인간과 포스트휴머니즘』. 서울: 이화여대출판부; 신상규 (2014). 호모사피엔스의 미래 - 포스트휴먼과 트랜스휴머니즘. 파주: 아카넷; 이종관 (2017). 『포스트휴먼이 온다』. 고양: 사월의책. 이 저서들은 모두 한국연구재단 또는 그 전신인 한국학술진흥재단의 지원을 받아 수행된 연구의 결과물들이다. 즉 한두 사람의 개인적 호기심의 발로에 그치는 일시적 현상이 아니라, 학계의 이해와 공적 사회의 수용 가운데 점차 그 영역을 확대해 나가고 있는 것으로 인식될 필요가 있다. 이러한 학계 흐름의 결과로서, 철학자들을 중심으로 한국포스트휴먼학회(회장: 백종현)가 2015년 창립되

특정 주제나 혹은 그 무엇에 관한 지식을 축적하기 위해서가 아니라, 휴머니즘과 교육의 본원적 연관을 더욱 선명히 이해하고 규정하며 실천할 수 있기 위해서이다. 그것이 어떻게 정의되고 논의되든 혹은 그것이 어떤 새로운 이름으로 명명되든, 휴머니즘은 인간에 관한 사유의 보고(寶庫)이고, 이 휴머니즘은 인간교육의 토양이자 지향점이기 때문이다.

었고, 이 학회가 발행하는 포스트휴먼사이언스 총서는 2018년 8월 현재 제3권까지 출판된 상태이다. 그중 휴머니즘/포스트휴머니즘이라는 주제를 직접적으로 다루고 있는 제1권과 제3권의 주제는 각각 "포스트휴먼 시대의 휴먼"(2016)과 "제4차 산업혁명과 새로운 사회윤리"(2017)이다. 교육학계에서는 2017년부터 관련 연구들이 보고되고 있는데, 다음 네 편이 그것이다. 안인기(2017. "포스트휴머니즘 담론으로 본 미술교육의 문제"), 김병연(2017. "포스트휴머니즘, 지리교육 그리고 사이보그 시민"), 이소연(2017. "포스트휴먼 시대 인문학적 사고와 글쓰기 교육 방안"), 우정길.(2018d. "포스트휴머니즘 인간관에 대한 비판적 성찰")

참고문헌

곽덕주 (2013). 근대교육에서의 교육적 역설과 그 교육적 의의. 『교육철학연구』 35(4), 1-27.

김병연 (2017). 포스트휴머니즘, 지리교육 그리고 사이보그 시민. 『한국지리환경교육학회지』 25(4), 73-87.

김상섭 (2012). 칸트의 교육문제: '강제 속에서 자유의 계발'. 『교육사상연구』 26(2), 43-61.

김정환·강선보·신창호 (2014). 『교육철학』. 서울: 박영사.

성환후 외 (2015). 체세포 복제기술 현황과 산업적 활용. 『농업생명과학연구』 49(6), 205-216.

신상규 (2014). 『호모사피엔스의 미래 -포스트휴먼과 트랜스휴머니즘』. 파주: 아카넷.

안인기 (2017). 포스트휴머니즘 담론으로 본 미술교육의 문제. 『미술과 교육』 18(4), 1-17.

양혜림 (2013). 니체와 트랜스휴먼(Transhuman) – 슬로터다이크(Peter Sloterdijk)의 포스트휴머니즘(Posthumanism)론을 중심으로. 『니체연구』 23, 7-41.

우정길 (2007). 부자유를 통한 자유와 교육행위의 지향성. 탈주체성 또는 상호주관성의 교육이론을 위한 일 고찰. 『교육철학』 38, 139-164.

우정길 (2009a). 타자의 타자성과 교육학 지식. 『교육철학』 45, 151-174.

우정길 (2018d). 포스트휴머니즘 인간관에 대한 비판적 성찰: 기능과 욕망의 관점에서. 『교육철학연구』 40(2), 75-99.

이소연 (2017). 포스트휴먼 시대 인문학적 사고와 글쓰기 교육 방안. 『한국문학이론과 비평』 21(2), 127-152.

이종관 (2017). 『포스트휴먼이 온다』. 고양: 사월의책.

이진우 외 (2004). 『인간복제에 관한 철학적 성찰』. 서울: 문예출판사.

이진우 (2013). '인간 극복'과 니체의 트랜스휴머니즘. 『니체연구』 24, 87-118.

이화인문과학연구원 편 (2013). 『인간과 포스트휴머니즘』. 서울: 이화여대출판부.

장희권 (2005). 21세기 포스트휴머니즘 시대의 인간존재방식. 『독일문학』 96, 174-195.

최재정 (2008). 『개혁교육학』. 서울: 학지사.

Bollnow, O.F. (1959). *Existenzphilosophie und Pädagogik*. Stuttgart: Kohlhammer.

Bostrom, N. (2003a). Human Genetic Enhancements: A Transhumanist Perspective. *The Journal of Value Inquiry* 37, 493-506.

Bostrom, N. (2003b). The Transhumanist FAQ (Version 2.1). www.nick－bostrom .com (2018.07.01.열람)

Cavallar, G. (1996). Die Kultivierung von Freiheit trotz Zwang (Kant). *Vierteljahrschrift für wissenschaftliche Pädagogik* 72, 87-95.

Foucault, M. (1974). *Die Ordnung der Dinge*. F.a.M: Suhrkamp.

Fukuyama, F. (2002). *Our posthuman future*. N.Y.: Farrar, Straus, Giroux.; 송정화 옮김 (2003). 『부자의 유전자 가난한 자의 유전자』. 서울: 한국경제신문.

Haraway, D.J. (1991). *Simians, Cyborgs, and Women. The Reinvention of Nature*. N.Y: Routledge. 민경숙 옮김 (2002). 『유인원, 사이보그, 그리고 여자』. 서울: 동문선.

Kant (1998). Über Pädagogik. *Immanuel Kant*. (Bd.VI.). W. Weischedel (Eds.). Darmstadt: WBG. 695-778.

Key, E. (2000). *Das Jahrhundert des Kindes*. Weinheim/Basel: Beltz. 정혜영 옮김 (2009). 『어린이의 세기』. 서울: 지식을만드는지식.

Kron, F.W. (1996). *Grundwissen Pädagogik*. München/Basel: Ernst Reinhardt Verlag.

Hayles, K. (1999). How we became posthuman. Chicago: Chicago Univ. Press. 허진 옮김 (2013). 『우리는 어떻게 포스트휴먼이 되었는가』. 서울: 플레닛.

Herbrechter, S. (2009). Posthumanism. Darmstadt: WBG. 김연순·김응준 옮김 (2012). 『포스트휴머니즘』. 서울: 성균관대학교.

Masschelein, J. (1996). Pädagogisches Handeln und Verantwortung. Erziehung als Antwort. Masschelein, J., Wimmer, M. (1996). *Alterität Pluralität Gerechtigkeit*. Sankt Augustin: Academia. 163-186.

Meyer-Drawe, K. (1996a). Tod des Subjekts - Ende der Erziehung? Zur Bedeutung "Postmoderner" Kritik für Theorien der Erziehung.

Pädagogik 48(7-8), 48-57.

Miller, A. (1980). *Am Anfang war Erziehung*. F.a.M: Suhrkamp.

Nennen, H. U. (2003). *Philosophie in Echtzeit. Die Sloterdijk-Debatte.* Würzburg: Königshausen & Neumann.

O'Mathūna, D. (2013). 인간존엄성과 인간 향상의 윤리. 이화인문과학원(편). 『인간과 포스트휴머니즘』(pp. 109-138). 서울: 이화여대출판부.

Ricken, N. (1999). *Kontingenz und Pädagogik*. Würzburg: Königshausen & Neumann.

Rutschky, K. (1977). *Schwarze Pädagogik*. F.a.M.: Ullstein Materialien.

Savulescu, J., Bostrom, N. (Ed.)(2009). *Human Enhancement*. London: Oxford Univ.

Sloterdijk, P. (1999). *Regeln für den Menschenpark*. F.a.M.: Suhrkamp. 이 진우·박미애 옮김 (2004). 『인간농장을 위한 규칙』. 파주: 한길사.

Woo, J.-G. (2007a). *Responsivität und Pädagogik*. Hamburg: Dr. Kovac.

Woo, J.-G. (2014). Teaching the unknowable Other: humanism of the Other by E. Levinas and pedagogy of responsivity. *Aisa Pacific Education Review* 15(1), 79-88.

Assheuer, T. (1999.09.02.) Das Zarathustra -Projekt. Die Zeit (https://www.zeit.de/1999/36/199936.sloterdijk1_.xml 2018.10.16.열람)

Habermas, J. (1999.09.16.) Post vom bösen Geist. *Die Zeit* (https://www.zeit.de/1999/38/Post_vom_boesen_Geist/komplettansicht?print 2018.10.16.열람)

Sloterdijk, P. (1999.09.09.) Die Kritische Theorie ist tot. *Die Zeit* (https://www.zeit.de/1999/37/199937.sloterdijk_.xml 2018.10.16.열람)

06

휴머니즘과 포스트휴머니즘 사이의 교육의 미래*

I. 다양한 휴머니즘들

철학계에서는 『냉소적 이성비판』(1983)으로 그리고 일반 대중들에게는 "철학 4중주"(Das philosophische Quartett: ZDF, 2002-2012)라는 TV토크쇼의 진행자로 알려진 슬로터다이크(P. Sloterdijk)는 1999년 이후 이른바 "슬로터다이크-스캔들"로도 큰 사회적 파장을 일으킨 바 있다. 그 직접적 계기가 된 것은 1999년 독일 바이에른주 엘마우 성에서 그가 행했던 "인간 농장을 위한 규칙"이라는 강연(이하 "엘마우 강연"으로 표기)이다. 이 강연은 일차적으로 주요 언론사의 몇몇 언론인들의 격렬한 회의와 비판을 초래하였고,[1] 나아가 비판이론 진영의 대표자인 하버마스도 본의 아

* 우정길 (2018f). 휴머니즘과 포스트휴머니즘 사이의 교육: 슬로터다이크(P. Sloterdijk)의 휴머니즘 비판을 중심으로. 『교육철학연구』 40(4), 93-119.

1 이른바 슬로터다이크-스캔들과 관련된 언론 보도는 1999년 7월 24일부터 2001년 1월 22일 사이 28건에 달한다.(Nennen, 2003: 61f; 이진우 외, 2004: 91f)

니게 가담하게 되는 형국으로 전개되었다.[2] 이 스캔들의 촉발과 흐름의 전모는 Nennen(2003)과 이진우 외(2004: 50-94), 장희권(2005), 우정길 (2018e: 82-87) 등의 문헌에 상세히 보고된 바 있다. 본고의 서론에서는 이 논란의 주제와 특징의 공유를 위해 언론인들이 제공한 논평 두 가지만 소개하고자 한다.

아쓰호이어(T. Assheuer)는 *Die Zeit*(1999.09.02.)에서 엘마우 강연에 나타난 슬로터다이크의 의도를 "짜라투스트라-프로젝트"로 규정하면서 "슬로터다이크가 인간의 유전공학적 재고를 요구하다"라는 부제로 이를 논평한다. 그가 보기에 슬로터다이크는 "철학과 자연과학의 화해를 도모 하기 위해 도덕적인 질문보다는 실용적 도구에 손을 대고, 유전자 선별과 사육을 이용하여 인간 종의 유전자 재고를 추구한다."는 것이다. 이를 통 해 "니체의 소망, 즉 초인을 향한 짜라투스트라-판타지가 실현될 것"이라 는 점이 아쓰호이어가 비판적으로 지적하고 있는 엘마우 강연의 문제이 다.[3] 이로부터 나흘 뒤 모어(R. Mohr)는 *Der Spiegel* 온라인 판에 "초인 의 사육자"(Züchter des Übermenschen)라는 제목의 글[4]을 발표하면서, "철학자 페터 슬로터다이크가 '출생 전 선별'과 '선택적 출생'을 선전하고 있다: 응용사회비평으로서 유전공학. '인간사육'에 관한 그의 최근 강연은 파시스트적 수사의 특징을 띠고 있다."며 날선 논평을 이어갔다. 모어는 "문화 엘리트의 지도 아래 확고한 목표를 갖고 시행될 유전자 선별"이라 는 슬로터다이크의 제안이 "파시스트적 호소"의 성격을 띠고 있노라고 강 조하였다. 이 기사에서 글보다 더욱 인상적인 혹은 선정적인 부분은 2쪽 짜리 지면의 상당 부분을 차지하고 있는 사진들로서, 슬로터다이크와 니

---

2 *Die Zeit* (1999.09.09.) https://www.zeit.de/1999/37/199937.sloterdijk_.xml (2018.10. 16.열람). *Die Zeit* (1999.09.16.) https://www.zeit.de/1999/38/Post_vom_boesen_ Geist/komplettansicht?print (2018.10.16.열람)

3 *Die Zeit* (1999.09.02.) https://www.zeit.de/1999/36/199936.sloterdijk1_.xml (2018.10. 16.열람)

4 *Der Spiegel* (1999.09.06.) http://www.spiegel.de/spiegel/print/d-14718468.html (2018.10.16.열람)

체의 단독 사진 그리고 나치 간부들 사이에 앉아 있는 하이데거의 사진이
그것이다. 특히 니체의 증명사진과 나란히 게재된 하이데거의 사진은
1933년 나치의 고위급 간부 일당이 라이프치히를 시찰하던 도중 찍은 것
으로서, 나치의 상징인 갈고리십자가(Hackenkreuz) 깃발을 배경으로 당의
여러 간부들과 함께 전면에 자리하고 있는 하이데거를 부각시킨 것이다.

[그림 1] 철학자 페터 슬로터다이크, 나치-간부 순시
(1933년 라이프치히. 동그라미 속 인물은 철학자 하이데거), 니체
(https://www.spiegel.de/spiegel/print/d-14718468.html)

이 세 장의 사진을 통해 모어가 강조하려는 메시지는 분명하다. 니체
로부터 영감을 받은 슬로터다이크가 전후 독일의 시대정신이었던 계몽의
구호인 "사회비판"(Gesellschaftskritik)을 폐기하고, 이를 대신하여 새로운
문화권력이자 "파시스트적 공포"가 될 "유전공학"을 주장하고 있다는 것이
다. 그리고 이것은 나치 당원이자 나치가 칭송하였던 철학자 하이데거가
보였던 정치적 부적절성과 비견될 정도의 반인본적 스캔들이라는 것이다.
　　언론인들에 의해 촉발된 위와 같은 논란으로부터 한 걸음 비켜서 조
망해 보자면, 엘마우 강연의 주제는 분명 '휴머니즘 그리고 휴머니즘 이
후'이다. 특히 그는 전통적 휴머니즘의 대표적 사례로 하이데거의 기초존

재론을 지목하고, 그에 대한 비평에 기반하여 전통적 휴머니즘이 이제 더 이상 유효하지 않으며, 아울러 전통적 휴머니즘과 밀접한 관련이 있는 길들이기로서 교육 역시 동일한 운명에 처하게 되었노라고 진단한다. 그러나 그 다음에 올 새로운 휴머니즘에 관하여는 분명한 태도를 취하고는 있지 않다. 실제로 그는, 본고 제 V장에서 소개하게 되겠지만, 그가 "새로운 진화론적 지평"이라고 일컫는 그것과 관련하여 어떠한 확정적 제안을 하고 있지는 않다. 적어도 형식상 그는 일련의 의문문들로 이 사안에 임하고 있으며, 이 의문문이 담고 있는 미래적 내용에 대하여 "트랜스휴머니즘 또는 포스트휴머니즘"이라는 새로운 용어를 동원하여 포괄적이고 추상적이며 다소 예언비평적 방식으로 강연을 매듭지었다. 그러나, "몇몇 언론인들은 이 의문문을 규정문으로 만들었다."(Sloterdijk, 1999: 60)는 슬로터다이크의 사후적 불평처럼, 그의 엘마우 강연은 본장의 서두에서 소개한 것과 같이 긍정적 방향으로든 혹은 부정적 의미로든 사회적으로 상당한 파장과 반향을 낳게 되었다.

이러한 와중에 본고가 주목하고자 하는 부분은 휴머니즘과 교육이다. 미리 밝혀두건대, 본고의 내용 구성에 있어서 교육이 차지하는 비중은 그리 크지 않다. 엘마우 강연에서 교육은 중심 주제가 아니라 휴머니즘에 관한 몇 겹의 논의의 말미에 등장하는 주변적 주제이기 때문이다. 이 "휴머니즘에 관한 몇 겹의 논의"와 관련하여 상술하자면 다음과 같다.

〈표 1〉 엘마우 강연 속 휴머니즘들

휴머니즘1	- 전통적 휴머니즘들	본고 제 II장
휴머니즘2	- 하이데거는 휴머니즘1을 "형이상학적 휴머니즘"이라 명명하고, 이들은 진정한 의미의 휴머니즘이 아니라고 비판 - 휴머니즘1의 대안으로 기초존재론(휴머니즘2)을 제안	본고 제 II장

휴머니즘3	- 슬로터다이크는 기초존재론(휴머니즘2)을 "존재-인간학"으로 명명하고, 이것 역시 휴머니즘의 일종으로 구분 - 더 포괄적인 개념으로 "독서사회로서 휴머니즘"(휴머니즘3)을 제안 - 전통적 휴머니즘들(휴머니즘1) & 기초존재론(휴머니즘2) 모두가 여기에 속함 - 슬로터다이크는 "독서사회로서 휴머니즘"(휴머니즘3)의 관점에서 하이데거의 기초존재론(휴머니즘2)을 비판 - 슬로터다이크는 "독서사회로서 휴머니즘"(휴머니즘3)의 종언을 선언. 이에 따라 "길들이기로서 교육"도 종말을 맞게 된다는 주장.	본고 제 III장, 제 IV장
휴머니즘4	- 포스트휴머니즘·트랜스휴머니즘: "독서사회로서 휴머니즘" 이후의 휴머니즘	본고 제 V장

슬로터다이크는 휴머니즘에 대한 자신만의 규정방식을 갖고 있다. (<표 1> "휴머니즘3") 그런가하면 슬로터다이크가 휴머니즘 비평의 사례로 삼고 있는 하이데거 역시 기존의 휴머니즘들(<표 1> "휴머니즘1")에 관한 비판적 논평을 내어 놓은 바 있다. 이에 더하여 하이데거는 자신만의 대안을 기초존재론이라는 이름으로 제안하였다는 것도 주지의 사실이다.(<표 1> "휴머니즘2") 그런데 슬로터다이크는 전통적 휴머니즘들의 대안으로서 하이데거가 제안한 기초존재론(<표 1> "휴머니즘2") 역시 휴머니즘의 일종이라 구분하고 있기에(<표 1> "휴머니즘3"), 결과적으로 우리는 엘마우 강연에서 세 가지 상이한 종류의 휴머니즘들을 접하게 된다. 이에 더하여 그 실체가 분명치는 않지만, 슬로터다이크가 휴머니즘 이후의 것으로 제안하고 있는 포스트휴머니즘 또는 트랜스휴머니즘(<표 1> "휴머니즘4")까지 염두에 두어야 하기에, 사실상 엘마우 강연에서 우리는 네 가지 상이한 휴머니즘들을 보게 된다.

교육에 대한 논의가 상대적으로 적은 비중을 차지함에도 불구하고 엘마우 강연을 주목하는 일차적인 이유는 교육이 휴머니즘과 갖는 본질적 관련성 때문이다. 휴머니즘은 인간에 관한 보편적 관심의 표현임과 동시에 인간이해의 문화의존적 양상을 보여 주는 중요한 지표이다. 특히 알파고와 GNR(Genetic Nano Robot), BNIC(Bio·Nano·Information Technology, Cognitive Science) 그리고 제4차 산업혁명 등으로 특징지워지는 현대 사회 변화의 양상을 고려할 때, 휴머니즘 혹은 인간 그 자체에 대한 이해가 상당한 변화의 과정 중에 있다는 점은 자명하다. 혹은 커즈와일이 예견한 그 "특이점"(Kurzweil, 2005)[5]에 우리는 연일 근접해 가고 있는 중일 수도 있다. 그리고 교육은 이러한 휴머니즘의 울타리 안에서 그리고 휴머니즘 이라는 토양 위에서 기획되고 실행되는 제 활동이라는 사실을 고려할 때, 휴머니즘에 대한 논의는 그 자체로 교육에 관한 논의를 내포하고 있다고 볼 수 있다. 그리고 실제로 슬로터다이크는 휴머니즘의 종말이 곧 교육의 종말이라고 선언(<표 1> "휴머니즘3": 본고 제IV장)하기도 하였다.

교육에 대한 직접적 논의가 부족해 보임에도 불구하고 본고가 엘마우 강연에 주목하는 두 번째 이유는 바로 <표 1>의 네 번째 휴머니즘 인 포스트휴머니즘·트랜스휴머니즘 때문이다. 이 용어들은 휴머니즘이라는 용어에 접두어 '포스트'(post) 또는 '트랜스'(trans)가 붙어 있지만, 그 본질에 있어서 인간에 대한 변화된 이해를 반영한다는 의미에서 휴머니

---

5 특이점은 기하급수적 증가에서 거의 수직에 가깝게 치솟는 단계를 의미하는 용어인데, 커즈와일은 이것을 "가속화하던 과학기술의 발달이 이 점에 이르러 비약적 발달에 이르게 되고, 이로써 새로운 문명의 차원이 열리게 된다."는 의미로 사용하고 있다. 실제로 그는 식사와 성교를 비롯한 인간의 일상, 일과 놀이와 학습, 질병과 수명, 치안과 국방에 이르는 인간 삶의 모든 분야에서 특이점 이전과는 전혀 다른 차원의 양상이 전개될 것이라고 본다. 그가 예측하는 혹은 제안하는 특이점 이후의 인간 혹은 포스트휴먼의 모습은 다음과 같다. "인간의 지능은 비생물학적 지능과 융합될 것이며, 인간은 인간만큼 혹은 인간보다도 더욱 복잡하고 미묘한 면을 지닌 비생물학적 시스템을 만들고, 인간 자신이 생물학적 존재에서 비생물학적 존재로 변해갈 것이다."(Kurzweil, 2005/김명남·장시형, 2007: 465, 523)

즘의 범주에 포함되기도 한다. 비록 슬로터다이크는 이 용어에 '문자 이후'라는 단순한 의미만을 담고 있노라고 해명하지만, 엘마우 강연이 이루어졌던 1999년 당시 포스트휴머니즘·트랜스휴머니즘이라는 용어는 이미 상당히 구체적인 맥락에서 사용되고 있었다는 점도 주지의 사실이다.[6] 그리고 그는 이 용어를 통해, 본고의 제 IV장에서 고찰하게 되겠지만, 21세기 인간과 사회와 교육이 직면하게 될 중요한 화두를 미리 던져 놓은 것일 수도 있다. 그리고 이로부터 20년이라는 시간이 지나는 동안 생명과학을 비롯한 과학계 여러 분야의 비약적 발전은 그 이전의 인간이 공상만했었던 일들이 일상의 현실이 될 수도 있다는 전망을 가능케 하고 있다. 그리고 이러한 전망으로 인해 우리는 인간과 교육 혹은 인간의 교육에 대해 새롭게 성찰하여야 할 필요를 절감하게 되었고, 그리고/혹은 심지어 포스트휴먼이라는 전례 없는 존재의 교육에 대한 성찰의 필요 여부마저 대두되고 있는 실정에 이르렀다.[7] 이러한 사회적·교육학적 논의의 시작에 엘마우 강연이 있었고, 그로부터 20년이 지난 오늘날, 이에 대한 교육적 논의의 일환으로서 본고의 고찰이 있다는 점을 전제해 두고자 한다.

본론에 앞서 미리 밝혀 두고자 하는 연구의 제한점들은 다음과 같다. 첫째, 본고는 슬로터다이크와 하이데거(혹은 슬로터다이크의 엘마우 강연에 등장하는 하이데거)를 고찰의 소재로 삼고는 있지만, 이것은 이 두 사상가의 철학적 사유에 대한 직접적·본격적 탐구가 아니며, 따라서 본고

---

6 이 용어의 흐름과 용례와 분류에 관하여는 Herbrechter, 2009/김연순·김응준, 2012: 51-104; 임석원, 2013: 61-73; 우정길, 2018d: 77-80을 참조 바란다.
7 이와 관련된 해외 교육학계의 선구적인 연구사례로는 *Jahrbuch für Bildungs- und Erziehungsphilosophie* (2003)가 기획하고 7인의 교육학자가 논의에 참여한 "인간의 인간"(Der Mensch des Menschen)이 있다. (각각의 논제는 본고 참고문헌 목록에 수록) 이를 이은 연구로는 Junker-Kenny(2005), Fitzsimons(2007), Savulescu & Bostrom(Ed.)(2009), Giubilini & Sanyal(2015), Siddiqui(2016) 등이 있다. 국내 교육학계의 경우 2015년을 전후하여 관련 연구들이 보고되고 있는데, 다음 네 편이 그것이다. 추병완(2015a, 2015b), 안인기(2017), 김병연(2017), 이소연(2017), 우정길(2018d).

의 기획은 이들 사상의 전모를 소개하거나 비평하려는 목적과는 거리가 멀다. 본고는 엘마우 강연이라는 제한적 자료에 국한하여 휴머니즘을 이해하고, 그것이 교육과 갖는 관련성을 탐구하는 것을 목적으로 한다. 둘째, 본고는 이른바 포스트휴머니즘에 관련된 교육학 논의의 핵심인 인간향상(Human Enhancement)에 대한 제 논의를 본격적으로 다루지 않고, 그 중심 동기를 제 V장에서 대략적으로만 언급하고자 한다. 본고는 인간향상론 논의를 위한 예비적 고찰이라는 점을 밝혀 두며, 독자들의 이해를 구하고자 한다.

II. 형이상학적 휴머니즘 비판
-『휴머니즘 서간』(M. Heidegger)

잘 알려진 바와 같이, 휴머니즘 서간은 최초 하이데거에게 보내온 질문에 대한 답변의 일환으로 씌여진 것이다. 질문자는 프랑스인 보프레(J. Beaufret)였고, 질문의 주제는 휴머니즘이었다. 아래 인용하는 하이데거의 답문에는 질문과 대답이 함께 축약되어 있다.

> "당신은 이렇게 묻는다. "우리는 휴머니즘이란 낱말의 의미를 어떻게 회복할 수 있습니까?" 이 물음은 휴머니즘이라는 낱말을 고집하려는 의도에서 나온 것이다. 나는 그런 고집이 과연 필요한가라고 자문한다. 또는 이러한 종류의 모든 명칭이 야기하는 해악이 아직도 충분히 널리 알려지지 않았는가라고도 자문한다."(Heidegger, 1967: 147/이선일, 2005: 126)

행간에서 읽을 수 있듯이, 하이데거는 "휴머니즘"이라는 낱말에 대해서도, 그리고 그 낱말이 내포해 온 각종 이즘(ism)들에 대해서도 회의적인 입장을 보이고 있다. 하이데거에게 회의의 대상인 이 휴머니즘들은 최초로는 로마 공화정 시대에 후마니타스라는 이름으로 구현된 그리스의 파이데이아였고, 때로는 사회적 인정의 대상으로 인간다움을 구안하였던 마르크스주의였으며, 또 때로는 신성과 구분되는 것으로 인간성을 파악하였던 기독교의 인간관이기도 하였다.(Heidegger, 1967: 151f/이선일, 2005: 131f) 그러나 하이데거가 보기에 이들 각각의 휴머니즘은, 그것이 비록 인간에 관한 모종의 사유들을 담고는 있으나, 진정한 의미의 휴머니즘은 아니라는 것이다. 이들 모두는 형이상학적 휴머니즘들이라는 것이 하이데거의 진단이다.

> "각각의 휴머니즘이 형이상학에 근거하거나 휴머니즘이 스스로 형이상학의 근거가 되기도 한다. 존재의 진리에 관한 물음에 아랑곳없이 존재자에 관한 해석을 미리 전제하는 인간의 본질에 관한 모든 규정은 알게 모르게 형이상학적이다. 따라서 모든 형이상학의 특색은, 모든 형이상학이 휴머니즘적이라는 점에서 나타나는데, 특히 인간의 본질이 규정되는 방식을 고려해 보면 이 점은 명확하다. 그러므로 모든 휴머니즘은 형이상학적 차원에서 머문다."(Heidegger, 1967: 153/이선일, 2005: 133)

그가 형이상학적 휴머니즘이라고 지칭하는 것에서 가장 문제되는 것은 무엇인가? 하이데거의 관점에서 이들 형이상학적 휴머니즘들은 인간의 인간임(Mensch-sein)의 근거를 인간이라는 존재의 존재성 그 자체에서 묻지 않는다는 데 있다. 이들은 각각의 사유가 전제하는 모종의 틀 속에서 인간을 이해하고 규정한다. 하이데거의 표현으로는, 이들 형이상학적 휴머니즘들은 "전체 안에서의 존재자에 대한 기존의 해석을 고려하여 [인간 존재를] 규정"(Heidegger, 1967: 153/이선일, 2005: 133f)한다. 그리고 이러한 방식의 휴머니즘은 그것 자체로 휴머니즘이 아닐 뿐 아니라, 인간의 본질과 존재에 관한 물음을 방해하므로 오히려 회의의 대상이 되어야 한다는 것이다. 이러한 하이데거의 비판으로부터는 사르트르의 저 유명한 명제 "실존이 본질에 앞선다."도 자유롭지 않다. 하이데거의 관점에서 사르트르의 이 명제는 "본질이 현존에 앞선다."에서 포착되는 인간에 대한 기존의 이해를 바꾸어 놓긴 하였으나, 그 역시 "여전히 형이상학적 명제일 뿐"(Heidegger, 1967: 159f/이선일, 2005: 140f)이라고 냉정히 평가한다. 본질적 존재라고 명명되든 혹은 현존적 존재라고 명명되든, 존재 그 자체를 사유하지 않는 한 그 어떤 휴머니즘도 "형이상학적"이라는 꼬리표를 떼기 어렵다는 것이 하이데거의 엄밀한 판단이다. "형이상학은 존재 그 자체를 사유하지 않으며, 또한 존재자와 존재의 차이를 사유하지 않는다."(Heidegger, 1967: 154/이선일, 2005: 134)

위와 같은 형이상학적 휴머니즘 또는 인간에 대한 형이상학적 접근의 일반적 사례 중 하나로 하이데거는 동물로부터 연역된 인간이해를 든다. 그는 다음과 같이 묻는다. "도대체 인간의 본질이 시원적으로 또한 그야말로 결정적으로 동물성의 차원 안에 놓여있는가?"(Heidegger, 1967: 154/이선일, 2005: 134) 하이데거의 관점에서는, 우리가 인간의 인간임을 묻는 방식에 있어서, 그것이 동물이든 식물이든 혹은 신이든, 인간 아닌 다른 존재를 상정하고 그것과 인간이 갖는 차이를 부각시켜 이로부터 인간만의 특징을 가지고 인간의 존재성을 구성하려는 경우, 우리는 결국 인간의 인간임을 만나는 것이 아니라 인간 이외의 존재라는, 모종의 형이상학에 입각한 인간상을 만나게 될 뿐이라는 것이다.

> "이런 식으로 해서는, 비록 사람들이 인간을 동물과 동일시하지 않고 오히려 인간에게 하나의 종적인 차이를 인정한다 하더라도, 궁극적으로 인간은 동물성의 본질영역 속으로 내버려진다는 사실이다. … [이런 식으로는. 역자주] 사람들은 원칙적으로 항상 동물적 인간(homo animalis)만을 사유한다. 그러한 정립이 형이상학적인 것이다. … 그래서 역사적 인류에게 인간의 본질적 유래는 항상 본질적으로 다가설 미래로 남아 있다. 형이상학은 인간을 동물성에 입각해 사유할 뿐, 인간의 인간다움을 향해서는 사유하지 않는다."(Heidegger, 1967: 155/이선일, 2005: 135)

그리고 인간에 대한 이러한 "형이상학적" 접근 방식에 대한 회의는, 앞서도 간략히 언급된 바 있듯이, 이제 인간에 대한 그간의 이해방식 일반으로 확장된다.

"인간의 본질이 동물적 유기체라는 점에 있지 않듯, 인간이 불멸적 영혼 또는 이성적 능력 또는 인격의 성격을 구비하고 있다고 해서, 인간에 관한 이 불충분한 본질규정이 제거되거나 상쇄되지는 않는다. 그 어느 때나 인간의 본질은 간과된다. 좀 더 정확히 말하자면, 인간의 본질은 동일한 형이상학적 기투를 근거로 간과된다."(Heidegger, 1967: 156/이선일, 2005: 136)

역시 핵심은, 인간의 인간임은 그 어떤 인간 외적 존재 또는 그에 대한 사변을 통해 연역될 수 없다는 주장이다. 달리 말하자면, 하이데거는 인간 존재에 대한 직접적 사유가 아닌, 그의 표현을 인용하자면, "인간의 본래적 존엄성을 경험하지 못하[게하]는"(Heidegger, 1967: 161/이선일, 2005: 143) 모든 방식의 인간이해를 지양하기를 주장한다. 그는 위와 같은 방식의 제 형이상학적 휴머니즘에 대해 반대 의사를 분명히 한다. "[내가] 휴머니즘에 반대하는 까닭은, 휴머니즘이 인간의 인간다움을 충분히 드높게 평가하지 못하기 때문이다."(Heidegger, 1967: 161/이선일, 2005: 143)

그렇다면 이제 생겨나는 의문은, 하이데거가 추구하는 휴머니즘은 과연 어떤 것인가이다. 물론 하이데거는 자신이 지향하는 휴머니즘을 휴머니즘이라 명명하지 않는다. 그는 이것을, 잘 알려진 바와 같이, "기초존재론"(Heidegger, 1967: 187/이선일, 2005: 173)이라 명명한다.[8] 이 기초존재론

---

8 하이데거가 휴머니즘이라는 용어를 대신할 만한 자신의 관점을 "기초존재론"이라고 명명하고 있다는 사실에 유의할 필요가 있다. 그는 인간을 존재론적 관점에서 파악할 뿐만 아니라, 다음 인용문에서 엿볼 수 있듯이, "인간"을 "존재"로 치환하여 이해하려는 의도를 내비치기도 하였다. "만약 휴머니즘이 실존주의이고 그래서 사르트르가 발언한 '정확히 우리는 인간만이 있는 국면 안에 있다.'라는 명제를 옹호한다면, 확실히 그렇지 않다. 『존재와 시간』의 관점에서 사유한다면, 사르트르의 명제 대신

의 중심 개념인 존재의 해명을 위해서는 그가 근본기분(Grundbestimmung)
이라 부르는 삶의 영역들(불안, 권태, 경악, 경외 등) 속에서 포착되는 존재
자의 양상들, 불안이라는 근본기분 속에서 드러나게 되는 무(無)와 존재
의 사실성, 존재의 존재성이 드러나는 기제이자 과정인 밝음·밝힘의 현
상 등에 관하여 논하여야 할 것이다. 그러나 이러한 논의들은 전통 철학
의 과제로 남겨 두기로 한다. 다만 이와는 다른 목적을 위해 수행되는 본
연구에서는 『휴머니즘 서간』에 기술된 것을 중심으로 하이데거가 '새로
운' 휴머니즘을 제안하는 사유, 즉 새로운 휴머니즘 탐구의 당위성을 재
확인하고, 그의 제안에 나타난 특징 몇 가지만 필요한 범위 내에서 다음
과 같이 정리해 보고자 한다.

첫째, 『휴머니즘 서간』에서 제공되고 있는 존재 해명은 최종적으로
는 불충분하다는 인상을 남긴다. 그가 제기하고 있는 존재물음은 본질질
문(Wesensfrage)에 해당되며, 이것은 보다 대중적인 용어로 표현하자면
이른바 정초주의의 범주에 속하는 것이기 때문이다. 우리가 정초·토대
위에 혹은 그 안에 살고 있는 한, 정초·토대는 최종적 해명이 사실상 불
가능한 무엇이다. 물론 하이데거의 기초존재론에 대한 위와 같은 평가는
『휴머니즘 서간』에 국한된 것이 아니라 하이데거의 저작 전반에 걸쳐 해
당되는 것이다.[9] 심지어 그 불명료함을 근거로 하이데거의 존재론에 "신

에 이렇게 말해야 할 것이다. '정확히 우리는 원칙적으로 존재가 있는 국면 안에 있
다.'"(Heidegger, 1967: 165/이선일, 2005: 148) 아울러 그는 자신의 존재론 구상과
관련하여, "사유에 대한 존재의 우선성과 우위성"(Heidegger, 1967: 166/이선일,
2005: 149) 및 "그 자체로 근원적 윤리학인 존재론"(Heidegger, 1967: 187/이선일,
2005: 173)을 주장하기도 한다. 이로써 그의 기초존재론은 존재의 철학적 우선성·우
위성을 주장함과 동시에 철학의 여타 영역에 대한 존재론의 토대성을 강조하는 표현
이기도 하다. 참고로, 존재의 우선성·우위성의 주장이라는 하이데거 철학의 특징과
관련하여 『휴머니즘 서간』의 한국어 번역자인 이선일은 다음과 같이 촌평하기도 한
다. "역설적이게도 하이데거의 휴머니즘은 인간을 위한 휴머니즘이 아니라 존재를
위한 휴머니즘이 된다. … 역설적이게도 존재를 위한 휴머니즘은 인간을 위한 휴머
니즘으로 귀환한다."(이선일, 2001: 347)
9 이와 관련하여서는 국내 교육학계에서 균형감 있는 하이데거 탐구의 전형을 보인 김

비적"이라는 수사를 부여한 사례들도 있다.[10] 『휴머니즘 서간』의 아래 인용문은 하이데거 존재론에 대한 위와 같은 평가를 야기하는 사례라 할 수 있다.

"존재는 무엇인가? 그것은 그것 자체이다. … 존재, 그것은 신도 아니고 세계의 근거도 아니다. 존재는 본질적으로 모든 존재자보다 더 떨어져 있는데, 그럼에도 불구하고 인간에게는 그 어느 존재자보다, 즉 바위 동물 예술작품 기계 또는 천사나 신보다 더 가까이 있다. 존재는 가장 가까운 것이다. 하지만 가까움이 인간에게는 가장 멀리 남아 있다. 인간은 우선은 언제나 단지 존재자만을 고집한다. 그러나 사유가 존재자를 존재자로서 표상할 때, 사유는 확실히 존재와 관련을 맺는다. 하지만 사유는 진실로 항상 존재자 그 자체만을 사유할 뿐, 실로 존재 그 자체는 결코 사유하지 않는다. 존재물음은 항상 존재자에 관한 물음으로 남아 있다."
(Heidegger, 1967: 162/이선일, 2005: 144)

영래의 선행연구 일부를 소개하고자 한다. "형이상학의 필터를 통해 파악하는 사물들을 하이데거는 '존재자'(Seiendes)라고 부른다. 존재자는 빛의 매개를 통해 시각적으로 파악된 '눈앞의 존재'(Vorhandensein)이다. 그러나 사물을 눈앞의 존재로 보는 것이 그 자체로 자명하고 유일한 존재파악의 방식은 아니다. … 하이데거는 눈앞의 존재인 존재자로부터 구별되는 본연의 '존재'(Sein)를 상정한다. 그런데 그는 존재를 단지 이론적 가능성으로 상정하는 것이 아니라 이미 언제나 존재하고 있으면서 존재자가 존재자로 나타나게 하는 토대이며 능력이라고 말함으로써 독자들을 당혹감에 빠뜨린다. 눈앞의 존재, 대상적으로 파악된 존재가 아닌 존재 자체란 도대체 무엇인가? … 하이데거의 '형이상학이란 무엇인가?'에 따르면 무를 드러내게 하는 것은 불안(Angst)이다. … 이상의 고찰에도 불구하고 하이데거의 존재개념은 여전히 난해하고 모호하다."(김영래, 2009: 40f)

10 롱의 경우 하이데거의 존재론적 시각을 "존재에 대한 신비적 태도"(Long, 2017: 177)라고 특징짓고, 오니쉬는 "신비적 포스트휴머니즘"(Onishi, 2011: 108)으로 규정하고 있다. 아울러 본고의 주된 자료인 『인간 농장을 위한 규칙』에서 슬로터다이크도 하이데거의 기초존재론에 대해 이와 흡사한 평가를 은유적으로 표현하고 있는데, 이를 옮기자면 다음과 같다. "그는 정치적 애매성에서 탈출하여 신비적 사색의 고지로 퇴각하기 위하여 자신의 프랑스 숭배자의 호의를 교활하게 이용했다."
(Sloterdijk, 1999: 21/이진우·박미애, 2004: 51)

다만 위와 같은 설명을 통해 우리가 재차 확인할 수 있는 것은 다음과 같은 사실이다. 즉 인간은 곧 존재 그 자체이지만, 이 존재의 본질 혹은 존재라는 본질에 접근하기 위해 우리는 어쩔 수 없이 존재자를 경유하여야만 한다. 그러나 우리가 사유를 통해 존재자를 경유한다는 것은 곧 우리가 존재의 본질로부터 멀어진다는 것을 의미한다. 이런 의미에서 존재는 인간에게 가장 가깝게 있는 동시에 가서 닿기 가장 어려운 무엇이다. 이러한 사태를 하이데거는 다시 "존재는 존재자를 보증하며 또한 역으로 존재자는 존재를 보증하는데, 이처럼 양자가 서로를 좇는 식으로 기묘하면서도 아직도 무분별한 혼란 속에 빠져 있다."(Heidegger, 1967: 170/이선일, 2005: 154)고 표현한다. 앞서 하이데거가 형이상학적 접근이라고 혹평한 그간의 제 휴머니즘 역시 이러한 종류의 "무분별한 혼란"의 사례들이다. 제 휴머니즘들은 인간이해를 위한 치열한 노력들이었음에도 불구하고 오히려 인간의 이해를 가로막은 기제들이었다. 이들 대부분은 존재자를 존재로 오인한 경우들이지만, "존재는 개개의 모든 존재자들보다 더 존재적"(Heidegger, 1967: 189/이선일, 2005: 176)이기에, 존재 그 자체를 향해 직접 나아가지 않는 한 하이데거가 "인간다운 인간의 인간다움, 가장 극단적 의미의 휴머니즘"이라고 표현한 그것에 접근하기는 불가능하다. 그에 따르면, "인간의 인간다움을 존재와의 가까움으로부터 사유하는 것이 바로 휴머니즘"(Heidegger, 1967: 173/이선일, 2005: 157)이기 때문이다. 존재로부터 멀어 있었던 제 형이상학적 휴머니즘들은 곧 "존재의 진리로부터 추방"(Heidegger, 1967: 172/이선일, 2005: 156)된 경우이자 "존재 망각으로 인한 고향 상실"(Heidegger, 1967: 170/이선일, 2005: 154)의 사례들일 뿐이다. 이런 이유로 더 근원적인 차원에서 존재 그 자체가 탐구되어야 한다고 하이데거는 적극 주장하는 것이다.

둘째, 『휴머니즘 서간』에 나타난 존재 서술의 특징 중 하나로 "빛(밝음·밝힘)과 움직임"이라는 이미지가 사용되고 있다는 점을 들 수 있다.

"존재의 밝음 안에 서 있음을 나는 인간의 탈존이라 명명한다. 이러한 있음의 양식은 인간에게만 고유하다."(Heidegger, 1967: 155/이선일, 2005: 135) / "인간은 현(Da)으로, 다시 말해 존재의 밝음(Lichtung des Seins)으로 있는 그런 방식으로 현성한다. … 다시 말해 '존재의 진리 안에 탈자적으로 서 있음'이라는 근본특징을 갖는다."(Heidegger, 1967: 157/이선일, 2005: 137) / "인간은 존재 자신에 의해 존재의 진리 안에 던져져 있다. 인간은 그와 같은 형태로 탈-존하면서 존재의 진리를 수호하는데, 이로써 존재의 빛 안에서 존재자는 본인의 존재자로서 나타나는 것이다."(Heidegger, 1967: 161/이선일, 2005: 143) / "밝음·밝힘 그 자체가 곧 존재이다."(Heidegger, 1967: 163/이선일, 2005: 145) / "인간은 존재의 열려 있음 안으로 나아가 서 있으며, … 피투된 채, 인간은 존재의 열려있음 안에 서 있다. 세계는 존재의 밝음이며, 인간은 피투된 자신의 본질에 입각하여 그 안으로 나아가 서 있는 것이다."(Heidegger, 1967: 180/이선일, 2005: 166)

"밝음·밝힘"(Lichtung)은 기본적으로 빛(Licht)이 비춰지는 모양새를 나타낸 표현이다. 그리고 그것은 항상 동적인 개념이다. 빛은 멈춰있지 않고 항상 움직이며, 어둠의 공간을 밀어내고 열어가기 때문이다. "Lichtung"이라는 단어가 때로 "공터·빈터"를 의미하기도 하지만, 이럴 경우라도 이것이 어둠의 장소를 의미하는 것은 아니다. 이것은 빛이 들어찬 공간을 의미한다. "존재의 밝음"이라는 표현이 거듭되는 데서 알 수 있듯이, 하이데거에게 있어서 존재는 밝아짐을 전제로 드러나는 혹은 경험되는 무엇이다. 심지어 그는 "밝음·밝힘 그 자체가 곧 존재"라고까지 말하고 있다. 이와 같은 동적 개념이 적용되는 다른 한 가지 요소는 "서있음"이다. 이 "존재의 밝음·밝힘 안에 서 있음"이 곧 인간에게만 고유한 있음의 양식이라고 하이데거는 말한다. 그것이 피투된 상태이든 혹은 존재의 열려 있음 속으로 들어가 있든 (혹은 나아가 있든), 인간은 거기에 서 있으며, 이 이미지가 곧 인간의 가장 고유한 존재적 특징이라고 하이데거는 말한다. 물론 이 밝음·밝힘의 전 과정 자체가 존재라는 것인지 혹은 이러한 밝음·밝힘의 기제와 별도로 있어서 밝음·밝힘을 통해 열리게 될 혹은 드러나게 될 그 무엇이 존재라는 것인지 혹은 이때 드러나는 것이 존재의 의미 혹은 존재의 진리인지에 대해서는 추가적 탐구가 필요할 것이다.

하이데거의 존재 해설에 나타나는 또 한 가지 특징은 바로 언어이다. 그에 따르면 언어는 단순히 사유와 표현의 도구가 아니다. 언어는 존재의 길이고 거처이다.

> "인간은 다른 여러 능력들과 나란히 언어까지도 소유하고 있는 생물에 불과한 것이 아니다. 오히려 언어는 존재의 집이며, 인간은 그 안에 거주하면서 탈존하다. 왜냐하면 인간은 존재의 진리를 수호하면서 그것에 속해 있기 때문이다."(Heidegger, 1967: 164/이선일, 2005: 147) / "언어는 존재 자체가 자신을 밝히면서-은닉하는 도래다."(Heidegger, 1967: 158/ 이선일, 2005: 138) / "존재는 자신을 밝히면서 언어로 다가온다. 존재는 항상 언어로의 도상에 있다. 이렇게 도래하는 것을 탈-존적 사유는 그 자신의 말함 속에서 언어로 가져온다. 그리하여 언어는 스스로 존재의 밝음 안으로 고양된다. 이제야 비로소 언어는 저 비밀에 가득 차고 우리를 항상 철저히 지배하는 방식으로 그렇게 있다."(Heidegger, 1967: 192/이선 일, 2005: 179)

하이데거가 언어라는 은유 혹은 현상을 사용한 연유에 대해서는 인용문에 나타난 바를 통해 짐작해 볼 수 있다. 언어는 인간이 소유하고 사용한다고 생각하기 쉬운 도구이지만, 사실은 그 반대이기 때문이다. 하이데거에 따르면, 언어는 인간의 소유 대상이 아니라, 인간이 그 안에서 살고 그로부터 벗어날 수 없는 그 무엇이다. 즉 인간은 언어를 향하여 있고, 언어를 통하여 있으며, 언어 속에 있다. 만약 이곳이 밝음·밝힘의 공간이라면, 이곳은 존재의 본질이 고스란히 드러나는 곳이다. 이 경우 우리 각자에게는 이 존재론적 공간을 수호해야 하는 의무가 부여된다. 이런 의미에서 하이데거는 우리가 "존재의 진리를 파수"하여야 하는 "존재의 목자이자 존재의 이웃"(Heidegger, 1967: 173/이선일, 2005: 157-160)이어야 한다고 권면한다.

III. "독서사회"로서 휴머니즘 비판
- 『인간 농장을 위한 규칙』(P. Sloterdijk)

1. 슬로터다이크의 휴머니즘

슬로터다이크는 휴머니즘이 무엇인가라는 질문에 답하는 대신 전통적으로 휴머니즘이 어떻게 이해되어 왔는가의 문제, 즉 휴머니즘에 대한 특정한 혹은 유럽의 대표적인 이해에 대한 은유적 비평으로 자신의 강연을 시작한다. 그에 따르면 휴머니즘이란 "문자를 매개로 이루어지는 우애의 원거리 통신이다." 즉 그는 문자를 매개로 발신자와 수신자 사이에 이루어지는 모든 우애의 대화를 휴머니즘으로 이해한다.

그런데 슬로터다이크의 휴머니즘 비평의 핵심은 이러한 "문자로 매개된 우애의 원거리 통신"을 근대 사회의 구성 및 작동의 원리로 치환하는데 있다. 즉 그는 위와 같은 휴머니즘의 사회를 "일종의 문학사회의 모델로 환원"(Sloterdijk, 1999: 10/이진우·박미애, 2004: 42)하여 휴머니즘의 전개사를 파악한다. 이 경우 휴머니즘은 휴머니즘이라는 기표 아래 일반적으로 연상하게 되는 인간에 대한 모종의 보편적 이해라기보다는 아래와 같은 세 가지 특정 기능을 수행하는 사회적 기제로 작동하고 이해된다.[11]

그 첫 번째 기능은 공통성의 부여와 모둠이다. 슬로터다이크의 "문학사회"는 문자를 매개로 구성된 사회 구성원들의 모임이지만, 이 경우 문

---

[11] 본절에서 제시되는 "휴머니즘의 세 가지 기능"(슬로터다이크) 요약은 본고의 선행 연구라 할 수 있는 우정길(2018e: 87-90)로부터 상당 부분 인용하고 있음을 밝혀둔다. 이 두 가지 연구의 차이점은, 본고가 하이데거의 휴머니즘 비평을 포함한 슬로터다이크의 엘마우 강연을 다루고 있는 데 반해, 우정길(2018e)은 슬로터다이크의 엘마우 강연에서 하이데거 관련 부분을 제외하고 있다는 점이다.

자는 그 의미가 기호 또는 부호화되어 씌어진 문자라기보다는 언어 일반으로 이해되는 것이 적절하다. 그가 "이 사회의 참여자들은 표준적 독서를 함으로써 영감을 불러일으키는 발신자들에 대한 공동의 사랑을 발견합니다."(Sloterdijk, 1999: 10/이진우·박미애, 2004: 42)라고 말할 때, 독서는 분명 사회 구성원들에게 역사적·사회적·인간적 삶을 위한 공동의 토대를 제공해 주고, 그들을 한 울타리에 속하게 해 주는 모둠의 기능을 한다고 볼 수 있다.

두 번째 기능은 구분이다. 슬로터다이크는 문학사회의 속성이 공통성의 획득과 공동체의 형성에만 있다고 보지 않는다. 그가 보다 강조하는 "휴머니즘으로서 문학사회"의 속성은 바로 "종파화·클럽화"(Sloterdijk, 1999: 10/이진우·박미애, 2004: 42)에 있다.

"우리는 읽을 수 있도록 선택된 사람들의 운명적 유대에 대한 꿈을 발견하는 것입니다. 고대 세계에, 즉 근대 민족국가의 전야에 이르기까지, 읽기 능력은 실제로 비밀로 둘러싸인 엘리트 구성원 자격과 같은 것을 의미하였습니다. … 읽고 쓸 수 있는 사람에게는 다른 불가능성들 역시 쉽게 해결됩니다. 인간화된 사람들은 처음에는 문자계몽을 받은 사람에 지나지 않았습니다. … 문자계몽이 환상적일 정도로 경이롭고 요구가 많은 곳에서는 문법적 신비주의 또는 문자 신비주의가 생겨났습니다."(Sloterdijk, 1999: 10f/이진우·박미애, 2004: 42f)

"문자를 기반으로 한 문학사회"로서 휴머니즘은, 슬로터다이크의 의도를 반영하여 이해하자면, 읽을 수 있는 자와 읽지 못하는 자를 구분한다. 즉 엘리트와 비엘리트를 구분하고, 인간의 특정 "종파"에 드는 부류와 그렇지 않은 부류, 인간의 특정 "클럽"에 속할 사람과 그렇지 않을 사람을 나누는 기능을 수행한다. 이때 휴머니즘은 그의 표현과 같이 "문자계몽주의"와 사실상 동일한 것이다. 그리고 이러한 종류의 휴머니즘 경향은 현대로 가까울수록 그 기능성이 강화된다고 슬로터다이크는 진단한다.

"19세기와 20세기 시민적 민족국가의 김나지움 이데올로기에서처럼 휴머니즘이 실용적이고 강령적이 된 곳에서는 문자사회의 표본은 정치사회의 규범으로 확대되었습니다. 이때부터 민족들은 철저히 문자계몽된, 문맹으로부터 철저하게 깨어난, 강요된 친구집단으로 조직되었습니다. 이 집단들은 그때마다 민족공간에서 구속력이 있는 읽기 규범을 광적으로 확신하게 되었습니다."(Sloterdijk, 1999: 11/이진우·박미애, 2004: 43)

애초 "우애의 원거리통신"이었던 그 문자기반 휴머니즘이 이제는 "강요된 친구집단"으로 변모하게 된 것이다. 슬로터다이크의 "독서의 은유"를 빌어 표현하자면, 애초 "읽고 싶음의 관계"가 이제는 "읽을 수 없으면 혹은 읽지 않으면 가입되지도 유지되지도 않는 관계"가 되어 버린 것이다. 이제 독서는 낭만적 우정의 표식이 아니라 특정 종파와 클럽의 일원임을 나타내는 표식이 된 것이다. 그래서 슬로터다이크는 이 근대적 휴머니즘의 시대를 "무장하고 다독(多讀)한 인간성의 시대"(Sloterdijk, 1999: 12/이진우·박미애, 2004: 43)로 명명한다. 이러한 기준에서 그는 근대의 민족국가들 역시 "동일한 글들을 읽음으로써 마음이 같은 친구집단이 될 수도 있는 공중"(Sloterdijk, 1999: 12/이진우·박미애, 2004: 43)이라고 정의한다. 휴머니즘, 즉 슬로터다이크의 관점에서 "문자를 기반으로 한 문학사회로서 휴머니즘"은 같은 독서를 수행한 무리의 사람들에게는 공통의 기반 그 자체이자 이러한 공통의 토대가 형성되는 중요한 통로이기도 함과 동시에, 이러한 특정 무리의 사람들과 그렇지 않은 사람들의 소속을 가르게 하는 중요한 도구이기도 하다. 심지어 국가마저도 이러한 과정을 통해 형성되고 구분되기도 한다는 것이 그의 견해이다. 이런 의미의 휴머니즘은 규범임과 동시에 권력이기도 하다. 그리고 이것은 곧 휴머니즘의 세 번째 기능과 밀접한 연관을 맺는다.

휴머니즘의 세 번째 기능은 길들이기이다. 슬로터다이크의 엘마우 강연 중 가장 선정적인 언어의 조합 중 하나가 바로 "휴머니즘과 길들이기"이다. 앞서 휴머니즘의 두 번째 기능에서 이미 암시된 것처럼, 휴머니즘은 읽는 자와 읽지 못하는 자들을 구별하고 선별하여, 언제나 읽기를 권유하고 강제한다. 그러므로 휴머니즘의 대상 범주에 들기 위해서는 읽어야 하며, 읽는다는 것은 일원이 된다는 것과 공유한다는 것을 의미한다. 그들은 독서를 통하여 가치와 규범을 공유하고, 견해와 권력을 공유하며, 민족감과 국가관을 공유한다. 휴머니즘의 상징으로서 독서는 시대와 공간과 문화의 공유를 의미한다. 그러므로 독서는 곧 시대와 공간 속 개인의 정체성을 확인하는 수단이며, 야만에서 문화로의 진입을 가능케 하는 사회적 수단이다.

> "휴머니즘은 인간을 야만의 상태에서 회복시키는 데 참여하는 것이기 때문입니다. 인간 사이의 폭력적 상호작용을 통해 방출되는 야만적 잠재력에 대한 특별한 경험을 한 시대들은 바로 휴머니즘에 대한 외침이 더욱 커지고 더욱 많은 것을 요구하는 시대였다는 사실은 쉽게 이해됩니다. … 휴머니즘의 잠재적 주제는 인간의 길들이기(Entwilderung)이며, 휴머니즘의 잠재적 명제는 다음과 같습니다: 올바른 독서는 길들인다." (Sloterdijk, 1999: 16/이진우·박미애, 2004: 47)

더욱이 슬로터다이크가 염두에 두고 있는 20세기 유럽의 전쟁 상황들 및 전후 일시적 성찰의 시기(Sloterdijk, 1999: 14-17/이진우·박미애, 2004: 45-48)는 확실히 휴머니즘의 길들이기 기능에 대한 신뢰가 최고조에 달했던 시대였다. 그의 표현에 따르면, "1차 세계대전 이후"와 "전후 휴머니즘"의 시대는 "극단화된 서적 애호"의 시대였으며, 이를 통해 그들은 "유럽 영혼을 구원할 수 있다는 하나의 꿈"을 공유하였다. 그리고 이 꿈의 핵심은 인간의 탈야성(Entwilderung) 가능성, 즉 길들이기의 가능성이다. 올바른 독서로서 휴머니즘은 인간을 길들인다. 그러므로 슬로터다이크의 휴머니즘은 곧 교육이다.

2. 하이데거의 휴머니즘에 관한 슬로터다이크의 비평

앞선 장에서 고찰한 바 있거니와, 하이데거는 '휴머니즘'이라는 용어를 고수한 적이 없다. 그는 이전의 모든 휴머니즘적 시도들을 형이상학적 휴머니즘으로 규정하고, 이들은 진정한 의미의 휴머니즘이 아니라고 비평하였다. 그리고 그는 이 모든 형이상학적 휴머니즘들이 지워질 자리에 자신의 기초존재론을 세우노라고 선언하였다. 그러므로 본장의 제목에서 "하이데거의 휴머니즘"라는 표현은 하이데거의 관점에서는 합당치 않다.

그런데 슬로터다이크의 생각은 이와 다르다. 슬로터다이크가 보기에, "형이상학적 휴머니즘 비판"을 위한 하이데거의 서신은 그 형식에 있어서 전통적 휴머니즘의 그것과 동일하며, 그 내용과 어법 역시 기존의 휴머니즘과 전혀 다르지 않다는 것이다. 오히려 그는 전통적 휴머니즘의 상징적 사례로 하이데거의 『휴머니즘 서간』을 들고 있다. 이에 관하여 상술하자면 아래와 같다.

첫째, 휴머니즘을 "문자를 매개로 이루어지는 우애의 원거리 통신"이라고 정의하는 슬로터다이크의 관점에서 보자면, 하이데거의 이 『휴머니즘 서간』은 "서신"이라는 형식에 있어서 휴머니즘의 완벽한 전형이다. 그리고 당연히 이 서신은 위에서 언급한 독서사회로서 휴머니즘의 특성과 기능들에 부합하도록 설계되었다. 특히 아래에서 다시 언급하게 될 위 세 번째 기능, 즉 길들이기로서 휴머니즘은 슬로터다이크가 가장 첨예하게 부각시키려 하는, 하이데거 서신의 특별히 휴머니즘적인 기능에 해당된다.

그러나 이것이 휴머니즘의 전형이면서도 다른 점이 있다면, 이것은 순수한 의미에서 원거리 통신은 아니라는 것이 슬로터다이크의 지적이다. 즉 "발신자는 실제의 수신자를 예견할 수 없으며"(Sloterdijk, 1999: 8/이진우·박미애, 2004: 40), 이들 "발신자와 수신자 사이에는 가설적 우애"(Sloterdijk, 1999: 9/이진우·박미애, 2004: 41)가 전제되어 있다는 "독서사회로서 휴머니즘"의 일반적 규칙과는 달리, 하이데거의 이 서신은 명목상의 수신자가 분명하기에 원거리 통신이라는 전통적 휴머니즘의 개념과는 거리가 멀고, 발신의 의도 역시 순수한 우애의 발로가 아니라는 것이다.

> "이 편지가 호의를 끌기 위하여 노력하였던 친교의 절차는 더 이상 시민 사회의 문예애호가적 의사소통의 수단은 아니었습니다. 그리고 사유할 가 치가 있는 이 철학적 편지의 발신이 요구하는 우애의 개념도 더 이상 민 족의 독자와 그들의 거장 사이의 영적 교섭은 아니었습니다. … 이 철학 자가 1946년 가을, 종이 위에 옮겨 놓은 것은 결코 자신의 민족에게 고하 는 말도 아니었고, 미래의 유럽을 향한 말도 아니었습니다. … 그렇다면 이것은 … 다른 인간화의 시도입니까? 더 이상 민족적 휴머니즘의 방식 이라고 말할 수 없는 … 또 다른 사회계약입니까?"(Sloterdijk, 1999: 20f/이진우·박미애, 2004: 50f)

이런 맥락에서 슬로터다이크는, 하이데거의 의도는 "정치적 애매성에 서 탈출하여 신비적 사색의 고지로 퇴각"(Sloterdijk, 1999: 21/이진우·박미 애, 2004: 51)하기 위해 자신의 프랑스 숭배자의 호의를 교활하게 이용한 것"에 불과하다고 폄하한다. 여기서 "정치적 애매성"이란 나치 당원으로 칭송받으며 활동하였던 하이데거의 정치적 부적절성을, 그리고 "신비적 사색의 고지"는 하이데거의 기초존재론에 대한 슬로터다이크 자신의 철 학적 총평을 표현한 것으로 볼 수 있다.

둘째, 형식적 측면에 이어 그 내용에 있어서도 하이데거의 서신은 여 타 전통적 휴머니즘보다 더욱 휴머니즘적이라고 슬로터다이크는 총평한 다. 이때 "휴머니즘적"이라 함은 인간 길들이기와 관련이 있다는 뜻이다. 앞서도 언급한 바 있듯이, 하이데거는 인간에게 "존재의 목자요 이웃이 며, 존재의 파수꾼"라는 별칭을 부여한 바 있다. 그리고 "인간이 언어라 는 집에 거주한다."고 밝힌 바도 있다. 이 모든 은유의 연결을 통해 슬로 터다이크는 하이데거의 의도를 "인간 길들이기 기획"으로 규정하고, 다음 과 같이 비평한다.

"인간을 존재의 목자와 이웃으로 규정하고 언어를 존재의 집으로 부름으로써, 그는 인간을 존재에 대답하고 상응하도록 묶어놓습니다. 이 상응은 인간에게 철저한 자제를 부과하고, 인간을 - 목자를 - 집 가까이 또는 집 주위에 잡아 놓습니다. 그는 이제까지 교육이 할 수 있었던 것보다 더 큰 인내를 요구하고 침묵에 귀 기울이는 태도를 요구하는 사색 속으로 인간을 몰고 갑니다. 인간은 무아의 자제에 예속되어 있는데, 그것은 고전적 낱말 앞에서 텍스트를 신성시하는 독자가 문명화되어 멈춰서는 것보다 훨씬 멀리 나아갑니다. 언어의 집 속에서 스스로에 의지하는 하이데거적 거주는 존재 자체가 우리에게 말하도록 부과하는 말을 기다리며 귀 기울여 듣는 것으로 규정되어 있습니다. 그는 가까이 들으라고 간청합니다. 이 과정에서 인간은 휴머니스트가 고전 작품을 읽으면서 그럴 수 있는 것보다 훨씬 더 조용해지고 길들여져야 한다는 것입니다. 하이데거는 단순히 좋은 독자보다 더 잘 들을 수 있는 인간을 원합니다."
(Sloterdijk, 1999: 28/이진우·박미애, 2004: 57)

휴머니즘을 독서사회로, 인간의 인간화를 독서사회에 회원을 가입시키는 일이라고 규정하는 슬로터다이크의 관점에서 하이데거의 기초존재론적 기획은 기존의 휴머니즘보다 더욱 엄격한 규범과 소명 의식을 요구하는 일종의 강화된 휴머니즘이다. 그의 표현으로는, "그 어떤 교양 있는 사랑이 도달할 수 있는 것보다 훨씬 심오한 곳으로 내려가도록 하는 인간 길들이기이자 친교"(Sloterdijk, 1999: 28/이진우·박미애, 2004: 57)이다. 밝음·밝힘의 시공간, 즉 존재가 존재로서 모습을 드러내는 곳, 즉 현존재의 현(Da)을 거처로 삼고, 이곳의 충실한 이웃으로서 이곳에서 목양하며 이곳을 수호하여야 한다는 "존재-인간학적"(Sloterdijk, 1999: 26/이진우·박미애, 2004: 56) 사명이 곧 하이데거의 휴머니즘이 지향하는 이른바 "길들여진 인간상"이다. 이런 맥락에서 슬로터다이크는 하이데거의 휴머니즘을 자신의 독서사회라는 은유보다 더욱 엄밀하고 폐쇄적인 방식으로 구성된 모종의 조직이자 일련의 교육활동이라고 평가한다. "흩어져 있는 개인들로 구성된 보이지 않는 교회"의 구성원들이 걸어가야 할 "사색적 금욕의 길"

그리고 이들 사이에서 지속되는 "어두운 영적 교섭"(Sloterdijk, 1999: 28f/ 이진우·박미애, 2004: 57f) — 이것은 기존의 모든 휴머니즘적 교육 목표를 훨씬 넘어서는, 즉 독서사회의 길들이기보다 더욱 권위적이고 교조적이기까지 한 하이데거적 교육의 정수라는 것이 슬로터다이크의 평가이다.

셋째, 슬로터다이크는, 모든 형이상학적 휴머니즘보다 철학적 우선성과 우위성을 득하여야 할 것으로 하이데거가 지목한 존재의 존재성에 대해서는 "신비적 사색의 고지"라는, 사실상 기초존재론자 하이데거에게는 불명예스러운 평가와 함께, 이것을 주장하는 하이데거의 어법에 대해서도 조소에 가까운 혹평을 내어놓는다. 슬로터다이크가 보기에, 존재의 의미 또는 존재의 진리가 스스로를 드러내는 밝음·밝힘의 순간을 수호하는 "존재의 목자"라는 과업 및 "존재의 이웃"이라는 자격이 "단지 예감이 있는 소수의 사람들"에게만 부여될 수 있다고 말하는 하이데거는 "존재물음의 후원자"임을 자처함과 동시에 스스로를 "모든 본질적인 서한의 유일한 저자인 존재의 현실적 서기"로 임명하였다는 것이다. 이것이야말로 "존재-손짓에 관한 어떤 공인된 표준도 있을 수 없는" 시대에 하이데거가 벌이고 있는 "초저자(Über-autor) 놀이"이자 "존재론적 목자 놀이"(Sloterdijk, 1999: 27f/이진우·박미애, 2004: 57f)라고 슬로터다이크는 혹평한다. 달리 표현하자면, 하이데거야말로 여타 휴머니즘보다 더욱 휴머니즘적인, 기초존재론이라는 이름의 인간 길들이기 기획의 독점적 연출자이자 관리자로 자기 자신을 임명하고 있다는 것이다.

IV. 휴머니즘(들)의 종말

앞서 고찰한 바와 같이, 하이데거와 슬로터다이크는 휴머니즘에 대해 상이한 관점을 견지하였다. 즉 기초존재론으로 명명되는 존재론적 시각과 독서사회라는 은유로 대변되는 사회학적 관점이 그것이다. 그런데 흥미로운 점은, 이 둘의 결론은, 적어도 표면적으로는, 동일하다는 점이다. 이들은 공히 휴머니즘의 종말을 선언하고 있으며, 이에 따라 이른바 길들이기로서 교육 역시 결과적으로는 휴머니즘과 동일한 운명에 처하게 된다.

우선 하이데거의 경우, 앞서 고찰한 바와 같이, 이전의 휴머니즘들은 모두 인간의 존재성 그 자체에 대한 진지한 고려 없이 제시된 것이기에 진정한 의미의 휴머니즘이 아니라는 주장을 견지한다. 이에 따른 자연스러운 결과로서 그리고 그가 새롭게 제안한 기초존재론으로 인하여 기존의 휴머니즘들은 종언을 고하게 된다. 그러나 하이데거 사유의 경우, 휴머니즘, 즉 형이상학적 휴머니즘들의 종말이 곧 교육의 종언을 의미하는 것은 아니며 하이데거 역시 그런 의사를 표방한 적 없다. 오히려 우리는 기초존재론을 제안하는 하이데거로부터 존재의 의미 혹은 존재의 진리가 교육의 과제가 되어야 한다는 더욱 분명한 교육의 실행을 요구받는 것일 수도 있다.(정은해, 2001; 김영래, 2009[12]) 물론 이 일은 가치론적 또는 도덕 철학적 성격과는 거리가 멀기에, 이것이 교육의 과제로 어떻게 적합할 수 있는가에 대해서는 논의가 필요할 것이다. 하이데거 스스로 분명히 밝히고 있거니와, "존재 진리의 망각, 즉 퇴락(Verfallen)은 도덕철학적으로 이해되고 세속화되어 버린 '인간의 타락'을 의미하는 것이 아닐 뿐 아니라, 이 퇴락 개념이 도출된 본래성과 비본래성의 구분 역시 교육이나 여타 인간적 활동을 통해 극복·회복되어야 할 도덕적-실존적 차이나 인간학적

---

12 이와 관련하여 김영래는 다음과 같이 정리하여 적고 있다. "하이데거의 사유를 교육학적 관점에서 볼 때, … 인간에 대해 좀 더 시원적(始原的, anfänglicher)으로 물어야 한다는 요청 … 이를 위해서는 인문주의, 즉 인간의 인간다움을 규정하고 추구하기 이전에, 먼저 전승의 인문주의에 스며들어 있는 존재자의 형이상학을 지양시켜 가면서 인간적 존재자의 '존재'에 대해서, '존재의 의미'에 대해서 먼저 물어가야 할 것이다."(김영래, 2009: 53) 아울러 그는 하이데거의 기초존재론과 교육학 사이의 차이와 난점에 대해서도 간략히 적고 있다. "이로부터 우리는 하이데거의 '철학적' 통찰들에 대한 '교육학적' 재해석과 변용의 필요성을 느끼게 된다. 왜냐하면 '철학'에 있어서는 궁극적이고 완전한 것(진리)이 주된 관심의 대상이 되겠지만, '교육'에 있어서는 인간 삶의 현재적 조건 속에서 실현 가능한 것(과정)이 무엇인가가 중요하기 때문이다."(김영래, 2009: 57)

차이가 아니기 때문"(cf. Heidegger, 1967: 163/이선일, 2005: 146)이다.

슬로터다이크의 경우 휴머니즘의 종말이라는 표제에 있어서는 하이데거와 의견을 공유하지만, 그 전제와 내용에 있어서는 차이를 보인다. 휴머니즘 규정에 관한 슬로터다이크의 기준은 바로 문자 기반성이다. 이에 의하면 하이데거의 『휴머니즘 서간』의 형식 및 그 속에 피력된 기초존재론은 슬로터다이크의 휴머니즘 요건에 충실히 부합한다. 심지어 슬로터다이크는 하이데거의 어법에 나타난 단초들, 즉 "존재의 목자, 존재의 이웃, 존재의 집인 언어" 등으로 인해 하이데거의 "존재-인간학"이 여타 휴머니즘보다 더욱 휴머니즘적이라고 확신한다. 그리고 그는 하이데거의 저 존재-인간학적 계기들은 길들이기로서 교육을 충실히 지탱하고 강화하는 기능을 수행한다고 강조한다.

그런데 이제 슬로터다이크는 보다 큰 틀에서 하이데거의 기초존재론을 포함한 휴머니즘, 즉 독서사회로서 휴머니즘 전체가 종언을 고하고 있다는 의견을 피력한다. 그리고 이 독서사회로서 휴머니즘의 종말은 길들이기로서 교육의 종말을 의미하는 것이기도 하다. 슬로터다이크의 논의에는 휴머니즘과 교육이 서로 엉키어 있다. 우선 이러한 "독서사회"의 필요성 및 그 유지 원리와 관련하여 그는 다음과 같이 설명한다.

"실제로 1789년부터 1945년까지 독서를 좋아하는 민족적 휴머니즘은 전성기를 맞았습니다. 그 중심에는 중요하고 두꺼운 서한들의 수신자 집단에 후손을 가입시키는 과제를 위탁받았다고 믿는 고전을 연구하는 고 문헌학자와 근대 작품을 연구하는 신 문헌학자들의 계급사회가 자리 잡고 있었습니다. 이 시대 교사의 권력과 문헌학자들의 핵심적인 역할은 공동체를 창설하는 글들을 보낸 발신자로 여겨지는 저자들에 관한 특권적 지식에 근거를 두고 있었습니다. 그 본질에 따르면 시민적 휴머니즘은 청소년에게 고전을 강요하고 민족적 작품의 보편적 타당성을 주장하는 권한과 다를 바 없습니다."(Sloterdijk, 1999: 12/이진우·박미애, 2004: 44)

구체적인 연대 및 이와 관련된 역사적 사건들로부터 한 걸음 물러서 관망해 보면, 우리는 위 설명을 교육 일반에 관한 진단으로 확대하여 이해해 볼 수 있다. 인용문의 중심 의제는 이른바 "독서사회"를 지속시키고자 하는 교육적·사회적으로 선한 취지 및 그것이 작동하는 교육적 권력 관계이다. 즉 독서사회는 특권적 지식을 소유한 이들이 "배달인·해석가"(Sloterdijk, 1999: 8/이진우·박미애, 2004: 40)의 역할을 수행함으로써 새로운 회원을 지속적으로 가입시키는 행위를 통해 지속되어 왔다는 것이다. 물론 이러한 교육적 관계에는 이른바 "배달인·해석가"와 "독서사회의 잠재 회원" 사이의 차이가 전제되어 있다. 이 차이에는 슬로터다이크가 "원거리 통신"이라 표현한 시간적·공간적 차이만 속하는 것이 아니다. 여기에는 "특권적 지식"을 이미 섭렵한 "배달인·해석가"와 아직은 그 수준에 이르지 못한 잠재적 회원 사이의 지식과 공감의 정도의 차이가 포함된다. 즉 "배달인·해석가"와 아직은 "저자들에 대한 충분한 공감 또는 운명적 우애관계"(Sloterdijk, 1999: 13/이진우·박미애, 2004: 44)로까지 발달하지 못한 잠재적 회원들 사이의 차이로 인해 "배달과 해석"의 기능, 즉 교육이 더욱 중요해지는 것이다. 그리고 이 모든 것의 근본 원인은 독서사회의 기본 구조가 "원거리 통신"에 기반하고 있(었)기 때문이다. 적어도 그가 지목한 그 시기 그리고 그가 "전후 휴머니즘"(Sloterdijk, 1999: 16/이진우·박미애, 2004: 46)이라고 명명한 짧은 기간 동안은 위와 같은 명분과 방식으로 이른바 "독서사회의 휴머니즘" 및 "길들이기로서 교육"이 운영되었다는 것이 슬로터다이크의 설명이다. 그런데 그는 이제 우리가 이러한 방식의 원거리 통신이 더 이상 필요하지 않은 시대로 접어들었다고 진단한다.

　　"친구들의 민족국가에 사랑을 불러일으키는 편지를 쓰는 예술이 … 현대 대중사회의 거주자들 사이의 원거리 통신의 끈을 잇기에 충분하지 않기 때문에 시민적·민족적 휴머니즘이 종말에 도달한 것입니다. 1918년(방송)과 1945년(텔레비전) 이후 선진사회에 미디어를 통해 대중문화가 정착됨으로써 그리고 사회를 더욱 촘촘하게 엮는 관계망과 관련된 더 많은 현실적 혁명들을 통해 현실사회에서의 인간들의 공존은 새로운 토대 위에 서게 되었습니다. … 현대의 거대사회는 편지의, 문학적·인문주의적 매개수단을 통해서 단지 주변적으로만 그들의 정치적·문화적 통합을 생산할 수 있습니다. 그렇기 때문에 문학이 끝나는 것은 결코 아니지만, 문학은 독자적인 하부문화로 분화되었습니다. 문학이 민족정신의 지주로 과대평가받던 시대는 지나간 것입니다. 사회적 통합은 무엇보다도 … 책과 서한의 문제가 아닙니다. 그 사이 정치·문화적 원거리 통신의 새로운 미디어들이 주도권을 획득하였습니다. 그것은 글을 통해 생성한 우애관계의 도식을 최소한으로 억제해 놓았습니다."(Sloterdijk, 1999: 13f/이진우·박미애, 2004: 44f)

위 내용이 축약된 다른 표현을 다시 인용하자면, 슬로터다이크는 "문자를 통한 그리고 판단을 유보하고 귀를 열어 놓도록 교육하고 인내하도록 만드는 독서를 통한 인간형성의 유토피아로서의 문자적 휴머니즘의 종말"(Sloterdijk, 1999: 58/이진우·박미애, 2004: 83)을 주장하고 있다. 이른바 문자에 기반한 계몽의 기획으로서 휴머니즘이 이제 시대적으로 종언을 고하고 있다고 진단한다면, 이에 기반을 둔 길들이기로서 교육 역시 이제 더 이상 유효하지 않다는 것이다. 즉 휴머니즘과 교육의 동시적 종말이다. 그리고 실제로 그는 "학교모델과 교육모델로서의 근대 휴머니즘의 시대는 끝났습니다."(Sloterdijk, 1999: 14/이진우·박미애, 2004: 45)라고 직설한다.

정리하자면 다음과 같다. 하이데거가 형이상학적 휴머니즘이라 칭했던 그 많은 휴머니즘들은 하이데거에 의해 진정한 휴머니즘이 아닌 것으로 선언되었다. 그리고 이를 대신하여 하이데거가 제안하였던 기초존재론 혹은 존재-인간학은 애초에 휴머니즘이라 칭해지지도 않았거니와, 설령 이것이 하이데거가 추구하고자 하였던 '진정한' 의미의 휴머니즘이었다

하더라도 슬로터다이크의 더 포괄적 휴머니즘의 범주 속으로 포섭되어 재차 종언이 선언되어 버렸다. 그리고 그 자연스러운 귀결로서, 길들이기로서 교육은 휴머니즘과 함께 더 이상 기능하거나 존속할 수 없게 되어 버렸다는 것이다.

이런 관점에서 휴머니즘과 교육을 조망하고 보면, 이제 무엇이 남는가라고 자문하게 된다. 슬로터다이크의 아래 질문들은 슬로터다이크의 관점에서 조망된 휴머니즘과 교육이 처한 현대적 상황의 단면을 보여 준다.

"휴머니즘이 인간 길들이기의 학파로서 실패하였다면, 무엇이 아직 인간을 길들이는가? 인간이 이제까지 기울여온 자기 길들이기의 노력들이 단지 모든 존재자에 대한 권력 장악의 길로 인도하기만 하였다면, 무엇이 인간을 길들이는가? 인류를 교육하는 이제까지의 모든 실험들에도 불구하고 누가 교육하고 또 교육자들이 무엇을 위하여 어떤 것을 교육하는가가 불투명한 채로 있다면, 무엇이 인간을 길들이는가? 단순한 길들이기 이론과 교육이론들의 틀 안에서는 인간 양육과 형성에 관한 물음이 더 이상 적절한 방식으로 제기될 수 없는 것인가?"(Sloterdijk, 1999: 31f/ 이진우·박미애, 2004: 60)

V. 휴머니즘, 그 이후

"우애를 위한 원거리 통신"의 시대는 가고 새로운 미디어의 시대가 도래 하였다는 슬로터다이크의 진단, 이에 따라 과거의 "배달인·해석가"와 "잠재적 회원" 사이의 차이가 감소하여 교육의 필요 역시 줄어들게 되었다는 그의 견해, 그리하여 결국 "학교모델과 교육모델로서 근대 휴머니즘의 시대는 끝났다."는 그의 주장은, 그것 자체로 현대 사회와 교육의 이해를 위해 그리고 어쩌면 미래 교육을 위해 오늘날의 교육학이 참고할 필요가 있을 것이다. 아울러 다소 극단적이고 거친 어조로 제기된 그의 질문들에서 우리는 근대교육학의 여러 갈래들 중 하나인 길들이기로서 교육에 대한 성찰의 필요를 제공받게 된다.

물론 슬로터다이크의 교육의 종언 선언은 근대 교육학 전체 혹은 교육 일반에 해당되는 것은 아니기에, 그것 자체로 교육의 종언을 논할 만한 사안은 되지 못한다. 굳이 첨언하자면, 교육은 슬로터다이크가 사용하고 있는 용어인 동물적 야만성의 억제라는 뜻의 길들이기(Entwilderung, Bazähmung)뿐 아니라 식물적 유기체를 자라게함(Wachsenlassen), 공학적 개념인 만듦(Machen), 그리고 보다 현대적으로는 행동과 인지구조의 변화, 상징적 상호작용, 대화와 의사소통과 상담 등에 이르기까지 다양한 개념화의 역사를 거쳐 왔기에(Kron, 1996: 195-262; Bollnow, 1959; Bindē, 2005: 58f), 그중 한 가지가 약화되거나 소멸된다고 해서 교육 전체가 중단되거나 부정되는 것은 아니다. 교육은 시대와 문화에 따라 그 이해와 구안의 양상이 변화를 거듭해 왔다.

그러나 어쩌면 간단히 간과되었어도 교육의 장구한 역사에 별 무리가 없었을 슬로터다이크의 강연이 그토록 큰 사회적 스캔들로 비화되었을 뿐 아니라 교육학적 관점에서 관심을 기울일 필요가 있는 것은 아마도 그가 휴머니즘의 종말을 언급하며 거론하였던 "새로운 미디어" 때문일 것이다. 이 "새로운 미디어"와 관련하여 그는 애초 "책과 서한"을 대체하게 될 "정치·문화적 원거리 통신의 새로운 미디어"를 지목하였지만, 강연의 말미에 아주 새로운 개념의 또 다른 하나의 "미디어"를 연상시키는 질문을 불쑥 제기한다.

"장기적 발전이 인간 종특성의 유전적 개량으로도 이어지게 될 것인가? 그리고 미래의 인간공학이 명시적 형질설계를 가속화하게 될 것인가? 인류가 종 전체에 걸쳐 탄생운명론으로부터 선택적 출생과 출생 전 선택(pränatale Selektion)으로의 방향 전환을 실행하게 될 것인가?"(Sloterdijk, 1999: 46/이진우·박미애, 2004: 73참조)

이 질문들에 대해 슬로터다이크는 "아직은 모호하고 섬뜩한 진화론적 지평"이라는 표현을 숨기지 않는다. 그리고 이 "진화론적 지평"은 그가 "휴머니즘의 지평이 파괴된"(Sloterdijk, 1999: 39/이진우·박미애, 2004: 67)이라고 표현한 그것과 묘한 연속성을 보인다. 그가 "그들은 늑대를 개로 만들고, 인간 자체를 인간에게 최선의 가축으로 만든다."(Sloterdijk, 1999: 39/이진우·박미애, 2004: 67재인용)는 니체의 예언적 문구를 언급하면서 본격적으로 "니체가 가정한 미래의 근본적인 갈등"을 소개할 때, 우리는 더욱 깊은 의구심으로 그의 진의를 파악할 필요를 느끼게 된다.

> "니체는 학교의 인간 길들이기의 명랑한 지평 뒤에서 좀 더 어두운 두 번째 지평을 알아차렸다고 생각합니다. 그는 인간사육의 방향들에 관한 피할 수 없는 투쟁이 시작될 공간의 냄새를 맡습니다. … 인간들은 윤리학과 유전학의 절묘한 결합의 도움을 받아 스스로를 작게 사육하는 일을 해냈습니다. 그들은 스스로 길들이기에 예속시켰고, 다루기 쉬운 가축 성격을 지향하는 사육선택(도태)을 자기 자신에게 개시하였습니다. … 그[니체]는 이제까지 사육을 독점하였던 사람들의 이름과 은밀한 기능을 분명히 말하고자 하며, 다양한 사육자들과 다양한 사육 프로그램들 사이에서 이루어지는 세계사적으로 새로운 종류의 투쟁을 공개하고자 합니다. 이것이 니체가 가정한 모든 미래의 근본적인 갈등입니다. 그것은 인간의 대(大)사육자들과 소(小)사육자들 사이의 투쟁입니다. 우리는 휴머니스트들과 슈퍼휴머니스트들, 인간 친구들과 초인 친구들 사이의 투쟁이라고 말할 수도 있을 것입니다."(Sloterdijk, 1999: 39f/이진우·박미애, 2004: 67f)

여기서 다시 등장하는 "학교의 인간 길들이기라는 명랑한 지평" 그리고 새롭게 등장하는 "좀 더 어두운 두 번째 지평" 역시 앞서 언급된 두 가지 지평, 즉 "휴머니즘의 지형이 파괴된 지평"과 "진화론적 지평"의 대립 혹은 연결을 연상시킨다. 그리고 지평 대 지평이라는 대립구도 혹은 지평 이후의 지평이라는 연결 구도는 슬로터다이크의 표현들 속에서 지속적으로 등장한다. "대(大)사육자들과 소(小)사육자들, 휴머니스트들과 슈퍼휴머니스트들, 인간과 초인"-이 모든 대립과 연결은 슬로터다이크가 그리고 있는 휴머니즘과 그 이후의 시대가 어떤 성격의 것인가에 대한 암시들을 담고 있다. 그것을 "포스트휴머니즘"으로 명명하든 혹은 "트랜스휴머니즘"으로 명명하든, 이것은 "사육정치, 윤리학과 유전학의 절묘한 결합, 사육선택(도태), 인간의 가축화, 인간사육"(Sloterdijk, 1999: 14, 22, 43, 47/이진우·박미애, 2004: 45, 52, 70, 73) 등의 용어들로 특징지워질 수 있는 미래이다. 그리고 이것은 분명 그것이 어떤 개념이든 종래의 교육 개념들과는 차원을 달리 하는 혹은 교육의 범주 밖의 기획이요 프로그램일 것이다.

이에 더하여 우리는 인간의 이해 방식에 관한 하이데거와 슬로터다이크 사이의 일종의 줄다리기를 상기할 필요가 있다. 하이데거는 인간을 동물로부터 연역하여 파악하기를 멈추고, 철저하고 민감하게 인간으로서 그리고 인간으로부터 파악하기를 요청하였다. 그런 하이데거의 엄밀한 인간(존재)중심주의를 슬로터다이크는 냉소를 동원하여 반박하였다. 그는 하이데거의 입장을 "반활력설적 파토스"로 규정할 뿐 아니라, 이런 하이데거의 모습을 "동물과 인간 사이에 등장하여 양자 사이의 어떠한 존재론적 공동체도 허용하지 않는, 칼을 맞부딪히며 싸우는 성난 천사"로 묘사하고 "거의 히스테리적인"(Sloterdijk, 1999: 25/이진우·박미애, 2004: 54)이라는 수사를 동원하여 조롱하고 비판하였다. 그리고는 자신의 문자기반 휴머니즘이라는 포괄적 개념에 근거하여 하이데거의 기초존재론을 이전의 휴머니즘보다 더욱 정밀하고 엄밀해진 인간 길들이기 기획으로 재규정한다. 즉 이로써 그는 인간을 길들여질 수 있는 합리적 동물(animal rationale)의 위치로 다시 돌려놓는다.

우리는 슬로터다이크가 자신의 길지 않은 강연에서, 하이데거가 형이상학적 휴머니즘의 예로 든 여러 가지 사례 중 동물로부터 연역된 인간상을 특별히 부각시킨 의도에 대해서도 의문해 볼 필요가 있다. 이성을 지니긴 하나 동물성의 근거와 흔적이 남아 있어야만 인간은 길들임과 사육의 대상이 될 수 있고, 개량과 향상의 여지가 생겨날 것이다. 인간의 개념이 신으로부터 연역된다면, 인간은 길들임과 사육과 개량과 향상의 대상이 될 수는 없을 것이다. 또한 하이데거의 존재기초론적 존재의 경우 밝힘을 통해서만 그 본질이 드러날 수 있는, 그러므로 파수하고 수호하여야 할 모종의 실체이지, 길들임과 사육과 개선과 향상의 대상과는 거리가 멀다. 슬로터다이크가 "인간의 유전적 개량 가능성, 선택적 출생, 출생 전 선택" 등에서 암시한 "새로운 미디어"는 신으로부터 연역된 인간상이나 하이데거의 존재에는 해당 사항이 없다. 이 "새로운 미디어"는 동물적 특성을 공유하고 있는 존재에게만 필요와 효능이 발생한다. 큰 틀에서 우리는 슬로터다이크가 휴머니즘을 주제로 한 자신의 강연에 "인간 농장을 위한 규칙"이라는 다소 도발적인 제목을 부여한 동기에 대해서도 반추해 볼 필요가 있다.

VI. 휴머니즘 이후의 교육

본고에서 휴머니즘을 중심으로 엘마우 강연을 고찰한 이유는 두 가지이다. 그 첫째는 슬로터다이크가 선언한 교육의 종언이다. 그러나 그의 이러한 일방적인 선언은 교육(학)계에 별다른 영향이나 반향을 남기지 못하였고, 어쩌면 그것이 당연할 수도 있다. 앞서도 언급한 바 있거니와, 교육은 그 장구한 역사 속에서 "길들이기로서 교육"으로만 구안된 것은 아니다. 그리고 설령 이 한 가지 특정한 개념의 교육이 회의의 대상이 되었다고 하여서 교육 자체 혹은 교육 전체가 더 이상 유효하지 않다거나 의미를 상실하였다고 볼 수는 없다. 그러므로 슬로터다이크의 이 주장은 교육학적 관점에서는 진지한 성찰의 필수적 대상이 되어야 하는 것은 아니다.

그런데 보다 진지한 고려의 대상으로 삼을 필요가 있는 것은 두 번째 이유, 즉 슬로터다이크가 엘마우 강연의 말미에 "의문문의 형식"으로 넌지시 제안하였던 이른바 "유전학과 윤리학의 절묘한 결합"(Sloterdijk, 1999: 39/이진우·박미애, 2004: 67)이 교육과 갖게 될 관련성이다. 슬로터다이크도 언급한 바 있는 트랜스휴머니즘 혹은 포스트휴머니즘이라는 용어는, 비록 슬로터다이크는 엘마우 강연에서 이 용어들을 문자 그대로의 개념, 즉 "문자 이후를 의미하는 휴머니즘 이후"라는 뜻으로만 사용하고 있지만, 엘마우 강연을 전후하여 그리고 그로부터 20년간 인간의 미래상과 관련하여 매우 진지하게 논의되고 사용되어온 용어들이기도 하다. 스스로를 트랜스휴머니스트·포스트휴머니스트라 칭하는 일군의 학자와 문화운동가들은 슬로터다이크가 그랬던 것처럼 기존 휴머니즘(들)의 유효기간이 만료되었고, 이를 이어 트랜스휴머니즘의 과도기를 거쳐 결국에는 포스트휴머니즘의 시대로 진입하게 될 것이라고 주장한다. 아울러 현존 인간의 미래상은 지금의 인간과 다른 모습의 이른바 포스트휴먼이 될 것이고, 그 과정에서 이른바 '인간향상'이라는 포괄적 프로그램이 전통적 형식의 인간교육을 대신하여야 한다고 공언한다. 대표적으로 옥스퍼드 대학교 철학과의 닉 보스트롬은 "인간 유전자 향상-트랜스휴머니스트 관점"(2003a)이라는 글에서 다음과 같은 전망과 주장을 내어놓은 바 있다.

 "우리는 현존 인류가 도달한 개인적 발달과 성숙의 수준보다 훨씬 위대한 수준에 도달한 존재를 상상할 수 있다. 왜냐하면 이들은 완전한 신체적 정신적 정력을 지닌 채 수백 년 수천 년 살 기회를 가지기 때문이다. 우리는 우리보다 훨씬 똑똑하고 순식간에 다량의 책을 읽어 내는 존재를, 우리보다 훨씬 훌륭한 철학자들을 그리고, 어쩌면 우리가 피상적 수준에서만 이해하게 될 수도 있겠으나, 걸작들을 남기게 될 예술가들을 상상해 볼 수 있다. 우리는 지금껏 어떤 인간도 품지 못했던 더욱 강렬하고 순수하고 안전한 사랑을 하게 될 수도 있다. … 우리는 우리 속에 더욱 위대한 능력들을 발달시킬 수 있다는 가능성에 대한 사유를 할 수 있어야 하고, 현재의 향상되지-않은(un-enhanced) 생물학적 인간 존재보다 더욱 고등한 질서체로 발돋움시켜 줄 수 있는 가치들을 발견하게 될

것이다."(Bostrom, 2003a: 494f)

인간의 미래상에 대한 위와 같은 전망에 근거하여 보스트롬은 전통적 혹은 현재의 교육을 "공학적으로 낮은 수준의 수단"(Bostrom, 2003a: 496)으로 규정하고, 이보다는 더욱 효율적이고 매력적인 방식의 "인간 향상"을 선택하기를 권고한다.

슬로터다이크가 "문자 이후의 휴머니즘"이라는 뜻으로 사용하였던 포스트휴머니즘이라는 용어가 실제로 보스트롬의 그것과 일치하는지는 분명치 않다. 앞서 보았다시피, 보스트롬의 경우 '포스트'는 '이후'라는 뜻과 동시에 혹은 그보다 더욱 '넘어서'(beyond)를 의미하기 때문이다. (Bostrom, 2003a, 2005a; 우정길, 2018d: 88-94) 실제로 그는 자신의 기획을 "우리를 '인간 이상의 인간'으로 만들기"(to make ourselves 'more than human')(Bostrom, 2005: 204)라고 칭한 바도 있다. 그리고 슬로터다이크는 엘마우 강연에서 "유전학, 인간사육, 사육정치, 선택적 출산, 출생 전 선별" 등의 용어들을 예언비평적 맥락에서 사용함으로써, 그가 사용했던 포스트휴머니즘이라는 용어가 보스트롬의 그것과 사실상 동일한 방향을 가리키고 있는 것이라는 짙은 의혹을 야기하고 있다. 그리고 그 의혹이 사실일 경우, 그가 선언한 교육의 종언은 사실상 인간향상론의 옹호와 동일한 것으로 여겨질 수밖에 없다.

20년 전 슬로터다이크의 엘마우 강연으로 촉발된 철학적 논란의 본질은 결국 인간의 인간임의 문제, 즉 휴머니즘의 문제이다. 그러나 이 휴머니즘이라는 의제는 먼 과거나 미래의 일이지도 않으며 심오한 철학이나 공상과학만의 문제도 아니다. 이것은 인간의 오늘과 내일을 규정하고 결정하게 될 생명과학과 사회학과 정치학과 윤리학의 문제임과 동시에 이 모든 것이 집약된 교육학의 문제이기도 하다. 서론에서 언급한 바와 같이, 이에 관한 교육학계 논의들이 이미 진행 중이라는 점을 재차 환기함과 동시에 교육학계의 관심을 희구하며, 본고를 맺고자 한다.

참고문헌

김병연 (2017). 포스트휴머니즘, 지리교육 그리고 사이보그 시민. 『한국지리환경교육학회지』 25(4), 73-87.

김영래 (2009). 하이데거의 "휴머니즘에 관한 편지(Brief über den Humanismus)"에 대한 교육학적 성찰. 『교육철학』 38, 35-63.

안인기 (2017). 포스트휴머니즘 담론으로 본 미술교육의 문제. 『미술과 교육』 18(4), 1-17.

우정길 (2018d). 포스트휴머니즘 인간관에 대한 비판적 성찰: 욕망과 기능의 관점에서. 『교육철학연구』 40(2), 75-99.

우정길 (2018e). 휴머니즘과 교육에 관한 소고(小考): 슬로터다이크의 『인간농장을 위한 규칙』(1999)을 중심으로. 『교육문제연구』 31(4), 81-104.

이선일 (2001). 휴머니즘과 하이데거의 존재사유. 『대동철학』 15, 337-350.

이소연 (2017). 포스트휴먼 시대 인문학적 사고와 글쓰기 교육 방안. 『한국문학이론과 비평』 21(2), 127-152.

이진우 외 (2004). 『인간복제에 관한 철학적 성찰』. 서울: 문예출판사.

임석원 (2013). 비판적 포스트휴머니즘의 기획: 배타적인 인간중심주의 극복. 이화인문과학원 (2013). 『인간과 포스트휴머니즘』 (pp. 61-82). 서울: 이화여자대학교.

장희권 (2005). 21세기 포스트휴머니즘 시대의 인간존재방식. 『독일문학』 96, 174-195.

정은해 (2001). 하이데거 철학의 교육학적 의의 - 휴머니즘 비판을 중심으로. 『현대유럽철학연구』 6, 227-256.

Bindé, J. (2005). 'Human, Still Human!' *DIOGENES* 206, 55-61.

Bollnow, O.F. (1959). *Existenzphilosophie und Pädagogik*. Stuttgart: Kohlhammer.

Bostrom, N. (2003a). Human Genetic Enhancements: A Transhumanist Perspective. *The Journal of Value Inquiry* 37, 493-506.

Bostrom, N. (2005a). In defense of posthuman dignity. *Bioethics* 19(3), 202-214.

Fitzsimons, P.J. (2007). Biotechnology, ethics and education. *Studies in Philosophy and Education* 26, 1-11.

Giubilini, A., Sanyal, S. (2015). The Ethics of Human Enhancement. *Philosophy Compass* 10(4), 233-243.

Heidegger, M. (1967). *Wegmarken.* F.a.M: Vittorio Klostermann. 이선일 옮김 (2005). 『이정표2』. 서울: 한길사.

Herbrechter, S. (2009). *Posthumanismus.* Darmstadt: WBG. 김연순·김응준 옮김(2012). 『포스트휴머니즘』. 서울: 성균관대학교.

Junker-Kenny, M. (2003). Moralisierung oder Abschied von der mens — chlichen Natur? Die Auseinandersetzung zwischen Habermas und der Rawls-Schule. Bauer, W. u.a. (Hrsg). "Der Mensch des Menschen". *Jahrbuch für Bildungs- und Erziehungsphilosophie* 5, 125-156.

Junker-Kenny, M. (2005). Genetic Enhancement as Care or Domination? The Ethics of Asymmetrical Relationships in the Upbringing of Children. *Journal of Philosophy of Education* 39(1), 1-17.

Kanamori, O. (2003). Philosophy of genetic life designing. Bauer, W. u.a. (Hrsg). "Der Mensch des Menschen". *Jahrbuch für Bildungs- und Erziehungsphilosophie* 5, 59-82.

Kron, F.W. (1996). *Grundwissen Pädagogik.* München/Basel: Ernst Reinhardt Verlag.

Kurzweil, R. (2005). *The Singularity is Near.* When Humans Transcend Biology. N.Y: Penguin. 김명남·장시형 옮김 (2007). 『특이점이 온다』. 파주: 김영사.

Long, F. (2017). Transhuman Education? Sloterdijk's Reading of Heidegger's Letter on Humanism. *Journal of Philosophy of Education* 31(1), 177-192.

Lösch, A. (2003). Das Genomprojekt als Naturerkenntnis. Risiken einer biotechnischen Übersetzung. Bauer, W. u.a. (Hrsg). "Der Mensch des Menschen". *Jahrbuch für Bildungs- und Erziehungsphilosophie* 5, 15-40.

Nennen, H. U. (2003). *Philosophie in Echtzeit. Die Sloterdijk-Debatte.* Würzburg: Königshausen & Neumann.

Onishi, B.B. (2011). Information, Bodies, and Heidegger: Tracing Visions of the Posthuman. *SOPHIA* 50, 101-112.

Savulescu, J., Bostrom, N. (Ed.) (2009). *Human Enhancement*. London: Oxford Univ. Press.

Schachtner, C. (2003). Mensch und Maschine. Nachdenken über ein am-bivalentes Verhältnis. Bauer, W. u.a. (Hrsg). "Der Mensch des Menschen". *Jahrbuch für Bildungs- und Erziehungsphilosophie* 5, 157-169.

Schäfer, A. (2003). Rousseaus Phantasie einer ursprünglichen Zukunft. Bauer, W. u.a. (Hrsg). "Der Mensch des Menschen". *Jahrbuch für Bildungs- und Erziehungsphilosophie* 5, 41-58.

Siddiqui, J.R. (2016). Restyling the humanities curriculums of higher ed-ucation for posthuman times. *Curriculum Inquiry* 46(1), 62-78.

Sloterdijk, P. (1999). *Regeln für den Menschenpark*. F.a.M: Suhrkamp. 이진우·박미애 옮김 (2004). 『인간농장을 위한 규칙』. 파주: 한길사.

Strachota, A. (2003). Der GENiale Mensch. Von der Utopie zur Realität im Zeitalter der Gentechnologie. Bauer, W. u.a. (Hrsg). "Der Mensch des Menschen". *Jahrbuch für Bildungs- und Erziehungsphilosophie* 5, 99-124.

Stroß, A. (2003). Der Artzt als "Erzieher". Pädagogische Metaphern und Machbarkeitsvorstellungen vom Menschen um 1900. Bauer, W. u.a. (Hrsg). "Der Mensch des Menschen". *Jahrbuch für Bildungs- und Erziehungsphilosophie* 5, 83-98.

Assheuer, T. (1999.09.02.) Das Zarathustra -Projekt. Die Zeit (https://www.zeit.de/1999/36/199936.sloterdijk1_.xml 2018.10.16.열람)

Habermas, J. (1999.09.16.) Post vom bösen Geist. *Die Zeit* (https://www.zeit.de/1999/38/Post_vom_boesen_Geist/komplettansicht?print 2018.10.16.열람)

Mitteldeutscher Rundfunk (MDR) (2007). *Moritz Schreber. Vom Kinderschreck zum Gartenpaten*. Berlin: Icestorm.

Mohr, R. (1999.09.06.). Züchter des Übermensch. *Der Spiegel* (http://www.spiegel.de/spiegel/print/d-14718468.html 2018.12.14.열람)

Sloterdijk, P. (1999.09.09.) Die Kritische Theorie ist tot. *Die Zeit* (https://www.zeit.de/1999/37/199937.sloterdijk_.xml 2018.10.16.열람)

III

교육과 향상

07

교육과 향상의 경계에서
인간의 도구화를 성찰하다*

I. 경계적 사유들

"우리는 충분히 우수한가? 그렇지 않다면, 우리는 우리 자신을 어떤 방식으로 개선하여도 되는가? 우리는 우리 스스로를 공부와 훈련 같은 전통적인 방법(methods)으로 제한하여야 하는가? 혹은 과학(science)을 활용하여 보다 직접적으로 우리의 정신적 물리적 능력을 향상하여야 할까?"(Bostrom & Savulescu, 2009: 1)

다소 완곡한 의문문의 형식을 띠고 있는 위 인용문은 두 가지 종류의 경계적 사유를 선보이고 있다. 그 첫째는 인간에 관한 것 혹은 인간의 이해에 관한 것이다. 인간은 어떤 존재이며, 스스로를 어느 선까지 '개선' 또는 '향상'하여도 되는가? 어디까지가 인간이며, 어디부터가 초(超)인간 혹은 비(非)인간인가? 위 저자들은 이러한 경계적 질문들을 두 문장 사이

---

* 우정길 (2018g). 보스트롬(N. Bostrom)의 인간향상론에 대한 비판적 고찰. 『교육문화연구』 24(6), 5-23.

의 여백, 즉 "우리 스스로를 제한한다."와 "우리의 정신적 물리적 능력을 향상한다."를 사이에 두고 그 해답을 구하고 있다. 물론 그 해답은 간단 치 않다. 본론에서 재차 언급하게 되겠지만, 이들이 말하는 "인간의 정신 적 물리적 능력의 향상"은 인간의 생물학적 조건의 조작적 변화를 통한 것이다. 그러하기에 이 "향상"(enhancement)은 단순히 환영할 만한 것이 라기보다는 존재론적·윤리학적 그리고 교육학적 재고를 요하는 복잡한 문제이다.

두 번째 경계적 사유는 인간의 개선 혹은 향상의 수단에 관한 것이 다. 이들이 "공부와 훈련 같은 전통적인 방법"이라 칭한 그것은 일반적으 로 '교육'으로 통칭되는 제 활동을 의미한다. 위 저자들은 교육을 통한 인 간의 개선과 인류의 진보라는 고전적·일반적 차원 너머의 수단을 의문문 의 형식으로 제안하고 있다. 즉 "과학을 활용하여 보다 직접적으로" 인간 의 향상을 도모할 수도 있지 않은가라고 말이다. 물론 여기서 "과학"이라 함은, 정신과학과 사회과학 그리고 문화과학의 교집합이라 할 수 있는 교 육학[1]의 축적된 통찰과 지식이 아닌, 생명공학을 포함한 현대 자연과학의 급속한 발전이 이루어 낸 기술의 진보를 의미한다.

---

[1] 본론에 앞서 한 가지 지적해 두고자 하는 것은 위 인용문의 저자들이 이 두 가지 방 법을 명명하는 방식이다. 그들은 우리가 일반적으로 '교육'이라고 부르는 그것과 관 련하여 "전통적 방식, 제한"이라는 용어를 사용하는가 하면, 후자에 대해서는 "과학, 직접적, 향상"이라는 단어를 사용하고 있다. 물론 필자는 이 몇몇 키워드에 배어있는 평가적 관점에 동의하지 않는다. 주지하는 바와 같이, 근대 이후 교육학은 교수학 (Didaktik) 이상의 토대와 체계를 갖추었으며, 특히 지난 200여 년 동안 정신과학에 서 사회과학에 이르는 광범위한 영역을 아우르며 독립적 학문으로서 확립과 발전을 거듭해 왔다. 즉 교육학(Erziehungs*wissenschaft*)은 이미 인간에 대한 종합적 학문 이며, 굳이 그리 번역하여야 한다면, 사회*과학*(Sozial*wissenschaft*)이나 문화*과학* (Kultur*wissenschaft*)을 그렇게 번역·명명하듯이 그리고 본고에서는 독일 교육학계 내 교육학 성격 논쟁(오인탁, 1990: 148f, 181f)과 무관하게, 교육학 역시 넓은 의미 에서 교육*과학*으로 번역되어도 무방하다. 자연*과학*(Natur*wissenschaft*), 그것도 그 중 일부의 현대적 기술에 대해 '과학'이라는 지위를 부여하고, 이것에 근거하여 교육 학을 옛것으로 그리고 본고에서 다루게 될 인간향상론을 보다 세련된 새것으로 포장 하려는 관점은 그 자체로 '과학적'이라고 보기 어렵다.

위 경계적 질문들로부터 우리는 인간인가 혹은 초인간·비인간인가 그리고 교육인가 향상인가라는, 인간과 교육에 관한 일종의 임계점들에 직면하게 된다. 물론 대척을 이루는 것처럼 표현된 이 대조적 요소들은 그 경계가 분명히 구분되는 것이 아니라 연속적 성격의 것일 수도 있다. 그리고 이로부터 현대의 학자들은 휴머니즘과 트랜스(trans)휴머니즘과 포스트(post)휴머니즘의 연속성 또는 불연속성을 논하기도 한다. 휴머니즘의 종말을 선언함과 동시에 포스트휴머니즘의 시작을 선언하는 관점, 휴머니즘의 종말 이후 트랜스휴머니즘을 거쳐 포스트휴머니즘으로 향하고 있다는 견해 그리고 이러한 제 논의들에도 불구하고 여전히 휴머니즘은 변함없이 건재하고 또한 지속하리라는 주장 등이 현재 학계에는 공존하고 있다.(Herbrechter, 2009/김연순·김응준, 2012: 11-104; Philbeck, 2013: 25f; 임석원, 2013: 67f; 신상규, 2014: 104f; 우정길, 2018d: 79f)

본고의 주안점은 위와 같은 관점들 사이의 역학 구조나 전개사를 탐구하는 데 있지 않다. 본고의 초점은 위 경계적 사유들 가운데 '의문문의 형식으로 제안'2되고 있는 인간향상론을 비판적으로 고찰하는 데 있다. 보다 정확하게는, 위 인용문에서 보스트롬과 사불레스쿠가 "보다 직접적"이라 칭한 그 방법의 인간학적·교육학적 이해와 토대를 비판적 관점에서 탐구해 보고자 한다. 특히 위 인용문의 저자 중 한 사람인 보스트롬에 집중하여 본고의 기획을 수행하고자 하는데, 그 이유는 간단하다. 보스트롬은 지난 30여 년 동안 이른바 트랜스휴머니즘·포스트휴머니즘을 주장해 온 많은 실천가와 학자들 중 학술적으로 가장 진지하게 인간의 교육과 향

---

2 흥미롭게도 이러한 제안은 의문문의 형식을 띠고 있다. 이 주제와 관련하여 가장 유명한 '의문문'은 1999년 행해졌던 슬로터다이크의 강연이다. 흔히 "엘마우 강연"이라고 명명되는 이 강연은 Sloterdijk(1999)의 것인데, 이 강연의 후기에서 슬로터다이크는 다음과 같이 적고 있다. "나는 이런 종류의 무시무시한 질문들 속에서 새로운 진화론적 지평이 우리 앞에 전개되고 있다는 점을 덧붙였다. 몇몇 언론인들은 이 의문문을 규정문으로 만들었다."(Sloterdijk, 1999: 60) 이와 관련된 사회적 논란은 "우정길, 2018e: 82f; 2018f"를 참조 바란다.

상이라는 주제에 접근하고 있는 학자이기 때문이다.

부연하자면, 이른바 트랜스휴머니즘·포스트휴머니즘[3] 진영은 대략 두 가지 부류로 나뉜다. 그 하나는 기술지상주의적 혹은 공학유토피아적 성향의 활동가들로서, 현재와 미래의 과학기술이 허용하는 최대치의 과학기술을 동원하여 인간 종의 변화를 도모하는 것이 인류 진화의 원칙에 부합한다는 신념을 확고하게 주장하고, 이것을 구체적 실행에 옮기려는 부류이다. 이들은 1991년 온라인 기반으로 창립되어 2006년까지 존립하였던 Extropy Institute을 중심으로 활동한 바 있으며, 대표자로는 창립자 모어(M. More) 및 그와 더불어 2005년 "포스트휴먼 PRIMO"[4]를 제안하였던 비타-모어(Vita-More)를 들 수 있다. 비타-모어의 경우 냉동인체 재생술의 옹호자이자 직접 그 시험대상이 된 "FM-2030"[5]의 절친한 동료이기도 하였다. 참고로 그녀의 남편 모어는 인체냉동보존서비스를 제공하는 Alcore Life Extension Foundation의 경영자이기도 하다.

또 다른 한 진영은 보다 진지하고 학술적인 접근을 선보이는 부류로

---

3 본고에서는 이 두 가지 용어를 혼용하고 있으며, 다소간의 불편함을 감수하고 병기하고자 한다. 본고가 고찰의 대상으로 삼고 있는 보스트롬이 이 두 가지 용어를 맥락에 따라 혼용하고 있기도 하거니와(Bostrom, 2003b, 2005a), 실제로 이 두 가지 용어가 연속적인 성격을 띠고 있는지라 그 구분이 용이치 않기 때문이다. 용어와 관련된 기초적 논의는 "우정길, 2018d: 77-79"를 참조 바란다.

4 비타-모어가 제안한 "포스트휴먼 프리모"(Primo)의 뇌는 "메타-뇌"로 명명되어 있다. 여기에는 나노테크 데이터 저장시스템, 가청주파수 확장 장치, 네트워크 소나센서를 이용한 맵데이터 투영 장치, 데이터의 즉석 중계와 피드백이 가능한 오류 교정 장치 등이 장착되어 있다. 가슴에는 심장활동 감지 모니터가 내장되어 있고 모든 내장기관은 교체가 가능하도록 고안되어 있다. 아울러 상체에는 체내 내비게이션 그리드가 그리고 척추는 비보-파이버옵틱이라고 명명된 커뮤니케이션 장치가 장착되어 있으며, 신체 곳곳의 바이오센서가 신체 외부를 향한 상황적 긴장도를 조절해 준다. 피부는 태양광으로부터 보호되도록 설계되어 있으며, 피부의 색상과 질감 역시 선택 가능하다. 다리에는 터보엔진이 장착되어 있을 뿐 아니라 유연성 역시 강화되어 있다. 이 모든 기능적 장치들이 교체와 업그레이드가 가능하다.(Vita-More, 2005; 우정길, 2018d: 81f)

5 본명은 Fereidoun M. Esfandiary(1930-2000) 2000년 7월 8일, FM2030은 췌장암으로 사망하였고, Alcor Life Extension Foundation의 인체냉동보존고에 안치되었다.

서, 인간의 포스트휴먼화 과정에서 발생 가능한 윤리적 문제 및 관련 정책들의 정치적·정책적 적절성 등에 대한 고려가 필요하다는 인식을 공유하는 무리이다. 이들 역시 생명공학을 비롯한 과학기술의 발달이 인간의 종적 특성을 변화시킬 것이라는 점에 대해 긍정하고, 그 혜택이 인간의 종적 개선 및 인류의 진보를 위해 활용될 필요가 있다는 점에 대해서는 적극 긍정한다. 그러나 이들의 경우 트랜스휴머니즘·포스트휴머니즘이 전통적 휴머니즘과 연속선상에 있다는 점을 인식의 기반으로 삼고, 트랜스휴머니즘·포스트휴머니즘이 근대 계몽주의적 휴머니즘을 대신할 새로운 휴머니즘이라는 점을 강조한다. 이들은 Extropy Institute와는 별도로 WTA(World Transhumanist Association, 1998)를 설립하여 학술활동을 이어갔는데, 퍼스(D. Pearce)와 함께 이 협회의 창립을 주도한 이가 바로 보스트롬이다. 2006년에는 여러 진영의 트랜스휴머니스트들이 한데 모인 새로운 협회가 Humanity+(Humanity Plus)라는 이름으로 창립되면서 WTA는 Humanity+의 일부를 이루는 것처럼 보였지만, 실제 WTA의 중심 회원들은 2004년에 보스트롬이 생명윤리학자 휴즈(J. Hughes)와 함께 창립한 IEET(Institute for Ethics & Emerging Technologies)에서 활동을 이어나갔다. 보스트롬의 경우 2005년부터는 FHI(Future of Humanity Institute at Oxford University)의 소장으로 그리고 2015년 이래로는 Strategic Artificial Intelligence Research Center의 소장도 겸하고 있다. 대략적으로 보자면, 트랜스휴머니즘·포스트휴머니즘에는 Extropy Institute 계열과 WTA 계열의 두 진영이 공존해 왔다고 볼 수 있다.[6]

이상의 간략한 소개에서는 이른바 트랜스휴머니스트·포스트휴머니스트들 진영 내 분화의 주된 요인으로 테크노-유토피아주의의 급진성을 꼽았고, 실제로 이러한 기준을 적용하여 "낙관적 포스트휴머니즘과 비판적 포스트휴머니즘"(임석원, 2013: 69f)으로 구분하는 견해가 있기도 하다. 그러나 이들 내부의 분화와 통합의 역학은 어느 한 가지 요소로만 설명되는

---

6 보다 구체적이고 부가적인 전개사는 "신상규, 2014: 103-124"를 참조 바란다.

것은 아니다. 신상규의 경우 급진적 테크노-유토피아주의인가 혹은 기술진보주의인가라는 기준에 더하여 자유시장주의 또는 시장방임주의에 대한 신뢰의 정도를 중요한 요인으로 꼽기도 한다.(신상규, 2014: 114f) 그런가 하면 정작 트랜스휴머니즘·포스트휴머니즘의 전개와 분화에 상당히 주도적 역할을 해 온 당사자인 보스트롬은 "각자의 견해에 따라 … 트랜스휴머니스트라는 깃발 아래에도 내가 전적으로는 동의하지 못하는 경우들[이 있다]"[7]이라고만 말한다. 본고의 맥락에서 주목할 점은, 보스트롬이 트랜스휴머니즘·포스트휴머니즘 진영, 특히 계몽주의적 휴머니즘을 계승하노라 천명하는 비교적 온건한 기술진보주의적·시장친화적 진영의 학술적 논의에 있어서 주도적 위치를 점해 왔다는 점 그리고 결정적으로는 트랜스휴머니즘·포스트휴머니즘이 교육(학)과 맺는 접점을 그가, 의도적으로든 혹은 아니든, 적극적으로 부각시키고 있다는 점이다. 위 인용문에서 그가 제안하고 있는 교육과 향상의 임계점이 바로 그것이며, 이것이 본고의 탐구 주제이기도 하다. 이어지는 제 II장에서는 보스트롬의 인간관과 포스트휴먼상(像)을 정리해 보고, 이를 바탕으로 제 III장에서는 교육과 향상의 유사성과 차이점을 비판적 관점에서 고찰해 보고자 한다.

II. 인간과 포스트휴먼

1. 인간 - 미완과 진화의 존재

보스트롬은 인간을 완성된 존재나 모종의 불변의 실체를 지닌 존재로 보지 않는다. 그는 인간을 미완과 진화의 존재로 규정한다. "트랜스휴머니스트 사유의 역사"(2005b)에서 그는 르네상스 인문주의자 미란돌라(P.D. Mirandola)를 인용하면서 자신의 견해를 개진한다. 아래 인용문은 미란돌라의 『인간 존엄성에 관한 연설』(1496)의 일부로서, 인간 창조와

---

7 www.nickbostrom.com. (2018.11.01.검색)

관련된 신의 섭리를 미란돌라가 해석하여 기술한 내용이다.

> "나는 네[아담]를 천상존재로도 지상존재로도 만들지 않았고, 사멸할 자
> 로도 불멸할 자로도 만들지 않았으니, 이는 자의적으로 또 명예롭게 네
> 가 네 자신의 조형자(造形者)요, 조각가(彫刻家)로서 네가 원하는 대로
> 형상(形相)을 빚어내게 하기 위함이라. 너는 네 자신을 짐승 같은 하위
> 의 존재로 퇴화시킬 수도 있으리라. 그리고 그대 정신의 의사에 따라서
> 는 '신적'이라 할 상위 존재로 재생시킬 수도 있으리라."(Bostrom,
> 2005b: 2재인용)[8]

물론 이러한 해석이 신의 섭리에 부합하는지 여부는 알 도리가 없다.
아울러 이것이 기독교 신학의 전통적 해석에 부합하는지 여부에 대해서
도 논란의 여지가 있을 수 있다. 다만 미란돌라의 입을 빌어 인간 존재의
원리에 대해 보스트롬이 주장하고자 하는 바가 "미완과 자유의지"라는 사
실은 확인할 수 있다. 그가 미완과 자유의지를 트랜스휴머니즘·포스트휴
머니즘의 철학적 기반으로 지목한 이유는 다음 두 가지로 해석 가능하다.
그 하나는 완성의 창조론이라 할 수 있는 기독교 신학적 인간학에 대한
거부이고, 다른 하나는, 이를 통해 인간 스스로가 자기 자신을 추가적으
로 혹은 아주 새롭게 창조해도 된다는 논리적 근거의 마련이다. 즉 기독
교 신학적 인간학의 이해에 있어서, 인간의 (재)창조 혹은 인간 만듦의
권리를 인간이 신으로부터 합법적으로 부여받은 것으로 해석함으로써, 인
간 존재가 추가적 교정이나 수정이 허용되지 않는 신의 완성품이 아니라,

---

8 해당 인용문의 한국어 번역은 "Mirandola, 1496: 2/성 염, 2009: 18"에서 발췌. 보스
트롬의 인용문에는 나타나 있지 않지만, 위 인용문의 의미를 보다 분명히 하기 위해
미란돌라의 동일 출처에서 두 문장을 추가적으로 발췌하여 소개하자면 다음과 같다.
"하나님은 인간을 미완(未完)된 모상(模像)의 작품으로 받아들이셨고 … 너는 그 어
떤 장벽으로도 규제받지 않는 만큼 너의 자유의지에 따라서 (네 자유의지의 수중에
나는 너를 맡겼노라!) 네 본성을 테두리 짓도록 하여라."(Mirandola, 1496: 2/성 염,
2009: 17)

몸을 비롯한 자신의 모든 것을 적극적으로 바꾸어 나가도 될 뿐 아니라 심지어 그렇게 하는 것이 아담을 향한 신의 명령이었다는 주장을 보스트롬은 미란돌라를 인용하며 우회적으로 펼치고 있는 것이다. 그리고 이와 같은 주장은 그가 다윈의 『종의 기원』에서 인용하고 있는 "현재 버전의 인간(humanity)은 진화의 마지막 단계가 아니라 초기적 단계일 수도 있다는 관점이 점점 분명해졌다."(Bostrom, 2005b: 3)라는 문장에서 더욱 선명해진다. 즉 그는 인간을 여전히 진화의 과정 중에 있는 미완의 존재로 파악하고 있으며, 이 진화는 더 이상 신의 독점적 권한이나 자연의 몫이 아니라 인간 스스로의 자유의지와 자기창조의 결과물이어야 한다고 주장하는 것이다.(우정길, 2018d: 89f)

2. 인간에서 포스트휴먼으로

인간이 미완의 존재일 뿐 아니라 자기창조의 존재라는 해석이 시사하는 바는 무엇인가? 이와 관련하여 보스트롬은 자신과 신념을 같이 하는 일군의 학자들·신념가들의 기본 관점을 다음과 같이 적고 있다.

> "트랜스휴머니스트들은 인간을 아직 진행 중인 존재로, 반쯤 완성된 시작의 존재로 여기고, 그래서 우리는 바람직한 방향으로 [인간을] 개조(remold)하기를 배울 수 있다고 생각한다. 현재의 인류는 진화의 종착점이어야 할 필요가 없다. 트랜스휴머니스트들은 과학과 공학과 여타 합리적 도구들의 책임 있는 사용을 통해 우리가 결국에는 포스트휴먼, 즉 현재의 인간보다 더 큰 능력을 지닌 존재가 될 것을 희망한다."(Bostrom, 2003a: 493)

인간의 조형 또는 자기창조가 진행 중인 존재라는 주장 그리고 바람직한 혹은 [우리가] 바라는 그 방향으로 인간을 만들어 가야 한다는 주장과 아울러 눈에 띄는 단어는 "포스트휴먼"이다. 그는 이러저러한 방법을 동원하여 현존 인간이 장래에 되어야 할 지향점으로서 이른바 포스트휴면을 제시하고 있다. 즉 인간은 현존 인간에서 머무는 것이 아니라 인간 이후의 인간, 즉 포스트휴먼으로 진화하여야 한다는 것이다. 물론 이 포스트휴먼은 현재 인간보다 우월한 능력의 소유자일 것이라고 그는 예견하고 있다. 그렇다면 포스트휴먼으로 정의되는 새로운 인간상은 구체적으로 어떤 모습인가? 여기서 우리는 포스트휴먼의 정체성과 관련하여 몇몇 선구적·대표적 제안들을 복기해 볼 필요가 있다.

우선 비교적 가까운 예로, 커즈와일(R. Kurzweil)의 "특이점이 임박했다."(Singularity is near)는 주장을 들 수 있다. 2005년 출판된 그의 저서 *Singularity is near*는 『특이점이 온다』라는 한국어 제목으로 소개되어 있지만, 그 내용은 한국어본 제목보다 사뭇 다급한 인상을 남긴다. 그가 "특이점"이라 명명한 그 지점을 향한 흐름은 현재 진행 중이다. 그렇다면 특이점이란 무엇인가? 커즈와일의 표현을 빌자면, "특이점은 기하급수적 증가에서 거의 수직에 가깝게 치솟는 단계"이다. 그의 저서의 맥락에서 달리 써 보자면, 가속화하던 과학기술의 발달이 이 지점에 이르러 비약적 발달에 이르게 되고, 이로써 문명의 새로운 차원이 열리게 된다는 것이다. 실제로 그는 식사와 성교, 일과 놀이와 학습 등의 일상은 물론이거니와 질병과 수명, 치안과 국방에 이르는 인간 삶의 모든 분야에서 특이점 이전과는 전혀 다른 차원의 양상이 전개될 것이라고 본다. 그렇다면 특이점 이후의 인간 혹은 포스트휴먼의 모습은 어떠할 것인가? 그의 저서의 부제인 "인간이 생물학을 초월할 때"(When Humans Transcend Biology)가 이를 암시해 준다. 커즈와일이 감지했던 특이점은 인간이 인간의 생물학적 조건을 넘어서는 새로운 종이 되는 지점이다. 그리고 2005년 시점에서 보기에, 이러한 초월적 인간의 출현이 임박하였다는 것이다.

"인간의 지능은 비생물학적 지능과 융합될 것이며, 인간은 인간만큼 혹은 인간보다도 더욱 복잡하고 미묘한 면을 지닌 비생물학적 시스템을 만들고, 인간 자신이 생물학적 존재에서 비생물학적 존재로 변해 갈 것이

다."(Kurzweil, 2005/김명남·장시형, 2007: 465, 523) "곧 우리 몸과 뇌
도 들락날락하게 될 것이다. 2030년경이 되면 우리 몸은 생물학적 부분
보다 비생물학적 부분이 많게 될 것이다. … 2040년쯤이면 비생물학적
지능은 생물학적 지능보다 수십억 배 뛰어난 상태가 되어 있을 것이
다."(Kurzweil, 2005/김명남·장시형, 2007: 425)

커즈와일 역시 이러한 변화의 선상에서 인간의 정체성에 관한 근본적
질문이 대두될 것이라는 점, 그러나 이에 대한 대답 역시 여전히 잠정적
난제로 남을 수밖에 없다는 점을 인정한다. 이와 동시에 그는 위와 같은
혼종적 형태의 인간을 인간으로 부르기를 주저하지 않는다. 다만 그는 이
들을 "사이보그가 되어 가는 사람들"(Kurzweil, 2005/김명남·장시형, 2007:
425)이라고 부르고, 이들 사이보그[9]가 포스트휴먼의 정체라고 규정한다.
주지하는 바와 같이, 사이보그 인간 혹은 사이보그의 이미지는 커즈
와일보다 20년 앞서 1985년에 해러웨이(D.J. Haraway)가 제안한 바 있다.
물론 이 선언에서 그녀가 주장하고자 하였던 바는 급변하는 과학기술과
산업사회의 구조 속에서 사회적 관계 역시 재구조화될 필요가 있으며, 이
러한 사회 재구조화의 과정에서 페미니즘이 기존의 인종과 계급 등의 의
제를 통합적으로 다루어야 한다는 것이었다. 그러나 이러한 주장의 와중
에 그녀가 사이보그라는 새로운 종류의 인간 혹은 포스트휴먼을 제안하
였다는 점은 30여 년이 지나 포스트휴머니즘이 중요한 학문적·사회적 화
두가 된 오늘날 새삼 흥미롭다. 그녀가 고안했던 사이보그는 "인공두뇌의

---

9 "사이버네틱(Cybernetic)과 유기체를 뜻하는 오가니즘(Organism)의 합성어인 사이
  보그는 생물학적 신체와 기계적 장치가 결합된 존재를 뜻한다. … 1960년 만프레드
  클라인즈(Manfred Clynes)는 네이선 클라인(Nathan Kline)과 함께 쓴 "사이보그와
  우주"라는 논문에서, 인간이 생존하기에 적합하지 않은 환경 속에서 이루어지는 우
  주 탐사를 위해, 지구와 유사한 인공적인 환경을 우주인에게 제공하려 노력하는 대
  신에, 인간을 외계의 환경에 적합하도록 계량할 것을 제안하면서 '사이보그'란 표현
  을 처음으로 사용했다. 말하자면 우주여행에 적합하도록 인간의 생물학적 진화 과정
  에 개입하자는 것이다."(Clark, 2003; 신상규, 2014: 53재인용)

유기체이자 기계와 유기체의 잡종이며, 허구의 피조물일 뿐 아니라 사회적 실재(social reality)의 피조물"(Haraway, 1991/민경숙, 2002: 267)로서, 오늘날 포스트휴먼의 정체성과 궤를 같이 하기 때문이다.

위와 같이 선언된 사이보그의 정체성은 헤일즈의 저서 『우리는 어떻게 포스트휴먼이 되었는가』(1999)에서 재차 천명된다. 현존 인간의 존재성을 절대자에 의해 피조된 최후의 정체성이 아니라 단지 진화의 과정 중에 생겨난 "역사적 우연"으로 규정하는 헤일즈에 따르면, 포스트휴먼의 정체는 "인간과 지능을 가진 기계의 결합"이다. 달리 표현하자면, 포스트휴먼은 "신체를 가진 존재와 컴퓨터 시뮬레이션, 사이버네틱스 메커니즘과 생물학적 유기체, 로봇의 목적론과 인간의 목표 사이에 본질적인 차이나 절대적인 경계가 존재하지 않는"(Hayles, 1999/허 진, 2013: 24) 존재이다.

이들 선구적 포스트휴먼상(像)들의 공통점은 섞임이다. 인간이 자연적 인간에 머물지 않고 부가적·기계적 장치들과 섞여서 새로운 종류의 혹은 그들의 표현대로 더 나은 종류의 인간종으로 재탄생한다는 것이다. 명확히 해 둘 것은, 이것은 인간 밖의 기계가 인간의 그것과 흡사한 지능과 기능을 가지고 인간과 흡사한 모습의 존재로 인간과 더불어 있다는 것과는 별개의 사안이다. 여기서 말하는 섞임은 인간이 자신의 몸속에, 그러므로 동시에 자신의 정신 속에, 기능적 부품들을 탑재하고, 이로써 현존 인간보다 기능적으로 우월한 종으로 업그레이드된다는 혹은 재탄생한다는 것이다. 이 '새로운 종류의 인간'이 과연 본질적으로 인간인가의 여부 혹은 어느 정도로 인간인가라는 의문과 무관하게, 이러한 섞임은 혼종성(Hybridity)이라는 개념 아래 이미 학계 일각의 화두가 되어 있고(김연순, 2011, 2013, 2014; Hauskeller, 2013; Philbeck, 2013), 미래에 출현할 포스트휴먼을 자신과 동일시하고자 하는 혹은 자신이 그렇게 되고자 열망하는 개인들의 무리는, 서론에서 간략하게 언급한 바와 같이, 이미 현대 사회 속에서 일종의 "컬트 문화"(신상규, 2014: 116)가 되어 있다. 급기야 급진적 트랜스휴머니스트·포스트휴머니스트 진영의 비타-모어는, 앞서 언급한 바와 같이, 아주 구체적인 모습의 "포스트휴먼 프리모"를 이미 2005년에 제시한 바도 있다.

그렇다면 이 섞임의 근본 동기는 무엇인가? 우리는 포스트휴먼의 특징인 혼종성의 근본동기를 간명하게 표현한 예를 보스트롬에게서 발견할 수 있다. 그는 2008년의 글에서 포스트휴먼의 혼종성 혹은 이 혼종의 근본동기를 "능력"이라고 해설하고 있다. 여기서 그는 포스트휴먼을 "일반적 중점 능력"을 지닌 존재라고 규정하는데, 이를 통해 포스트휴먼은 현존 인간의 능력의 최대치를 능가하는 존재로 그려지고 있다.

> "건강: 정신적·신체적으로 완전히 건강하고, 활동적이고, 생산적일 수 있는 능력 / 인지: 기억력, 연역적·추론적 사고력, 주의력 등의 일반적 지적 능력들 및 음악, 웃음, 에로티시즘, 이야기, 영성, 수학 등 특수 영역의 능력 / 감정: 삶을 즐길 수 있고 삶의 다양한 상황들과 타인들에 대해 교감할 수 있는 능력"(Bostrom, 2008b: 1f)

보스트롬의 포스트휴먼은 능력에 있어서 현존 인류보다 우월하다. 이 새로운 인간은 비단 신체적·인지적 부문만이 아니라 심지어 관계와 감정의 영역에서도 현존 인간을 초월하는 것으로 고안되어 있다. 인간은 인간임과 동시에 인간 스스로를 넘어서려는 욕망의 존재이다. 그리고 이 넘어섬의 욕망은 이제 과학기술의 발달에 힘입어 실현되기에 이르고 있으며, 또 그리 되어야 한다고 보스트롬은 강조한다. 그것이 태초부터 지녀온 혹은 오랫동안 적응해 온 인간 본성의 변경을 요구하는 일이라 할지라도, 인간은 기꺼이 그러한 요청에 부응하여야 한다는 것이다. 그것이 미란돌라의 인간창조론 해석을 다소 자의적으로 인용하면서 인간 존재의 미완성과 자유의지를 강조하는 보스트롬의 의도이다. 그러므로 보스트롬의 관점에서 포스트휴먼은 인간이 가 닿아야 할 목표점임과 동시에 인간이 영원히 지향하여야 할 자기창조의 과정이다. 매 시대 공학적 기술이 허용하는 최대치의 임계점까지 인간의 신체적, 지적, 정의적, 관계적 능력을 확

장하는 것, 이것이 보스트롬이 추구하는 포스트휴먼의 인간상이자 인간향
상론의 중심 의제이다.

3. 인간 본성과 존엄성

인간의 능력이 증대된다는 사실 그 자체는 환영할 만한 일이다. 개인
적 차원이든 사회적 차원이든 인간 능력의 향상은 인간의 개인적·사회적
삶의 질 향상으로 이어질 것이라는 기대 때문이다. 그런데 이 능력의 향
상이 생존과 생활의 편의성의 증대를 넘어 인간 존엄의 재고를 요청하는
사안이게 될 경우, 우리는 이러한 인간 능력의 향상을 꾀하는 방식 및 그
결과가 과연 인간적 삶의 개선으로 귀결되는가에 대해서 의문해 볼 필요
가 있다. 이때 관건은 '개선'이 아니라 '인간적' 삶이다. 과연 보스트롬을
비롯한 트랜스휴머니스트·포스트휴머니스트 진영에서 제안하는 인간 향
상은 '인간적' 삶의 개선에 기여하는가? 물론 이 질문의 대답은 간단치 않
다. 어쩌면 이것은 개인적·종교적 신념의 문제일 수도 있으며 혹은 사회
적 합의의 문제일 수도 있다. 이 넓은 스펙트럼을 가로지르는 지점에 인
간 존엄이라는 키워드가 있다. 그리고 인간 존엄이라는 주제는 인간의 본
성에 관한 담론들과 맞닿아 있다.

보스트롬의 관점에서 인간 본성에 관한 사유는 인간 본성의 실체 유
무와 가변성에 근거하여 크게 두 가지 형태로 나뉜다. 그 첫 번째는, 그것
이 창조신으로부터든 혹은 이를 대체할 만한 어떤 세속화된 존재로부터
든, 인간에게 모종의 불변의 본성이 있다는 견해이다. 이 경우 인간의 존
엄은 본성적 실체 그 자체이기도 하거니와 그로부터 파생되는 인간의 존
재적 가치 일체를 의미한다. 인간은 있는 그대로의 인간 그 자체로서 존엄
하다. 특히 이것이 종교적 신념체계와 결합될 때, 이것은 단순히 인간의
존엄에 관한 차원을 넘어 신적 존재의 권능에 관계된 것이므로, 이 경우
인간 존엄에 관한 담론은 신적 전능성과 완전무결성이라는 신성불가침의
차원에서 다루어진다. 이 경우 인간의 존엄은 곧 신성한 것이기에, 수용과

존중과 보존의 대상이다. 이러한 주장의 대표적인 사례로 보스트롬은 종교적 생명보수주의자(Bio-conservatives)로 알려진 카스(L. Kass)를 들고 있다. 보스트롬이 인용하고 있는 카스의 견해는 다음과 같다.

> "자연적으로 주어져 있는 것의 대부분은 그 종특성적인 본성이 이미 부여되어 있다. 그것은 이미 부여되어 있는 어떤 것이다. 바퀴벌레와 인간은 그 자연적 본성이 이미 부여되어 있다는 점에서 동일하다. 다만 다르게 부여되어 있을 뿐이다. 인간을 바퀴벌레로 변형시키는 것은 - 카프카까지 언급할 필요도 없겠지만 - 비인간화일 것이다. 인간을 인간 이상의 어떤 것으로 변형시키는 일도 마찬가지 경우일 것이다. 우리는 자연의 선물에 대해 더 감사할 필요가 있다. 우리는 우리 자신의 주어진 본성이라는 특별한 선물에 대해 더욱 특별한 관심을 기울이고 존중할 필요가 있다."(Kass, 2003: 19)

인간 본성에 관한 카스 주장의 핵심은 "주어짐"(givenness)이고, 이것이 곧 인간 존엄의 핵심적 구성 요인이다. 이러한 견해를 수용할 경우 인간 존엄을 대하는 인간의 자세는 감사와 존중이어야 한다. 혹자가 이 "주어짐"에 대해 감사와 존중의 궤도를 벗어나서 인간 혹은 인간의 본성에 변화와 변형을 가하고자 한다면, 그것은 카스의 표현과 같이 "비인간화"(dehumanizing)의 시도가 된다.

인간의 본성에 관한 두 번째 견해는 변화와 진화의 본성론으로서, 본고에서 고찰의 대상으로 삼고 있는 보스트롬의 관점이 여기에 속한다. 변화와 진화의 본성론이라고 쓰기는 하였으나, 여기에 어떤 실체로서 본성이 전제되는 것은 아니다. 보스트롬의 경우 인간의 본성은, 앞서 고찰한 바와 같이, 미완과 변화와 진화로 특징지워지는 그 무엇이다. 이 경우 변화 혹은 자기창조는 인간의 본성임과 동시에 인간의 존엄 고양을 위한 필수적 덕목이다. 이런 맥락에서 보스트롬은 "우리는 인간적 가치들과 개인적 열망에 맞추어 우리 자신과 우리 본성들을 합법적으로 개조(reform)할

수 있다."(Bostrom, 2005a: 205)는 견해를 피력한다. "할 수 있다." 정도로
표현은 하였으나, 행간에서는 "해야 한다."라는 요청도 읽힌다. 이러한 의
사는 아래 문장에서 더욱 분명히 포착된다.

> "우리 고유의 종특징적 본성은 도저히 존중하기 힘들고 받아들이기 어려
> 운 것들이 많이 있다. 즉 질병과 살인과 강간과 학살과 속임수와 고문과
> 인종주의 등이 그것이다. 자연·본성 일반의 공포들 그리고 특별히 우리
> 인간이라는 자연·본성의 공포들은 이미 역사적으로 잘 기록되어 있으며,
> 카스(L. Kass) 같은 저명한 학자가 오늘날과 같은 시대에 여전히 자연·
> 본성적인 것에 의존하여 바람직한 것과 규범적으로 옳은 것을 이야기한
> 다는 것이 놀라울 따름이다."(Bostrom, 2005a: 205)

위와 같은 논평과 함께 보스트롬은 카스식의 본질주의적 접근을 "카
스적 감상주의"(Kassian sentiment)라고 비평한다. 물론 이러한 감상주의는
"경험적 근거가 부족하고, 신비주의적"(Bostrom, 2005a: 209f)이기도 하다
고 그는 촌평한다. 이러한 비판을 통해 그가 지향하는 바는 분명하다. 첫
째, 인간이 현재의 인간, 즉 그의 표현으로는 "향상되지 않은 생물학적
인간"(Bostrom, 2003a: 495)으로 머무르기를 주장하는 것은 인간의 존엄을
수호하려는 고매함과는 거리가 멀다는 것, 둘째, 오히려 인간 종의 유전
적·기능적 향상에 대해 개방적인 자세와 노력을 보이는 것이 인간 존엄
의 수호와 고양을 추구하는 길이라는 것 그리고 셋째, 이러한 향상의 노
력을 통해 도달된 포스트휴먼 역시 현존 인간과 동일한 존엄을 갖는 존재
라는 것이다. 그는 포스트휴먼을 목표로 이루어지는 인간향상의 추구가
타인의 자유를 침해하지 않는 한 그리고 그 사회적 부작용이 국가적·국
제적 차원에서 적절히 통제될 수 있는 한, 미래에 나타나게 될 모종의 포
스트휴먼 역시 현존 인류와 동일한 존엄의 존재로 인정되어야 한다고 주
장한다.(Bostrom, 2005a: 206, 210)

III. 교육과 향상

　인간적 장애와 한계를 극복하고자 하는 개인적 차원의 욕구와 사회적 차원의 노력을 넘어 인류라는 집단종의 개선을 도모하려는 열망은 교육학이 추구하고자 하는 바와 논리구조적으로 흡사한 면이 있다. 우선 이두 가지는 이상주의적이라는 점에서 유사하다. 교육의 경우 이러한 이상은 때로 좋음(善)의 이데아를 향한 전향과 상승의 과정이었고, 때로 신의형상의 구현을 위해 나아가려는 성장의 과정이었으며, 또 때로는 자연·본성의 씨앗들이 꽃과 열매로 이어지도록 기다리고 돕는 소극적 교육의과정이었는가 하면, 또 때로는 보편이성을 바탕으로 이루어지는 자기형성, 즉 계몽의 과정이었다. 그 이상태를 좋음(善)의 이데아를 품은 철인으로 명명하든 혹은 신의 대리인으로서 지혜의 교사로 명명하든 혹은 자연의 교사나 이성적 자유인으로 개념화하든, 교육을 통해 인간은 그 이상(理想)에 가 닿으려는 노력을 쉼 없이 경주해 왔다.

　그런가하면 보스트롬이 속해 있는 트랜스휴머니즘·포스트휴머니즘진영 역시 지향하는 이상이 뚜렷하다. 그들은 포스트휴먼을 인간향상의이상적 지향점으로 삼는다. 이 포스트휴먼은 인간 이후의 존재이자 인간이상(以上)의 존재이다. 물론 인간과 포스트휴먼 사이에 트랜스휴먼이라는 잠정적 경유점이 있기는 하지만, 이것은 결국 포스트휴먼이라는 이상으로 수렴되도록 설계되어 있다. 이 포스트휴먼이라는 이상은 인간의 욕망 혹은 공상을 대변한다. 즉, 보스트롬이 묘사하고 있듯이, 포스트휴먼은"더 오랜 수명의 소유자이고, 훨씬 더 위대한 지적 능력의 소유자이며, 완전히 새로운 감수성과 속성의 소유자이자, 자신의 감정을 더욱 잘 통제할 수 있는 존재들"이다. 이들은 카스가 "옛 정상인"(the old normal humans)이라고 명명하기도 한 현존 인간보다 우월한 것으로 상정된다. 그래서 보스트롬뿐 아니라 트랜스휴머니스트·포스트휴머니스트들이 묘사하는 포스트휴먼상(像)은 늘 비교급으로 표현된다. 물론 비교 대상은 현존 인간이다. 교육이 오늘의 인간을 비교 대상으로 놓고 이보다 더 나은 내일의 인간을 지향하는 활동이라면, 향상은 현재의 인간종을 비교 대상으로 놓고, 이보다 더 우월한 새로운 인간종을 동경하는 일체의 추구이다. 그리고 이것은 곧 교육과 향상의 두 번째 유사점의 단서가 된다.

둘째, 교육과 향상의 인간학은 공히 이원론적 구조를 갖는다. 위에서 암시된 바와 같이 교육, 특히 교육학의 전통에서 공학적 교육관으로 수렴되어 온 만듦(Machen)으로서 교육과 향상은 교육/향상 이전의 인간과 교육/향상 이후의 인간이라는 두 가지 상이한 인간상을 상정한다. 우선 교육학의 역사에서 교육-이전-인간과 교육-이후-인간은 극적으로 상반된 이름으로 표기된 바 있다. 그 대표적인 예로, 코메니우스의 경우 "비인간(Nicht-Mensch)과 인간"(Schaller, 1958: 14)으로 그리고 칸트의 경우 "아직-아닌-인간(noch-nicht-Mensch)과 인간"(Kant, 1998b: 697-707; Ricken, 1999: 94-99; 우정길, 2007: 143-148)으로 그 구분을 명확히 한 바 있다.10 이러한 사례에서 포착되는 이원적 구조는 한편으로는 교육을 통한 인간의 질적 변화가 얼마나 필요하고 어느 정도로 가능한가를 보여 주는 중요한 표식이기도 하다. 물론 교육-이전-인간과 교육-이후-인간이라는 구분이 단절적인 것이 아니라 연속적 개념이라고 보정하여 독해할 수는 있고, 또 실제로 인간의 성장은 연속적 과정이기도 하다. 그러나 이론적 차원에서 인간을 이렇게 이원적으로 나누고 그 질적 차이를 부각시켜 교육의 필요성과 가능성에 더욱 주목하도록 유도하는 것은 교육학의 역사에서 드물지 않게 포착되는 이론적 장치라는 점만은 부인하기 어렵다.

---

10 특히 칸트는 교육 이전의 인간을 "동물성이 아직 억제되지 않은 상태"로 규정함으로써, 동물성과 인간성이라는 이원적 구조를 자신의 교육인간학 구조 속에 설계하였다는 점은 주지의 사실이다.(Kant, 1998b: 697) 이에 따르면 인간은 "동물인간(Tiermensch)과 이성인간(Vernunftmensch)"으로 양분된다. 한 인간 속에 이렇게 두 개의 상이한 인간들이 들어 있으며, 그 사이에서 교육이 작용한다는 논리구조이다. 이러한 칸트식 인간 구분을 릭켄은, 칸트의 명명법을 활용하여 "아직-아닌-인간(Noch-nicht-Mensch)과 그제서야-인간(Aber-dann-Mensch)"으로 구분하여 명명하기도 한다.(Ricken, 1999: 96)

트랜스휴머니즘·포스트휴머니즘도 이와 유사하게 혹은 이보다 더욱 선명하게 인간을 향상의 이전과 이후로 구분한다. 인간과 포스트휴먼이라는 명칭의 구분 혹은 포스트-휴먼이라는 용어 자체가 이미 향상이라는 기제의 작동 이전과 이후가 질적으로 얼마나 확연히 구분되는 존재일지를 잘 보여 준다. 앞서도 언급한 바 있거니와, 향상 이전의 인간은 "향상되지 않은 생물학적 인간"(Bostrom, 2003a: 495), "현시대(적) 종류의 인간들"(Bostrom, 2005a: 213), "원래 인간"(original person: Bostrom, 2003a: 496) 등으로 명명되는가 하면, 향상 이후의 인간은 "포스트휴먼, 대안적 인간"(Bostrom, 2003a: 496)으로 표현되고 있다. 앞서 언급된 비타-모어의 "포스트휴먼 프리모" 및 그보다 더 고전적 사례인 각종 사이보그 구상들은, 현재 시점에서 그 실현의 여부나 정도와 무관하게, 현존 인간보다 기능적으로 향상된 것으로 고안되었다는 점은 분명하다. 그리고 상당수의 트랜스휴머니스트·포스트휴머니스트들은 인간에서 포스트휴먼으로 자신의 모습이 향상되기를 공공연히 바라고 있고, 실제로 보스트롬의 경우 앞서 언급한 바와 같이 "왜 나는 커서 포스트휴먼이 되려 하는가"(Bostrom, 2008b)라는 제목의 논문을 통해 이러한 개인적 희망을 공론의 장에 소개하기도 하였다. 이들에게 있어서 인간은 향상 이전의 인간이고, 포스트휴먼은 향상 이후의 인간, 즉 새로운 인간종이다. 칸트의 저 유명한 명제, 즉 "인간이란 교육이 그로부터 만들어 낸 것에 다름 아닌 것이다."(Kant, 1998b: 699)와 동일한 논리로, 보스트롬에게 있어서 포스트휴먼은 향상이 현존 인간으로부터 만들어 낸 바로 그것이다.

　　이러한 논리구조적 유사성에도 불구하고 이 둘 사이에는 결정적인 차이가 한 가지 있다. 그것은 이 두 기획의 최종적 목적에 관한 것이다. 교육과 향상은 동일하게 인간의 개선을 추구한다. 개인적 차원에서든 사회적 차원에서든, 개선은 언제나 바람직하고 권장할 만한 것이다. 그러나 개선이라고 동일하게 표현된 이 최종 목적의 양상들은 상이하다. 교육은 인간의 개선을 추구한다. 그러나 교육이 지향하는 개선의 목적은 인간다움의 실현이다. 인간이 더욱 인간다울 수 있도록 동기를 부여하고 학습을 권면하여서 인간다움의 지고(至高)에 이를 수 있도록 하는 것이 교육의 최종 목적이다. 앞서도 열거하였거니와, 교육학의 역사에서 이 지고의 인간다움은 때로 좋음(善)의 이데아로, 신의 형상으로, 자연·본성으로, 보편이성의 자유인으로, 신사로 그리고 군자(君子)로 개념화되기도 하였으며, 시대와 문화에 따라 상이하게 형성되어 왔다. 그 이상형의 다양성과 다면성에도 불구하고 교육은 항상 인간이 어떻게 가장 인간다울 수 있는지 그리고 이러한 인간다움들이 사회적 장에서 어떻게 잘 발현되고 어울릴 수 있는지에 대한 경험을 축적하고 이론을 구안하여 이를 실현하기 위해 노력해 왔다. 인간임(Menschsein) 혹은 인간다움은 교육의 목적임과 동시에 때로 교육이 실행되는 울타리이기도 하다. 그 목적이 이로부터 벗어나거나 혹은 그 실행의 과정이 이 대전제로부터 이탈할 경우, 이것은 교화와 프로파간다를 비롯한 유사교육의 범주로 전락하게 된다. 그리고 이러한 유사교육은 인간다움의 고양이 아니라 인간다움의 약화로 그리고 심지어 인간다움의 파괴로 귀결될 가능성이 높다.

교육이 인간다움을 목적으로 하는 활동이라면, 향상은 인간 초월을 목적으로 한다. 보스트롬을 비롯한 트랜스휴머니스트·포스트휴머니스트들 역시 개선이라는 용어를 사용하지만, 이때 개선이라는 낱말은 앞서 교육과 관련하여 사용하였던 일반적 의미의 개선보다 훨씬 적극적이고 혁신적이며 도발적이기까지 한 의미를 담고 있다. 인간향상 역시 인간의 개선을 의미한다. 그러나 향상은, 인간이 개선되되 단순히 인간으로서 지고의 차원에 이르는 것에 만족하지 않고, 그 이상(以上)이 된다는 것을 의미한다. 그리고 이것은 인간의 기능적 향상을 통한 인간종(種)의 개선 그리고 종국에는 끊임없는 인간의 초월을 함의한다. 현존 인간의 초월 후에는 포스트휴먼이 올 것이고, 또 포스트휴먼의 향상 후에는 또 다른 종류의 새로운 인간종의 탄생 혹은 새로운 종(種)의 발명을 지향하려는 것이 향상론의 기본 발상이다. 이러한 목표를 보스트롬은 "인간 이상의 인간을 만드는 것"(to make ourselves 'more than human')(Bostrom, 2005a: 204)이
라고 간명하게 밝힌 바 있다.

　이러한 차이를 염두에 두고 보자면, 보스트롬의 주장, 즉 트랜스휴머
니즘·포스트휴머니즘이 계몽주의적 휴머니즘을 계승하고 있는 새로운 휴
머니즘이라는 견해(Bostrom, 2005b: 2f; Philbeck, 2013: 27; 신상규, 2014:
117)는 비판적 분별의 필요를 불러일으킨다. "트랜스휴머니스트 사유의
역사"(2005b)에서 보스트롬은 인간 개선에 대한 일반적 진술로 인간향상
론의 운을 띄운다.

　　"새로운 능력을 습득하려는 인간의 욕망은 인간 종의 역사만큼이나 오래
　　된 것이다. 우리는 항상, 사회적으로든 지리적으로든 혹은 정신적으로든,
　　우리 실존의 범주를 확장하기를 추구하여 왔다. 적어도 소수의 사람들
　　사이에서는 인간의 삶과 행복에 대한 모든 장애와 한계를 극복할 길을
　　찾으려는 경향성이 있다."(Bostrom, 2005b: 1)

　위와 같은 주장에 대한 논거를 대기 위해 그는 프로메테우스와 제
우스, 다이달로스와 이카루스의 신화에서 출발하여 미란돌라(P. D.
Mirandola)와 베이컨(F. Bacon), 프랭클린(B. Franklin)과 다윈(C. Darwin)
그리고 라메트리(J.O. de La Mettrie)와 칸트(I. Kant)에 이르기까지 다양한
사상가들을 동원한다. 앞서 언급된 미란돌라와 다윈이 "미완으로서 인간
의 자유의지적 자기창조"의 논거를 위해 인용되었다면, 이 논리의 연장선
상에서 보스트롬은 칸트의 "계몽이란 무엇인가에 대한 답변"(1783)의 일
부에서 인간향상론의 논거를 구하고 있다.

　　"계몽이란 인간이 스스로 초래한 미숙의 상태에서 벗어나는 것이다. 미숙
　　함이란 타인의 지도 없이는 자신의 오성을 사용하지 못하는 것을 의미한
　　다. 만약 이 미숙함의 원인이 오성의 결여에 있지 않고 다른 사람의 지도
　　없이 자신의 오성을 사용하려는 결단과 용기의 결여에 있다면, 스스로 책

임을 져야 하는 것이다. 따라서 과감히 알려고 하라! 너 자신의 오성을 사용하려는 용기를 가져라! 이것이 계몽의 표어이다."(Kant, 1998a: 53)

위 인용을 통해 보스트롬이 주장하고자 하는 바는 명확하다. 그는 자신의 인간향상론이 계몽주의 휴머니즘 및 계몽주의 교육학의 정신과 닿아 있다는 주장을 하려는 것이다. 그의 관점에서라면 인간향상론은 현대적 혹은 미래적 버전의 새로운 계몽주의 인간교육론인 것이다. 그러나 과연 그러한가? 칸트가 말한 "미숙한 상태"가 현존 인간 일반의 생물학적 상태와 한계를 의미하는 개념인가? 그리고 칸트가 말한 "계몽, 즉 미숙의 상태에서 벗어남"이 현존 인류의 생물학적 한계를 공학기술적 보정과 교정과 변형을 통해 극복한다는 것을 의미하는가? 그리고 "오성을 사용하려는 결단과 용기"가 곧 인간향상론의 발의와 동조를 의미하는 것인가? 칸트의 논리를 차용한 듯, "포스트휴먼이 되지 않는 것은 열등하기로 결정한 스스로의 선택"(Bostrom, 2005a: 211)이라고 말하는 보스트롬식의 '새로운 계몽주의'는 어떻게 받아들여야 하는 것인가?

다시 교육과 향상의 차이라는 주제로 돌아와 성찰하자면, 인간을 초월한다는 의미의 향상은 인간다움의 실현이라는 의미의 교육과는 차원을 달리하는 화두라는 점을 분명히 해 두고자 한다. 교육은 현존 인간의 생물학적 조건의 변경을 고려하지 않는 전제 위에서 이루어지는 인간 본위의 활동이다. 인간의 본성을 어떻게 정의하든 혹은 잠정적인 차원에서나마 그것을 "규정 불가능의 X"(Fukuyama, 2002)로 설정해 두는 인식론적 미지수론의 바탕 위에서든, 교육의 존재론적·생물학적 대전제는 인간의 인간임(Menschsein) 그 자체이며, 이것은 변경이 불가능할 뿐만 아니라 변경되어서도 아니 된다는 교육학의 오래된 전통이 이후로도 고수될 필요가 있다. 이 대전제는 인간이 교육을 통해서 더욱 인간이 될 수 있고, 이를 통해 종국에는 인류의 고매한 이상에 가 닿을 수 있으리라는 희망을 가능케 하는 근거이다. 이것을 우리는 계몽이라 칭하여 왔고, 이 계몽의 정신은 오늘날에 이르도록 교육의 이론과 실천을 위한 중요한 이정표가 되어 왔다.

이러한 전통에 비추어볼 때 인간향상론은 계몽의 정신과 닿아 있지도 않을 뿐 아니라 계몽이라는 용어와도 어울리지 않는다. 보스트롬이 지목한 칸트의 용어를 활용하여 표현하자면, 계몽의 실현은 "훈육, 문화화, 시민화·문명화, 도덕화"(Kant, 1998b: 706f)를 통해 가능한 것이지, 공학적 기술의 눈부신 발달에 힘입은 부가적 장치의 착용과 삽입을 통한 혼종인간의 발명 혹은 유전자 편집을 통한 선별출산 혹은 맞춤형 아기(designer-baby)를 통해 이루어지는 것이 아니다. 이것은 각종 난치 질환의 치료와 장애의 보완 등 인류 사회의 특수한 몇몇 경우에 한하여 사회적 합의에 근거하고 엄격한 국가적·국제적 통제하에 제한적으로만 활용되어야 할 보완의 수단이지, 계몽이나 교육과는 사실상 무관한 것이다.[11] 우리는 "우리는 인간적 가치들과 개인적 열망에 맞추어 우리 자신과 우리 본성들을 합법적으로 개조(reform)할 수 있다."(Bostrom, 2005a: 205)라는 보스트롬의 진술에서 인간과 인간교육에 대한 그의 사유의 단면을 발견하게 된다. 흡사한 사유의 단초들이 "한 개인의 지적인 삶은 교육을 받음으로써 극적으로 달라질(transformed) 수 있다."(Bostrom, 2003a: 496)나 "우리는 바람직한 방향으로 [인간을] 개조(remold)할 수 있다."(Bostrom, 2003a: 493) 등의 진술들에서도 포착된다. 그는, 의도적인지 무의도적인지 분명치는 않으나, 인간을 하나의 형태·형식(form)으로 혹은 가소적 물질로 간주한다. 형태·형식은 변경과 정정과 교정이 가능하고, 가소적 질료는 몰딩(주조. molding)과 재몰딩(개조. remolding)이 가능하다. 그러나 인간은 본질적으로 형식·

---

11 엄밀히 말하자면, 트랜스휴머니스트·포스트휴머니스트들이 추구하는 인간향상은 일차적으로는 유전자 향상에 가깝다. 보스트롬이 그리고 있는 유전자 향상의 미래적 단면은 다음과 같다. "우리는 유전자 향상이 더 부모의 더 많은 사랑과 헌신으로 이어질 것이라는 점을 생각해 볼 수 있다. 어떤 엄마와 아빠들에게는, 자녀들이 유전자 향상을 통해 더 똑똑하고, 아름답고 건강하고 행복해졌기에, 그들의 자녀를 사랑하는 일이 더 쉬워질 것이다."(Bostrom, 2003a: 497f)

형태나 가소적 질료가 아니며, 따라서 형식적 변경과 변형의 대상도 그리고 주조와 개조의 대상도 아니다. 인간이 형태·형식으로 표현될 때가 있다면, 그리고 주조와 개조라는 용어를 인간에게 사용한다면, 그것은 부분적·은유적 차원에서이다. 그러나 부분이 전체나 본질은 아니며, 은유는 실제가 아니다. 모든 인간은 그 자체로 온전한 전체이고 실제이자 실존이다. 그리고 교육은 각각의 온전한 실존들에 관여한다.

이런 맥락에서 보스트롬이 교육을 "기술적으로 수준이 낮은 수단"(Bostrom, 2003a: 496)으로 명명하면서, 이것의 한계가 분명하다고 지적하는 것은 차원의 혼동에서 비롯된 오류이다. 교육과 향상은 전혀 다른 성격의 것으로서, 애초에 같은 차원에서 논의될 성질의 것이 아니다.[12] 아울러 이 두 가지는 인간 개선을 위한 단계적·연속적 성격의 수단이나 보완책들도 아니다. 행여 교육이 향상으로부터 무엇인가를 기대하거나 혹은 향상의 일환으로 포섭된다면, 이것은 우생학의 세계로 교육이 발을 들여놓는 인간사적 재앙의 재연으로 귀결될 가능성이 높다.[13]

---

12 "태교를 위해 모차르트를 들려주는 것을 금지하지 않는다면, 포스트휴머니스트의 논리에 반대할 이유 역시 없다."(Bostrom, 2005a: 212)라는 그의 발언도, 만약 이것이 진지한 언사였다면, 이러한 "차원의 혼동"에서 기인한 것으로 보인다.

13 이런 맥락에서, 포스트휴머니즘의 제안을 우생학의 현대적 재연과 연결 짓는 사회적 염려와 비판이 있어 왔다는 사실을 상기할 필요가 있다. 그 대표적인 예가 1990년대 후반 유럽 지성계를 떠들썩하게 만들었던 이른바 "슬로터다이크-스캔들"이다. 1997년과 1999년 두 차례에 걸쳐 이루어진 강연에서 슬로터다이크는 이후 그 진의를 의심받는 다음과 같은 '의문문들'을 제안하였다. "장기적 발전이 인간 종특성의 유전적 개량으로도 이어지게 될 것인가? 그리고 미래의 인간공학이 명시적 형질설계를 가속화하게 될 것인가? 인류가 종 전체에 걸쳐 탄생운명론으로부터 선택적 출생과 출생 전 선택(pränatale Selektion)으로의 방향 전환을 실행하게 될 것인가? 이러한 질문들 속에서 아직은 모호하고 섬뜩한 진화론적 지평이 자신의 모습을 드러내게 될 것입니다."(Sloterdijk, 1999: 45f/이진우·박미애, 2004: 72f참조) 이후 독일 언론들은 슬로터다이크의 이 '의문문들'을 곧바로 니체와 나치와 하이데거의 우생학적·정치적·철학적 부적절성과 직결시켜 공론화하였고(Mohr, 1999), 이로부터 관련 논의들이 증폭하게 되었다.(우정길, 2018e: 2018f참조) 교육학과 우생학의 연관과 관련하여 기록될 필요가 있는 한 가지 사례로는 1930-1940년대 독일 대학에 설강된 강좌에 관한 기록이다. 2007년, 독일 Justus-Liebig Univ. Giessen의 설

교육은 교육에게 맡겨진 고유의 역할이 있다. 그것은 인간이 충분히 인간적일 수 있도록 인도하고 가르치고 돕는 일이지, 보스트롬의 순진한 희망(Bostrom, 2003a: 499)처럼 "기술적 수준이 높은" 유전적 개입·조작이라는 향상의 기제를 통해 모종의 초인들을 탄생시키고, 이를 통해 세상의 비참을 애초에 경감시키는 일과는 거리가 멀다. 물론 교육이 인간적 이상을 항상 완전히 실현해 내는 것은 아니며, 더더욱 교육을 통해 세상의 모든 비참이 말끔히 해소되는 것도 아니다. 그러나 향상을 통해서도 마찬가지이다. 향상을 통해 세상의 비참을 경감시키고 평등의 유토피아를 건설할 수 있다는 생각 자체도 순진한 발상이거니와, 세계의 각종 비참의 근원을 개인들의 유전자로 환원시키는 그의 사유 역시 철학자라는 그의 전문직함에 어울리지 않을 정도로 지나치게 공학적이다. 인간과 세계의 비참이 개인의 DNA와 전혀 무관하다고 단언할 수는 없지만, 오히려 그보다는 복잡다단한 이념적·사회경제적·제도적 구조에서 더욱 심대하고 광범위하게 비롯된다는 사실에 대한 인식이 우선될 필요가 있다.

립 400주년 기념강연의 일환으로 이루어진 강연에서 우정길은 이 대학 교육학과의 설립초기에 설강된 강좌들을 당시 강의요목("Ludwigs-Universität Gießen: Personal- und Vorlesungsverzeichnis. SS 1939–WS 1944/45")을 바탕으로 분석한 바 있다. 그에 따르면, 1938년부터 1945까지 이 대학 교육학과에 재직하였던 볼노(O.F. Bollnow)는 1939년과 1941년 두 차례에 걸쳐 "국가사회주의 교육" 그리고 "인종학"(Rassenseelenkunde)이라는 제목의 강좌를 설강한 바 있다. 국가사회주의, 즉 나치의 교육이 대학에서 공공연하게 이루어졌다는 점도 논란의 대상이 되겠거니와 교육학과에서 인종학 강좌가 설강된 것 역시 본고의 논의와 관련하여 주목할 필요가 있다. 물론 당시 독일대학들의 강좌를 전수조사한 결과가 아니기에 일반화하기에는 무리가 있다. 그러나 이 두 가지 강좌는 볼노가 당시 행했던 여타 강의의 주제들(낭만주의, 실존주의와 교육, 아리스토텔레스, 칸트, 헤르더, 니체, 프뢰벨, 겔렌)과는 그 결이 상당히 다른 것이 사실이고, 이것은 다시 당시 반인본적 정치권력이 어느 정도로 깊이 학문사회에 난입하였는지 그리고 그것이 학자와 학생들의 학문일상에 제도적으로 어떠한 영향을 미쳤는지를 보여 주는 하나의 지표로 해석될 수 있다. 위 대학에서 니찌-교육학과 우생학의 결탁은 전쟁의 폭격으로 인한 대학건물의 심대한 손상 및 종전(終戰)의 여파로 이루어진 Justus-Liebig Univ. Giessen의 잠정폐쇄와 함께 막을 내리게 되었다.(Woo, 2007b)

IV. 유토피아와 도구주의 교육관

"우리는 아직 어느 인간도 경험해 보지 못한 더 큰 심미적·관조적 쾌락
을 상상해 볼 수 있다. 우리는 현재적 한 개인이 가질 수 있는 발달과 성
숙도의 정도를 훌쩍 뛰어 넘는 수준을 상상해 볼 수 있다. 그들은 이제
수백 년, 수천 년을 신체적·심리적으로 왕성한 에너지를 가진 채 생존할
수 있을 것이기 때문이다. 우리는 우리보다 훨씬 더 똑똑한 존재를 상상
해 볼 수 있다. 이들은 단 몇 초 만에 책 한 권을 읽어 낼 수 있고, 우리
보다 훨씬 더 뛰어난 철학자일 것이고, 우리가 추상적인 차원에서만 이
해할 수 있을 예술의 걸작들을 창조해 낼 것이다. 우리는 지금껏 인간이
품었던 것보다 더욱 강렬하고 순수하고 안전한 사랑을 하게 될 것이
다."(Bostrom, 2003a: 495)

　　이것은 미래소설의 일부가 아니다. 이것은 보스트롬이 "인간의 유전
적 향상: 트랜스휴머니스트 관점"(2003)이라는 논문에서 그리고 있는 인
간의 미래상이다. 이러한 미래가 언젠가 도래할 가능성이 전혀 없다고는
말할 수 없다. 자연과학은 진보하고 기술은 발달하기에, 언젠가는 인간
역시 각종 공학적 발전의 수혜자가 될 수도 있을 것이다. 그리고 사실 유
토피아를 향한 욕망이 죄악은 아니다. 교육을 통한 진보의 추구도 마찬가
지이다. 인간이 존재하는 한 교육은 진행될 것이고, 인간의 교육은 지금
껏 그래왔듯이 개인의 개선과 인류의 진보를 지속적으로 추구해 나갈 것
이다. 그 종착점이 굳이 유토피아가 아니라 하더라도 교육은 인간과 사회
에 대한 낙관적 미래상을 지향하기를 주저할 필요는 없다.
　　그러나 우리는 교육에 대한 도구주의적 관점의 만연, 즉 교육이 개선
과 진보를 위한 수단이며 종국에는 유토피아의 실현을 위한 수단으로 여
기는 낙관적 도구주의가 팽배하는 상황에 대해 경계를 표할 필요가 있다.
교육에 대한 낙관적 도구주의가 극도로 고조된 지점에서 인간향상론이라
는 유전공학적·기계공학적 아이디어가 새어나오기 때문이다. 보스트롬의

위 인용문은 무엇을 위한 향상이고, 무엇을 위한 인간이며, 무엇을 위한 삶인가에 대한 심각한 질문을 유발한다.

보스트롬의 위 인용문에서와 달리, 우리는 빨리 그리고 많이 읽기 위해 독서를 하는 것이 아니다. 독서는 정보습득의 수단이기도 하지만, 더욱 근원적으로는 마음의 양식의 섭취이기도 하다. 모르던 것을 알게 되는 지적 즐거움, 아름다운 문장을 접할 때 얻게 되는 희열, 독서를 통해 가닿게 되는 상상의 신선함 등이 독서의 원동력이다. 우리는 뛰어나거나 우월한 철학자가 되기 위해 철학을 하는 것이 아니다. 철학(Philosophie)은 본질적으로 철학함(Philosophieren)이며, 이런 의미에서 철학은 호흡과 같은 인간의 일상적·본능적 활동이다. 이를 통해 우리는 인간과 세계에 대한 깊고 넓은 이해와 새로운 통찰에 이르게도 되지만, 이를 통해 때로는 오히려 일상적 불만과 불편에 이르게 되기도 된다. 새로운 통찰을 통해 새로운 관점을 갖게 된다는 것이 때로 우리로 하여금 익숙한 세계와 세계관을 벗어나는 불편을 감수하도록 유인하기 때문이다. 그러므로 철학은 목적을 위한 수단으로 인식되어서는 곤란하다. 또한 우리는 걸작을 생산하기 위해 예술하는 것이 아니다. 예술은 심미적 활동이고, 심미성은 자유이다. 심미성은 목적으로부터 자유롭다. 그리고 심지어 사랑에 관하여는 그 어떤 비교와 평가도 도구적 사족에 불과하다. 보스트롬의 표현에서와 같은 "더욱 강렬, 더욱 순수, 더욱 안전"이라는 비교급은 상품화된 사랑(용품)의 홍보물에나 어울리는 수사들로서, 사랑의 본질에는 전혀 부합하지 않는다. 같은 이치로 우리는 장수하기 위해 살지 않으며, 건강하기 위해 살지 않는다. 건강과 장수는 삶의 과정이자 긍정적 덕목이지, 목적이 아니다. 인간은 인간을 초월하기 위해 존재하는 것이 아니라, 충분히 인간적인 삶을 영위하기 위해 존재한다. 삶 그 자체가 목적이기에, 이것이 여타의 무엇을 위한 수단으로 인식되어서는 곤란하다.

위와 동일한 이치로, 인간교육 역시 도구적 차원이 아니라 심미적 차원에서 이해되고 기억될 필요가 있다. 개선과 진보는 교육의 최종적 목적이 아니다. 교육의 최종적 목적은 인간이다. 이 인간은 동물과 비교되거나 포스트휴먼을 동경할 필요가 없는, 있는 그대로의 인간이다. 교육이 유토피아를 과도하게 지향하고 도구주의에 지나치게 경도될 때, 교육은 자신도 모르게 보스트롬식의 인간향상론을 닮아 가고 있게 될 것이다.

참고문헌

김연순 (2011). 트랜스휴먼, 인간과 기계의 혼성적 실재에 대한 문화학적 고찰 I. 『인문과학』 47, 41-56.

김연순 (2013). 트랜스휴먼, 인간과 기계의 혼성적 실재에 대한 문화학적 고찰. 『인문과학논총』 35, 279-298.

김연순 (2014). 트랜스휴먼의 원리로서 하이브리드의 자기조직화와 상호되먹임. 『인문과학연구』 21, 125-142.

신상규 (2014). 『호모사피엔스의 미래. 포스트휴먼과 트랜스휴머니즘』. 파주: 아카넷.

오인탁 (1999). 『현대교육철학』. 서울: 서광사.

우정길 (2007). 부자유를 통한 자유와 교육행위의 지향성. 탈주체성 또는 상호주관성의 교육이론을 위한 일 고찰. 『교육철학』 38, 139-164.

우정길 (2018d). 포스트휴머니즘 인간관에 대한 비판적 성찰: 욕망과 기능의 관점에서. 『교육철학연구』 40(2), 75-99.

우정길 (2018e). 휴머니즘과 교육에 관한 소고(小考): 슬로터다이크의 『인간농장을 위한 규칙』(1999)을 중심으로. 『교육문제연구』 31(4), 81-104.

우정길 (2018f). 휴머니즘과 포스트휴머니즘 사이의 교육: 슬로터다이크(P. Sloterdijk)의 휴머니즘 비판을 중심으로. 『교육철학연구』 40(4), 93-119.

임석원 (2013). 비판적 포스트휴머니즘의 기획: 배타적인 인간중심주의 극복. 이화인문과학원(편). 『인간과 포스트휴머니즘』 (pp. 61-82). 서울: 이화여자대학교 출판부.

Bostrom, N. (2003a). Human Genetic Enhancements: A Transhumanist Perspective. *The Journal of Value Inquiry* 37, 493-506.

Bostrom, N. (2003b). The Transhumanist FAQ (Version 2.1). (www.nickbostrom .com 2018.11.11.)

Bostrom, N. (2005a). In defense of Posthuman Dignity. (www.nickbostrom .com 2018.11.11.)

Bostrom, N. (2005b). A History of Transhumanist Thought. (www.nickbostrom
.com 2018.11.11.)

Bostrom, N. (2008b). Why I Want to be a Posthuman When I Grow Up.
(www.nickbostrom.com 2018.11.11.)

Bostrom, N. & Savulescu, J. (2009). Human Enhancement Ethics. Bostrom
& Savulescu (Ed.). *Human Enhancement* (pp. 1-22). London:
Oxford.

Fukuyama, F. (2002). *Our Posthuman Future*. 송정화 옮김 (2003). 『Human
Nature 부자의 유전자 가난한 자의 유전자』. 서울: 한국경제신문.

Haraway, D.J. (1991). *Simians, Cyborgs, and Women*. The Reinvention of
Nature. N.Y: Routledge. 민경숙 옮김 (2002). 『유인원, 사이보그, 그리고 여
자』. 서울: 동문선.

Hauskeller, M. (2013). 뒤죽박죽 신체들: 성형수술에서 정신업로드까지. 이화인
문과학원(편). 『인간과 포스트휴머니즘』 (pp. 41-60). 서울: 이화여자대학교
출판부.

Hayles, K. (1999). *How we became Posthuman*. Chicago: Chicago Univ.
허 진 옮김 (2013). 『우리는 어떻게 포스트휴먼이 되었는가』. 파주: 열린 책
들.

Herbrechter, S. (2009). *Posthumanismus*. Darmstadt: WBG. 김연순·김응준
옮김 (2012). 『포스트휴머니즘』. 서울: 성균관대학교출판부.

Kant, I. (1998a). Beantwortung der Frage: Was ist Aufklärung (Dez.
1783). *Immanuel Kant* (VI) (pp. 53-61). Hrsg. von W. Weischedel.
Darmstadt: WBG.

Kant, I. (1998b). *Über Pädagogik* (1803). *Immanuel Kant* (VI). Hrsg. von
Wilhelm Weischedel. Darmstadt: WBG. 695-778.

Kass, L. (2003). Ageless Bodies, Happy Souls. *The New Atlantis* 1, 9-28.

Kurzweil, R. (2005). *The Singularity is Near. When Humans Transcend
Biology*. N.Y: Penguin. 김명남·장시형 옮김 (2007). 『특이점이 온다』. 파
주: 김영사.

Mirandola, P.D.(1496). *Oratio de hominis dignitate*. 성염 옮김 (2009). 『인
간 존엄성에 관한 연설』. 파주: 경세원.

Philbeck, T. D. (2013). 포스트휴먼 자아: 혼합체로의 도전. 이화인문과학원
(편). 『인간과 포스트휴머니즘』 (pp. 23-40). 서울: 이화여자대학교 출판부.

Ricken, N. (1999). *Subjektivität und Kontingenz*. Würzburg: Königshausen
& Neumann.

Schaller, K. (1958). Die Pampaedia des Johann Amos Comenius. Heidelberg: Quelle & Meyer.

Sloterdijk, P. (1999). Regeln für den Menschenpark. F.a.M: Suhrkamp. 이진우·박미애 옮김 (2004). 『인간농장을 위한 규칙』. 파주: 한길사.

Vita-More, N. (2005). The New [human] Genre Primo [first] Posthuman. (http://www.natasha.cc/paper.htm 2018.04.18.검색)

Woo, J.-G. (2007b). Auf den Spuren von O. F. Bollnow an der Ludwigsuniversität Gießen. Vortrag in der Reihe „Cum tempore" anläs — slich der Feierlichkeiten zum 400-jährigen Bestehen der Justus-Liebig-Universität Gießen (23.Mai.2007)

Mohr, R. (1999.09.06.). Züchter des Übermensch. *Der Spiegel*(http://www.spiegel.de/spiegel/print/d-14718468.html 2018.12.14.열람)

08

자유주의 우생학과 인간향상론
- "유사과학과 유사교육의 합주"*

I. 인간의 개선 – 교육 또는 향상

교육을 통한 인간형성에 대한 낙관론적 관점의 근거가 되어 온 사유들은 교육학의 전통에서 어렵지 않게 발견할 수 있다. 그중에서도 대표적인 사례 두 가지를 들자면, 멀리는 15세기 르네상스 기독교적 인문주의자였던 미란돌라(P.D. Mirandola) 그리고 비교적 가깝게는 18세기 계몽주의 철학자·교육학자 칸트(I. Kant)를 들 수 있다. 우선 미란돌라의 경우, 종교이자 철학이었던 기독교적 세계관이 여전히 일상 문화를 지배하던 시기에 인간 존엄을 부르짖음으로써 인간이라는 존재의 의미에 대한 기존과 다른 견해를 선보인 것으로 유명하다. 아래 인용문은 미란돌라가 자신의 저서 『900명제집』(1486)으로 인해 이단 논쟁에 휩싸이자, 이에 대한 자기변론

* 우정길 (2019a). 교육(education)과 향상(enhancement)의 차이에 관하여. 『교육문화연구』 25(3), 29-48.

의 목적으로 집필하였던,(1486) 그러나 끝내 그의 사후에서야『인간 존 엄성에 관한 연설』(1496/1504)이라는 제목으로 출판된 저서의 일부이다.

> "나는 네[아담]를 천상존재로도 지상존재로도 만들지 않았고, 사멸할 자로 도 불멸할 자로도 만들지 않았으니, 이는 자의적으로 또 명예롭게 네가 네 자신의 조형자(造形者)요, 조각가(彫刻家)로서 네가 원하는 대로 형 상(形相)을 빚어내게 하기 위함이라. 너는 네 자신을 짐승 같은 하위의 존재로 퇴화시킬 수도 있으리라. 그리고 그대 정신의 의사에 따라서는 '신 적'이라 할 상위 존재로 재생시킬 수도 있으리라. … 하나님은 인간을 미 완(未完)된 모상(模像)의 작품으로 받아들이셨고 … 너는 그 어떤 장벽 으로도 규제받지 않는 만큼 너의 자유의지에 따라서 (네 자유의지의 수중 에 나는 너를 맡겼노라!) 네 본성을 테두리 짓도록 하여라."(Mirandola, 1496: 2/성 염, 2009: 17)

일견 이것은 신이 최초의 인간에게 들려 주는 신의 목소리인 것 같지 만, 실상은 그렇지 않다. 이것은 인간인 미란돌라가 창조주의 입장에 자 신을 이입하고 신의 목소리를 빌어 최초의 인간인 아담에게 말하고 있는 것이다. 즉 형식상 신이 인간에게 계시하는 것처럼 보이지만, 실제로는 인간이 인간에게 말하고 있는 것이다. 이것만으로도 미란돌라는 감히 신 의 권위를 배제한 채 혹은 신의 권위가 상당 부분 인간에게 이양된 것으 로 간주하고 인간 존재의 의미를 인간 스스로 부여하고 있다고 볼 수 있 다. 아울러 내용적으로 눈에 띄는 것은 인간의 중간자적 위치이자 미완적 존재성이다. 인간은 신성과 동물성 사이의 넓은 공간에 위치하고 있다는 점, 인간은 조형과 조각이 가능한 가소적 존재라는 점 그리고 가장 중요 하게는 인간이 자유의지를 지닌 존재이기에 인간 스스로 자신의 본성을 만들어 갈 수 있는 존재라는 점 등이 미란돌라의 글에 투영된 인간상이 다. 이러한 이원론적 혹은 중간자적 인간이해는 곧 교육의 당위성 그리고 교육의 가능성의 근거가 된다. 인간은 교육을 통해 자신을 만들어 가야 하고 (혹은 그러한 의무를 신으로부터 부여받았고), 아울러 자신을 능동적으로 조형하고 조각하여 자신의 본성을 개선해 나갈 수 있다는 것을 의미한다.

교육의 당위와 가능성에 대한 낙관적 이해의 또 다른 대표적 사례는 바로 계몽주의 교육학의 전형성을 보여 주는 칸트의 사유에서 찾아볼 수 있다. 그는 저 유명한 "'계몽이란 무엇인가'에 대한 답변"이라는 짧은 글에서 인간의 자발성에 근거한 계몽의 당위를 다음과 같이 설명하고 있다.

> "계몽이란 우리가 스스로 책임져야 할 미성숙 상태로부터 벗어나는 것이다. 미성숙 상태란 다른 사람의 지도 없이는 자신의 오성을 사용할 수 없는 상태이다. 이 미성숙 상태의 책임을 마땅히 스스로 져야 하는 것은, 이 미성숙의 원인이 오성의 결핍에 있는 것이 아니라 다른 사람의 지도 없이도 오성을 사용할 수 있는 결단과 용기의 결핍에 있을 경우이다. 그러므로 '과감히 알려고 하라!'(Sapere aude), '너 자신의 오성을 사용할 용기를 가져라!'라고 하는 것이 계몽의 표어이다."(Kant, 1998a: 53)

미란돌라의 사유에서 포착되었던 신성-동물성의 극단적 이원론이 칸트에게서는 이제 더 이상 보이지 않는다. 그 대신 칸트는 성숙과 미성숙이라는 이원적 기준으로 계몽의 여부를 구분하고 있다. 그리고 그 중심에는 "스스로 책임져야 할 성숙"이 있다. 칸트에게 있어서 미성숙은 인간 자신의 결단과 용기의 결핍에 기인하는 것이며, 동일한 이유에서 성숙은 인간 자신의 의지와 노력으로 성취해 낼 수 있는 어떤 것이다. 미성숙으로부터 성숙으로의 도약은 인간 모두에게 가능하며, 이것은 인간에 내재한 오성의 사용을 통해 가능하다. 즉 미성숙에서 성숙으로의 자발적 이행을 의미하는 교육은 모든 사람에게 필요할 뿐 아니라 가능하다. 그래서 칸트는 고등교육의 역사상 최초로 행해진 교육학 강의에서 확신에 찬 어조로 다음과 같이 선언하였다. "인간은 교육받아야 하는 유일한 피조물이다. … 인간은 교육을 통해서만 인간이 된다. 인간은 교육이 그로부터 만들어 낸 것에 다름 아니다."(Kant, 1998b: 697f) 그에 따르면 교육은 필연적으로 행해져야 하고, 교육은 인간을 만드는 실행력이 있다. 비록 그의 교육인간학이 교육 이전의 인간과 교육 이후의 인간이라는 이원적 인간론에 근거하고 있고, 이러한 이원인간론이 과연 충분히 인간적인가에 대한 학문적 회의가 근래 제기되고 있는 것은 사실이지만(Ricken, 1999; Masschelein, 1991; 우정길, 2007), 여전히 칸트의 교육론은 교육에 대한 낙관적 이해의 대표적 사례로서 지난 200여 년 동안 교육학의 역사에 큰 영향을 미쳐 온 사실은 부정하기 어렵다.

미란돌라와 칸트의 낙관적 교육이해의 공통점은 교육이 이루어지는 인간학적 공간의 확보 및 이 공간을 활용하고자 하는 인간의 주체성과 자발성에 있다. 교육이 이루어지는 인간학적 공간이란, 미란돌라의 경우 신성과 동물성 사이의 질적 차이의 공간이고, 칸트의 경우 미성숙과 성숙 사이의 공간이다. 전자의 경우 "신성 對 동물성"으로 그리고 후자의 경우 "미성숙 對 성숙" 또는 "아직-아닌-인간 對 인간"으로 표현되기는 하였으나, 이것이 꼭 신이나 동물 혹은 인간이 아닌 그 무엇을 의미하는 것은 아니다. 이것은 교육이 이루어지는 질적 공간, 즉 인간학적 틀에 대한 명명일 뿐, 이 틀 속에 상존하면서 교육에 참여하기로 되어 있는 인간이라는 종에 대한 새로운 규정을 시도한 것은 아니다. 오히려 교육학의 관점에서 더욱 강조되어야 할 부분은 자유의지이자 자발성이다. 인간에게 이미 주어져 있는 능력을 사용하여 미천과 미성숙을 극복하고, 진정한 인간성에 닿을 수 있다는 낙관적 신념이 곧 계몽의 표어이자 인간교육의 푯대라는 것이다.

그런데 근래에, 이와 흡사한 인간학적 논리 구조를 지니고 이와 유사한 낙관적 신념을 바탕으로 하는 새로운 인간개선론이 회자되고 있다. 이른바 인간향상(Human Enhancement)이라 불리는 그 논의 속에는 교육학이 오랫동안 고민과 사유의 대상으로 삼아 온 인간의 개선에 관한 문제가 보다 현대적인 혹은 심지어 미래지향적인 방식으로 거론되기도 한다. 그한 예로, 스스로를 트랜스휴머니스트로 규정하는 영(S. Young)은 "자연에게 보내는 편지"라는 글에서 다음과 같이 적고 있다.

"친애하는 자연에게, 생명이라는 굉장한 선물을 공짜로 제공해 줘서 정말 감사합니다. 생명은 오랜 세월 동안 우리에게 너무나 많은 기쁨을 안겨주었습니다. 하지만 우리는 호모사피엔스의 설계에 관해 몇 가지 개선사항을 제안하고 싶습니다. 그렇게 되면 틀림없이 미래 세대들 사이에서 호모사피엔스의 인기가 높아질 것이라고 생각합니다. 지금의 모형은 수많은 설계 결함에 따른 한계를 드러내고 있습니다. 모든 부품에서 치명적인 고장이 수시로 발생합니다. 뇌, 심장, 폐, 유방, 간 … 혹시 제품생산라인에 결함이 있는 것은 아닌지, 그게 아니라면, 애초에 호모사피엔스를 설계할 때 일부러 노후화를 계획에 넣은 건지 궁금하군요. 만약 그렇다면 자동식 자체 수리 프로그램을 업그레이드 모형에 포함시킬 수는 없는 걸까요? … 우리가 사용하는 모형이 낡아서 못쓰게 될 조짐이 보이기 시작했으니, 우리는 당신이 호모사피엔스 업그레이드에 관한 이런 몇 가지 긍정적인 제안들을 부디 받아들여 주길 희망합니다. 트랜스휴머니스트 협회."(Young, 2006/신상규, 2014: 69f재인용)

참고로 이 편지는 "자연진화"(natureevolution)를 수신자로, "호모사피엔스"를 참조로 설정하고 있다. 그러나 흥미를 유발하는 전자메일 형식 및 그 수신 설정과 무관하게, 이 편지는 인간의 자기이해와 자기규정에 관한 것으로서, 형식적으로는 자연에게 요청의 편지를 보내고 있으나 내용상으로는 인간이라는 자연(의 산물)에게 추가적 개선이 필요하다는 통보를 하고 있는 것이다. 즉 위 편지글의 저자는 현재의 혹은 과거로부터 오늘날의 모습으로 진화해 온 자연인으로서 인간은 여러모로 한계에 직면하였다는 점 그리고 이를 개선하려는 직접적인 의지와 노력이 필요하다는 점을 주장하고 있다. 구조적으로만 보자면 이러한 주장은 앞서 약술한 바 있는 미란돌라와 칸트의 교육인간학적 이원론과 크게 다르지 않다. 즉 불용(不用)과 가용(可用) 사이의 공간에서 인간의 생존성과 실용성 그리고 행복감을 증진하려는 의지의 피력으로만 보자면, 이것은 앞선 두 사례만큼이나 인간 개선을 위한 낙관적 관점이라 할 수 있다. 아울러 인간 개선을 향한 인간 스스로의 자발성 역시 앞의 두 사례에 비해 부족함이 없다.

> "우리가 호모사피엔스의 설계상 과실들을 이제 더는 용인할 마음이 없다는 점을 당신에게 말하지 않을 수가 없군요. … 만일 생산자인 당신이 제품을 재설계할 능력이나 의지가 없다면, 소비자인 우리가 어쩔 수 없이 그 일을 직접 떠맡을 수밖에 없을 것입니다."(Young, 2006/신상규, 2014: 73재인용)

인간 개선의 기획을 자연의 섭리나 그 어떤 초자연적 권위에 위임하지 않고 "인간이 직접 떠맡겠다."는 선언 역시 낯설지 않다. 거듭 언급하지만, "인간은 자기 자신의 조형자이자 조각가"이며, "너는 너의 자유의지에 따라 네 본성을 테두리 짓도록 하라!"던 미란돌라의 인본주의 선언이나, "너 자신의 오성을 사용하라!"는 계몽의 표어를 뚜렷이 보여 준 칸트의 교육인간학 역시 인간 개선의 의무와 책임이 인간 자신에게 주어져 있음을 강조한 것이기 때문이다. 이들 모두는 이원론적 인간론에 근거하여, 인간의 자기 형성의 당위성과 가능성을 피력하고 있다는 점에서 논리 구조적으로는 큰 차이가 없다.

위와 같은 구조적 동형성에도 불구하고, 세 번째 사례는 읽는 이로 하여금 앞의 두 경우와 사뭇 다른 감상을 갖게 한다. 이것은 가상 이메일이라는 글의 형식 때문이 아니라, 그 속에서 호모사피엔스인 인간을 세부적으로 지칭하며 사용된 용어들 때문이다. 저자는 인간 혹은 인간의 개선과 관련하여 "설계, 결함, 치명적 고장, 노후화, 자동식 자체 수리 프로그램, 업그레이드, 모형" 등의 용어들을 동원하고 있다. 그리고 여기에는 인간에 대한 강력하고 현대적인 은유가 담겨 있다. 즉, 저자는 인간을 기계에 비유하고 있다. 혹은 더욱 정확하게는, 저자는 인간을 기계로 이해하고 있다.[1] 그에게 있어서 인간은 기능적 부품의 조합이고, 이러한 부품은 교체와 해체와 재조립이 가능하다. 그 대상 영역으로 저자는 "행동, 감정,

생각, 지각, 섭취, 수면, 배설, 성교" 등을 포함한 인간의 인지적·감각적·
생리적 조건들을 총망라하면서[2], "기능설계의 모든 측면을 전반적으로 개
선하는 편이 가장 유익할 것(Young, 2006/신상규, 2014: 70재인용)"이라는
의견을 덧붙이기도 하다.

　위 세 가지 사례가 논리구조적으로는 공히 이원론적 인간관에 터하
여 인간의 개선을 지향하고, 인간의 자율성과 자발성을 강조하며, 인간형
성 혹은 인간만듦에 관한 낙관론적 관점을 견지하고는 있지만, 앞의 두
가지 사례와 달리 마지막 경우에 대해서 우리는 교육이라는 개념을 부여
하지 않는다. 이 두 가지 상이한 인간개선의 개념에는 그 방법에 있어서
중요한 차이가 내재되어 있기 때문이다. 그리고 이 방법의 차이는 동시에
목적의 차이이기도 하다. 즉 앞선 두 가지 사례의 경우 인간의 개선을 지
향하고 그 방법으로 교육을 지목하고 있지만, 세 번째 사례의 경우 인간
종(種)의 개선을 통한 인간의 개선을 추구한다. 인간의 개선과 인간 종의
개선은 엄연히 다르다. 인간의 개선을 위한 제 활동을 우리는 교육이라고
통칭하지만, 인간 종의 개선은 교육의 범주에 들지 않는다. 심지어 인간
종의 개선이 곧 인간의 개선을 의미하는 것인지에 대한 인류사회적 합의
가 가능한 것인지조차 회의의 대상이 될 수 있다. 이것은 그야말로 오랜
기간 동안 진행되는 자연적 진화의 영역이거나 혹은 우생학의 영역이기
때문이다. 우리는 전자를 생물학적 진화라고 명명하고, 후자는 우생학적

1　교육학의 역사에서 인간에 대한 기계론적 이해 및 그 사례들과 관련하여서는 다음
　연구들을 참조 바란다: 우정길(2018a; 2018c)
2　영(Young)이 인간의 각종 생리작용에 대해 갖는 불만과 제안 속에는 그가 인간을
　얼마나 기계와 흡사한 존재로 이해하고 있는지가 여실히 드러난다. "섭취"에 대하여
　는 "하루 세 번 연료를 보충해야 한다는 점이 실망스럽다. 자동차 소유주라면 이런
　단점을 참아 넘길 사람은 아마도 없을 것"이라는 말하고, "수면"과 관련하여서는 "배
　터리 수명을 개선할 수는 없는 것일까요?"라고 말한다. "배설"과 관련하여서는 "쓸데
　없이 성기 바로 옆에 자리잡고 있는 관을 통해서 불쾌한 악취를 풍기는 폐품을 반드
　시 매일 배출해야 하는 점은 명백한 설계 오류입니다. … 새로이 개선된 모형은 신
　진대사를 통해 나온 폐품을, 이를테면 일정한 모양을 한 무취의 소형 패킷 형태로 만
　들어 제거할 수 있지 않을까요?"라고 말한다.(Young, 2006/신상규, 2014: 70재인용)

개입이라고 부른다. 특히 우생학적 개입을 통한 인간 종의 개선의 시도는 인류 역사상 정치적 부적절성 시비로부터 자유로웠던 적이 없었을 뿐 아니라 그 성공의 사례도 찾아보기 어렵다. 특히 인간의 인간임과 인간의 인간됨을 고민하는 교육의 영역에서 우생학적 개입을 통한 인간 종의 개선에 대한 담론은 사실상 금기시되어 왔다고 할 수 있다. 인간교육의 지난한 여정을 지루하고 답답하다고 여기는 이들에게 우생학적 개입은 매력적인 지름길로 인식될 수도 있다. 그러나 교육은 우생학적 개입을 철저히 경계한다. 우생학적 개입은 교육의 길이 아닐 뿐 아니라 개인과 인류의 개선에 기여할 수도 없다.

이런 연유로, 주지하는 바와 같이, 세 번째 사례의 저자를 비롯한 이른바 트랜스휴머니스트·포스트휴머니스트들은 교육 대신 향상(enhancement)이라는 새로운 용어를 사용한다. "인간향상"은 말 그대로 인간의 제 능력의 증진을 도모하되, 유전공학과 생명공학을 비롯한 현대 과학기술의 진보가 제공하는 모든 수단을 동원하여 일차적으로는 인간의 생물학적 능력을 증대시키고, 나아가 인간의 인지적·심리적·정서적 능력까지 증진하는 것을 목표로 하는 일종의 신념 체계이자 문화 운동이라 할 수 있다. 그러나 이렇게 평이하게 기술된 인간향상론의 일반적 목표를 보노라면, 이것이 교육과 갖는 차이가 일견 크지 않다고 여겨질 수도 있다. 인간 능력의 개선은 언제라도 유용하고 필요하며, 그러므로 좋은 것이기 때문이다. 심지어 교육은 향상이라는 고차원적 공학(high-tech)을 보조하는 저차원적 공학(low-tech)이라고 규정되기도 한다.(Bostrom, 2003a: 496) 그러나 새로운 하이테크가 등장한 후에는 기존의 공학들이 자연스럽게 로우테크의 자리로 밀려나듯, 실제로 향상론자들에게 있어서 교육은 관심의 대상이 아닐 뿐 아니라 교육 추구의 명분은 더욱 경미하다. 이들에게 있어서 교육은, "인간은 교육받아야 하는 유일한 피조물이다."(Kant, 1998b: 697)라는 선언을 통해 교육이 모든 인간에게 보편적으로 필연적인 사안이라고 선언되었던 것과 전혀 다르게, 부수적이거나 선택적인 것으로 여겨지는 것 같다. 향상이 거론되는 곳에서 교육이 언급되는 경우는 아주 드물다. 그보다는 오히려 유전공학·생명공학의 기술을 기반으로 한 선택적 출산, 유전자 선별을 통한 맞춤형 아기 등의 화두들이 등장하고, 이것이 여하한 윤리적 문제를 야기하는가 여부의 논의가 거론되는 경우가 대다수인 것으로 보아도, 이들의 관심은 우리가 교육이라고 통칭하는 그것과는 관련이 적다는 사실을 확인할 수 있다. 이들의 관심은, 인간 종의 개선이라는 의미의 향상이 당위적 사안이라는 전제하에, 그 실현을 위해 과학기술을 사용하는 것이 어떤 조건하에서 도덕적·윤리적으로도 타당할 것인가의 논리를 개발하는 데 집중되어 있다.

그러나 앞서 언급한 바와 같이 인간향상론이 취하고 있는 수단의 기저에 인간에 대한 기계적 이해 및 인간 종에 대한 우생학적 개입의 정당화가 자리하고 있다는 점을 고려한다면, 그것이 개인의 어떤 능력의 증진을 보장하든 혹은 그것이 인간 종의 어떤 생물학적 개량을 통한 유토피아적 미래상을 제시하든, 이것이 교육과는 차원이 다른 성격의 것이라는 점을 분명히 알게 된다. 애초에 차원을 달리 하는 사안이므로, 향상을 하이테크로, 교육을 로우테크로 위계화하고, 이 두 가지가 연속성을 갖거나 상호보완적인 것처럼 보이게 하는 논리는 교육의 관점에서는 타당하지도 유용하지도 않다.

교육은 저차원적 공학의 사안이 결코 아니다. 교육은 생리와 물리의 사안임과 동시에 혹은 이보다 더욱, 심리와 정서의 문제이기도 하다. 교육은 분명 합리와 논리의 사안이지만, 동시에 낭만과 질풍노도의 요소가 함께 고려되어야 하는 복합적인 사안이다. 교육은 계획가능성과 만들수있음(Machbarkeit)의 신념으로 기획되지만, 그 과정은 우연성(Kontingenz)과 불투명성(Undurchsichtbarkeit)을 필연적으로 동반하기에, 만들수있음의 신념이 때로 만들수있음의 환상(Machbarkeitsphantasie)으로 귀결되기도 한다.(Wimmer, 2005; Junker-Kenny, 2005: 6f) 교육은 일차적으로 개인의 개선을 추구하지만, 이것은 개인내적(intrasubjektiv) 차원과 상호주관적

(intersubjektiv) 차원에서 동시다발적으로 이루어지는 다차원적·사회적 행위이기도 하다. 교육은 단순히 "로우테크"라는 용어로 충분히 표현될 정도로 단순하거나 저차원적이지 않다. 교육을 하이테크의 대비개념인 로우테크의 사안으로 표현하는 것은 이것의 복합적 차원과 의의에 대해 충분히 주목하지 않은 결과일 뿐 아니라, 향상의 공학적 유용성을 강조하기 위한 수사에 불과하다. 따라서 교육은 하이테크와 연속성을 띠는 그 무엇으로 오해되어서는 곤란하다. 오히려 우리는 "하이테크"라는 표현이 갖는 현재적 모호성과 미래적 불투명성에 대해서 그리고 그 사회적·정치적 적절성 여부에 대해서 진지하게 성찰할 필요가 있다. 왜냐하면 이 하이테크라는 표현은 이른바 자유주의 우생학이라 불리는, 일종의 오래된 과거의 현대적 버전을 포장하기 위한 수사에 불과할 수 있기 때문이다.

II. 우생학 - 유사과학과 유사교육

자유주의 우생학은, 단적으로 표현하자면, 현대적으로 부활한 우생학이다. 그렇다면 우생학은 무엇인가?3 주지하는 바와 같이 "좋은 출생well -being"을 의미하는 우생학(Eugenics)은 골턴(F. Galton)에 의해 창안되고 명명된 학문 분야로서, "미래세대 인종의 질을 개선 또는 저해하는 사회적으로 통제 가능한 수단에 관한 연구이자, 인종의 타고난 질을 개량하는 모든 영향과 그 질을 최대한으로 발전시키는 모든 요인에 관해 연구하는 학문"(Galton, 1909: 35, 81)이다. 즉 우생학에는, 인간의 열등한 유전형질이 확산하여 결과적으로 인종을 퇴화하게 만드는 요인을 제거한다는 의미의 네거티브 우생학(negative eugenics)과 더불어 우등한 유전형질의 확

---

3 본 장에서 제시되고 있는 골턴의 우생학 관련 사항은 김호연의 선행연구의 내용에 상당 부분 의존하고 있다. 직접 인용일 경우에는 물론 출처를 밝히겠으나, 그렇지 않은 경우에라도 김호연의 저서 『우생학, 유전자 정치의 역사』(2009)의 연구결과가 간접적으로 그리고 부분적으로 재구성되어 제시되고 있다는 점을 미리 밝혀 둔다.

산을 위해 고차원적 수준의 능력을 소유한 전문적 계층의 출산율 저하 경향을 적극적으로 조절할 필요가 있다는 의미의 포지티브 우생학(positive eugenics)이 포함된다.(김호연, 2009: 91f; 박희주, 2000: 15f) 골턴은 이 두 가지 방법을 통해 인간 종이 인위적으로 개선될 수 있으며, 인간 진화의 미래가 인간 스스로의 의지와 실행을 통해 제어되고 더 나은 방향으로 창조될 수 있다고 확신하였다.

골턴의 우생학이 짧은 기간이나마 각광을 받을 수 있었던 데는 이것이 갖는 몇 가지 시대적 호응이 작용한 때문이었다. 첫째, 우생학의 문제의식은 귀족주의로부터 능력주의로의 사회적 이행과 맞닿아 있었다. 이것은 일차적으로는 당시 사회에 대한 골턴 개인의 비판적 문제의식이기도 하였고, 동시에 여전히 귀족주의가 사회의 주요한 작동원리이던 19세기 영국사회가 진행하였던 문명사적 방향과도 부합한 것이었다.

> "문명사회에서는 금전과 제도가 자연선택의 법칙과 그 법칙의 정당한 희생자들 사이에 방패막이로 끼어들어 있다. 궁핍한 집안 출신의 건강하고 우수한 자보다, 병약하고 타락한 유복한 귀족의 자제가 생존과 번식 전략에서 승리를 거두고, 그 결과 인간이라는 종의 퇴화가 일어난다."(김호연, 2009: 92)

혈통주의나 토지귀족주의로부터 능력주의로의 이행의 과제를 정치적 혁신을 통한 사회구조 개선의 문제로 이해하기보다 인간 종의 퇴화와 개선의 문제로 인식한 점은 우생학자 골턴만의 고유한 관점이라 할 수 있다. 능력주의는 분명 우생학의 중요한 동인 중 하나였으며, "전문직 중간계급(professional middle class)의 실력주의 이데올로기"(Mackenzie, 1979: 125/염운옥, 2005: 93재인용)를 뒷받침하는 강력한 논리적 근거이기도 하였다.

둘째, 인류 개선이라는 목적의 공공성 그리고 그 실현에 대한 낙관주의 역시 우생학의 세계관과 일정 부분 일치하였다고 볼 수 있다. 계몽주의의 만개와 산업혁명을 목도하였던 19세기 유럽의 인간관과 세계관은 여전히 이성과 진보를 축으로 하는 낙관주의적 역사관·세계관에 터하고 있었다. 교육을 통해 인간을 인간답게 만들고 인류를 개선하는 것이 가능하듯, 사회와 세계 역시 진화와 진보가 가능할 뿐 아니라 필연적으로 그리 되어야 한다는 신념이 여전히 지배적이던 시대가 바로 19세기 유럽이었다. 비록 이 시기는 계몽주의의 과도한 이성중심주의에 대한 반동으로 신인문주의의 다양한 사조들이 등장하고, 산업혁명의 여파가 다양한 양상의 부작용을 야기하기도 하였으나, 인간과 문명의 개선에 대한 낙관적 관점은 여전히 19세기에도 유효한 시대정신이었다. 단, 우생학의 기본 입장은, 인간과 인류의 개선을 꾀하되 이것을 적자(the fit)에 대한 자연의 선택에 맡겨 두는 것이 아니라 인간 스스로가 적극적으로 개입하고 통제하여야 한다는 것이다. 아래와 같은 골턴의 의지 표명은 이러한 낙관주의의 단면이라 할 수 있다.

"자연이 맹목적으로 천천히 그리고 경솔하게 하는 일을 우리 인간이 계획적으로 신속하게 그리고 사려 깊게 할 수 있다. … 우리의 무리를 개선하는 것은 사람이 이성적으로 시도할 수 있는 일 가운데 최고의 과제라고 생각한다."(Galton/신상규, 2014: 126재인용)

셋째, 골턴이 추구하고 시연하였던 통계적 과학주의는 우생학 분야의 연구를 더욱 촉진하고 우생학의 사회적 수용을 더욱 용이하게 한 매체가 되었다. 화학과 의학 그리고 수학에 관심이 많았으며 후에 응용통계학의 한 분야인 상관미적분학을 창시한 것으로도 알려진 골턴이 창시한 우생학은 400년이라는 긴 시간단위의 대규모 가계 조사를 바탕으로 현대적 통계방법(빈도분석, 상관분석, 회기분석)의 활용을 통해 구축된 학술적 성취이다. 아울러 그는 방대한 양의 가계 자료의 취합과 분석에 있어서 정상분포를 최초로 활용한 것 그리고 도수분포와 정상변이, 생물측정학 등의 현대 통계학의 방법론을 적용한 것으로도 유명하다. 이에 더하여 19세기 후반 영국뿐만 아니라 유럽 각국의 선진적 대학에서 연구가 가속화하였던 의학과 생물학 그리고 뇌생리학 역시 우생학에 대한 과학적 관심과 이해의 제고에 기여하였고, 우생학이 학문사회 및 대중사회 일반으로까지 그 신뢰와 영향력을 확장하는 사회적 토양을 제공하기도 하였다.(Shorter, 1997/최보문, 2009; 우정길, 2018c: 63f) 즉 골턴의 사촌이었던 다윈의 『종의 기원』(1859)으로부터 시작되어, 골턴의 통계적 방법론의 적용을 통해 더욱 체계를 갖춘 뒤, 이후 멘델의 법칙(1900)에 이르는 일련의 과정을 통해 우생학은 엄밀한 과학적 접근이라는 평가와 호응을 얻게 된 것이다. 그리고 이러한 호응은 비단 영국의 자연과학계에 국한되지 않고 유럽 전역의 정치와 교육의 영역으로도 확장되었으며, 주지하는 바와 같이, 종국에는 20세기 전반부를 살았던 인간의 일상에 전례 없이 어두운 그림자를 드리우는 것으로 마감하게 되었다. 이 어두움의 시간이 도래하기 전까지, 자연과학의 한 분과로서 우생학은 능력주의와 낙관주의 그리고 과학주의라는 시대흐름의 충실한 동반자로 인식되었다. 이 시대의 분위기와 관련하여 김호연은 아래와 같이 논평한다.

"우생학은 전체적인 인간종의 질을 개선하는 영향력 있는 수단으로서 선택적인 생식 방법에 대한 견고한 믿음, 성인의 육체적, 생리적 그리고 정신적 특질을 유전이 직접적으로 규정한다는 강력한 확신, 인종이나 민족 그리고 계급 사이에 우열이 존재한다는 고유한 신념, 다양한 형태의 정신질환과 사회적 문제를 해결하는 데 과학이 필요하다는 신뢰 등 다양한 이데올로기적이고 사회운동화된 형태로 20세기 전반의 서구 세계를 휩쓸게 되었다."(김호연, 2009: 112)

우생학이 능력주의, 낙관주의 그리고 과학주의라는 문명사적 진행방향과 피상적 차원에서나마 궤를 같이 하면서 일정 기간 동안 학계의 관심과 대중의 호응을 얻기는 하였지만, 그 본질적인 지향점은 역사의 흐름과 반하는 곳 혹은 반인간적 전제 위에 위치하고 있었다. 우선 우생학이 추구하였던 능력주의는 혈통중심의 전통적 귀족주의라는 사회체제의 재편을 추구하였다는 점에서 사회적 순기능을 내포하고는 있었지만, 그 능력주의가 유전형질로 환원되었다는 점은 분명 비판적 재고가 필요한 부분이다. 즉 한 개인의 능력을 평가하는 기준이 그가 교육의 과정을 통해 보여 준 성취나 삶을 통해 쌓아 온 의지적 노력의 집적 혹은 역사의 변혁을 가능케 한 위대한 정신의 활동이 아니라 단순히 유전형질의 차이에 근거한다면, 이것은 진정한 의미의 능력주의라 할 수 없다. 그것이 격세유전이든 혹은 그 무엇이든, 유전형질은 말 그대로 유전되는 것이기 때문이다. 인간의 적성과 소질이 기본적으로 유전적 형질로부터 자유로울 수는 없겠으나, 이것으로 개인의 능력을 가늠하는 기준으로 삼거나 혹은 이것을 인류 능력의 총합으로 이해하려는 모든 발상은 사실상 능력주의와 어울리지 않는 부적절한 사회적 신념의 표출에 불과하다. 사실의 발견과 기술(describing)을 기본 과제로 삼는 자연과학이 교육학을 비롯한 인문·사회과학과 차별되는 지점이 있다면, 바로 여기이다. 한 인간의 유전형질에 대한 자연과학적 정보가 인간의 능력에 대한 사회적 평가와 동일시되어서는 곤란하다. 골턴의 우생학은 분명, 앞서도 언급하였듯이, 혈통적 귀족주의에 대항하는 "전문직 중간계급의 실력주의 이데올로기"(Mackenzie, 1979: 125/염운옥, 2005: 93재인용)의 성격을 띠기는 하였으나, 이것은 진정한 의미의 능력주의가 아니라 유전자로 환원된 능력주의 이데올로기라 할 수 있다.

둘째, 유전자로 환원된 능력주의보다 더욱 문제적인 것이 바로 우생학의 도구주의적 적용이라는 발상이다. 즉 인간과 사회의 개선 수단으로서 우생학을 이해하려는 태도가 바로 그것이다. 인간 능력의 계발은 언제라도 필요하고, 인류의 개선은, 그것이 가능하다면, 중요하다. 그리고 인간과 인류의 진보에 대한 이 모든 낙관적 관점은 역사의 진보를 추동하였던 기본 동력이었거니와 아직도 계몽의 기획에 긍정적 의미를 부여하는 밑거름이기도 하다. 그러나 그 수단이 유전자로 환원된 우생학이라면, 이 모든 낙관주의적 발상과 태도는 오히려 개인에 대한 폭력이자 인류에 대한 공격으로 귀결될 수밖에 없다. 주지하는 바와 같이 골턴의 우생학이 있은 후 우생학은 일종의 사회운동의 성격을 띠고 그 사회적 영향력을 확장하게 되었다.

> "대부분의 우생학자들은 우생학을 매우 실천적 과학이라고 생각하며, 과학의 사회적 역할을 긍정하고 있었다. 그들에게 우생학은 인간을 구원할 과학이었지만, 구체적으로 유전 메커니즘이 어떻게 작동하고 유전 물질은 무엇인지에 대해서는 제대로 알지 못했다. 결국 그들에게 중요했던 것은 우생학이 설파하고 있었던 인간 형질의 우전성이라는 신념이었다. 이것이 다양한 배경을 갖는 우생학자들을 하나로 묶어준 이유였다. 이들에게 유전은 일종의 숙명과도 같은 것이었고, 이러한 사고를 토대로 우생학자들은 결핵, 알코올중독, 영국 인구의 퇴화 그리고 계급별 출산율 차이 등 다양한 사회문제를 유전론적 방식으로 해결하려고 했던 것이다."(김호연, 2009: 115)

교육학의 관점에서 복기하여야 할 우생학의 사회운동화의 가장 대표적인 사례는 "영국 우생학 교육 협회"(Eugenics Education Society)의 발족이다. 창립 당시 700여 명이었던 회원의 수가 1913년에는 약 1,000명으로 증가하였는데, 이들은 주로 우생학 연구자들이 아니라 우생학을 하나의 사회철학이자 정치적 캠페인의 도구로 정착시키자는 취지에 공감하는 전문직 중간계급인들이었다. 우생학 담론의 대중화를 지향하였으며 골턴이 명예회장직을 수행하였던 그리고 '교육'이라는 용어를 내걸었던 이 협회의 일차적 활동은 성병, 알코올중독, 빈곤, 건강, 도덕 등 각종 사회문제들에 대한 대중적 인식을 고양하는 일이었다. 그들은 이러한 사회문제들의 근본 원인이 유전적 요인에 있다고 보았고, 따라서 이 문제적 인간그룹을 선택하고 격리하여 제거하는 것이 인종의 퇴화를 예방할 수 있는 길이라고 생각하였기 때문이다. 이러한 생각의 연장선상에서 우생학적 이 상에 따라 책임 있는 부모의 역할을 대중들에게 교육하는 일도 이 협회의 중요한 과업 중 하나였다. 이들은 순회강연을 기획하였고, 팸플릿이나 도 서·문서를 제작하여 우생학 캠페인을 벌였으며, 우생학 대중화를 위한 다양한 전시회나 자료전을 열기도 하였다. 여기서 그치지 않고 이들은 우 생학적 모범에 부합하는 입법 로비에도 적극 가담하였는데, 1913년 정신 박약인들의 제도적 격리의 내용을 담고 있는 '영국 정신 결함법'(British Mental Deficiency Act)의 입법을 위한 로비에 주력하여 법제화에 이르게 한 것은 주지의 사실이다. 아울러 법제화에까지 이르지는 못하였지만 정 신박약인들의 '자발적 단종 법안'(Voluntary Sterilization Bill)의 선전활동에 이 협회가 적극 가세하였다는 것도 잘 알려져 있다.[4]

　본고의 주제와 관련하여 우리가 이 협회의 유사교육 활동에 주목하 는 이유는, 이들의 근본 동기가 바로 인간과 인류의 개선을 위함이었다는 점 때문이다. 공식적으로 이들이 표방하였던 것은 사회교육적 활동이지 만, 실제로 이들이 행했던 일은 선택과 격리와 제거라는 인종주의적 정치 활동을 위한 선전과 선동활동이었다. 우생학과 가장 먼 곳에 위치하여야 할 영역이 교육임에도 불구하고, 그래서 응당 우생학과 교육이라는 용어 는 병존할 수 없어야 하는 개념들임에도 불구하고, 이들은 "우생학 교육 협회"라는 이름의 모임을 발족하였고, 교육의 이름 아래 유사교육 활동을 이어 나갔던 것이다. 이들에게 우생학은 오래된 교육보다 더욱 손쉽고 현 대적이며 세련된 인간 개조의 수단이자 더욱 근본적인 사회 개선의 도구 로 여겨졌을 것이다. 이들은 인간 종의 개량 혹은 유전형질의 개량이 곧

---

4 이 협회는 1909년 *The Eugenics Review*를 1909년에 창간하여 1968년까지 유지하 였고, 1926년에 우생학협회(Eugenics Society)로 개칭하였고, 그 이후 피임연구 및 자발적 우생학적 불임의 법제화 등을 위한 로비에 주력한 바 있다. 제2차 세계대전 이후에도 명맥을 이어오던 이 협회는 1989년 골턴연구소(Galton Institute)로 이름을 바꾸고, 오늘날에도 "인간의 생식, 발생 및 건강에 관여하는 생물학적·유전학적·경 제적·문화적 요인에 대한 학제적 연구"를 이어가고 있다.

인류의 개선이라고 오해한 나머지 우생학의 선전·선동을 교육과 동일시하게 된 것이다. 이 모든 활동의 취지가 인류 공공의 유익을 위함이라는 그들의 순진한 취지는 의심의 여지가 없으나, 역사가 증명하고 있듯이, 그들이 신뢰하였던 이 우생학적 사회운동은 도리어 인간을 적대시하고 인류의 발전을 저해하는 방향으로 흘러가게 되었다. 그리고 인간의 발달과 인류의 개선을 위한 이 위험한 낙관주의적 착각에는 과학이라는 이름의 유사과학 혹은 과학적 맹신이 강력하게 작용하였다.

셋째, 본래 생물학에 바탕을 두고 있는 우생학은 시간이 지나면서 생물학 이상의 것으로 진화하였다. 생물에 우생(優生, well-being)과 비우생(非優生, non-well-being)의 기준을 적용하는 순간, 이것은 사실성과 탈가치성에 기반한 엄밀한 자연과학의 영역으로부터 벗어나고, 기술(describing)과 설명(explaining)의 영역을 넘어서는 순간 자연과학은 자연과학 본연의 장점과 기여를 상실하게 된다. 통제(controlling)는 자연과학의 고유과제가 아니다. 그러나 우생학은 인종의 개량을 통한 사회의 질적 개선과 통제를 목적으로 출발하였다. 사회를 유전형질이라는 생물학적 개념으로 환원하여 통제하고 개선하되, 이러한 활동에 과학의 이름으로 합리적 정당성을 부여하고, 통계적 방법론의 힘으로 타당도를 높여, 결국에는 학문대중의 신뢰와 지지를 획득하는 것 – 이것이 골턴의 우생학이 걸어갔던 과학주의의 길이다. 그들만의 과학주의를 통해 골턴의 우생학은 정당성과 타당성 그리고 대중의 잠정적 신뢰도를 확보하는 것에는 성공하였지만, 그것이 유사과학주의였다는 사실은 일정한 시간이 흐른 후에야 소설이라는 증거로 드러나게 되었다. 그가 말년에 집필하였다는 소설 *Kantsaywhere* (1911/2011)이 담고 있는 우생학적 유토피아에 대한 이상은 그가 창시하였던 우생학이 애초부터 인종 개량의 환상과 인류 진보에 대한 유사과학적 낙관주의를 지향했다는 점을 반증해 준다.[5]

---

5 "골턴의 우생학적 유토피아에 사는 사람들은 정신적·신체적 그리고 유전자적 테스트를 거치게 된다. 사회적 실패자들은 열등한 유전적 물질을 지닌 자들이며, 이들은

III. 자유주의 우생학과 인간향상

골턴으로부터 시작된 우생학은, 주지하는 바와 같이, 20세기 전반 인류 역사의 가장 비극적인 사건의 한 축을 이루게 되었다. 혈통적 귀족주의를 대체하고자 하였던 능력주의는 과학적 근거가 충분치 않은 유전자 환원주의에서 진화하여 자민족 중심의 인종주의에 이르게 되었고, 이것은 인종의 자의적 위계화와 특정 인종에 대한 정치적 혐오 그리고 대량학살의 비극으로 귀결되었다. 인간과 인류의 개선에 대한 낙관주의는 정치적 선전과 선동의 동력으로만 작용하였을 뿐, 종국에는 인간의 개선과 인류의 진보와는 상반되는 방향으로 역사의 시계를 돌려놓고 말았다. 아울러 인간이라는 자연을 가치중립적으로 연구하여야 할 생물학의 한 분야로서 우생학은 자연과학 본연의 자리를 벗어나 맹신적·유사종교적 신념의 불쏘시개로 전락하게 되었다. "우생학 교육 협회"라는 협회명의 단어 순서에서 보듯, 인간의 개선과 인류의 진보를 연구해 왔던 교육학은 이제 우생학에게 우선순위를 내어 주어야 했다. 이러한 경향이 사회적으로 만연했던 나머지, 심지어 20세기 전반 내내 정신과학적 교육학이 압도적 주류를 이루었던 독일 대학의 교육학과에서마저 우생학 강좌가 낯설지 않은 상황에 이르렀다.[6] 20세기 중반, 대규모 학살과 대대적 파국이 유럽 사회

조건이 좋지 않고 독신이 강제된 노동 식민지로 격리된다. 2류 계급 증명을 받은 사람들은 조건부로 생식이 허가되었다. 최고등급을 받은 사람들은 우생학 칼리지(Eugenics College)에서 명예 시험을 치르고, 육체적으로나 정신적으로나 유전적 재능을 인정하는 졸업증서를 받는다. 이런 엘리트들에게는 그들만의 결혼이 허용되었다."(김호연, 2009: 113) 이 소설은 골턴의 사망 직전이던 1911년 UCL(University College London)으로부터 출판을 거절당하였다. 원본의 일부는 골턴의 조카가 내용상의 이유로 훼손하였지만, 그 유일한 사본을 골턴의 전기사가인 피어슨(K. Pearson) 교수가 소장하고 있었고, 후에 UCL 특별 소장본으로 전해지게 되었다. 골턴 사망 100주기를 맞아 UCL은 이 소설을 온라인판으로 출판하였다.(https:// www.ucl.ac.uk /news/2011/nov/francis-galtons-eugenic- novel-kantsaywhere-published-online. 2019.05.04검색)
6 독일대학의 교육학과 내 우생학 강좌의 사례에 관하여는 우정길에 의해 소개된 바

를 휩쓸고 나서야 사람들은 자신들이 낙관주의적·과학주의적 맹신에 깊이 젖어 있었음을 자각하게 되었으며, 그제서야 우생학의 그림자는 서서히 자취를 감추게 되었다. 우생학을 정치적으로 신봉하였던 나치 정권의 붕괴와 함께 대학들도 잠정적으로 폐쇄되었고, 이와 함께 우생학 강좌도 폐강에 이르게 되었다. 그리고 패전의 상흔을 안은 채 다시 시작된 대학의 역사에서 우생학은 자취를 감추게 되었다.

있다.(Woo, 2007b, 2018g) 본고의 맥락과 관련된 부분을 여기에 인용하기로 한다. "교육학과 우생학의 연관과 관련하여 기록될 필요가 있는 한 가지 사례로는 1930-40년대 독일 대학에 설강된 강좌에 관한 기록이다. 2007년, 독일 Justus-Liebig-Univ. Giessen의 설립 400주년 기념강연의 일환으로 이루어진 강연에서 우정길은 이 대학 교육학과의 설립초기에 설강된 강좌들을 당시 강의요목("Ludwigs-Universität Gießen: Personal- und Vorlesungsverzeichnis. SS 1939-WS 1944/45")을 바탕으로 분석한 바 있다. 그에 따르면, 1938년부터 1945까지 이 대학 교육학과에 재직하였던 볼노(O.F. Bollnow)는 1939년과 1941년 두 차례에 걸쳐 『국가사회주의 교육』 그리고 『인종학(Rassenseelenkunde)』이라는 제목의 강좌를 설강한 한 바 있다. 국가사회주의, 즉 나치의 교육이 대학에서 공공연하게 이루어졌다는 점도 논란의 대상이 되겠거니와 교육학과에서 인종학 강좌가 설강된 것 역시 본고의 논의와 관련하여 주목할 필요가 있다. 물론 당시 독일대학들의 강좌를 전수 조사한 결과가 아니기에 일반화하기에는 무리가 있다. 그러나 이 두 가지 강좌는 볼노가 당시 행했던 여타 강의의 주제들(낭만주의, 실존주의와 교육, 아리스토텔레스, 칸트, 헤르더, 니체, 프뢰벨, 겔렌)과는 질적인 차이를 보이는 것이 사실이고, 이것은 다시 당시 반인본적 정치권력이 어느 정도로 학문사회에 깊이 난입하였는지 그리고 그것이 학자와 학생들의 학문일상에 제도적으로 어떠한 영향을 미쳤는지를 보여 주는 하나의 지표로 해석될 수 있다. 위 대학에서 니찌-교육학과 우생학의 결탁은 전쟁의 폭격으로 인한 대학건물의 심대한 손상 및 종전의 여파로 이루어진 Justus-Liebig-Univ. Giessen의 잠정 폐쇄와 함께 막을 내리게 되었다."(우정길, 2018g: 19) 참고로 볼노는 괴팅엔에서 딜타이(W. Dilthey)로부터 영향을 받은 바 있고, 이후 기센대학(Justus-Liebig-Univ. Giessen)과 마인쯔대학(Johannes Gutenberg-Univ. Mainz)을 거쳐 튀빙엔-대학(Erhard-Karls Univ. Tübingen)에서 교육인간학을 꽃피운 독일 정신과학적 교육학의 주요 인물 중 한 사람이다. 아울러 교육학계 외부의 상황을 참고로 소개하자면, 독일 우생학계는 이미 1905년에 이른바 "인종위생협회"(Gesellschaft für Rassenhygiene)를 발족하였고, 1930년대 중반에는 3700여 명의 회원이 활동하였으며, 이 시기 독일대학 내 인종위생 관련 강좌는 40여 개에 육박하였다고 한다.(김호연, 2009: 22f)

이제는 역사의 뒤안길로 사라진 것으로 알려진 우생학에 대한 소고 (小考)를 오늘 다시 감행하는 데는 이유가 있다. 근자에 들어 소위 자유주의 우생학에 관한 담론이 지속적으로 들려오기 때문이다. 자유주의 우생학은 뉴질랜드의 철학자 아가(N. Agar)가 1998년 "자유주의 우생학" (Liberal Eugenics)이라는 제목의 논문을 발표한 이래 아가 스스로에 의해서 그리고 스스로를 트랜스휴머니스트로 규정하는 일군의 학자·운동가들에 의해서 지속적으로 논의·주장되어 온 현대적 방식의 우생학이다. 그러나 아래에서 간략히 거론하게 될 이 "현대적 방식"을 제외하면, 우생학과 자유주의 우생학은 그 근본적 관점과 지향점에 있어서 대동소이하다. 즉 자유주의 우생학 역시 능력주의를 추구하고, 인간 개량과 사회 개선에 대한 낙관주의적 태도를 견지하며, 과학주의를 표방한다는 점이다.

첫째, 능력주의와 관련하여서는 가장 대표적으로 보스트롬의 포스트휴먼상(像)을 예로 들 수 있다. 그는 인간 이후의 인간, 즉 포스트휴먼이 현존 인간과 가장 구분되는 지점을 "향상된 능력"으로 규정하고, 포스트휴먼을 정신적·신체적 건강, 일반적 지적 능력 및 음악·유머 등 특수 활동 능력 그리고 유희와 교감을 위한 정서 등 세 가지 영역의 능력의 최대치가 구현된 존재로 정의한다.(Bostrom, 2008: 1f)[7] 물론 인간의 능력 향상

---

7 Bostrom의 제안보다 더욱 기술지향적·기능중심적인 향상의 예는 비타-모어(N. Vita-More)의 "Primo"이다. "Primo"라는 이름의 포스트휴먼은 공상과학영화에 등장할 만한 미래 인간상이 제시되어 있는데, 구체적으로 다음과 같다. "뇌에는 나노테크 데이터 저장시스템, 가청주파수 확장 장치, 네트워크 소나센서를 이용한 맵데이터 투영 장치, 데이터의 즉석 중계와 피드백이 가능한 오류 교정 장치 등이 장착되어 있다. 가슴에는 심장활동 감지 모니터가 내장되어 있고 모든 내장기관은 교체가 가능하도록 고안되어 있다. 아울러 상체에는 체내 네비게이션 그리드가, 그리고 척추는 비보-파이버옵틱으로 명명된 커뮤니케이션 장치가 장착되어 있으며, 신체 곳곳의 바이오센서가 신체 외부를 향한 상황적 긴장도를 조절해 준다. 피부는 태양광으로부터 보호되도록 설계되어 있으며, 피부의 색상과 질감 역시 선택 가능하다. 다리에는 터보엔진이 장착되어 있을 뿐 아니라 유연성 역시 강화되어 있다. 무엇보다도 특징적인 점은, 이 모든 기능적 장치들이 교체와 업그레이드가 가능하다는 사실이다.(Vita-More, 2005)

에 대한 현대 트랜스휴머니스트들의 강조는 19세기 우생학의 동인이 되었던 귀족주의로부터 능력주의로의 이행이라는 역사적 변동 과정과는 무관하다. 자유주의 우생학의 동인은 순전히 현대 과학기술의 발달로 인하여 자극되고 촉진된 인간의 오래된 욕망의 발현과 관련이 깊다. 인간은 더 나아지고자 하고, 가급적이면, 신체적으로든 정신적으로든, 완전에 이르고자 욕망한다.

이러한 욕망은 우생학의 두 번째 특징, 즉 개인의 개선과 사회의 진보를 향한 낙관주의적 태도와 직결된다. 인간 종의 개량·개선의 가능성이 포착된 곳에는 언제나 욕망의 기제가 적극적으로 작동한다. 다만 우생학과 자유주의 우생학의 경우, 이것이 이성을 통한 개인과 사회의 계몽이라는 방식이 아니라 선별과 선택을 통한 유전형질의 인위적 개량을 통한 혹은 최첨단 유전공학·생명공학의 정교한 기술을 통한 것이라는 공통점을 갖는다. 이들은 과학기술이 허락하는 범위 내에서 인간 종의 개량과 사회의 개선에 대한 최대치의 낙관주의를 사회적으로 공유하고 이를 구현하고자 한다.

셋째, 그리고 이 모든 과정은 과학의 이름으로 기획되고 실행되고 공유된다. 이들은 인간에 관하여 미지의 영역을 탐구하고, 새롭게 밝혀낸 사실을 기반으로 그 다음의 단계로 이행하고자 한다. 비록 기지(旣知)의 영역이 그 너비와 깊이에 있어서 미지의 영역에 턱없이 미치지 못하는 경우에라도, 이 미미한 기지(旣知)의 사실이 과학이라는 이름의 가운을 입고 과학적 방법론이라는 박사모를 쓰는 순간, 이것은 가장 신뢰할 만한 것으로 여겨지고 심지어 유사진리의 반열에 오르기도 한다. 자연과학이 모종의 사회적 신념체계와 조우할 때 혹은 자연과학의 특별한 발견이 아직 소화능력이 갖추어지지 않은 지적·사회적 환경 속에 던져질 때, 자연과학은 일종의 종교로 오인되는 부작용을 낳기도 한다. 이럴 경우 앞서 언급한 낙관주의는 과학이라는 유사종교적 신념체계를 세속의 맥락에서 충실히 구현하기 위한 최적의 토양을 제공하게 된다.

우생학과 자유주의 우생학은 위와 같은 세 가지 속성의 공유와 더불어 두 가지 차이점을 갖는다. 첫째, 골턴 시대의 우생학이 주로 유전형질에 대한 제한된 연구에 기반 하였다면, 자유주의 우생학은 이보다 훨씬 진보한 현대적 유전공학·생명공학의 다양한 기술들의 활용을 전제로 하고 있으며, 다음 세대의 유전자 선택과 선택적 출산은 물론이거니와 이미 태어나 현재적 삶을 영위하고 있는 개인의 신체적·지적·정서적 능력의 업그레이드를 추구한다. 이것은 전통적 우생학에 비하여 보다 즉각적이고 직접적인 개입이며, 그러므로 생리적·물리적으로 보다 근본적인 인간 종의 개량 수단이기도 하다.

둘째, 자유주의 우생학은 개인의 선택을 강조한다.[8] 즉 유전공학·생명공학을 통한 인간 종의 업그레이드가 국가주도적 사안 혹은 정치적 프로파간다의 문제가 아니라 철저히 개인적 선택의 사안이라는 점을 부각시킨다. 그럼으로써 이들은 자유주의 우생학의 주장이 정치적·인종주의적 부적절성으로부터 자유로우며, 특정 이데올로기나 과학에 대한 맹신의 사안도 아니라고 강변한다. 이것은 다만 능력의 향상을 갈망하는 개인의 선택일 뿐이고, 이를 통해 행복해지는 것 역시 개인이라고 강조한다. 그리고 행복한 개인이 늘어날수록 사회와 인류의 행복도 증진될 것이라는 공리주의적 제안도 함께 암시된다. 이러한 맥락에서 트랜스휴머니스틀은 이른바 인간향상의 무해성과 유익성을 주장한다. 이것이 비록 우생학의 이름을 하고는 있으나, 인류를 파국에 이르게 할 수도 있었던 전통적 우생학과는 달라서, 특정한 사회적·정치적 이데올로기를 위해 복무하거나 혹은 제도적·집단적 강요에 의한 것이 아니라 온전히 개인의 자발적·주체적 선택에 의한 것이며, 그러므로 이것은 개인과 사회를 위해 무해한 정도에서 그치는 것이 아니라 그저 유익하기만 할 것이라는 것이 이들의

---

8 자유주의 우생학의 최초 제안자인 아가(N. Agar)가 설명하는 자유주의 우생학의 핵심은 "국가의 중립성"(state neutrality) 및 "자녀들의 자율성을 제한하지 않는 차원에서 부모들에 의해서 선택되는 자녀들의 유전적 향상"(Agar, 1998: 137f)이다.

주장이다.

위와 같은 주장을 펼치는 대표적인 트랜스휴머니스트 보스트롬(N. Bostrom)의 논리를 재구성해 보자면, 다음과 같다. 즉, 이 새로운 우생학은 "남성이든 여성이든, 흑인이든 백인이든, 육신이든 실리콘이든"(Bostrom, 2005: 210) 모든 인간에게 그 기회가 열려 있으며, 따라서 기회의 균등이 보장되는 것이다. 아울러 "유전자 향상을 통해 우리는 [원하는] 모든 사람들을 동일한 수준에 이르게 하고, 향상공학의 보편적 적용을 통해 우리는 불평등의 심화를 막을 뿐만 아니라 내적 혜택과 외적 장점을 높일 수 있기에"(Bostrom, 2003a: 503) 결과의 평등 역시 보장된다. 이것이야말로 여하한 부작용 없이도 "인간의 불필요한 비참을 경감할 수 있는 대단한 잠재력의 수단"(Bostrom, 2003a: 499)이기에, 모두에게 공개되고 장려되어야 할 공공선이다. 그러므로 자유주의 우생학의 수혜를 선택하지 않아서 이른바 포스트휴먼이 되지 않는다면, 이것은 칸트가 "'계몽이란 무엇인가'에 대한 답변"에서 일갈한 바와 동일한 맥락에서, "열등하기로 결정한 스스로의 선택"(cf. Bostrom, 2005: 211)일 것이다. 인간향상의 유익이 이렇게 지대하므로, "태어날 아이를 심각한 유전적 문제로부터 보호하도록 [즉 인간향상의 기술을 꼭 사용하도록] 사회가 나서서 규제하여야"(Bostrom, 2005: 211) 하며, "(경제적으로) 감당할 수 없는 아동들에게, 현대 사회에서 교육을 의무화하여 제공하듯이, 향상을 제공하고, 심지어 부모가 반대한다 하더라도, 의료적 처치를 강제할 수 있어야 한다."(Bostrom, 2003a: 500) 즉 의무교육이 도입·시행되었던 것과 마찬가지로 이제, 그렇게 명명할 수 있다면, 의무향상이 도입되어야 한다는 것이다. 이에 더하여 그는, 이러한 과정을 통해 인간은 "지금보다 더 나은 사람, 더 사랑스러운 사람, 더 밝고 아름답고 더 건강하고 행복한 사람"(Bostrom, 2003a: 498)이 될 수 있다는 낭만적 인간상·미래상을 제시해 보이기도 한다.

IV. 인간의 도구화와 교육적 성찰

위와 같은 논리를 보노라면, 자유주의 우생학은 전통적 우생학보다 더욱 강력한 능력주의를 지향하고, 공학적 의미의 인간만들기에 대한 더욱 확고한 낙관주의를 전제로 하고 있으며, 더욱 정교하고 확신에 찬 과학주의를 표방한다는 사실을 알 수 있다. 게다가 개인의 자발적 선택에 의거하므로, 이것이야말로 인류의 밝은 미래를 보장하는, 그러나 동시에 가장 윤리적 부작용이 적은 안전하고 확고한 수단이라는 인상도 남긴다. 그 기술적 실현 가능성의 문제, 그 실행에 관련된 윤리성 논란, 인간의 기계화와 관련된 인간학적 경계설정의 문제 등에 관하여는 다른 기회에 논하기로 한다. 다만 본고에서는 다음 두 가지에 관하여만 논평하고자 한다.

첫째, 위와 같은 자유주의 우생학의 인간학적·사회적 적용을 담고 있는 인간향상론에는 자본의 개입과 작동원리 및 그 영향에 대한 비판적 고려가 결여되어 있다. 인간향상은 한 개인이 이루거나 감당할 수 있는 기획이 아니다. 이것은 또한 한 개인의 오성의 활용을 통한 능력의 계발과는 차원이 다른, 유전공학·생명공학의 집약적 기술에 철저히 의존하는 자본집약적·기술집약적 사안임과 동시에 국가적·초국가적 규모의 사업이다. 이러한 과학기술의 개발을 위해 이미 거대한 자본이 투입되어 왔으며, 이러한 경향은 미래에도 분명히 지속될 것이다. 학계에 회자되는 "유전자 슈퍼마켓"(Nozick, 1974: 315; Gavaghan, 2007)이나 "디자이너 베이비"(Sandel, 2013; Singer, 2013) 등의 용어가 듣는 이들로 하여금 편의점의 생필품이나 온오프 쇼핑몰의 물품들을 연상케 함으로써, 이러한 인간향상의 기제에 개인의 접근과 이용이 용이한 것처럼 보이게 하지만, 실상은 전혀 그렇지 않다. 이것은 그 규모와 성격에 있어서 아직은 그리고 앞으로도 상당 기간 "열등하지 않기로 결정한 개개인의 선택"일 수 없을 정도의 고비용 재화일 것이며, 공급과 수요에 의해 가격이 결정되는 통상적인 시장과도 성격을 달리한다. 여기에 자녀의 성공과 출세에 대한 부모들의 욕망이 이른바 인간향상의 시장에서 자유롭게 경쟁하게 된다면, 인간향상의 기획은 개인의 자유의 구현이나 사회적 평등의 실현이라는 이상과는 더욱 멀어질 가능성이 농후하다. 페더슨의 지적처럼, "인간향상론이 터하고 있는 자유주의 우생학이 제공하는 재화는 그 흐름이 유동적이고, 유연하며, 경계를 자유롭게 넘나드는 글로벌 자본과 그 속성이 놀랍도록 유사하기 때문"(Pedersen, 2010: 244)이다. 초국가적 자유경쟁 시장 속에서 개인이 갖는 선택의 자유는 다른 한편으로는 구조적으로 강요된 자유이기도 하다. 이런 연유로 우리는 박희주의 아래와 같은 진단에 진지하게 귀기울일 필요가 있다.

> "개인의 선택이 진공상태에서 이루어지는 것은 아니다. 생식문제에서 정치의 역할이 줄어든 만큼 그 부분을 시장이 대체해 왔으며 정부의 강제력을 대신해 시장의 논리가 개인의 선택을 제한하게 된 것이다. 이는 결국 한 형태의 사회적 힘이 다른 형태의 사회적 힘에 의해 대체된 것에 지나지 않는다고 볼 수 있다. 인간게놈프로젝트의 결실이 본격적으로 상업화될 경우 이러한 경향은 더욱 심화될 것으로 보인다. … 정부의 개입이 사라지고 개인의 자율적 선택이 이를 온전히 대체했다고 믿는 것은 환상이다. 새로운 우생학에서는 개인의 선택을 규제할 시장의 기능에 주목해야 한다."(박희주, 2000: 27)

이러한 우려에 대하여 "우선 시행해 보고 비용·편익 분석을 해 보자."(Bostrom, 2003a: 498)는 제안은 우생학이라는 사안의 특이성과 중요성을 감안할 때 애초에 고려의 대상이 되어서는 안 된다. 아울러 '국가가 적절히 통제할 수만 있다면'이라는 희망 섞인 가정 역시 적절한 방안이 될 수 없다. 국가가 통제한다면 그것은 자유주의 우생학이 아니라 진보한 기술을 장착한 전통적 우생학과 다를 바 없으며, 이 사안에 관한 한 국가의 통제는 또 한 번 특정 이데올로기를 위한 인간의 도구화로 귀결될 확률이 크다.

둘째, 그렇다면 자유주의 우생학에 바탕을 둔 인간향상론에 대하여 교육 혹은 교육학적 관점은 어떤 생산적인 논평을 할 수 있는가? 안타깝게도, 그러나 타당하게도, 교육을 고민하는 이들은 인간향상론에 대하여 날선 논평이나 참신한 대안을 제시할 입장에 있지 않다. 앞서도 언급하였거니와, 교육과 향상은 그 대상이 인간이라는 점 그리고 인간과 사회의 개선에 관련된 담론의 논리구조가 유사하다는 점을 제외하고는 공유점이 사실상 없다. 그러나 향후에 교육의 관점에서 유의하고 성찰하여야 할 사안들이 있다면, 우선은 다음과 같은 것들을 들 수 있다.

첫째, 인간교육과 인간향상의 논리적 유사성은 논리구조상 유사성일 뿐, 이들은 서로 상이한 차원의 것이라는 점을 분명히 할 필요가 있다. 즉 교육은 인간의 인간임의 경계 내에서 기획되고 실행되는 사안임에 반해 향상은 인간이라는 자연의 경계 확장의 문제, 즉 초인간으로의 진화 또는 변화의 문제에 관여한다는 사실이다.

둘째, 그러므로 인간교육을 인간향상과 개념적으로 혼용하거나 혹은 이 둘을 연속적 개념의 사안으로 위계화하려는 제 시도에 대해서는 비판적 재고와 경계가 필요하리라 생각된다. 앞서도 언급한 바와 같이, 향상은 하이테크(high-tech)이고 이에 반해 교육과 철학은 로우테크(low-tech)라는 식의 오해는 이 둘의 본질적 차이에 대한 무지에서 비롯된 것이거나 혹은 제 교육론이 언젠가는 향상론에 편입될 것이라는 혹은 그래야 한다는 기술중심적 전제를 염두에 둔 것이라 할 수 있다. 심지어 "태교를 위해 모차르트를 들려주는 것을 금지하지 않는다면, 인간향상의 제 활동에 반대할 이유 역시 없다."(Bostrom, 2005: 212)는 식의 논리 비약은 교육학의 관점에서 비판적 성찰의 소재로 삼고 지속적으로 반론해 나가야 할 필요가 있다.

셋째, 앞서 언급한 인간과 초인간 혹은 인간과 포스트휴먼의 경계는 손쉽게 확정될 수 있는 성격의 사안이 아니라는 점은 분명하다. 아울러 예방과 치료와 교정을 위해 활용되는 유전공학과 생명공학의 기술들의 순기능마저 거부하는 것은 어쩌면 논리적 근거가 불충분한, 일종의 정서적 거부감에 불과한 것일 수도 있기 때문이다.(박희주, 2000: 25; 신상규, 2013) 이 두 가지 상이한 혹은 연속적 존재들 사이의 경계에 관한 논의는 어쩌면 사회적 합의나 학문적 규명 너머의 사안일 수도 있을 것이다. 그러나 동시에 이 경계 설정의 문제는 교육의 실천과 교육정책적 의사결정에 직접적 관련을 맺는 윤리적 쟁점들을 내포하고 있기에, 교육학 역시보다 적극적으로 관련 논의에 참여할 필요가 있을 것이다.

넷째, 시대가 기술중심적으로 진행해 갈수록 인간과 교육을 도구로 이해하려는 관점으로부터 한 걸음 물러나서 인간과 교육 그 자체의 의미에 대해 성찰하는 자세가 필요하다. 그래야 인간이 자기 스스로를 사물화하고 기계화하는 자기소외적 환원주의의 과정이 자각될 수 있기 때문이다.(김호연, 2009: 41; 우정길, 2018a) 그리고 그럴 때라야 인간이 자기 스스로를 도구와 수단으로 소외시키는 중요한 요인 중 하나가 바로 "더욱 완벽해지고자 하는 인간 자신의 무절제한 욕망"(Sandel, 2013; 우정길, 2018d)이라는 사실도 인식될 수 있을 것이기 때문이다. 역설적이게도 바로 그 바탕위에서 과학기술의 유익과 쓰임새에 대한 건강한 관점의 공유 역시 가능해질 것이다. 피치몬스의 새삼스러운 그러나 진지한 제안과 같이, "우리는, 인간으로서, 우리 시대 새로운 유전공학의 '신적 권력'(Rifkin)을 경외감과 존경감을 갖고 대하되, 이것이 우리 이후에 오는 사람들을 위해 어떻게 사용될 수 있는가를 진지하게 고민할 필요가 있을 것이다."(Fitzsimons, 2007: 11)

참고문헌

김호연 (2009). 『우생학, 유전자 정치의 역사』. 서울: 아침이슬.

박희주 (2000). 새로운 유전학과 우생학. 『생명윤리』 1(2), 14-28.

신상규 (2013). 트랜스휴머니즘, 세상에서 가장 위험한 생각? 이화인문과학원 (편). 『인간과 포스트휴머니즘』(pp. 170-200). 서울: 이화여대출판부.

신상규 (2014). 『호모 사피엔스의 미래』. 파주: 아카넷.

염운옥 (2005). 우생학과 여성 - 골턴, 피어슨, 살리비를 중심으로. 『영국연구』 13, 89-117.

우정길 (2007). 부자유를 통한 자유와 교육행위의 지향성. 탈주체성 또는 상호주 관성의 교육이론을 위한 일 고찰. 『교육철학』 38, 139-164.

우정길 (2018a). 교육적 인간의 기계적 환원에 관한 소고. 『교육철학연구』 40(1), 91-110.

우정길 (2018c). "기계로서 인간": 교육적 인간의 기계적 환원 사례 연구. 『교육 문제연구』 31(2), 43-72.

우정길 (2018d). 포스트휴머니즘 인간관에 대한 비판적 성찰: 기능과 욕망의 관 점에서. 『교육철학연구』 40(2), 75-99.

우정길 (2018g). 보스트롬(N. Bostrom)의 인간향상론에 대한 비판적 고찰. 『교 육문화연구』 24(6), 5-23.

추병완 (2015). 인간 향상 논쟁에서 생명보수주의에 대한 비판적 평가. 『윤리교 육연구』 36, 171-195.

Agar, N. (1988). Liberal Eugenics. *Public Affairs Quarterly* 12(2), 137-155.

Bostrom, N. (2003a). Human Genetic Enhancements: A Transhumanist Perspective. *The Journal of Value Inquiry* 37. 493-506.

Bostrom, N. (2005a). In defense of Posthuman Dignity. (www.nickbostrom .com 2019.05.08.)

Buchanan, A. (2011). *Better than Human: The Promise and Perils of Enhancing Ourselves*. Oxford Univ. Press. 심지원·박창용 옮김 (2015). 『

인간보다 나은 인간: 인간 증강의 약속과 도전』. 서울: 로도스.

Fitzsimons, P.J. (2007). Biotechnology, ethics and education. *Studies in Philosophy and Education* 26, 1-11.

Gavaghan, C. (2007). *Defending the Genetic Supermarket: Law and Ethics of Selecting the Next Generation*, Abingdon: Routledge-Cavendish.

F. Galton, (1909). *Essays in Eugenics*. London: Eugenics Education Society.

Junker-Kenny, M. (2005). Genetic Enhancement as Care3 or as Domination? The Ethics of Asymmetrical Relationships in the Upbringing of Children. *Journal of Philosophy of Education* 39(1), 1-17.

Kant, I. (1998a). Beantwortung der Frage: Was ist Aufklärung (Dez. 1783). *Immanuel Kant* (VI) (pp. 53-61). Hrsg. von W. Weischedel. Darmstadt: WBG.

Kant, I. (1998b). Über Pädagogik (1803). *Immanuel Kant* (VI) (pp. 695-778). Hrsg. von W. Weischedel. Darmstadt: WBG.

Masschelein, J. (1991). *Kommunikatives Handeln und Pädagogisches Handeln*. Übers von P. Welchering, M. Astroh. Weinheim: Detuscher Studien Verlag.

Mirandola, P.D. (1496). *Oratio de hominis dignitate*. 성염 옮김 (2009). 『인간 존엄성에 관한 연설』. 파주: 경세원.

Nozick, R. (1974). *Anarchy, State, and Utopia*. N.Y: Basicbooks.

O'Mathūna, D. (2013). 인간존엄성과 인간 향상의 윤리. 이화인문과학원(편). 『인간과 포스트휴머니즘』 (pp. 109-138). 서울: 이화여대출판부.

Pedersen, H. (2010). Is 'the posthuman' educable? On the convergence of educational philosophy, animal studies, and posthumanist theory. *Studies in the Cultural Politics of Education* 31(2), 237-250.

Persson, I., Savulescu, J. (2012). *Unfit for the Future: The Need for Moral Enhancement*. Oxford Univ. Press. 추병완 옮김 (2015). 『미래 사회를 위한 준비』. 서울: 하우.

Ricken, N. (1999). *Subjektivität und Kontingenz*. Würzburg: Königshausen & Neumann.

Sandel, M.-J. (2013). The Case Against Perfection: What's Wrong with Designer Children, Bionic Athletes, and Genetic Engineering. Savulescu, J., Bostrom, N. (Ed.). Human Enhancement (pp. 71-89). Oxfort Univ. Press.

Singer, P. (2013). Parental Choice and Human Improvement. Savulescu, J., Bostrom, N. (Ed.). *Human Enhancement* (pp. 277-289). Oxfort Univ. Press.

Shorter, E. (1997). *A History of Psychiatry.* 최보문 옮김 (2009).『정신의학의 역사』. 서울: 바다.

Vita-More, N. (2005). The New [human] Genre Primo [first] Posthuman. (http://www.natasha.cc/paper.htm 2018.04.18.)

Wimmer, M. (2003). Machbarkeitsphantasien und Zukunftsvorstellungen in der Pädagogik. Schäfer, A., Wimmer, M. (Ed.). *Machbarkeitsphantasien.* Opladen: Leske + Budrich.

Woo, J.-G. (2007b). Auf den Spuren von O. F. Bollnow an der Ludwigsuniversität Gießen. Vortrag in der Reihe "Cum tempore" anlässlich der Feierlichkeiten zum 400-jährigen Bestehen der Justus-Liebig-Universität Gießen (23. Mai. 2007)

09

생명이라는 선물의 교육적 의미
- "선물론"(M. Sandel)*

I. 논의의 지형

1. 휴머니즘과 포스트휴머니즘 사이의 교육

근래 교육학계에서 이른바 포스트휴머니즘 담론에 관한 관심이 점증하고 있다. 2002년-2018년 기간에 한하여 포스트휴먼·포스트휴머니즘과 관련된 국내 연구 동향을 키워드 네트워크 분석을 활용하여 분석한 강승지 외(2018)의 연구에 따르면, 교육학을 포함한 모든 학문영역을 통틀어 포스트휴먼·포스트휴머니즘이라는 키워드를 통해 확인되는 연구는 총 304건인데, 그중 교육학계의 연구는 10건(3.3%)에 불과하다.[1] 그러나 강

---

* 우정길 (2019b). 포스트휴머니즘과 인간 교육 – 샌델 (M. Sandel)의 선물론(Theory of Giftedness)을 중심으로. 『교육철학연구』 41(3), 91-116.

[1] 강승지 외(2018)가 한국학술지인용색인(www.kri.go.kr)을 통해 파악한 2002년-2018년 기간 학문 분야별 빈도는 다음과 같다. "인문학: 160건(62.6%), 사회과학: 61건(20.1%), 예술: 31건(10.2%)"(강승지 외, 2018: 404)

승지 외(2018)의 연구에는 포함되지 않았던 2018년 3월 이후부터 2019년 6월까지 한국학술지인용색인에서 파악되는 포스트휴먼·포스트휴머니즘과 관련된 교육학계의 연구는 총 13건으로, 이것은 이전 15년 동안의 총합(10건)보다도 많은 수의 연구이다. 즉 지난 1년 4개월 동안 관련 연구들이 전례 없이 증가하고 있는 실정이다.[2] 이 주제에 관한 교육학계의 소극적 관심은 무엇 때문이었었는지 그리고 이러한 경향이 적극적 관심으로 전환된 데는 어떤 요소들이 작용하였는지에 대해서는 별도의 연구가 필요할 것이다. 다만 본고의 도입에서는 교육학이 포스트휴머니즘과 맺는 접점에 관해 간략히 언급함으로써, 본고의 취지를 보이고자 한다.

우선 포스트휴머니즘의 인간학적 배경과 전망을 공유하기 위해 몇 문장을 인용하고자 한다. 대표적 포스트휴머니스트인 보스트롬은 포스트휴머니즘의 철학적·문화적 역사성을 규명하는 글을 다음과 같은 문장으로 시작하고 있다.

> "새로운 능력을 습득하려는 인간의 욕망은 인간 종의 역사만큼이나 오래된 것이다. 우리는 항상, 사회적으로든 지리적으로든 혹은 정신적으로든, 우리 실존의 범주를 확장하기를 추구하여 왔다. 적어도 소수의 사람들 사이에서는 인간의 삶과 행복에 대한 모든 장애와 한계를 극복할 길을 찾으려는 경향성이 있다."(Bostrom, 2005b: 1)

보스트롬의 위와 같은 진술은 인간에 대한 포스트휴머니즘의 기본

---

2 "포스트휴먼·포스트휴머니즘"이라는 키워드로 검색되지는 않지만, 이 주제에 관한 국내 교육학계의 선구적이자 심층적인 연구는 2013-2015년 사이 발표된 추병완의 연구라는 점은 언급될 필요가 있다. 주로 신경과학, 신경윤리학, 도덕성 향상, 도덕교육 등의 주제에 천착하고 있는 그는 해당 시기에 10편 이상의 집중적 연구(본고의 참고문헌 목록 참조)를 선보이면서, 이 분야 교육학계 초기 논의의 한 축을 담당해 왔다고 하여도 과언이 아니다. 추병완의 논의가 강승지 외(2018)의 통계에 포함되지 않은 이유는 그가 '포스트휴머니즘'이라는 용어 대신 '초인본주의'라는 용어를 사용하고 있기 때문이다.

전제가 진화론적 특성을 띤다는 사실을 보여 준다. 그것이 굳이 여느 정형화된 진화론자들의 이론에 근거할 필요는 없다. 심지어 창조론에 입각하여도 무방하다. 다만 인간이라는 자연이 혹은 인간이라는 피조물이 현재의 모습에 스스로를 제한하지 않고, 지속적 변화와 개선을 꾀할 수 있는 자율성과 주체성을 지닌 존재라는 점, 그것이 자연의 원리이자 어쩌면 창조주가 인간에게 위임한 인간의 권리이자 의무일 수도 있다는 점 그리고 이에 근거하여 인간은 지속적으로 스스로를 개선하고 장애와 한계를 극복하기 위해 노력해 왔다는 점 등을 보스트롬은 말하고자 하는 것이다. (Bostrom, 2005b: 1-6) 이런 맥락에서 보자면 보다 적극성을 띤 인간 개선 프로젝트의 희망을 피력하는 아래와 같은 주장은 어쩌면 포스트휴머니즘 담론의 자연스러운 전개라 할 수 있다.

"트랜스휴머니스트[포스트휴머니스트]3들은 인간을 아직 진행 중인 존재로, 반쯤 완성된 시작의 존재로 여기고, 그래서 우리는 바람직한 방향으

---

3 현재 학계에서는 트랜스휴머니즘과 포스트휴머니즘 두 가지 용어가 함께 사용되고 있다. 본고에서는 편의상 포스트모더니즘으로 통일하여 사용하고자 하는데, 그 이유는 다음 인용문에 나타난 바와 같다. "접두어를 통해 보자면, '트랜스'(trans-)는 공간의 이동을 나타내는 것으로서 '옮겨가는 혹은 과도기적'이라는 의미를 그리고 '포스트'(post-)는 '후'(後)의 의미를 내포한다. 이들이 휴머니즘과 결합될 경우 전자는 휴머니즘의 과도기성을, 후자는 이러한 과도기로부터 건너가는 혹은 이 과도기가 마감된 후의 휴머니즘을 의미한다. 이 과도기의 과정 중에 나타나는 다양한 양상의 휴머니즘들이 트랜스휴머니즘이라면, 이러한 결과로 도달하게 될 미래적 인간상이 바로 포스트휴머니즘의 주요 관심사라 할 수 있다. 즉 트랜스휴머니즘이 이 과도기의 현재적·미래적 진행형이라면, 포스트휴머니즘은 이 과도기의 미래완료형인 것이다. 그러나 이러한 구분 역시 명확하고 확정적인 체계를 제시해 주지는 못한다. 단적으로 표현하자면, 트랜스휴머니즘이 전제되지 않은 포스트휴머니즘은 가능하지 않기 때문이다. 아울러 현존 인간으로부터 완전히 단절된 혹은 현존 인간과 본질적으로 다른 종의 미래적 존재는 인간의 범주에 포함되지 않을 것이기에, '포스트'는 단절적 의미가 아닌 연속적 의미로 이해되어야 하기 때문이다. 이런 의미로 사용되는 '포스트'에는 사실상 '트랜스'의 과도기 개념이 포함되어 있으며, 따라서 포스트휴머니즘이라는 용어는 트랜스휴머니즘의 의미를 포괄하는 광의의 개념으로 사용되는 것이 합리적이라고 판단된다."(우정길, 2018d: 77f)

로 [인간을] 개조(remold)하기를 배울 수 있다고 생각한다. 현재의 인류는 진화의 종착점이어야 할 필요가 없다. 트랜스휴머니스트들은 과학과 공학과 여타 합리적 도구들의 책임 있는 사용을 통해 우리가 결국에는 포스트휴먼, 즉 현재의 인간보다 더 큰 능력을 지닌 존재가 될 것을 희망한다."(Bostrom, 2003a: 493)

모든 인간이 현재보다 더 나아지고자 하는 욕망을 지니는 것은 당연하다. 그것이 물리적 차원의 능력이든 혹은 사회적 그리고 심리적 차원의 능력이든, 능력이 향상되는 것은 개인에게나 사회적으로나 권장할 만한 것이다. 그래서 위 인용문은 아주 자연스러운 인간적 욕망의 표현으로 여겨질 수 있다. 교육을 고민하고 실천하는 모든 사람들 역시 인간의 이러한 욕망을 공감하고 공유한다. 그래서 인간 능력의 일반적 향상을 꾀함이라는 의미의 포스트휴머니즘은 인류가 오랫동안 추구해 왔던 교육의 이상과도 접점을 이루는 것처럼 보인다.

그러나 위 인용문의 마지막 문장에서 "포스트휴먼"이라는 이름을 통해 암시된 그 존재의 구체적인 모습에 대한 설명을 접하고 보면, 이것이 과연 교육과 어떤 관련을 맺을 수 있는가에 대해 진지하게 의문하게 된다.

"포스트휴먼은 완전히 인위적으로 만들어진 인공지능일 수도 있고, 신체를 버리고 슈퍼컴퓨터 안의 정보 패턴으로 살기를 선택한 업로드의 형태일 수도 있으며 또는 생물학적 인간에 대한 작은 개선들이 축적된 결과일 수도 있다. 만약 생물학적 인간이 포스트휴먼이 되고자 한다면, 유전공학, 신경약리학, 항노화술, 컴퓨터-신경인터페이스, 기억향상약물, 웨어러블 컴퓨터, 인지기술과 같은 다양한 과학기술을 이용해 우리의 두뇌나 신체에 근본적인 기술적 변형을 가해야만 할 것이다. '포스트휴먼'은 '내가 이런 능력을 가지고 있었으면 얼마나 좋을까'하고 누구나 한 번쯤 상상해 보았을 법한 슈퍼인간의 모습을 서술한 기술적인(descriptive) 용어이다."(신상규, 2014: 104)[4]

교육이라는 특정한 영역을 염두에 두지 않는다면, 위와 같은 인간의 가상적 미래상은 이제 더 이상 낯설지 않은 것일 수도 있다. 우리는 각종 매체를 통해, 인간의 모습을 하였으나 초인적 능력을 구사하는 혼종적 사이보그들을 이미 여럿 보아 왔고, 그들을 영웅(hero)이라 칭하는 가운데 이들에 대한 긍정적 심상들을 축적해 왔기 때문이다. 그 양상도 다양하여서, 때로 그들은 자신도 이해하지 못하는 어떤 초기계적 기제를 통해 인간의 정서를 닮아가는 기계-영웅들이었고, 때로는 초인적 능력의 발휘를 가능케 하는 기계적 장치를 몸속에 장착한 인간-영웅들이었으며, 또 때로는 유전자가 변이된 혹은 유전자 조작을 통해 탄생하게 된 초시간적·초인간적 혹은 심지어 외계적 영웅들이었다. 예술적·상업적 작품들 속에서 이들이 결국 위해 싸우는 그 대의가 바로 지구와 우주와 인류애(humanity)이기에, 이들에게서 우리는 모종의 인간의 향기를 맡는다고 생각하곤 한다. 비록 그것이 현대인의 일상에서 실제로 경험할 수 있는 대상들이 전혀 아니라 가상에 근거한 것이라 하더라도, 우리는 어느새 그러한 존재의 출현 가능성에 대해 의심하지 않게 되었으며, 심지어 그들이 우리의 현재적 삶의 일부이거나 혹은 우리 자신도 가까운 미래에 그렇게 될 수 있으리라고 희망하기까지 한다.

재차 강조하건대, 교육의 영역 밖에서라면 위와 같은 진화적 희망이 담긴 가상적 인간상에 대한 염원은 진지한 비평의 대상이 전혀 아니다. 저러한 가상적 동기는 개인적 공상의 요소임과 동시에 때로 미래를 향한 인류의 문명을 추동하는 원동력이 되기도 하기 때문이다. 문제는 이러한 포스트휴머니즘의 담론, 특히 인간과 인류의 개선이라는 대의만이 아니라 그 구체적 포스트휴먼상(像)을 교육의 영역으로 가지고 들어올 때 발생하게 되는 개념 혼융과 담론의 추상화이다.

---

4 이렇게 기술된 포스트휴먼의 가상적 실사로 2005년 비타-모어(N. Vita-More)가 제시한 "프리모"(PRIMO)라는 이름의 포스트휴먼을 들 수 있다. 이에 대한 상세한 해설과 그래픽은 "우정길, 2018d: 81"을 참조 바란다.

위에서 차례로 제시된 세 가지 인용문은 모두가 포스트휴머니즘이 제시하는 혹은 포스트휴머니스트의 입장을 소개하는 것들이다. 그러나 우리는 첫 번째 인용문과 두 번째 인용문의 전반부에서만 교육과의 공유점을 발견한다. 두 번째 인용문의 후반부에서 제안되고 있는 포스트휴먼은 교육학의 역사에서 교육의 대상이거나 목적이었던 적이 없다. 더욱이 세 번째 인용문에서 구체적으로 제시되고 있는 포스트휴먼의 가능태(態)는 교육을 통해 이룰 수 있는 성격의 것과 거리가 멀거니와, 우리로 하여금 이것이 과연 교육적 사유의 대상 범주에 드는지에 대해서 마저 의문하게 만든다. 그래서인지 포스트휴머니스트들은 인간이 아닌 혹은 인간을 초월한 포스트휴먼을 이야기하고, 인간의 교육이 아닌 인간의 향상(enhancement)을 화두로 삼는다.(우정길, 2018g; 2019) '강화' 또는 '증강'으로도 번역되는 향상은 이른바 NBIC(Nano·Bio·Information Technology, Cognitive Science)로 표현되곤 하는 생명공학·유전공학·로봇공학 등의 모든 수단을 활용하여 인간의 신체적·인지적·심리적 능력을 강화하는 것을 의미한다. "우리는 우리 스스로를 공부와 훈련 같은 전통적인 방법으로 제한하여야 하는가? 혹은 과학을 활용하여 보다 직접적으로 우리의 정신적 물리적 능력을 향상하여야 할까?"(Bostrom & Savulescu, 2009: 1)라는 물음에서 보듯, 향상은 교육과 뚜렷이 구분되는 인간 혹은 인간종(種) 개선의 직접적 방법이다. 향상 찬성론자들에게 있어서 현존 인간은 넘어서야 할 열등의 단계이고, 교육은 이른바 하이테크(향상)의 실현을 돕는 로우테크의 일종이다. (cf. Bostrom, 2003a: 496; Sandel, 2009: 29f/이수경, 2016: 48f; 우정길, 2018g: 14) 그러므로 향상은, 비록 이것이 주는 어감이 교육을 통한 인간의 개선과 흡사해 보인다 하여도, 교육과는 전혀 다른 목적과 성격의 개념이다.

이 두 가지 개념, 즉 인간과 포스트휴먼을 그리고 교육과 향상을 개념적으로 서로 구분하지 않을 경우, 즉 이 둘을 섞어 버리거나 혹은 위계적 연속성을 띠는 것으로 개념화할 경우, 교육학은, 만약 이런 표현이 가능하다면, 향상학 속으로 편입되거나 혹은 교육학의 본령을 변경하여야 하는 지경에 이르게 될 수도 있다. 교육학은 지금껏 인간과 휴머니즘을 대상과 토양으로 삼아 전개되어 왔고, 현대에도 여전히 인간의 인간됨과 휴머니즘의 실현을 위해 탐구되고 실천되고 있다. 교육의 대상을 인간에서 이른바 포스트휴먼으로 확장하게 될 경우, 교육은 필연적으로 향상이라는 제 공학적 수단의 하위 영역으로 편입되거나 혹은 그 용도가 미미한 인간 개선의 부차적 수단으로 치부되기에 이를 것이다.(cf. Siddiqui, 2016: 76) 인간이라는 자연이 존재하는 한, 교육은 향상으로 대체될 수도 없거니와 그리 되어서도 안 될 것이다.

포스트휴머니즘을 교육학 속으로 가지고 들어와 적극적으로 그 의미와 시사점을 탐색하려는 시도들이 때로 추상적이거나 다소 공허한 마무리에 이르게 되는 이유도 여기에 있다. 일례로, "포스트휴머니스트 교육을 향하여"라는 제목의 연구를 발표한 일군의 학자들(Snaza, et. al., 2014)은 다음과 같은 제안을 내어놓는다.

> "포스트휴머니스트들의 사유는 앎의 주체와 앎의 객체라는 이분법을 포기해야 한다. 우리는 어떻게 의미가 주체들 사이에서 생성되는지를 생각할 필요가 있다. … 우리는 열린 과학을 필요로 한다. … 이 과학은 우리가 알던 과학 너머에서, 우리로 하여금 우리가 이미 항상 관여되어 있던 그 관계들이 부정되는 것의 의미를 생각하도록 도와 줄 수 있는 과학이다. 이 관계들에는 인간과 동물과 기계와 사물들이 포함된다. 교육과정 연구는, 여타의 인본주의적 형식의 지적 노력들과 마찬가지로, 오랫동안 인간중심적(antoropocentric)이어 왔다. 우리가 이 새로운 포스트휴머니스트 교육과정 연구가 무엇을 할 것인가에 대한 구체적인 비전을 제시할 수 없다면, 우리는 휴머니즘의 종말에 다다른 것이다. 그리고 이제 우리는 다른 방향으로 길을 내어 보아야 한다."(Snaza, et. al, 2014: 51f)

위 인용문을 논문 전체의 내용과 연결하여 보면, 결국 인간중심적

(anthropocentric)인 학문의 경향을 지양하고, 동물과 기계와 미래 어느 시점에 탄생하게 될 수도 있는 혼종적 포스트휴먼들이 모두 고려되고 존중되는 형식의 "열린 과학"이 필요하다는 주장을 저자들은 하고 있다. 이들은, 지난 세기말 포스트모더니즘 논쟁에서 주체중심주의를 주된 비판의 대상으로 삼았던 것과 흡사한 구도로, 이제는 인간중심주의를 극복의 대상으로 삼자고 제안한다. 그리고 다가올 미래사회에서는 휴머니즘, 즉 "폐쇄적인 인간중심주의"를 넘어 "개방적 과학"인 포스트휴머니즘으로 진행하자는 주장이다.

위와 같은 주장의 취지는 이해가 되고 일면 공감이 되기도 한다. 그러나 한 가지 구분하여야 할 것이 있는데, 곧 주체중심성과 인간중심성이다. 이 둘은 동일한 것이 아니다. 포스트모더니즘 논쟁의 뇌관이었던 이른바 "(근대) 주체의 죽음"은 철학과 교육학이 일정 기간 공유해 온 그 특정한 주체성에 대한 논란이었을 뿐, 인간 일반과 교육의 종말을 의미하는 것이 아니었다.(Meyer-Drawe, 1996: 48; Woo, 2007: 121f) 휴머니즘, 즉 인간주의는, 근대의 사유하는 주체에 대한 평가와 무관하게, 여전히 인류의 가장 보편적인 가치이자 교육이 최종적으로 추구하는 바이다. 교육학이 그 사유의 중심에 인간을 두는 것은 지극히 당연한 일이며, 근대의 과도한 주체중심성이 동반했던 각종 폭력성의 해소는 별도로 다루어져야 할 문제이다. 비록 스나자 외(2014)의 주장이 인간의 다양한 존재 양상에 대한 그리고 나아가 인간과 공존하고 있는 모든 생태적 존재들에 대한 이해와 감수성을 환기시키는 데 기여하고 있기는 하여도, 이것이 휴머니즘의 폐기로 연결되거나 혹은 동물과 기계와 각종 가상적 사이보그들이 뒤섞인 새로운 형태의 혼종(hybrid)과 다종족(multispecies) 존재에 대한 개방성으로 연결되기에는 아직까지 가야 할 길이 멀다. 그것의 실현 여부와 무관하게 그리고 행여 도래하게 될 포스트휴먼의 시대가 눈앞에 펼쳐지기 전까지 교육은 다양한 계층과 인종과 문화를 아우르는 인간의 교육을 고민할 뿐이다. 교육은 인간의, 인간을 위한 기획이자 활동이지, 미래의 어떤 가상적 혼종을 위한 준비활동이 아니기 때문이다.

2. 경계적 사유와 샌델(M. Sandel)

그렇다면 교육은 포스트휴머니즘 담론과 전혀 무관한가? 이에 대한 대답은 그리 간단치 않다. 아쉽게도 그러나 어쩌면 당연하게도, 교육의 대상이자 목적인 인간의 본성은 학문의 언어로 확정지을 수 없는 무엇이거나 혹은 처음부터 가변적 속성의 것일 수도 있다. 인간본성의 확인·확정 가능성 여부와 무관하게 그리고 포스트휴머니즘 담론의 전개와는 무관하게, 현대의 과학기술은 과거에는 공상의 영역에 속하였던 많은 것들을 가능케 하고 있다. 유전자 선별과 조작, 수명연장과 인체냉동보존, 프로스테시스(prosthesis)[5] 장치를 통한 인체 기관의 기계적 대체, 인간과 인공지능과 로봇의 결합 등은 끊임없이 시도되고 있으며, 어쩌면 다양한 양상의 가시적 성과들이 가까운 미래에 등장하게 될 수도 있다.(신상규, 2014; 73-96) 커즈와일의 표현처럼, 특이점이 가까워지고 있는 것일 수도 있다.[6] 그가 지목했던 "그 특이점"이 아니라 하더라도, 인간은 현대의 과학기술의 급속한 발달로 인한 모종의 크고 작은 사회적·윤리적·정책적

---

[5] "프로스테시스는 손상되었거나 상실된 신체 일부의 기능을 대신하는 인공적 장치를 일컫는 말이다. 의족이나 의수가 우리에게 익숙한 프로스테시스 장치들이다. 인공신장이나 인공심폐장치와 같이 신체 외부에 장착해 쓰는 장치들뿐 아니라 인공심장이나 인공혈관과 같이 신체 내부에 설치되어 있는 인공장기들도 여기에 포함된다."(신상규, 2014: 66)

[6] "특이점은 기하급수적 증가에서 거의 수직에 가깝게 치솟는 단계"이다. 그의 저서의 맥락에서 달리 써 보자면, 가속화하던 과학기술의 발달이 이 점에 이르러 비약적 발달에 이르게 되고, 이로써 새로운 문명의 차원이 열리게 된다는 것이다. 실제로 그는 식사와 성교를 비롯한 인간의 일상, 일과 놀이와 학습, 질병과 수명, 치안과 국방에 이르는 인간 삶의 모든 분야에서 특이점 이전과는 전혀 다른 차원의 양상이 전개될 것이라고 본다. 그가 예측하는 혹은 제안하는 특이점 이후의 인간 혹은 포스트휴먼의 모습은 다음과 같다. "인간의 지능은 비생물학적 지능과 융합될 것이며, 인간은 인간만큼 혹은 인간보다도 더욱 복잡하고 미묘한 면을 지닌 비생물학적 시스템을 만들고, 인간 자신이 생물학적 존재에서 비생물학적 존재로 변해 갈 것이다."(Kurzweil, 2005/ 김명남·장시형, 2007: 465, 523)

의사결정의 기로들에 서게 될 것은 분명해 보인다. 과학기술이 제공해 주는 이기(利器)와 편의는 인간 일상의 양식을 바꾸는 정도에서 그치는 것이 아니라 인간 존재 자체의 변화를 요구하고 있다. 지금은 교육을 통해 이루는 그것을 언젠가는 향상(enhancement)을 통해 보다 손쉽게 도달하게 될 수도 있으며, 어쩌면 그리 하지 않는 것이야말로, 인간으로서, 부모로서 그리고 자율성을 지닌 행위 주체로서 의무를 방기하는 것이라고 생각하는 시대가 올 수도 있을 것이다. 아닌 게 아니라 이미 2005년 "향상해야만 하는 도덕적 의무"(Savulescu, 2005: 36-39)라는 제목의 글에서 사불레스쿠는 "기억력과 기질, 참을성과 공감, 유머감각과 낙천주의 등 다양한 종류의 지능이 우리 삶에 영향을 미칠 수 있으며, 이 모든 생물학적·심리학적 바탕 위에 있는 인간의 특성들은 공학의 도움으로 조작 가능하다."라고 전제하며, "인간으로 있는다는 것(to be human)은 나아진다는 것(to be better)을 혹은 적어도 나아지려고 노력하는 것을 의미한다."고 말한다. 물론 그가 말하는 "나아진다는 것", 즉 인간임은 교육이나 도야를 통해서가 아니라 향상을 통해서이다. 그보다도 6년 앞선 1999년에 철학자 슬로터다이크(P. Sloterdijk)의 이른바 엘마우-강연을 통해 암시되었던 그 "아직은 모호하고 섬뜩한 진화론적 지평"[7]이 시나브로 다가오는 것 같은 오늘날, 교육은 어떤 위치에서 어떤 관점으로 이 사안을 바라보고 성찰해야 할 것인가?

이러한 질문들에 대한 대답 중 하나로 본고가 주목하고자 하는 것은 바로 샌델의 "선물론"이다. 2002년부터 4년간 미국 대통령 생명윤리 위

---

7 "장기적 발전이 인간 종특성의 유전적 개량으로도 이어지게 될 것인가? 그리고 미래의 인간공학이 명시적 형질설계를 가속화하게 될 것인가? 인류가 종 전체에 걸쳐 탄생운명론으로부터 선택적 출생과 출생전 선택(pränatale Selektion)으로의 방향 전환을 실행하게 될 것인가? 이러한 질문들 속에서 아직은 모호하고 섬뜩한 진화론적 지평이 자신의 모습을 드러내게 될 것입니다."(Sloterdijk, 1999: 45f/이진우·박미애, 2004: 72f참조) 이른바 "슬로터다이크-스캔들"에 관한 교육학적 논의는 "우정길, 2018e, 2018f"를 참조 바란다.

원회 자문위원으로 활동한 이력이 있는 샌델은, 굳이 분류하자면, 포스트휴머니스트의 반대 진영에 서서 유전공학·생명공학을 비롯한 현대 과학기술의 인간 자신에 대한 적용을 반대하거나 혹은 극히 제한적인 경우에 한하여 허용할 필요가 있다는 주장을 펼치는 생명보수주의(Bio-conservative)의 진영에 서 있다. 앞서 행간에서 암시한 바 있지만, 많은 이들이 과학기술의 새로운 발견들에 흥분하고 이전에는 가능하지 않았던 것들이 가능해질 것이라는, 때로 선정적인 미래 전망에 주목하는 이 시점에, 인간의 본성을 화두로 삼아 생명보수주의적 관점에 서서 교육의 전통적 가치를 호소하는 경우는 아무래도 소수에 속한다.

포스트휴머니즘이라는 새로운 담론과 관련하여 전통적 휴머니즘의 논리와 가치를 옹호하려는 교육학 연구자가 겪는 어려움의 상당 부분이 여기에 기인한다. 옛것과 새것, 오래된 휴머니즘과 새로운 (포스트)휴머니즘, 하이테크(향상)와 로우테크(교육) 등의 이분법적 구도 속에서 전통적 교육학이 취할 수 있는 명분이 일차적으로는 보수적이라는 인상을 주기 때문일 뿐 아니라 심지어 그 논리가 설득력이 부족하다는 인상으로부터 벗어나기가 쉽지 않기 때문이다. 앞서 예시로 제시된 것과 같이, 포스트휴머니즘과 관련하여 "오래된 인간중심주의"(anthropocentrism)를 극복하기 위한 "개방적 과학"을 주장하는 목소리가 많아질수록, 이른바 "인간(중심)주의"에 대한 부정적 인상은 늘어갈 것이며, 이와 동시에 적극적으로 선전되는 모종의 "새롭고 개방적인 과학"에 대한 긍정적 심상은, 그것이 지향하는 실체의 혼종적(hybrid) 비인간성과 미래가상성과 무관하게, 증가하게 될 것이다. 이런 구도에서라면, 교육학이 인간의 인간임과 인간됨을 강조할수록, 교육학은 "시대에 뒤쳐진 폐쇄적 비과학"으로 오인될 소지가 다분하다.

물론 샌델이 교육을 중심 소재로 논의를 전개하는 것도 아니며, 그가 제안하는 선물론이 논리적으로 흠 없거나 완결성을 띠는 것은 아니다. 그럼에도 불구하고 그의 논의는 앞서 언급한 이분법의 지형을 가로지르며

"모종의 사회윤리적으로 불편한 정서"를 반복적으로 들추어내고, 이를 통해 포스트휴머니즘 담론에 직면한 현대 교육학이 어쩌면 쉬이 간과할 수도 있는 교육의 오래된 가치들을 재발견하도록 도움을 준다. 그의 논의는 휴머니즘과 포스트휴머니즘 사이의 경계성이 화두가 되는, 어쩌면 휴머니즘과 포스트휴머니즘 담론들이 공존하고 교차하는 시대를 살아가는 오늘날의 교육학에는 일종의 존재론적·윤리학적 체크리스트의 기능을 하기에, 이어지는 제 II-III장에서는 그가 제시한 선물론의 내용을 재구성하고 그 교육적 의미를 탐색해 보고자 한다.

II. 샌델 - 향상 반대와 선물론

1. 향상 반대의 논거들

주지하는 바와 같이 샌델은 유전적 향상(genetice enhancement)에 반대한다.(Sandel, 2009/이수경, 2010: 131) 그러나 그는, 미리 밝혀 두건대, 자신이 향상에 반대하는 이유를 혹은 이러한 반대의 견해가 사회적 합의에 이르러야 하는 이유를 반박의 여지가 없을 정도의 논리로 제시하지는 못하고 있다. 샌델이 "선물론"으로 불리는 자신의 견해를 제시한 저서 *The Case against Perfection*(『완벽에 대한 반론』)에서 독자들이 가장 자주 접하게 되는 표현은 바로 "모종의 불편함"이다. 눈에 띄는 대로 나열만 해 보아도 "도덕적 불편함, 불편한 마음, 모종의 불안함, 도덕적 불편함, 모종의 불편한 감정, 윤리적 불편함, 어쩐지 불편한 기분, 도덕적으로 불편한 감정, 도덕적 꺼림칙함"(Sandel, 2009/이수경, 2010: 18-23, 26, 30, 36-38, 97) 등, 적지 않은 빈도로 이 "모종의 불편함"이 등장한다. 더욱 답답한 것은 이러한 "모종의 불편한 감정"에 이어서 "그런데 정확히 무엇 때문에 그런 감정이 드는 것일까?"(Sandel, 2009/이수경, 2010: 26)라는 질문도 자주 제시된다는 점이다. 이것은 사안 자체가 갖는 최종적 판단 근거의 불명료함을 드러내는 표현들이기도 하지만, 동시에 이 주제가 여하한 논쟁으로는 해결되기 어려운, 어쩌면 문화적·정서적 차원의 요소들이 함께 고려될 필요가 있는 사안이기도 하다는 점을 반증해 준다. 이 모호하고 불편한 정서라는 전제 위에서 유전공학적 개입을 포함한 향상의 제 현상과 관련하여 샌델이 제시하고 있는 반대의 이유를 세 가지로 정리해 보면 아래와 같다.

가. 공정성의 훼손

샌델이 제기하는 향상의 첫 번째 문제는 공정성의 훼손이다. 그가 스포츠 영역을 예로 들어 기술하고 있는 다음 인용문에서 "스포츠"를 "교육"으로, "경기력"을 "학업성취"로 치환하여 읽으면, 공정성의 훼손이라는 향상 반대의 논리가 교육의 영역에서 의미하는 바를 확인할 수 있다.

> "유전공학적으로 경기력[학업성취]이 강화된 운동선수[학생]의 진짜 문제
> 는, 자연적으로 타고난 재능을 계발하고 발휘하는 것을 높이 평가하는
> 인간 활동으로서의 스포츠[교육] 경쟁을 오염시킨다는 것이다."(Sandel,
> 2009/이수경, 2010: 47)

물론 이때 "경쟁의 오염"은 경쟁의 수단뿐만 아니라, 유전공학·생명공학의 기술을 이용한 경쟁 수단의 인위적 향상이 경쟁의 결과에도 영향을 미치고, 최종적으로는 이것이 사회적으로 다양한 양상의 차등화·위계화로 이어진다는 일련의 과정의 오염을 의미한다. 공정성은 경쟁의 상황을 전제로 하기에 그리고 교육을 경쟁의 대표적 영역으로 이해하는 문화에 익숙한 우리에게 공정성 훼손이라는 이유는 향상 반대를 위한 단순하고도 강력한 논거가 되기도 한다. 아울러 자본과 욕망의 결합이 교육을 점점 더 헤어 나오기 어려운 경쟁의 심연으로 밀어 넣고 있는 시대에, 유전공학적 향상의 도입과 허용은 이미 충분히 사회계층화에 부정적으로

기여하고 있다고 평가되는 교육이 지금보다도 더욱 원초적인 차원에서부터 "인간의 계급화"(Sandel, 2009/이수경, 2010: 30)를 재생산하는 기제로 작용하게 될 수도 있다는 점을 샌델은 지적한다.

그러나 위와 같은 반대의 논리가 향상 반대를 위한 절대적 논거가 되지는 못한다. "유전적으로 남들보다 더 훌륭한 재능을 타고난 이들은 언제나 존재해 왔지만, 그럼에도 우리는 그런 선천적 불평등이 스포츠[교육]의 공정성을 훼손한다고는 생각하지 않는다."(Sandel, 2009/이수경, 2010: 27)라는 대단히 간단한 이유에서이다. 아울러 향상의 적용 범주를, 아직 인류가 경험해 보지 못한 유전공학·생명공학의 다양한 기술을 이용한 맞춤형 아기의 출산·생산 그리고 기억력·연산력·사고력 등 인지능력의 인위적 업그레이드 등으로 국한하지 않고, 인간 능력의 일반적 개선으로 확장하여 이해할 경우, 향상의 반대는 인간 능력의 개선 일반이라는 명분에 반하는 비현실적 주장으로까지 여겨지게 된다. 안경과 보청기의 사용이 인간의 일상을 개선하는 데 기여하였듯이 그리고 장애의 보완과 치료를 위한 의료적 시술·수술이 오늘날 장려되기도 하듯이, 의료적 목적의 경계를 넘어서 활용하게 될 이 모든 향상이 결국에는 인간 자신 및 인간의 삶을 질적으로 개선하게 될 것이며, 공정성은, 늘 그래 왔듯이, 제도적 보완이나 여타 사회적 수단을 통해 담보해 나가면 된다고 생각할 수도 있다.

대표적인 포스트휴머니스트 보스트롬의 경우, 향상은 "남성이든 여성이든, 흑인이든 백인이든, 육신이든 실리콘이든"(Bostrom, 2005a: 210) 모든 인간에게 그 기회가 열려 있으며, 따라서 기회의 균등이 보장된다고 주장한다. 아울러 "유전자 향상을 통해 우리는 [원하는] 모든 사람들을 동일한 수준에 이르게 하고, 향상공학의 보편적 적용을 통해 우리는 불평등의 심화를 막을 뿐만 아니라 내적 혜택과 외적 장점을 높일 수 있기에"(Bostrom, 2003a: 503) 결과의 평등 역시 보장된다고 주장한다. 이를 근거로 그는 향상이야말로 여하한 부작용 없이도 "인간의 불필요한 비참을 경감할 수 있는 대단한 잠재력의 수단"(Bostrom 2003a: 499)이라고까지 주장한다. 비록 저 매끄러운 수사(修辭) 속에 담긴 극단적 향상론이 기대하는 공정성의 실현이라는 것이 대단히 순진한 유토피아적 발상을 전제로 하고 있다 하더라도, 이러한 제안이 추구하려는 공정성 그 자체에 반대하기는 어렵다. 향상을 찬성하는 사람들에게 인류는 태생적으로 이른바 유전적 제비뽑기(genetic lottery)라는 더 근원적인 불공정의 기제 속에 놓여 있기에, 이로부터 인류를 벗어나도록 하는 향상이야말로 공정성의 담보를 위해 가장 추구할 만한 길이라는 것이다.

나. 자율권과 평등성의 훼손

샌델이 제기하는 향상의 두 번째 문제는 자율권과 평등성의 훼손이다. 이 문제제기는 애초 하버마스에 의해 이루어진 것인데, 샌델은 자신의 저서 *The Case against Perfection*(『완벽에 대한 반론』)에서 두 차례에 걸쳐 이를 언급한다.

"하버마스는 자녀를 선택하거나 자질을 강화하기 위한 유전학적 개입에 반대하는데, 그 이유는 그런 개입이 자유주의 원칙인 자율성과 평등성을 위반하기 때문이라고 말한다.[8] 자율성을 침해하는 이유는 유전적으로 프

8 이와 관련된 하버마스의 견해를 담고 있는 하버마스의 문장을 직접 인용하자면 다음과 같다: "우리가 [배아연구와 착상전 유전자 검사(PID)를] 두려워하는 이유는 그것들 덕분에 앞으로 세대 간의 관계를 규정할 두터운 행위의 동아줄이 새롭게 생겨날 것이기 때문인데, 그 동아줄은 일방적으로 수직적인 방향 속에서 동시대적 상호작용의 망을 휘감을 것이기 때문에 거기에 대해서는 아무에게도 책임을 물을 수 없게 될 것이다. 반면에 유전공학적 간섭을 포함하여 모든 [인간 자연에 대한] 간섭은 치료라는 목적을 따라야 하는데, 그 목적이 바로 모든 간섭에 대해 좁은 한계를 설정한다. 치료를 목적으로 하는 사람은 동의 여부를 표명할 수 있는 2인칭 인격체를 상대해야만 한다."(Habermas, 2001/장은주, 2002: 19) "만약 타인에 대해서 그의 유기적 소질에까지 깊이 영향을 미치는 돌이킬 수 없는 결정이 내려진다면, 그것은 자유롭고 평등한 인격체들 사이에 성립하는 원칙적으로 대칭적인 책임 묻기의 관계가 제한된다는 것을 의미한다. 우리는 우리의 사회화의 운명에 대해서는, 우리가 우리의 게놈을 출생 전에 조작하면서 가지게 될 그런 자유와는 근본적으로 다른 자유를 가지고 대한다. 자라나는 자식은 언젠가는 자신의 삶의 역사와 자신의 정체성에 대해 스스로

로그래밍된 사람을 "자기 자신의 삶의 온전한 주체자"로 볼 수 없기 때문이다. 또 평등성을 침해하는 것은 세대 간의 "자유롭고 평등한 인간들 사이의 본질적으로 균형적인 관계"를 파괴하기 때문이다. 이러한 불균형을 보여 주는 한 가지 척도는, 부모가 아이의 설계자가 되는 순간 불가피하게 그 부모는 아이 삶에 대해 상호성이 성립될 수 없는 책임을 지게 된다는 점이다."(Sandel, 2009/이수경, 2010: 105)

"자율권의 침해 … 부모가 아이의 유전적 구성을 미리 선택함으로써 이전에 살았던 누군가의 그림자와 같은 삶을 아이에게 부여하여, 스스로 미래를 열어갈 권리는 빼앗게 된다는 것이다. … 유전공학이 야기하는 문제는 '맞춤 아기'가 온전한 자유로움을 가질 수 없다는 점이다. 가령 음악적 재능이나 운동 능력을 높이는 것과 같이 선호할 만한 유전적 강화[향상]라 할지라도, 그것은 아이의 삶을 특정한 방향으로 미리 정해 버리는 것이기 때문에, 자율권을 손상시키고 스스로 인생을 선택할 권리를 침해하기 된다는 것이다."(Sandel, 2009/이수경, 2010: 21)

자율성과 평등성에 기초한 위와 같은 논리는 그 자체로 무척 아름답고 이상적이다. 인간은 자율적일 때 주체적이고, 자유로운 주체들이라야 평등할 수 있다. 이런 의미에서 자율성과 평등성의 보존은 비단 향상 반대의 이유일 뿐 아니라 교육이 오랫동안 추구해 온 교육적 인간상에 부합하기로 한다. 교육에 가치를 부여할수록 향상을 경계하는 이유도 여기에 있다. 향상은 교육이 이루어 내는 인간에 만족하지 않고, "과잉 양육"

책임질 줄 알게 된다. 다시 말해 그는 자신의 성장과정에 대해 반성적으로 관계하면서, 수정 가능한 자기이해를 형성시키고, 성찰을 통해 부모가 자기 자식들의 교육에 대해 지는 비대칭적 책임에 대해 성찰적으로 응답한다. 자신의 성장과정에 대한 자기비판적 전유라는 이러한 가능성은 유전적으로 조작된 소길에 대해서는 동일한 방식으로 주어져 있지 않다. 오히려 성장한 인격체는 다른 사람이 내린 수정 불가능한 결정에 맹목적으로 의존하게 될 것이며, 윤리적 자기반성이라는 성찰적 과정을 통해 평등한 인격체들 사이의 관계를 위해 필수적인 책임의 대칭관계를 만들어 낼 수 있는 기회도 갖지 못하게 될 것이다. 불평하는 자식에게는 기껏해야 체념 아니면 복수라는 선택지만 남아 있을 것이다."(Habermas, 2001/장은주, 2002: 44)

(Sandel, 2009/이수경, 2010: 75)을 훌쩍 넘어 "프로메테우스적 충동과 열망"(Sandel, 2009/이수경, 2010: 77, 118)의 실현을 위해 인간의 기계화라는 유혹을 기꺼이 내면화하고 실천하는 행위이기 때문이다. 그리고 이것은 샌델의 판단으로는 "우생학에 가까워지는 불안한 징조"(Sandel, 2009/이수경, 2010: 83)이기도 하다.

그러나 샌델 역시 위와 같은 자율성과 평등성의 훼손이라는 지적이 설득력이 부족하다는 점을 잘 알고 있다. 첫째, 그가 지적하는 위와 같은 자율성은 세대 간에서만 그 훼손이 인정되는 것일 뿐, 인간이 자기 자신을 위해 향상을 실행하려 한다면 그것은 자율성의 훼손이라 볼 수 없기 때문이다. 더욱이 모든 인간은 부모로부터 물려받은 유전적 요소로부터 전적으로 자유로울 수 없기에, 모든 인간은 자율성이 이미 훼손되어 있는 상태로 태어난다는 것이다. 이럴 경우 자신을 위한 향상이야말로 오히려 이른바 유전적 제비뽑기로 인해 이미 훼손되어 있는 자율성을 회복할 수 있는 계기라고 누군가 주장한다면, 이는 반박이 불가하다. 둘째, 세대 간에 있어서도 우리는 이미 양육과 교육의 이름으로 타자의 자유를 제한하거나 혹은 때로 강요에 가까운 사회적 제안들을 실현해 나가고 있다는 점이다. 샌델이 엘리트 스포츠와 영재음악 분야의 사례를 통해 지적하고 있는 재능의 발굴과 일정 정도의 강제를 동반한 훈련은 자율성의 훼손이라는 명분이 향상의 반대 논리로 사용되기 어려울 정도로 우리의 일상 속에서 이미 보편적으로 행해지고 있다는 점을 보여 준다. 즉 자율성의 존중이나 훼손 역시 가부(可否)의 문제가 아니라 정도(程度)의 문제이기에, 이것으로 향상을 반대하기엔 무리가 있다는 것이다.

샌델의 문제의식을 조금 더 확장하여 부연하자면, 실상 이것은 교육학이 오랫동안 고민해 온 난제이기도 하다. 교육학의 오래된 난제인 이른바 "강제를 통한 자유"라는 이름의 역설에서 우리는 교육이 선의의 취지에서나마 불가피하게 타자의 자율성을 제한하는 방식으로 기획되고 실행되어 왔다는 점을 인정하게 된다.(cf. Kant, 1998: 711; 우정길, 2007: 143)

있는 그대로의 타자의 타자성을 인정하는 것 그리고 타자를 바람직한 방향으로 변화시키려는 사회적 동기 사이에서, 즉 존재와 당위 사이에서 교육학은 윤리적 정당성과 교육의 당위성을 동시에 충족시켜야 하는 난제를 품은 채로 진행되어 왔다. 교육이 자율성 훼손 논란으로부터 자유롭지 않다면, 향상은 더더욱 조심하고 경계하여야 할 사안이라고 말할 수도 있을 것이다. 그러나 오히려 반대의 논리도 주장 가능할 것이다. 즉 인간의 자율성이 교육에서든 혹은 향상을 통해서든 추구되어야 할 고귀한 이상임은 분명하지만, 그것이 모종의 훼손 불가능의 실체도 아닐 뿐 아니라 실제로 그것이 훼손되지 않는 행위의 영역은 없기에, 이것이야말로 향상 반대의 논리로는 충분하지 않다는 것이다.

다. 인간 본성의 훼손

공정성의 훼손이나 자율성·평등성의 훼손은 향상 반대의 필요조건은 될 수 있으나 충분조건이 되기에는 부족함이 있다. 이제 샌델은 향상 반대를 위한 세 번째 이유를 제시한다. 그러나 주로 의문문의 형식으로 표현되는 이 반대 의사는, 앞서 언급된 두 가지 이유에 비해, 논리적인 것이라기보다 다소 정서적 차원의 것이다.

"[성별과 인종 등에 관련된 사회적 편견이 없다고 가정한다면, 개인의 자율성이 최대한 존중될 수 있다고 가정한다면 그리고 건강과 생명을 해치는 안전상의 문제가 없다고 가정한다면] 그렇다면 반대할 이유가 없어지는가? 반드시 그렇지만은 않다. … 유전적 강화와 복제, 유전공학 기술이 인간 존엄성에 위협을 가한다고 흔히들 말한다. 충분히 맞는 말이다. 그런데 문제는 그것들이 우리의 인간성을 '어떻게' 손상시키는가 하는 점이다. 그것들이 인간의 자유나 번영의 어떤 측면을 위협하는가?(Sandel, 2009/이수경, 2010: 38f) "유전자 기술의 도움으로 SUV를 단숨에 번쩍 들어 올리거나 200미터짜리 홈런을 날리거나 1마일을 3분에 돌파하는 선수를 상상하면 왠지 불편한 감정이 든다. 그런데 정확히 무엇 때문에 그런 감정이 드는 것일까? 마치 현실의 인간 같지 않은 모습이 기괴하게 느껴지기 때문인가, 아니면 그런 불안감이 모종의 윤리적 문제를 드러내기 때문인가?(Sandel, 2009/이수경, 2010: 25f)

마지막 질문, 즉 "인간 같지 않은 모습의 기괴성"과 "모종의 윤리적 문제"는 두 가지 질문들 속에 나뉘어 들어 있지만, 사실은 연결되는 하나의 질문이다. 즉 인간 본성의 훼손이 곧 비윤리적이지 않은가라는 견해의 표현이다. 앞서 열거한 바 있던 그 정체불명의 불편하고 꺼림칙한 감정들(Sandel, 2009/이수경, 2010: 18-23, 26-30, 36-38, 97)은 결국 향상을 통한 인간 본성의 훼손 가능성과 관련된 염려에서 기인한 것으로 볼 수 있다. 샌델이 자신의 저서에서 거명을 하고 있지는 않으나, 샌델과 하버마스와 함께 향상 반대 진영의 주도적 목소리로 거론되는 후쿠야마는 자신의 저서 *Our Posthuman Future*(『부자의 유전자, 가난한 자의 유전자』)의 제2부("인간존재의 의미") 전체를 인간의 본성에 관한 연구에 할애한 후, 인간의 본성을 "요소 X"로 명명한다. 그의 연구를 축약하자면, 비록 인간의 본성을 규정할 수는 없으나 여러 요소들로 복합적으로 이루어져 있는 인간의 본성을 보호할 필요가 있다는 것이다.[9]

물론 이런 반론도 가능하다. 규정이 가능하지 않다면 실체가 있다고

---

9 "우리에게 다른 생물체들보다 더 높은 존엄과 도덕적 지위를 부여해 주는 것이 우리가 단순한 부분들의 집합이 아니라 복잡한 전체라는 사실과 관련된다면, 요소 X란 무엇인가라는 질문에 간단히 대답할 수 없다는 것은 자명하다. 요소 X란 도덕적 선택이나 이성, 언어, 사회성, 감정, 의식, 또는 인간 존엄의 근거로서 주장되었던 어떤 특성들로 환원할 수 없다. 이러한 모든 특성은 인간이라는 전체 안에 함께 존재하면서 요소 X를 구성한다. 인간이라는 종을 구성하는 모든 개인은 하나의 온전한 인간을 이루면서 본질적으로 인간과 다른 동물을 구분하는 유전자 특성을 소유한다. … 인간의 존엄에 관한 논의를 이렇게 길게 다룬 이유도 다음의 질문에 대답을 하려는 의도에서였다. 앞으로 생명공학의 발전에서 우리가 보호해야 하는 것은 어떤 것인가? 대답은 이렇다. 우리는 자기 개조의 시도에 대해 진화과정을 거친 복잡한 인간의 특성 전체를 보호하기를 원한다. 우리는 인간 본성의 전체성과 연속성을 그리고 그를 기초로 하는 인권이 훼손되지 않기를 원한다."(Fukuyama, 2002/송정화, 2003: 261)

볼 수 없으며, 실체가 없는 것은 훼손도 불가능하다. 따라서 향상으로 인해 인간의 본성이 훼손될 것이라는 주장은, 적어도 논리적으로는, 가능하지 않게 된다. 그러나 과연 그러한가? 인간에게는 훼손당할 본성이나 존엄이 처음부터 없는 것인가? 논리적으로는 해소되기 어려운 이 질문 앞에서 샌델이 내어놓는 진단은 바로 "도덕적 현기증"이다.

> "오늘날은 과학의 발전 속도가 도덕적 이해의 발전 속도보다 더 빠르기에, 사람들은 이와 같은 윤리적 불안감의 이유를 제대로 설명하지 못하고 힘겨워 한다. 자유주의 사회에 사는 이들은 자율성과 공정함, 개인의 권리 같은 개념에 먼저 눈을 돌린다. 그러나 이런 개념들은 복제와 맞춤아기, 유전공학이 제기하는 어려운 문제들을 해결할 만한 수단을 제공해 주지 못한다. 그래서 게놈혁명이 일종의 도덕적 현기증을 초래한 것이다."(Sandel, 2009/이수경, 2010: 24)

"게놈혁명이 일종의 도덕적 현기증을 초래하였다."는 샌델의 진단은 향상 반대 명분으로서 인간본성의 훼손이 적절한가에 대한 논리적인 대답을 제공해 주지는 못한다. 그러나, 굳이 앞서 열거된 그 정서적 외침들을 재차 언급하지 않는다 하더라도, 그가 드는 모든 사례들의 행간에서 우리는 인간본성의 보존 또는 훼손과 관련된 그의 염려들을 읽을 수 있다. 그리고 이러한 염려들은 어쩌면 논리로는 해명하기 어려운, 여하한 논리 이전의 정서적 차원에서 그 실체가 확인되는 "현기증"과 같은 현상일 수도 있다.

2. 선물(giftedness)의 윤리 – 겸손, 책임, 연대

샌델이 제안하는 선물론 혹은 선물로 받음의 윤리는 전에 없던 새로운 내용을 담고 있거나 혹은 체계적인 논리로 이루어진 이론은 아니다. 이것은 어쩌면 범인(凡人)의 일상을 구성하는 익숙한 가치관의 일부라고 해도 좋을 정도의 내용이다. 샌델의 표현으로 몇 문장 소개하자면 다음과 같다.

"선물로 받음의 윤리는 스포츠 영역에서 위기에 봉착해 있지만, 자녀 양육이라는 영역에서도 대두된다. … 자녀를 선물로 인정하는 것은 그들을 설계 대상이나 부모 의지의 결과물 또는 부모의 야망을 이루는 습관으로 여기지 않고 자녀의 모습을 있는 그대로 받아들이는 것이다. 부모의 사랑은 자식이 가진 재능과 특성을 조건으로 하는 것이 아니다. 우리는 친구나 배우자를 선택할 때 그들이 지닌 매력적인 특성을 어느 정도 기준으로 삼는다. 하지만 자녀는 그렇지 않다. 자녀가 지니는 특징과 자질은 예측할 수 없고, 가장 양심적인 부모라도 자식의 모습을 전적으로 책임지고 만들려고 해서는 안 된다. 그렇기 때문에 다른 어떤 인간관계보다도 부모와 자녀의 관계는 신학자 William F. 메이가 말한 "선택하지 않은 것을 열린 마음으로 받아들이는 태도"를 우리에게 가르쳐 주는 것이다."(Sandel, 2009/이수경, 2010: 67f)

한국어 번역본에서 "맞춤 아기를 설계하는 부모"로 번역된 제3장의 원문은 "Designer Children, Designing Parents"이다. 샌델의 선물론이 지적하는 포스트휴머니즘의 가장 대표적인 태도는 "인간을 설계"하려는 자세 속에 내포된 모종의 욕망이다. 이것은 자신의 장래를 '설계'한다거나 인생을 '설계'한다는 것과는 다른 차원의 설계이다. 유전공학적 개입을 통해 장래에 태어날 아이의 구체적인 모습과 재능을 선택하고 설계하는 것은 기존의 방식, 즉 자연적으로 우리에게 주어질 한 인간에게 이미 살고 있는 누군가의 욕망을 구체적으로 투사하는 것을 의미한다. 샌델이 문제 삼는 것은, 이렇게 투사되는 그 욕망 속에는 인간이라는 자연에 대한 "통제와 지배와 정복의 충동"(Sandel, 2009/이수경, 2010: 69)이 내포되어 있다는 사실이다. 달리 표현하자면. 이 욕망은 "생명 탄생의 신비로움을 마음대로 통제하려는 욕구임과 동시에 자녀를 [그리고, 있는 그대로의 한 인간을 받아들이지 않고] 설계하려는 부모의 오만함"(Sandel, 2009/이수경, 2010: 68)이기도 하다. 이러한 "과도하게 통제하고 지배하려는 심리"(Sandel, 2009/이수경, 2010: 83)는 인간의 "시작점에 해당하는 탄생"(Sandel,

2009/이수경, 2010: 106)을 통제하려는 시도이기에, 실로 "우생학에 가까워지는 불안한 징조"(Sandel, 2009/이수경, 2010: 83)라고 샌델은 지적한다.

여기서 우리는 샌델이 아렌트(H. Arendt)의 탄생성 개념을 하버마스로부터 간접 인용하면서 동시에 우생학을 거론하는 이유를 반추해 볼 필요가 있다. 그것이 19-20세기 전후의 우생학이든 혹은 1980년대 이후 등장한 이른바 자유주의 우생학이든, 우생학의 가장 큰 문제는 그것이 인간의 탄생에 개입한다는 사실이다. 모든 생명체가 그렇겠거니와, 탄생과 죽음은 생명을 생명이게 하고, 그 고유의 가치와 존엄을 갖게 하는 근본 조건들이다. 그러나 죽음에 비해 탄생은 그 내포하는 사회적 의미가 더욱 선명하다.

아렌트가 제안한 탄생성은, 우정길(2013: 53-58)의 해석에 따르면, "다원성, 우연성, 관계성"이라는 의미를 갖는다. 첫째, 탄생성은 서로 다른 개인들이 다르게 태어나서 다르게 말하고 다르게 행위함으로써, 역동적으로 새로고침되는 다원성의 세계가 매순간 인류에게 펼쳐지고 있다는 사실을 의미한다. 있는 그대로의 혹은 자연 그대로의 탄생이 곧 다원적 세계의 담보이다. 둘째, "탄생 덕분에 각각의 사람이 할 수 있는 새로운 시작을 세계의 무대에 가져오는 행위가 없다면, '태양 아래 새로운 어떤 것도 존재하지 않기에'"(Arendt, 1958/이진우·태정호, 2001: 267), 탄생을 통해 예측도 통제도 가능하지 않은 새로움들이 인류 앞에 열리게 된다. 셋째, 본질적으로 관계적 사건인 탄생은 "타인의 지속적 현존과 고립되지 않은 개인"(Arendt, 1958/이진우·태정호, 2001: 74, 249)을 조건으로 한다. 있는 그대로의 탄생은 아렌트가 "인간관계망"이라 명명한 세계가 그리고 그 속의 인간들이 건강하고 새로운 방식으로 유지되는 최적의 조건을 제공한다. 이 세 가지 탄생성의 특징들(다원성, 우연성, 관계성)을 갖는 인류사회의 생명성은 개입과 조작이 가능하지 않을 뿐 아니라 그런 시도조차도 허용되어서는 안 되는 자연의 일부이다. 그러나 우생학은, 그것이 실험실의 문밖으로 나오는 순간, 인간의 탄생에 개입하려는 충동과 욕망을 억제하지 못하고, 종국에는 인간 실존의 조건이자 인류 사회의 고유하고 본질적인 조건인 "다원성, 우연성, 관계성"에 파괴적으로 개입하려 들기에, 경계의 대상이 되어야 한다.

그렇다면 정복과 통제와 계획성과 과도한 책임성의 윤리의 대척점에 서 있는 선물의 윤리는 어떤 덕목들로 이루어지는가? 이에 대해 샌델은 "겸손과 책임과 연대"라고 대답한다.

> "정복과 통제를 높이 평가하는 사회적 세계에서 부모가 된다는 것은 겸손을 배울 수 있는 학교를 만나는 것이다. … 우리가 자녀에게 깊은 관심을 가지고 있지만, 원하는 대로 자녀를 고를 수는 없다는 사실은 예상치 못한 것을 열린 마음으로 받아들여야 한다는 점을 부모에게 가르쳐준다. … 그런 태도는 예상치 못한 것을 감내하고, 불협화음을 수용하고, 통제하려는 충동을 자제하게 만든다."(Sandel, 2009/이수경, 2010: 111f)

주어진 생명을 선물로 여기려는 겸손의 자세는 그러나 책임의 회피와는 구분되어야 한다. 이것은 인간에게 혹은 우리에게 주어진 나와 타인의 생명을 최대한 열린 자세로 받아들이고 소중하게 지키려는 노력을 의미하는 것이지, 부족과 손상과 병약을 방치하라는 것이 아니다. 겸손의 이면은 바로 책임성이다. 그러나 동시에 샌델은 이러한 책임성이 과도하게 설정되는 것을 경계한다. 유전적 개입을 통한 출생 전 태아 선별 그리고 맞춤형 아기를 포함한 각종 인간 설계의 선택지가 과도하게 확대되고, 자유주의 우생학이 홍보하는 바와 같이(Agar, 1988) 개인에게 그 선택의 부담이 지워지게 될 경우, 개인은 자신과 다음 세대의 운명을 미리 결정하는 선택에 대한 점증하는 책임을 고스란히 지게 될 것이다. 분초를 다투는 스포츠의 영역에서는 성취의 탁월성을 결정짓는 특정 시술·수술을 하지 않은 혹은 특정 약물을 복용하지 않은 혹은 모두가 갖춘 특수 장비를 몸속에 장착하지 못한 당사자에게 그 책임이 있다고 탓하게 될 수도 있을 것이다. 교육의 영역에서는 각종 인지능력의 향상을 위한 약물의 복용이나 특수 장치의 신체 내 장착을 감행하지 않은 개인 혹은 그보다 훨씬 이전에 유전공학적 설계를 감행하지 않은 채 세상에 태어나도록 '방치'한 부모에게 그 책임을 묻게 되는 상황이 발생할 수도 있을 것이다. 이른바 자유주의 우생학의 위험성은 이 모든 선택의 권리를 적어도 표면적으로는 개인에게 부여하기에, 이것이야말로 자유의 확대이다라는 홍보를 진행하면서, 그 이면에 발생하는 과도한 개인적 책무성의 덫에 대해서는 대체로 함구한다는 데 있다. 샌델의 표현처럼, "프로메테우스적 충동에는 전염성이 있고"(Sandel, 2009/이수경, 2010: 115), 이것은 경쟁이 일상화된 현대 사회의 제 영역들에서 일종의 전염병으로 확산하게 될 것임이 명약관화하다.

그리고 이것은, 샌델에 따르면, 사회적 연대감의 약화로 귀결될 것이다. 이른바 유전적 제비뽑기의 우연성은 때로 인간적 비참의 원인의 일부라고 지목되기는 하여도, 이것이 각 개인의 선택의 결과나 성취물은 아니기에, 인간적 연대감을 해칠 만한 요인은 되지 못한다. 상당 부분 개인의 노력으로 극복하고, 교육을 통해 교정·보완하며, 정치를 통해 균형을 맞추는 방식의 사회적 연대감은 아직까지는 인간의 사회를 지속 가능하게 하는 중요한 기제들이다.

> "우리가 가진 유전적 재능이 우리의 권리를 주장할 수 있는 성취물이 아니라 주어진 선물이라면, 그 재능으로 시장에서 거둬들인 수확물을 전부 소유할 권리가 우리에게 있다고 가정하는 것은 착각이요, 자만일 것이다. 따라서 우리에게는 자신의 잘못이 아님에도 상대적으로 주어진 재능을 덜 갖고 태어난 사람들과 그 수확물을 공유해야 할 의무가 있다. 이 지점에서 선물로 주어진 삶과 연대성 사이의 연결고리가 생긴다."(Sandel, 2009/이수경, 2010: 117f)

겸손과 책임 그리고 연대라는 덕목은 사실상 하나의 가치로 수렴된다. 인간이 여전히 자연의 일부라는 사실을 인정하는 일, 더 나음을 지향은 하되 완벽에 대한 프로메테우스적 욕구와 충동을 조절하는 일, 자연적 삶에 내재된 각종 우연성을 기꺼이 선물로 받아들이고 이 우연성에 성실히 응답할 책임, 자연적 삶의 우연성에 내포된 불완전성을 토대로 인간적 연대를 사회적 차원에서 공유하고 확대하는 일 등은 샌델의 선물론이 표방하는 인간과 사회의 건전한 도덕적 지평이다.

3. 반론과 관련하여

샌델의 선물론이 향상에 반대하는 논리로 내세우는 내용의 핵심은 바로 완전해지고자 하는 인간 욕망의 비인간적·비윤리적 귀결 가능성이다. 달리 표현하자면, 완벽하게 설계하고 완전히 지배하기를 바라는 욕망이 인간 자신에게까지 적용될 경우, 이것이 단순히 개인적 차원의 덕인가 부덕인가 여부를 넘어, 이것이 결국에는 "마음의 습관과 존재 방식"(Sandel, 2009/이수경, 2010: 123)을 결정하게 될 것이라는 점이다. 이때 "마음의 습관"이란 곧 "겸손과 책임 그리고 연대"이다. 조물주로부터 혹은 자연으로부터 주어진 생명과 삶을 겸허하게 받아들이는 감사와 책임의 자세 그리고 이를 바탕으로 한 인간적 연대를 통해 "요청하지 않은 것에 대한 개방성"(openness to the unbidden)을 지닌 존재로서 삶을 영위할 수 있게 될 것이며, 이것은 설계와 지배와 정복의 욕망보다 더 의미 있는 가치라는 것이다.

유전공학·생명공학의 시대에 샌델의 선물론이 시사하는 윤리적 울림과는 무관하게, 향상에 반대하는 샌델의 논거들은, 앞서 향상 반대의 논거들(공정성 훼손, 자율성 훼손, 인간 본성의 훼손)을 열거하며 각각에 대하여 간략히 언급한 바 있듯이, 반박의 여지가 많다. 실제로 그의 선물론은 향상 반대의 촘촘한 논리 체계라기보다는 인간 사회의 전통적 가치의 옹호이자 정서적 차원의 호소라고도 볼 수도 있다. 샌델 스스로도 자신의 선물론에 대해 "지나치게 종교적이라는 비판 및 결과주의 관점에서 설득력이 떨어진다는 비판이 제기될 수 있다."(Sandel, 2009/이수경, 2010: 119)고 말할 정도이다. 물론 전자(종교적이라는 비판)에 대해서 샌델은 굳이 부정하지 않는다. 선물론 논의를 시작하기에 앞서 그는 문제의 성격을 이미 아래와 같이 규정하였다.

> "유전적 강화[향상]의 윤리라는 문제와 씨름하려면, 현대사회에서 거의 간과되고 있는 문제들을 마주할 필요가 있다. 바로 자연의 도덕적 지위에 관한 문제, 주어진 이 세계에서 인류가 취해야 할 적절한 태도에 관한 문제가 그것이다. 이런 문제는 거의 신학의 영역에 가깝기 때문에 현대의 철학자들과 정치학자들은 기피하려는 경향이 있다. 그러나 생명공학의 새로운 힘을 갖게 된 우리는 이제 더 이상 그런 문제를 외면할 수가 없다."(Sandel, 2009/이수경, 2010: 24)

즉, 우리가 직면한 사안 자체가 세속과 종교의 접점에 위치하기에, 선물론의 전제가 종교적 성격을 띠는 것은 불가피하다는 것이다. 그러나 이와 동시에, 생명(삶)을 주어진 선물로 인식하는 관점은 굳이 종교적 관점에서가 아니라 하더라도 이해와 수용과 실천이 가능한 것이라고도 그는 말한다. 누군가가 모종의 "재능을 지닌 것에 대해 감사하는 대상이 자연이든 행운이든 또는 신이든", 중요한 것은, "그 재능은 그의 통제권을 벗어나 주어진 것"(Sandel, 2009/이수경, 2010: 120)이라는 사실을 인정한다는 의미에서이다.

후자의 비판, 즉 선물론은 결과주의 관점에서 설득력이 떨어진다는 비판은 논의의 여지가 있을 것으로 보인다. 샌델이 직접 정리하고 있는 논점은 다음과 같다. 즉, 유전적 향상으로 얻어지는 이로움은 그것이 사회제도와 도덕적 정서에 미치는 악영향보다 클 수도 있고, 정복 욕구가 성취할 수 있는 선(善)은 그것이 야기할 부정적 결과보다 더 클 수도 있다. 이에 대한 샌델의 대답은 앞서 선물론에서 보았던 바와 크게 다르지 않다.

> "나는 강화[향상]에 대한 반대론의 근거를 결과주의 관점에 둘 의도가 없다. 적어도 통상적인 의미의 결과주의에는 기초하지 않고 있다. 나는 단

지 유전공학으로 인해 치러야 할 사회적 비용이 그 이로움보다 더 크기 때문에 유전공학에 반대하는 것이 아니다. 또 자녀나 자기 자신을 유전적으로 개선하는 사람들이 반드시 정복 욕구에 의해 움직인다고 주장하는 것도 아니다. 그런 동기가 죄악이고 그런 죄악을 상쇄할 만한 더 좋은 결과는 없다고 말하려는 것도 아니다. 내가 말하고 싶은 것은, 강화[향상]를 둘러싼 논란에 내재한 도덕적 의미는 자율성이나 권리 같은 익숙한 개념만으로, 또 비용과 이익의 계산만으로 충분히 설명할 수 없다는 것이다. 강화[향상]에 대한 나의 우려는 그것이 개인적 악덕이냐 아니냐의 문제가 아니라, 마음의 습관과 존재 방식에 결부되는 문제라는 데 있다."(Sandel, 2009/이수경, 2010: 122f)

이른바 포스트휴먼으로 칭할 정도로 향상된 인간-이후의 존재는 아직은 가상의 미래의 것이기에, 결과주의적 관점의 비판에 대한 확정적 대답이나 반론은 사실상 가능하지 않다. 더더욱 행위의 동기를 선과 악 사이에서 판단하는 것은, 비단 유전적 향상의 경우가 아니더라도, 학술적 논증의 대상이 되기 어렵다. 샌델의 위와 같은 대답은 반론도 주장도 아니다. 그의 입장은 "우려"이다. 앞서 샌델의 선물론을 정서적 차원의 호소라고 규정한 것도 그의 이러한 반응에 기인한다. 그러나 향상 찬성론자 일부에게 샌델의 이러한 "우려"는 심지어 고약한 냉소의 대상이 되기도 한다.[10] 이 "우려"에 대한 그나마 진지한 어조의 비평을 우리는 신상규의 논의에서 발견할 수 있는데, 아래와 같다.

---

10 사불레스쿠와 보스트롬은 샌델의 선물론에 대해 냉소를 담은 촌평을 가한다. 이들은 선물론의 덕목들을 압축적으로 함의하고 있는 "요청하지 않은 것에 대한 개방성"(openness to the unbidden)이라는 문구를 이용하여 다음과 같이 말한다. "미국 식품의약국(FDA)으로부터 향상 제품(enhancement products)의 판매 허가를 얻기 위한 제안을 한 가지 하자면, 일례로, 기억력-향상 약품의 약병에 이런 처방이 적혀 있도록 하면 어떨까: 변비와 구강 건조증, 피부 두드러기 및 요청하지 않은 것에 대한 개방성의 상실이 유발될 수 있음. 이런 증상들이 48시간 이상 지속될 경우, 의사 그리고/또는 당신의 영적·정신적(spiritual) 상담사에게 자문을 구하시오."(Savulescu & Bostrom, 2009: 6)

"문제는 이러한 방식으로 독해할 경우에, 샌델의 논증은 기술을 통한 향상에 반대하는 논증이 아니라, 오늘날 우리가 살아가는 자유주의적 자본주의의 삶의 양식이라는 윤리적 환경에 내포되어 있는 기본적인 삶의 태도에 대한 비판으로 그 성격이 바꾸어 버린다는 것이다. 이때 그의 선물논증은 인간향상의 추구에 내포된 성품이나 삶의 태도에 대해 진지한 숙고적 반성이 필요하다는 상식적인 우려를 표현하는 것 이상의 주장으로 이해될 수 없다. 이 경우 그것의 실천적 함의는 무분별하게 제한 없이 향상을 추구하지 말라는 경고이며, 결코 인간향상 일반에 반대하는 어떤 결정적 이유를 제시하는 논증으로 평가될 수는 없다."(신상규, 2013: 189)

반론에 대한 샌델의 대답이 향상 일반을 향한 진지한 숙고적 반성을 위한 상식적 우려일 뿐, 향상 반대를 위한 반듯한 논리를 담고 있다고 보기는 어렵다는 신상규의 평가는 타당하다. 그리고 샌델 역시 그러한 논쟁에 본격적으로 가담할 의도는 없어 보인다. 공공성과 자율성의 훼손 여부나 혹은 비용과 수익이라는 경제성의 판단보다도 그가 더욱 강조하려는 것은 "마음의 습관과 존재의 방식(the way of being)에 대한 우려"이다.

III. 존재의 방식 그리고 교육

향상 찬반의 논리를 찾으려는 논쟁자의 관점으로부터 한 걸음 물러서 보면, "우려"보다 더욱 주목해야 할 필요가 있는 문구가 눈에 띄는데, 곧 "마음의 습관과 존재의 방식"이 그것이다. 샌델의 관점에서 향상이 궁극적으로 가리키는 것은 유전공학·생명공학의 특별한 기술이 아니라 "마음의 습관과 존재의 방식"이다. 전자(기술)에 주목하게 될 경우 '향상을 시도하면 안 되는 이유는 무엇인가?'라는 질문을 제기하게 되고, 이것은 '특별한 반대의 사유가 없다면, 향상을 시도해 볼 필요가 있다.'는 방향으로 이어질 확률이 높다. 향상에 찬성할 특별한 이유를 발견할 수 없다 하더라도 향상에 반대할 결정적인 사유가 없다면 그렇게 진행되는 것이 진보하는 과학기술의 속성이자 진행방향이기 때문이다. 자연과학은 사후적으로 치러질 대가를 고려하거나 우려하지 않는다. 다만 관찰과 실험을 통해 새로움을 발견하고, 이를 세계에 성실히 소개할 뿐이다. 그러나 후자, 즉 "마음의 습관과 존재 방식"에 주목한다면, 우리의 질문은 달라져야 한다. 샌델은 이렇게 질문한다. "우리가 그 기술을 과연 열망해야 하는가?"(Sandel, 2009/이수경, 2010: 31) 이 질문이 중요한 이유는 이것이 "마음의 습관"을 길들여서 향상을 정도(程度)의 문제로 상대화하기 때문이다.

"다른 모든 구분이 그렇듯이, 치료와 강화[향상]를 구분하는 경계는 흐릿하다. 예컨대 치아교정술 또는 키 작은 아이를 위한 성장호르몬 주입을 생각해 보라."(Sandel, 2009/이수경, 2010: 71) "호르몬 치료를 호르몬 결핍증 아이들에게만 사용하도록 제한할 필요가 없다면, 어째서 그것을 키가 심하게 작은 아이들에게만 허용해야 하는가? 왜 평균보다 작은 아이들 모두가 호르몬 치료를 받아서는 안 되는가? 또 평균키지만 농구팀에 들어가기 위해 키를 더 키우고 싶은 아이들에게는 왜 허용되지 않는가?"(Sandel, 2009/이수경, 2010: 32) "초기 육상선수들은 맨발로 뛰었지만, 언젠가부터 운동화를 신고 뛰기 시작하였다."(Sandel, 2009/이수경, 2010: 48) "시력이 좋지 않았던 타이거우즈는 시력 개선을 위해 라식 수술을 받은 후 연승하였다. … 만일 우즈가 정상적인 시력에 도달하였는데도, 시력을 더 향상시키기 원했다면 어떤가? 이 수술은 부당한 강화[향상]인가?"(Sandel, 2009/이수경, 2010: 49) "무대공포증이 있는 음악연주자들 … 베타 차단제 사용에 찬성하는 이들은, 약물은 단지 불편한 장애물을 제거하여 연주자가 진정한 음악적 재능을 발휘할 수 있게 해 준다고 주장한다."(Sandel, 2009/이수경, 2010: 58) "과잉 양육 트렌드 … 리처드 윌리엄스(R. Williams)는 딸인 비너스(Venus)와 세레나(Serena)가 태어나기도 전부터 그들을 테니스 선수로 키우겠다고 마음먹었다고 한다. 타이거 우즈의 아버지 얼 우즈(E. Woods)는 타이거가 아직 아기 놀이텐트 안에서 놀던 시절에 골프체를 쥐어주었다. … 리처드 윌리엄스는 … 이렇게 말했다. "부모가 그 길로 이끄는 거죠. 사실 불편한 마음이 없진 않습니다. 하지만 장담하건대 부모가 계획을 세우지 않으면 이런 성공은 힘듭니다."(Sandel, 2009/이수경, 2010: 74) "강화[향상] 찬성론자들은 아이의 지적 능력을 교육을 통해 향상시키는 것과 유전학적 개입을 통해 향상시키는 것 사이에 도덕적 차이가 없다고 본다."(Sandel, 2009/이수경, 2010: 102) "부모는 자녀에게 "최고의 삶을 살 기회"를 주기 위해서 기술을 활용하여 자녀의 "기억력, 기질, 인내력, 공감능력, 유머감각, 낙관적 태도"를 비롯한 기타 여러 가지 특성을 조작해야 한다."(Savulescu: Sandel, 2009/이수경, 2010: 70재인용)

위 사례들은 향상에 관련된 교육학 논의를 복잡하고 난해하게 만드는 지점이기도 하다. 즉 향상은 가부(可否)의 문제가 아니라 정도(程度)의 문제라는 것이다. 시력의 보정이 필요한 사람들이 언제부터인가 안경을 쓰기 시작하였고, 각종 시술·수술로 그 안경 마저도 필요 없는 시대가 지금 열리고 있는데, 여기서 한 걸음 더 나아간다고 해서 무엇이 문제인가? 중요한 시험을 앞두고 건강을 해치지 않는 범위 내에서 각종 약물을 복용해서 학업성취가 나아지고, 이로써 개인과 사회가 더 높은 성취 수준에 이르게 된다는데, 무엇이 문제인가? 여기서 한 걸음 더 나아가 기억력·연산력·언어습득력을 비롯한 인간의 능력을 월등히 업그레이드시켜 줄 각종 미래적 향상장치들을 신체 속에 지닐 수 있게 된다는데, 무엇이 문제인가? 사회적으로는 "유전적 제비뽑기 때문에 지적 수준이 낮은 하위 10퍼센트 사람들을 위해 그 유전적 원인을 출생 이전에 제거해서 인류 평등에 기여할 수 있다면, 무엇이 문제인가?"(J. Watson: Sandel, 2009/이수경, 2010: 95재인용)

이 모든 질문들은 샌델이 "도덕적 현기증"이라고 불렀던 그것의 현상들이고, "마음의 습관"으로 통칭한 그것의 사례들이다. 도덕적 현기증이 마음의 일상적 습관이 되면, 이것은 결국 인간의 존재와 본성 자체의 변화를 야기한다. 도덕적 현기증에서 마음의 습관의 형성으로 그리고 나아가 인간 존재 방식의 변화로 이어지는 이 순환 기제가 작동되려는 지점에서, 교육과 관련하여 샌델이 던지는 질문은 바로 이것이다.

"우리가 그 기술을 과연 열망해야 하는가?"(Sandel, 2009/이수경, 2010: 30) "세계를 [그리고 자녀를] 특정한 방향으로 변화시키고 완벽하게 틀에 맞춰 만들어내고 싶은가?"(Sandel, 2009/이수경, 2010: 72, 88) "우리의 자녀가 이미 충분히 건강한데도 그 자녀의 키를 몇 센티 더 늘리기 위해 거금을 써야 한다고 느끼는 사회에서 살고 싶은가?"(Sandel, 2009/이수경, 2010: 33)

추가적으로 묻자면, 설계와 계획과 통제와 지배의 욕망이 자녀의 존재와 본성에 부분적으로나마 영향을 미친다 하더라도, 과연 우리는 향상을 원하는가? 이것이야말로 "개방적 인간중심주의"(Snaza, et. al, 2014)가 아니라 오히려 "우연성 제거 프로젝트"라 칭할만한 "폐쇄적 인간설계주의"가 아닌가? 이런 의미에서 융커-케니는, 향상에는 타자의 타자성에 대한 이해와 존중이 결여되어 있으며, 이것은 교육이라기보다 부모와 성인들의 욕망 충족을 위한 자기표현이라고 비판한다.(Junker-Kenny, 2005: 12) 교육학의 관점에서 아래와 같은 샌델의 제안은 진지한 경청의 가치가 있다.

"우리의 본성에 맞게 세상을 변화시키는 대신 세상에 맞추기 위해 우리의 본성을 바꾸는 것이야말로 사실 우리의 힘과 자율권을 잃어버리는 행동이다. 그렇게 되면 우리는 세상에 대해 비판적으로 숙고하기 힘들어지며, 정치적·사회적 개선을 향한 충동도 무뎌진다. 우리는 새로운 유전학적 힘을 이용해 "인간성이라는 뒤틀린 목재"를 똑바로 펴려고 하기보다는, 불완전한 인간 존재가 지닌 재능과 한계를 관대하게 받아들이는 사회적·정치적 제도를 만들기 위해 노력해야 한다."(Sandel, 2009/이수경, 2010: 124)

IV. 논리 너머의 인간교육

　인간과 포스트휴먼, 휴머니즘과 포스트휴머니즘, 교육과 향상 사이의
긴장은 지난 세기 말에 시작되어 현재 진행 중이며, 미래로 갈수록 더욱
가속화할 것이다. 그러나 그 사이를 가로지르는 경계적 사유는 체계적 논
리로는 해명되기 어려운 경우가 많다. 인간의 전모와 휴머니즘의 본질이
단단한 논리의 언어로 설명해 내기가 난해하기도 하거니와, 포스트휴먼과
포스트휴머니즘 역시 아직은 상당 부분 가상과 가정에 근거하기 때문이
다. 샌델의 논의에서 등장하는 그 숱한 "가정적 질문들"11은 미래학의 중
요한 계기일 수는 있다. 그러나 교육학은 미래학이 아니라 현재학이다.
비록 교육학이 구체적 개인들이 미래를 향해 열어가는 매순간을 동행하
는 데 필요한 제반 이론을 구성하여 제공하는 학문이기는 하여도, 그 토
대는 현재의 경험이고 그 대상은 지금 여기의 구체적 인간이다. 샌델의
선물론을 향해 비판적으로 제기된 비논리성의 문제는 이런 맥락에서 양
해할 만하다. 오히려 그는 논리라는 학술적 장막 이면에 상존해 온 인간
과 휴머니즘의 도덕적 지평이 어떠한 모습이었는가를 상기시킴으로써, 휴
머니즘과 교육이 마주한 가상적 도전들에 어떤 관점에서 대응하여야 할

---

11 "그러나 만일 복제 기술이 발전하여 그런 위험도[심각한 기형이나 선천적 결함을
　지닌 2세를 만들어 낼 가능성]가 자연임신의 경우와 별반 다르지 않게 된다고 가정
　해 보자. 그래도 인간 복제에 반대해야 하는가? 부모 중 한쪽과 유전적 쌍둥이인 자
　녀나 비극적으로 사망한 형제와 유전적 쌍둥이인 자녀를 만드는 일이 왜 잘못됐는
　가? 또는 뛰어난 과학자나 스포츠 선수, 유명인사와 유전학적으로 똑같은 인간을 만
　드는 것이 왜 잘못됐는가?"(Sandel, 2009/ 이수경, 2010: 21) "안전성이나 배아 폐
　기, 성차별 같은 익숙한 논쟁들은 일단 제쳐 놓자. 남아선호 사상이 존재하지 않고
　균형 잡힌 성비가 이뤄진 사회에서 정자 선별 기술이 활용된다고 상상해 보라. 그
　런 사회에서는 성별 선택에 찬성하는 것이 옳을까? 만일 성별뿐만 아니라 키나 눈
　동자 색깔, 피부색도 선택할 수 있게 된다면? 성적 성향이나 IQ, 음악적 재능, 운동
　능력을 선택할 수 있다면? 또는 근육이나 기억력, 신장을 강화하는 기술의 완성도가
　높아져 안전에 전혀 문제가 없고 모든 이들이 그 기술을 활용할 수 있게 된다고 가
　정해 보라. 그러면 반대할 이유가 없어지는가?"(Sandel, 2009/ 이수경, 2010: 38)

지에 대한 의미 있는 관점을 제공해 주고 있다.

글을 맺으며 한 가지 부연하고자 하는 주제는 우생학이다. 본고에서는 의도적으로 언급을 절제하였던 우생학은 포스트휴머니즘 담론이 시작을 고하던 1980년대에 자유주의 우생학의 이름으로 부활한 이래(Agar, 1988), 이제 포스트휴머니즘 담론을 구성하는 중요한 이론적 배경으로 자리를 잡아가고 있다. 우생학의 국가주도적 폭력성이 제2차 세계대전의 종전과 함께 자취를 감추었다면, 이제 국가중립성과 개인의 자유로운 선택이라는 명분하에 재탄생한 자유주의 우생학은 포스트휴머니즘과 인간향상론이라는 보다 현대적인 이름으로 다시금 우량의 인종주의와 우위의 정치학을 부추기고 있다. 인간을 우량과 우위의 색안경으로 구분하고 위계화하는 순간 인간은 경쟁과 위계화를 위한 도구로 전락하고 만다. 특별히 과학기술의 급진적 발달이 선사하는 "도덕적 현기증"이 더할수록 인간의 도구화라는 자기소외는 심화될 것이다. 우정길의 제안과 같이(2019a: 45), 이러한 도덕적 현기증이 심화될수록 인간과 교육을 도구로 이해하려는 관점으로부터 한 걸음 물러나서 인간과 교육 그 자체의 의미에 대해 성찰하는 자세가 필요하다. 그래야 인간이 자기 스스로를 사물화하고 기계화하는 자기소외적 환원주의의 과정이 자각될 수 있기 때문이다. 아울러 이러한 현상을 심화시키는 중요한 원인 중 하나가 "더욱 완벽해지고자 하는 인간 자신의 무절제한 욕망"(Sandel, 2013)이라는 사실도 인식될 수 있을 것이기 때문이다. 역설적이게도 바로 그 바탕 위에서야 비로소 과학기술의 유익과 쓰임새에 대한 보다 인간적인 관점의 공유가 그리고 이를 바탕으로 더욱 인간적인 교육의 기획이 가능해질 것이다.

참고문헌

강승지 외(2018). 포스트휴먼 연구동향 분석을 통한 교육적 함의 탐색.『어린이 문학교육연구』19(3), 399-421.

신상규 (2013). 트랜스휴머니즘, 세상에서 가장 위험한 생각?. 이화인문과학원 편. 『인간과 포스트휴머니즘』(pp. 170-200). 서울: 이화여자대학교출판부.

신상규 (2014).『호모사피엔스의 미래. 포스트휴먼과 트랜스휴머니즘』. 서울: 아카넷.

우정길 (2007). 부자유를 통한 자유와 교육행위의 지향성. 탈주체성 또는 상호주관성의 교육이론을 위한 일 고찰.『교육철학』38, 139-164.

우정길 (2013). 한나 아렌트(Hannah Arendt)의 탄생성의 교육학적 의미.『교육의 이론과 실천』18(3), 47-71.

우정길 (2018d). 포스트휴머니즘 인간관에 대한 비판적 성찰: 기능과 욕망의 관점에서.『교육철학연구』40(2), 75-99.

우정길 (2018e). 휴머니즘과 교육에 관한 소고(小考): 슬로터다이크의 인간 농장을 위한 규칙 (1999)을 중심으로.『교육문제연구』31(4), 81-104.

우정길 (2018f). 휴머니즘과 포스트휴머니즘 사이의 교육: 슬로터다이크(P. Sloterdijk)의 휴머니즘 비판을 중심으로.『교육철학연구』40(4), 93-119.

우정길 (2018g). 보스트롬(N. Bostrom)의 인간향상론에 대한 비판적 고찰.『교육문화연구』24(6), 5-23.

우정길 (2019a). 교육(education)과 향상(enhancement)의 차이에 관하여.『교육문화연구』25(3), 29-48.

추병완 (2013). 신경과학 시대에서 도덕교육의 새 패러다임.『윤리연구』93, 231-264.

추병완 (2014a). 약리학적 신경 향상 시대에서 도덕교육의 정당성.『도덕윤리교육』43, 47-71.

추병완 (2014b). 뉴로마케팅(Neuromarketing)의 윤리적 문제.『윤리연구』97, 195-220.

추병완 (2015a). 초인본주의의 도덕적 향상에 관한 신경윤리학적 성찰과 도덕교육적 함의. 『윤리연구』 100, 33-62.

추병완 (2015b). 인간향상논쟁에서 생명보수주의에 대한 비판적 평가. 『윤리교육연구』 36, 171-194.

추병완 (2015c). 인간 향상의 도덕교육적 함의. 『도덕윤리과교육』 47, 55-82.

추병완 (2015d). 도덕성 알약 프로젝트에 대한 비판적 평가. 『초등도덕교육』 48, 23-45.

추병완 (2016). 도덕적 향상에 관한 신경윤리학적 성찰. 『윤리연구』 106, 63-87.

추병완 (2017). 도덕적 인공지능에 관한 비판적 고찰. 『윤리교육연구』 44, 1-24.

추병완 (2018). 약리학적 인지 향상의 찬반양론. 『도덕윤리과교육』 59, 105-127.

Agar, N. (1988). Liberal Eugenics. *Public Affairs Quarterly* 12(2), 137-155.

Arendt, H. (1958). *The Human Condition.* Chicago; Univ. of Chicago Press. 이진우·태정호 옮김 (2001). 『인간의 조건』. 서울: 한길사.

Bostrom, N. (2003a). Human Genetic Enhancements: A Transhumanist Perspective. *The Journal of Value Inquiry* 37, 493-506.

Bostrom, N. (2005a). In defense of Posthuman Dignity. (www.nickbostrom.com 2019.07.31.)

Bostrom, N. (2005b). A History of Transhumanist Thought. (www.nickbostrom.com 2019.07.31.)

Bostrom, N. & Savulescu, J. (2009). Human Enhancement Ethics: The State of the Debate. Savulescu, J. & Bostrom, N. (Ed.). *Human Enhancement* (pp. 1-22). Oxford Univ. Press.

Fukuyama, F. (2002). *Our Posthuman Future.* N.Y.: Farrar, Straus, Giroux. 송정화 옮김 (2003). 『부자의 유전자, 가난한 자의 유전자』. 서울: 한국경제신문.

Habermas, J. (2001). Die Zukunft der menschlichen Natur. Auf dem Weg zu einer liberalen Eugenik? F.a.M: Suhrkamp; 장은주 옮김 (2002). 『인간이라는 자연의 미래』. 서울: 나남.

Junker-Kenny, M. (2005). Genetic Enhancement as Care or Domination? The Ethics of Asymmetrical Relationships in the Upbringing of Children. Journal of Philosophy of Education 39(1), 1-17.

Kant, I. (1998). Über Pädagogik (1803). Immanuel Kant (VI) (pp. 695-778). Hrsg. von Wilhelm Weischedel. Darmstadt: WBG.

Kurzweil, R. (2005). The Singularity is Near. When Humans Transcend

Biology. N.Y: Penguin. 김명남·장시형 옮김 (2007).『특이점이 온다』. 파주: 김영사.

Meyer-Drawe, K. (1996). Tod des Subjekts - Ende der Erziehung? Zur Bedeutung "Postmoderner" Kritik für Theorien der Erziehung. Pädagogik 48(7-8), 48-57.

Sandel, M. (2009). The Case against Perfection. Harvard Univ. Press. 이수경 옮김 (2010).『완벽에 대한 반론』. 서울: 와이즈베리.

Savulescu, J. (2005). New Breeds of Humans: the Moral Obligation to Enhance. Reproductive BioMedicine Online 10 (Supp. 1), 36-39.

Snaza, N. et. al. (2014). Toward a Posthumanist Education. Journal of Curriculum Theorizing 30(2), 39-55.

Siddiqui, J. R. (2016). Restyling the Humanities Curriculum of Higher Education for Posthuman Times. Curriculum Inquiry 46(1), 62-78.

Sloterdijk, P. (1999). *Regeln fur den Menschenpark*. F.a.M.: Suhrkamp. 이진우·박미애 옮김 (2004).『인간농장을 위한 규칙』. 파주: 한길사.

Woo, J.-G. (2007). *Responsivität und Pädagogik*. Hamburg: Dr. Kovac.

참고문헌 전체목록

강승지 외 (2018). 포스트휴먼 연구동향 분석을 통한 교육적 함의 탐색.『어린이 문학교육연구』19(3), 399-421.

곽덕주 (2013). 근대교육에서의 교육적 역설과 그 교육적 의의.『교육철학연구』 35(4), 1-27.

김건우 (2016). 포스트휴먼의 개념적, 규범학적 의의.『포스트휴먼 시대의 휴먼』 (pp. 29-66). 파주: 아카넷.

김대식 (2017). 4차 산업혁명 시대 초등교육의 정체성과 역할.『교육사상연구』 31(4), 23-45.

김병연 (2017). 포스트휴머니즘, 지리교육 그리고 사이보그 시민.『한국지리환경 교육학회지』25(4), 73-87.

김상섭 (2012). 칸트의 교육문제: '강제 속에서 자유의 계발'.『교육사상연구』 26(2), 43-61.

김성일 (2006). 뇌기반학습과학: 뇌과학이 교육에 대해 말해 주는 것은 무엇인 가?.『인지과학』17(4), 375-398.

김연순 (2011). 트랜스휴먼, 인간과 기계의 혼성적 실재에 대한 문화학적 고찰 I. 『인문과학』47, 41-56.

김연순 (2013). 트랜스휴먼, 인간과 기계의 혼성적 실재에 대한 문화학적 고찰. 『인문과학논총』35, 279-298.

김연순 (2014). 트랜스휴먼의 원리로서 하이브리드의 자기조직화와 상호되먹임. 『인문과학연구』21, 125-142.

김영래 (2009). 하이데거의 "휴머니즘에 관한 편지(Brief über den Humanismus)" 에 대한 교육학적 성찰.『교육철학』38, 35-63.

김응준 (2014). 호모 사피엔스 대 로보 사피엔스 - 인간과 기계인간의 공진화 가 능성에 대한 크리스티안 크라흐트의 문학적 비평.『뷔히너와 현대문학』43, 247-271.

김정환 (1988).『현대의 비판적 교육이론』. 서울: 박영사.

김정환·강선보·신창호 (2014).『교육철학』. 서울: 박영사.

김종갑 (2008). 아이러니와 기계, 인간: 휴머니즘과 포스트휴머니즘.『비평과 이론』13(1), 69-92.

김호연 (2009).『우생학, 유전자 정치의 역사』. 서울: 아침이슬.

류태호 (2017).『4차 산업혁명. 교육이 희망이다』. 서울: 경희대학교 출판부.

박치완 (2007). 데카르트의 <Cogito 논증>, 과연 효과적인가?.『프랑스학연구』40, 269-310.

박형빈 (2016). '뇌 기반 학습'을 통한 초등 도덕 수업 원리.『초등도덕교육』54, 141-182.

박희주 (2000). 새로운 유전학과 우생학.『생명윤리』1(2), 14-28.

백종현 (2015). 인간 개념의 혼란과 포스트휴머니즘 문제.『철학사상』58, 127-153.

성환후 외 (2015). 체세포 복제기술 현황과 산업적 활용.『농업생명과학연구』49(6), 205-216.

소흥렬 (1994). 인공지능과 자연지능.『과학사상』8, 6-23.

송창호 (2015).『인물로 보는 해부학의 역사』. 서울: 정석출판.

신동훈 (2017). 제 4차 산업혁명과 뇌-기반 교육.『교육비평』39, 386-421.

신상규 (2013). 인간과 포스트휴머니즘.『인간과 포스트휴머니즘』(pp. 29-66). 서울: 이화여대출판부.

신상규 (2013). 트랜스휴머니즘, 세상에서 가장 위험한 생각?. 이화인문과학원 편.『인간과 포스트휴머니즘』(pp. 170-200). 서울: 이화여자대학교출판부.

신상규 (2014).『호모사피엔스의 미래 -포스트휴먼과 트랜스휴머니즘』. 파주: 아카넷.

안인기 (2017). 포스트휴머니즘 담론으로 본 미술교육의 문제.『미술과 교육』18(4), 1-17.

양혜림 (2013). 니체와 트랜스휴먼(Transhuman) - 슬로터다이크(Peter Sloterdijk)의 포스트휴머니즘(Posthumanism)론을 중심으로.『니체연구』23, 7-41.

염운옥 (2005). 우생학과 여성 - 골턴, 피어슨, 살리비를 중심으로.『영국연구』13, 89-117.

오인탁 (1999).『현대교육철학』. 서울: 서광사.

우정길 (2007). 부자유를 통한 자유와 교육행위의 지향성. 탈주체성 또는 상호주관성의 교육이론을 위한 일 고찰.『교육철학』38, 139-164.

우정길 (2009a). 타자의 타자성과 교육학 지식.『교육철학』45, 151-174.

우정길 (2009b). "두 개의 세계, 두 개의 인간학 그리고 하나의 교육 - 코메니우스의 기독교 우주론적 보편주의에 대한 소고".『한국교육학연구』15(2), 5-29.

우정길 (2013). 한나 아렌트(Hannah Arendt)의 탄생성의 교육학적 의미.『교육의 이론과 실천』 18(3), 47-71.

우정길 (2018a). 교육적 인간의 기계적 환원에 관한 소고. 『교육철학연구』 40(1), 91-110

우정길 (2018b). "슈레버 사례"에 대한 교육학적 고찰 - 모리츠 슈레버(M. Schreber)의 『칼리패디 또는 아름다움을 위한 교육』(1858)을 중심으로. 『교육혁신연구』 28(1), 447-468.

우정길 (2018c). "기계로서 인간": 교육적 인간의 기계적 환원 사례 연구. 『교육문제연구』 31(2), 43-72.

우정길 (2018d). 포스트휴머니즘 인간관에 대한 비판적 성찰: 기능과 욕망의 관점에서. 『교육철학연구』 40(2), 75-99.

우정길 (2018e). 휴머니즘과 교육에 관한 소고(小考): 슬로터다이크의 『인간농장을 위한 규칙』(1999)을 중심으로. 『교육문제연구』 31(4), 81-104.

우정길 (2018f). 휴머니즘과 포스트휴머니즘 사이의 교육: 슬로터다이크(P. Sloterdijk)의 휴머니즘 비판을 중심으로. 『교육철학연구』 40(4), 93-119.

우정길 (2018g). 보스트롬(N. Bostrom)의 인간향상론에 대한 비판적 고찰. 『교육문화연구』 24(6), 5-23.

우정길 (2019a). 교육(education)과 향상(enhancement)의 차이에 관하여. 『교육문화연구』 25(3), 29-48.

우정길 (2019b). 포스트휴머니즘과 인간 교육 - 샌델 (M. Sandel)의 선물론 (Theory of Giftedness)을 중심으로. 『교육철학연구』 41(3), 91-116.

이상욱 (2009). 인공지능의 한계와 일반화된 지능의 가능성: 포스트휴머니즘적 맥락. 『과학철학』 12, 49-69.

이선일 (2001). 휴머니즘과 하이데거의 존재사유. 『대동철학』 15, 337-350.

이소연 (2017). 포스트휴먼 시대 인문학적 사고와 글쓰기 교육 방안. 『한국문학이론과 비평』 21(2), 127-152.

이승헌 (2007). 미래교육의 전망과 대안으로서 뇌교육. 제 2회 국제뇌교육심포지움.

이일병 (1985). 인공지능과 자연지능. 『전자공학회잡지』 12(2), 138-141.

이종관 (2017). 『포스트휴먼이 온다』. 고양: 사월의 책.

이진우 (2013). '인간 극복'과 니체의 트랜스휴머니즘. 『니체연구』 24, 87-118.

이진우 외 (2004). 『인간복제에 관한 철학적 성찰』. 서울: 문예출판사.

이화인문과학연구원 편 (2013). 『인간과 포스트휴머니즘』. 서울: 이화여대출판부.

임석원 (2013). 비판적 포스트휴머니즘의 기획: 배타적인 인간중심주의 극복. 이화인문과학원 (2013). 『인간과 포스트휴머니즘』 (pp. 61-82). 서울: 이화여자대학교.

장래혁 (2016). 인공지능시대, 경이로움과 두려움 사이.『브레인』 57, 5.

장래혁 (2017). 자연지능, 자연산 인재가 필요한 시대.『브레인』 64, 5.

장희권 (2005). 21세기 포스트휴머니즘 시대의 인간존재방식.『독일문학』 96, 174-195.

정연재 (2015). 존엄성 개념의 명료화를 통한 트랜스휴머니즘의 비판적 고찰. 『윤리연구』 105, 137-162.

정영근 (2017). 교육의 진보인가 종말인가?: 디지털 기술문명시대에 대한 일반교육학적 성찰.『교육철학연구』 39(4), 105-122.

정윤경 (2019). 포스트휴머니즘과 휴머니즘에 기반한 교육 재고.『교육철학연구』 41(3), 117-147.

정은해 (2001). 하이데거 철학의 교육학적 의의 – 휴머니즘 비판을 중심으로. 『현대유럽철학연구』 6, 227-256.

조난심 (2017). 제4차 산업혁명과 교육.『교육비평』 39, 330-347.

조상식 (2017). '제4차 산업혁명'과 교육: 적응이냐 종속이냐.『교육비평』 39, 348-368.

천현득 (2016). 포스트휴먼 시대의 인간 본성.『철학』 126, 157-183.

추병완 (2013). 신경과학 시대에서 도덕교육의 새 패러다임.『윤리연구』 93, 231-264.

추병완 (2014a). 약리학적 신경 향상 시대에서 도덕교육의 정당성.『도덕윤리교육』 43, 47-71.

추병완 (2014b). 뉴로마케팅(Neuromarketing)의 윤리적 문제.『윤리연구』 97, 195-220.

추병완 (2015a). 초인본주의의 도덕적 향상에 관한 신경윤리학적 성찰과 도덕교육적 함의.『윤리연구』 100, 33-62.

추병완 (2015b). 인간향상논쟁에서 생명보수주의에 대한 비판적 평가.『윤리교육연구』 36, 171-194.

추병완 (2015c). 인간 향상의 도덕교육적 함의.『도덕윤리과교육』 47, 55-82.

추병완 (2015d). 도덕성 알약 프로젝트에 대한 비판적 평가.『초등도덕교육』 48, 23-45.

추병완 (2016). 도덕적 향상에 관한 신경윤리학적 성찰.『윤리연구』 106, 63-87.

추병완 (2017). 도덕적 인공지능에 관한 비판적 고찰.『윤리교육연구』 44, 1-24.

추병완 (2018). 약리학적 인지 향상의 찬반양론.『도덕윤리과교육』 59, 105-127.

최재정 (2008).『개혁교육학』. 서울: 학지사.

Agar, N. (1988). Liberal Eugenics. *Public Affairs Quarterly* 12(2), 137-155.

Alt, R. (1970). *Herkunft und Bedeutung des Orbis Pictus*. Berlin: Akademie

Verlag.

Arendt, H. (1958). *The Human Condition*. Chicago; Univ. of Chicago Press. 이진우·태정호 옮김 (2001). 『인간의 조건』. 서울: 한길사.

Bindē, J. (2005). 'Human, Still Human!' *DIOGENES* 206, 55-61.

Bollnow, O.F. (1959). *Existenzphilosophie und Pädagogik*. Stuttgart: Kohlhammer.

Bostrom, N. & Savulescu, J. (2009). Human Enhancement Ethics: The State of the Debate. Savulescu, J. & Bostrom, N. (Ed.). *Human Enhancement* (pp. 1-22). Oxford Univ. Press.

Bostrom, N. (2003a). Human Genetic Enhancements: A Transhumanist Perspective. *The Journal of Value Inquiry* 37, 493-506.

Bostrom, N. (2003b). The Transhumanist FAQ (Version 2.1). (www.nickbostrom .com 2018.11.11.)

Bostrom, N. (2005a). In defense of Posthuman Dignity. (www.nickbostrom .com 2019.07.31.)

Bostrom, N. (2005b). A History of Transhumanist Thought. (www.nickbostrom .com 2019.07.31.)

Bostrom, N. (2008a). Dignity and Enhancement. (www.nickbostrom.com 2018.04.18.)

Bostrom, N. (2008b). Why I Want to be a Posthuman When I Grow Up. (www.nickbostrom.com 2018.11.11.)

Braidotti, R. (2013). *The Posthuman*. Cambridge: Polity Press. 이경란 옮김 (2017). 『포스트휴먼』. 서울: 커뮤니케이션북스.

Buchanan, A. (2011). *Better than Human: The Promise and Perils of Enhancing Ourselves*. Oxford Univ. Press. 심지원·박창용 옮김 (2015). 『인간보다 나은 인간: 인간 증강의 약속과 도전』. 서울: 로도스.

Canetti, E. (1960). Masse und Macht. Hamburg: Klassen Verlag. 강두식·박병덕 역 (2010). 『군중과 권력』. 서울: 바다.

Cavallar, G. (1996). Die Kultivierung von Freiheit trotz Zwang (Kant). *Vierteljahrschrift für wissenschaftliche Pädagogik* 72, 87-95.

Cipolla, C. M. (1967). Clocks and Culture. 최파일 옮김 (2013). 『시계와 문명』. 미지북스.

Comenius, J. A. (1991). *Pampaedia Allererziehung*. Übers. von K. Schaller. Sankt Augustin: Academia.

Comenius, J. A. (1623). *Das Labyrinth der Welt und Lusthaus des Herzens*.

이숙종·이규민·이금만·김기숙 옮김 (영-한: 2004). 『세상의 미로와 마음의 낙원』. 서울: 예영.

Comenius, J. A. (1657). *Opera didactica omnia*. 정일웅 옮김 (2002). 『대교수학』. 서울: 창지사.

Comenius, J. A. (1658). *ORBIS SENSUALIUM PICTUS*. Nürnberg: Endter Verlag. 남혜승 옮김 (1999). 『세계최조의 그림 교과서 ORBIS SENSUALIUM PICTUS』. 서울: 씨앗을 뿌리는 사람.

Comenius, J. A. (1668). *Via Lucis*. 이숙종 옮김 (1999). 『빛의 길』. 서울: 여수룬.

Comenius, J. A. (1991). *PANPAEDIA. ALLERERZIEHUNG*. 정일웅 옮김 (1996). 『범교육학』. 서울: 여수룬.

Descartes, R. (1989). *Die Suche nach Wahrheit durch das natürliche Licht*. Dt. übers. von Gerhard Schmidt. Würzburg: Königshausen u. Neumann. 이현복 옮김 (1997b). "자연의 빛에 의한 진리탐구". 『성찰』(pp. 123-164). 서울: ㈜문예출판사.

Descartes, R. (1993). *Meditationen über die Grundlage der Philosophie*. Übers. und hrsg. von Lüder Gäbe. Hamburg: Meiner. 이현복 옮김 (1997a). "제1철학에 대한 성찰". 『성찰』(pp. 13-122). 서울: ㈜문예출판사.

Descartes, R. (1997). *Von der Methode des richtigen Vernunftgebrauchs und der wissenschaftlichen Forschung*. Übers. und hrsg. von Lüder Gäbe. 2., verb. Aufl. Hamburg: Meiner. 이현복 옮김 (1997c). 방법서설, 『방법서설』(pp. 143-237). 서울: ㈜문예출판사.

Descartes, R. (1677). *L'Homme de Renē Descartes*. Transl. by Hall, T.S. (2003). *Treatise of Man*. New York: Prometheus Book.

Dieckhöfer, K. & Thiem, J. H. (1990). Grundgedanke einer frühen Präventivmedizin im Wekr des "pädagogischen" Mediziners Daniel Gottlob Moritz Schreber. *Medizinische Klinik* 85, 102-106.

Düweke, P. (2001). *Kleine Geschichte der Hirnforschung*. München: Beck. 이미옥 옮김 (2005). 『두뇌의 비밀을 찾아서』. 서울: 모티브.

Galton, F. (1909). *Essays in Eugenics*. London: Eugenics Education Society.

Fitzsimons, P.J. (2007). Biotechnology, ethics and education. *Studies in Philosophy and Education* 26, 1-11.

Foucault, M. (1974). *Die Ordnung der Dinge*. F.a.M: Suhrkamp.

Freud, S. (1911). Psychoanalytische Bemerkungen über einen autobiog−

raphisch beschriebenen Fall von Paranoia (Dementia paranoides). *Jahrbuch für psychoanalytische und psychopathologische Forschungen* III. Bd, I. Hälfte, Leipzig-Wien: Franz Deuticke.

Fukuyama, F. (2002). *Our Posthuman Future.* 송정화 옮김 (2003).『Human Nature 부자의 유전자 가난한 자의 유전자』. 서울: 한국경제신문.

Gavaghan, C. (2007). *Defending the Genetic Supermarket: Law and Ethics of Selecting the Next Generation*, Abingdon: Routledge-Cavendish.

Gazzaniga, M (2008). *Human: The Science Behind What Makes Your Brain Unique.* 박인균 옮김 (2008).『왜 인간인가?』. 서울: 추수밭.

Giubilini, A., Sanyal, S. (2015). The Ethics of Human Enhancement. *Philosophy Compass* 10(4), 233-243.

Habermas, J. (2001). Die Zukunft der menschlichen Natur. Auf dem Weg zu einer liberalen Eugenik? F.a.M: Suhrkamp. 장은주 옮김 (2002).『인간이라는 자연의 미래』. 서울: 나남.

Haraway, D.J. (1991). *Simians, Cyborgs, and Women. The Reinvention of Nature.* N.Y: Routledge. 민경숙 옮김 (2002).『유인원, 사이보그, 그리고 여자』. 서울: 동문선.

Hatfield, G. (2007). "The Passions of the soul and Descartes's machine psychology". *Studies in History and Philosophy of Science* 38, 1-35.

Hauskeller, M. (2013). 뒤죽박죽 신체들: 성형수술에서 정신업로드까지.『인간과 포스트휴머니즘』(pp. 41-60). 서울: 이화여자대학교 출판부.

Hayles, K. (1999). How we became posthuman. Chicago: Chicago Univ. Press; 허진 옮김 (2013).『우리는 어떻게 포스트휴먼이 되었는가』. 서울: 플레닛.

Heesakkers, C.L. (1996). *Colloquium Comenius and Descartes.* Naarden: Comenius Museum.

Heidegger, M. (1967). *Wegmarken.* F.a.M: Vittorio Klostermann; 이선일 옮김 (2005).『이정표2』. 서울: 한길사.

Herbrechter, S. (2009). Posthumanism. Darmstadt: WBG. 김연순·김응준 옮김 (2012).『포스트휴머니즘』. 서울: 성균관대학교.

Herbrechter, S. (2012). Posthumanism, subjectivity, autobiography. *Subjectivity* 5(3), 327-347.

Israëls, H. (1989). *Schreber: Vater und Sohn.* München-Wien: Internationale Psychoanalyse.

Junker-Kenny, M. (2003). Moralisierung oder Abschied von der mens −

chlichen Natur? Die Auseinandersetzung zwischen Habermas und der Rawls-Schule. Bauer, W. u.a. (Hrsg). "Der Mensch des Menschen". *Jahrbuch für Bildungs- und Erziehungsphilosophie* 5, 125-156.

Junker-Kenny, M. (2005). Genetic Enhancement as Care or Domination? The Ethics of Asymmetrical Relationships in the Upbringing of Children. *Journal of Philosophy of Education* 39(1), 1-17.

Kanamori, O. (2003). Philosophy of genetic life designing. Bauer, W. u.a. (Hrsg). "Der Mensch des Menschen". *Jahrbuch für Bildungs- und Erziehungsphilosophie* 5, 59-82.

Kant, I. (1998a). Beantwortung der Frage: Was ist Aufklärung (Dez. 1783). *Immanuel Kant* (VI) (pp. 53-61). Hrsg. von W. Weischedel. Darmstadt: WBG.

Kant, I. (1998b). Über Pädagogik (1803). *Immanuel Kant* (VI) (pp. 695-778). Hrsg. von W. Weischedel. Darmstadt: WBG. 김영래 역 (2003). "교육학 강의". 『칸트의 교육이론』 (pp. 193-285). 서울: 학지사.

Kass, L. (2003). Ageless Bodies, Happy Souls. *The New Atlantis* 1, 9-28.

Key, E. (2000). *Das Jahrhundert des Kindes.* Weinheim/Basel: Beltz. 정혜영 옮김 (2009). 『어린이의 세기』. 서울: 지식을만드는지식.

Kron, F.W. (1996). *Grundwissen Pädagogik.* München/Basel: Ernst Reinhardt Verlag.

Kurzweil, R. (2005). *The Singularity is Near. When Humans Transcend Biology.* N.Y: Penguin. 김명남·장시형 옮김 (2007). 『특이점이 온다』. 파주: 김영사.

Leibnitz, L.(1977). "From Paul Flechsig to the Paul Flechsig Institute for Brain Research. Development of brain research at the Karl Marx University". *Psychiatrie, Neurologie, und medizinische Psychologie* 29(4), 231-239.

Lenzen, D. (2001). *Pädagogische Grundbegriffe.* Band 1. 6. Aufl. Hamburg: Rowohlt.

Levinas, E. (1995). *Die Zeit und der Andere.* Übers. von Ludwig Wenzler. 3. Aufl. Hamburg: Meiner.

Levinas, E. (1996). *Ethik und Unendliches - Gespräch mit Philipe Nemo.* Übers. von Dorothea Schmidt. 3. unveränd. Neuaufl. Wien: Passagen- Verl.

Levinas, E. (1997). *Vom Sein zum Seienden.* Übers. von Anna M. Krewani und Wolfgang N. Krewani. Freiburg/München: Alber. 서동욱 옮김

(2001). 『존재에서 존재자로』. 서울: 문화사.

Long, F. (2017). Transhuman Education? Sloterdijk's Reading of Heidegger's Letter on Humanism. *Journal of Philosophy of Education* 31(1), 177-192.

Lösch, A. (2003). Das Genomprojekt als Naturerkenntnis. Risiken einer biotechnischen Übersetzung. Bauer, W. u.a. (Hrsg). "Der Mensch des Menschen". *Jahrbuch für Bildungs- und Erziehungsphilosophie* 5, 15-40.

Lothane, Z. (1988). Vindicating Schreber's Father: Neither Sadist Nor Child Abuser. *The Journal of Psychohistory* 16(3), 263-288.

Luther, M., D. Erasmus. (1969). *Free Will and Salvation.* Ed. by E.G. Rupp, P.S. Watson. London: The Westminster Press.

Masschelein, J. (1991). *Kommunikatives Handeln und Pädagogisches Handeln.* Übers von P. Welchering, M. Astroh. Weinheim: Detuscher Studien Verlag.

Masschelein, J. (1996). Pädagogisches Handeln und Verantwortung. Erziehung als Antwort. Masschelein, J., Wimmer, M. (1996). *Alterität Pluralität Gerechtigkeit.* Sankt Augustin: Academia, 163-186.

Meyer-Drawe, K. (1995). Mit der Präzision eines Uhrwerks denken: René Descartes. *ACTA COMENIANA* 11, 47-60.

Meyer-Drawe, K. (1996a). Tod des Subjekts - Ende der Erziehung? Zur Bedeutung "Postmoderner" Kritik für Theorien der Erziehung. *Pädagogik* 48(7-8), 48-57.

Meyer-Drawe, K. (1996b). *Menschen im Spiegel ihrer Maschinen.* München: Wilhelm Fink.

Meyer-Drawe, K. (1997). "Machine". Wulf, C. (Hrsg). *Vom Menschen. Handbuch Historische Anthropologie* (726-737). Weinheim- Basel: Beltz.

Meyer-Drawe, K. (1999). Der lachende und der weinende Leib. Verständigung diesseits der Vernunft 14 Thesen. *Behinderte* 3, 32-35.

Miller, A. (1983). *Am Anfang war Erziehung.* F.a.M.: Suhrkamp.

Mirandola, P.D. (1496). *Oratio de hominis dignitate.* 성 염 옮김 (2009). 『인간 존엄성에 관한 연설』. 파주: 경세원.

Mollenhauer, K. (1976). *Theorien zum Erziehungsprozess.* 3. Aufl. München: Juventa.

Nennen, H. U. (2003). *Philosophie in Echtzeit. Die Sloterdijk-Debatte.*

Würzburg: Königshausen & Neumann.

Niederland, W. G. (1960). Schreber's Father. *Journal of the American Psychoanalytic Association,* 8(3), 492-499.

Niederland, W. G. (1978). *Der Fall Schreber.* F.a.M.: Suhrkamp.

Nozick, R. (1974). *Anarchy, State, and Utopia.* N.Y.: Basicbooks.

O'dell, J. W. & Weidman, D. (1993). Computer Content Analysis of the Schreber Case. *Journal of Clinical Psychology,* 49(1), 120-125.

O'Mathūna, D. (2013). 인간존엄성과 인간 향상의 윤리. 이화인문과학원(편). 『인간과 포스트휴머니즘』(pp. 109-138). 서울: 이화여대출판부.

Onishi, B.B. (2011). Information, Bodies, and Heidegger: Tracing Visions of the Posthuman. *Sophia* 50, 101-112.

Palla, R. (2008). *Kurze Lebenläufe der Narren.* Wien: Zsolnay.

Pedersen, H. (2010). Is 'the posthuman' educable? On the convergence of educational philosophy, animal studies, and posthumanist theory. *Studies in the Cultural Politics of Education* 31(2), 237-250.

Persson, I., Savulescu, J. (2012). *Unfit for the Future: The Need for Moral Enhancement.* Oxford Univ. Press. 추병완 옮김 (2015). 『미래 사회를 위한 준비』. 서울: 하우.

Philbeck, T. D. (2013). 포스트휴먼 자아: 혼합체로의 도전. 이화인문과학원(편). 『인간과 포스트휴머니즘』(pp. 23-40). 서울: 이화여자대학교 출판부.

Reble, A. (1995). *Geschichte der Pädagogik.* 18. Aufl. Stuttgart: Klett Cotta

Ricken, N. (1999). *Kontingenz und Pädagogik.* Würzburg: Königshausen & Neumann.

Ricken, N. (1999). *Subjektivität und Kontingenz.* Würzburg: Königshausen & Neumann.

Roberts, M.S. (1988). "Wired. Schreber as Machine, Technophobe, and Visualist". *The Drama Review* 40(3), 31-46.

Rutschky, K. (1977). *Schwarze Pädagogik.* F.a.M.: Ullstein Materialien.

Sandel, M. (2009). The Case against Perfection. Harvard Univ. Press. 이수경 옮김 (2010). 『완벽에 대한 반론』. 서울: 와이즈베리.

Sandel, M.-J. (2013). The Case Against Perfection: What's Wrong with Designer Children, Bionic Athletes, and Genetic Engineering. Savulescu, J., Bostrom, N. (Ed.). Human Enhancement (pp. 71- 89). Oxfort Univ. Press.

Sass, L.A. (1987). Schreber's Panopticism: Psychosis and the Modern Soul.

Social Research 54(1), 111-123.

Savulescu, J. & Bostrom, N. (Ed.) (2009). *Human Enhancement*. London: Oxford Univ. Press.

Savulescu, J. (2005). New Breeds of Humans: the Moral Obligation to Enhance. Reproductive BioMedicine Online 10 (Supp. 1), 36-39.

Savulescu, J., Bostrom, N. (Ed.) (2009). *Human Enhancement*. London: Oxford Univ. Press.

Schachtner, C. (2003). Mensch und Maschine. Nachdenken über ein am-bivalentes Verhältnis. Bauer, W. u.a. (Hrsg). "Der Mensch des Menschen". *Jahrbuch für Bildungs- und Erziehungsphilosophie* 5, 157-169.

Schäfer, A. & Wimmer, M. (Hrsg.) (2003). *Machbarkeitsphantasien*. Opladen: Leske+Budrich.

Schäfer, A. (2003). Rousseaus Phantasie einer ursprünglichen Zukunft. Bauer, W. u.a. (Hrsg). "Der Mensch des Menschen". *Jahrbuch für Bildungs- und Erziehungsphilosophie* 5, 41-58.

Schaller, K. (1958). Die Pampaedia des Johann Amos Comenius. Heidelberg: Quelle & Meyer.

Schatzman, M. (1973). *Soul Murder. Persecution in the Family*. London: Allen Lane. 오세철·심정임 옮김 (1980). 『어린 혼의 죽음』. 서울: 현상과 인식.

Shorter, E. (1997). *A History of Psychiatry*. 최보문 옮김 (2009). 『정신의학의 역사』. 서울: 바다.

Schreber, D.G.M. (1852). *Kinesiartik oder die gymnastische Heilmethode*. Leipzig: F. Fleischer.

Schreber, D.G. M. (1858). *Kallipädie oder Erziehung zur Schönheit*. Leipzig: Adamant Media.

Schreber, D.G.M. (1860). Die Jugendspiele in ihrer gesundheitlichen und pädagogischen Bedeutung und die Nothwendigkeit ihrer Beachtung von Seite der Schulerziehung. *Jahrbuch für Kinderheilkunde und psysische Erziehung*, 3, 247-254.

Schreber, P. D. (1903). *Denkwürdigkeiten eines Geisteskranken*. Leipzig: Oswald Mutze. 김남시 역 (2010). 『한 신경병자의 회상록』. 서울: 자음과 모음.

Siddiqui, J. R. (2016). Restyling the Humanities Curriculum of Higher

Education for Posthuman Times. Curriculum Inquiry 46(1), 62–78.

Singer, P. (2013). Parental Choice and Human Improvement. Savulescu, J., Bostrom, N. (Ed.). *Human Enhancement* (pp. 277–289). Oxfort Univ. Press.

Sloterdijk, P. (1999). Regeln für den Menschenpark. F.a.M.: Suhrkamp; 이진우 · 박미애 옮김 (2004). 『인간농장을 위한 규칙』. 파주: 한길사.

Snaza, N. et. al. (2014). Toward a Posthumanist Education. Journal of Curriculum Theorizing 30(2), 39–55.

Strachota, A. (2003). Der GENiale Mensch. Von der Utopie zur Realität im Zeitalter der Gentechnologie. Bauer, W. u.a. (Hrsg). "Der Mensch des Menschen". *Jahrbuch für Bildungs– und Erziehungsphilosophie* 5, 99–124.

Stroß, A. (2003). Der Artzt als "Erzieher". Pädagogische Metaphern und Machbarkeitsvorstellungen vom Menschen um 1900. Bauer, W. u.a. (Hrsg). "Der Mensch des Menschen". *Jahrbuch für Bildungs– und Erziehungsphilosophie* 5, 83–98.

Vita–More, N. (2005). The New [human] Genre Primo [first] Posthuman. (http://www.natasha.cc/paper.htm 2018.04.18.)

Waldenfels, B. (2000). *Das leibliche Selbst.* F.a.M.: Suhrkamp.

Waldenfels, B. (2004). Philosophische Salons. Schweeger, E. (Ed.). *Frankfurter Dialog II.* F.a.M: belleville.

Wimmer, M. (2003). Machbarkeitsphantasien und Zukunftsvorstellungen in der Pädagogik. Schäfer, A., Wimmer, M. (Ed.). *Machbarkeitsphantasien.* Opladen: Leske + Budrich.

Woo, J.–G. (2007a). *Responsivität und Pädagogik.* Hamburg: Dr. Kovac.

Woo, J.–G. (2007b). Auf den Spuren von O. F. Bollnow an der Ludwigs–universität Gießen. Vortrag in der Reihe "Cum tempore" anlässlich der Feierlichkeiten zum 400–jährigen Bestehen der Justus–Liebig–Universität Gießen (23.Mai.2007)

Woo, J.–G. (2014). Teaching the unknowable Other: humanism of the Other by E. Levinas and pedagogy of responsivity. *Aisa Pacific Education Review* 15(1), 79–88.

Woo, J.–G. (2016). "Revisiting Orbis Sensualium Pictus. A Iconographical Reading in Light of the Pampaedia of J.A. Comenius". *Studies in Philosophy and Education* 35, 215–233.

Wozniak, R. H. (1992). *Mind and Body: René Descartes to William James.* Washington, D.C.: National Library of Medicine. 진영선·한일조 옮김 (2011). 『마음·뇌·심리. 데카르트에서 제임스까지』. 서울: 학지사.

Zizek, S. (1999). *The Ticklish Subject.* London: Verso. 이성민 옮김 (2005). 『까다로운 주체』. 서울: 도서출판b.

한국교육방송 (2018.03.16.). 다큐프라임 - "4차 인간(제2부: 인간은 기계인 가?)". 고양: EBS.

MBC 다큐스페셜 "세기의 대결. 이세돌 vs. 알파고" (2016.03.04)

SBS 뉴스 이세돌 화장실 간 사이에 돌 놓는 알파고…"매너 없다" 쓴쓴 (2016.03.12). https://www.youtube.com/watch?v=RmWFrpNNi10

Assheuer, T. (1999.09.02.) Das Zarathustra -Projekt. Die Zeit (https://www.zeit.de/1999/36/199936.sloterdijk1_.xml 2018.10.16.열람)

Habermas, J. (1999.09.16.) Post vom bösen Geist. *Die Zeit* (https://www.zeit.de/1999/38/Post_vom_boesen_Geist/komplettansicht?print 2018.10.16.열람)

Mitteldeutscher Rundfunk (MDR) (2007). *Moritz Schreber. Vom Kinderschreck zum Gartenpaten.* Berlin: Icestorm.

Mohr, R. (1999.09.06.). Züchter des Übermensch. *Der Spiegel* (http://www.spiegel.de/spiegel/print/d-14718468.html 2018.12.14.열람)

Sloterdijk, P. (1999.09.09.) Die Kritische Theorie ist tot. *Die Zeit* (https://www.zeit.de/1999/37/199937.sloterdijk_.xml 2018.10.16.열람)

찾아보기

Sass, L. A.   54

Savulescu, J.   99, 158, 205, 270, 274, 291, 294

Schaller, K.   221

Schatzman, M.   31, 33, 49, 50, 52, 84, 90, 114

Schreber, D. G. M.   30, 33, 34, 36−48, 51, 55, 60, 66, 75−85, 93, 112, 113

Schreber, D. P.   31, 33, 34, 49, 50−54, 75, 76, 84, 86, 88, 89, 114

Schreber, G.   32, 33, 49

Schäfer, A.   59

Shorter, E.   88, 247

Siddiqui, J. R.   271

Singer, P.   258

Sloterdijk, P.   104, 133−160, 165, 168−171, 177, 181−199, 207, 227, 274

Snaza, N.   104, 271, 295

저자약력

우정길

독일 Justus − Liebig − Univ. Giessen (Dr. Phil.)
독일 Justus − Liebig − Univ. Giessen 연구강사 · 강의전임
現 경희대학교 교육대학원 교수

주요 논문

Responsivität und Pädagogik (2007, Dissertation)
'부자유를 통한 자유'와 교육행위의 지향성 (2007)
의사소통적 상호주관성의 교육학적 수용가능성 검토 (2007)
마틴 부버 − 대화철학과 대화교육학의 임계점에 관하여 (2007)
Subjektivität und Responsivität (2008)
Pädagogischer Bezug. Erzieherisches Verhältnis (2008)
Ikonographie der Interkulturalität (2008)
코메니우스의 기독교 우주론적 보편주의에 대한 소고 (2009)
레비나스의 타자성 철학에 대한 교육학적 소고 (2009)
Responsivität und Fremdverstehen (2010)
'Inclusion' in Martin Buber's Dialogue Pedagogy (2012)
Hannah Arendt의 '탄생성'의 교육학적 의미. (2013)
Humanism of the Other by E. Levinas and pedagogy of responsivity (2014)
탄생적 상호주관성과 교육 (2015)
Niklas Luhmann의 체계이론과 교육적 관계에 대한 소고 (2015)
Revisiting *Orbis Sensualium Pictus* (2016)
"포스트휴머니즘과 교육" 관련 연구들 (2018 − 2019)
Revisiting the *Analects* for a modern reading of the Confucian dialogical spirit in education (2019)
일제강점기 한국 교육사상가에 대한 연구 현황 고찰 (2019)

번역

Buber, M. (1964). *Reden über Erziehung.*『마틴 부버의 교육강연집』(2010)

포스트휴머니즘과 인간의 교육

초판발행	2019년 10월 31일
중판발행	2020년 8월 10일
지은이	우정길
펴낸이	노 현
편 집	윤혜경
기획/마케팅	이선경
표지디자인	조아라
제 작	우인도·고철민
펴낸곳	㈜ 피와이메이트
	서울특별시 금천구 가산디지털2로 53 한라시그마밸리 210호(가산동)
	등록 2014. 2. 12. 제2018-000080호
전 화	02)733-6771
f a x	02)736-4818
e-mail	pys@pybook.co.kr
homepage	www.pybook.co.kr
ISBN	979-11-90151-44-3 93370

정 가   19,000원

피와이메이트는 박영사와 함께하는 브랜드입니다.